Heinrich von Sybel

Geschichte der Revolutionszeit 1789-1800 von Heinrich von Sybel

Zweiter Band

Heinrich von Sybel

Geschichte der Revolutionszeit 1789-1800 von Heinrich von Sybel
Zweiter Band

ISBN/EAN: 9783743334496

Hergestellt in Europa, USA, Kanada, Australien, Japan

Cover: Foto ©ninafisch / pixelio.de

Manufactured and distributed by brebook publishing software (www.brebook.com)

Heinrich von Sybel

Geschichte der Revolutionszeit 1789-1800 von Heinrich von Sybel

Geschichte
der
Revolutionszeit
1789–1800

von

Heinrich von Sybel.

Wohlfeile Ausgabe.

Zweiter Band.

Stuttgart 1898.
Verlag der J. G. Cotta'schen Buchhandlung
Nachfolger.

Alle Rechte vorbehalten.

Druck der Union Deutsche Verlagsgesellschaft in Stuttgart.

Inhalt.

Drittes Buch.
Sturz des französischen Königtums.

Seite

Erstes Kapitel. Ursprung des Revolutionskrieges . . 3
Feuillants und Girondisten. — Brissot. — Madame Roland. — Sieyès. — Kriegsabsichten der Gironde. — Dekrete gegen Priester und Auswanderer. — Lafayette für den Krieg. — Die Königin ruft die Mächte an. — Der Kriegsminister Narbonne. — Diplomatie und Finanzen. — Robespierre gegen den Krieg. — Bisherige Friedensstimmung Oesterreichs. — Oesterreichische Note vom 21. Dezember. — Narbonnes Bericht über die Rüstungen. — Kriegerischer Beschluß vom 25. Januar.

Zweites Kapitel. Sturz der Feuillants 40
Aufstand in S. Domingo. — Revolution in Avignon. — Allgemeine Gärung. Marseille. — Schürung der Unruhen. — Brottumulte. — Kirchliche Wirren. — Die Minister denken auf Widerstand. — Oesterreichische Note gegen die Jakobiner. — Fruchtlose Unterhandlung mit England. — Leopolds Tod. Ministerkrisis in Paris. — Bedrohung der königlichen Familie. — Demokratisches Ministerium.

Drittes Kapitel. Ministerium der Gironde 72
General Dumouriez. — Dumouriez wendet sich an Preußen. — Letzte Verhandlung mit Oesterreich. — Dumouriez

und Lafayette. — Kriegserklärung an Oesterreich und Sardinien. — Der Angriff auf Belgien mißlingt. — Gefährdung der Lage. — Bedrängnis der Industrie. Staatsbankerott. — Neue Umsturzpläne. — Das angebliche österreichische Komitee. — Dekret über Berufung von Föderierten. — Entlassung der girondistischen Minister. — Entlassung Dumouriezs.

Viertes Kapitel. Letzte Versuche der Feuillants . . . 107

Die Corbeliers. — Danton. — Der 20. Juni. — Entrüstung der Nationalgarde. — Lafayettes Unentschlossenheit. — Angriffsprogramm der Gironde. — Debatte über die Gefahr des Vaterlandes. — Wachsende Gärung. — Scheitern eines Versöhnungsversuchs. — Auflösung des Ministeriums.

Fünftes Kapitel. Der zehnte August 132

Robespierre. — Billaud-Varennes und Collot d'Herbois. — Schwanken der Gironde. — Plan einer Regentschaft. — Stete Finanznot. — Ruin der kleinen Bauern. — Not der Arbeiter. — Plan zum Aufstande. — Freisprechung Lafayettes. — Revolutionärer Stadtrat. — Ermordung Mandats. — Der König verläßt die Tuilerien. — Sturz des Königtums.

Viertes Buch.
Feldzug in der Champagne.

Erstes Kapitel. Deutsche Rüstungen 169

Erste Schritte zum österreichisch-preußischen Bundesvertrag. — Preußische Ansicht über Polen. — Entgegengesetzte Tendenz Oesterreichs. — Verständigung über die französische Frage. — Bundesvertrag vom 7. Februar 1792. — Preußen beantragt eine Kriegsentschädigung. — Kritischer Stand der polnischen Sache. — Preußens

Entschluß zur Teilung Polens. — Eifer des Königs zum französischen Krieg. — Der Herzog von Braunschweig. — Innere Haltlosigkeit der preußischen Regierung. — Feldzugsplan. — Langsamkeit der Rüstung. — Der Landgraf von Hessen=Kassel. — Schulenburgs geheimer Briefwechsel mit Spielmann. — Der bayerisch=belgische Tauschplan. — Abweichende Politik des Fürsten Kaunitz. — Kaunitz' Rücktritt. — Zusammenkunft in Mainz. — Oesterreich fordert Ansbach und Baireuth. — Manifest des Herzogs von Braunschweig.

Zweites Kapitel. Herrschaft des Pariser Gemeinderates 224

Allgemeine Anerkennung des 10. August. — Schwaches Benehmen Lafayettes. — Lafayettes Flucht. — Marat. — Haber zwischen der Nationalversammlung und der Kommune. — Das erste Revolutionsgericht. — Umgestaltung der Nationalgarde. — Verkauf der Emigrantengüter. — Plan eines Massenmordes. — Haussuchungen und Verhaftungen. — Uebergewicht der Kommune über die Nationalversammlung.

Drittes Kapitel. Wahlen zum Nationalkonvent 253

Beginn der Gefängnismorde. — Allgemeine Apathie. — Robespierre fordert die Verhaftung der Girondisten. — Fortgang des Mordens. — Kolossale Räuberei. — Vermehrung der Assignaten und Konfiskationen. — Pariser Wahlen zum Konvent. — Umtriebe der Pariser Kommune in den Provinzen. — Morde in Lyon. — Die Pariser in Orleans. — Mißlingen des demokratischen Staatsstreichs. — Herstellung der Ordnung in Paris.

Viertes Kapitel. Angriff der Verbündeten 286

Schwäche der österreichischen Streitkräfte. — Unzulänglichkeit der französischen Rüstungen. — Die nationalen Freiwilligen. — Servan befiehlt Verteidigung der Argonnen. — Fall von Verdun. — Langsamkeit der Invasion. — Dumouriez in den Argonnen. — Clerfaits

Sieg am Waldkreuz. — Kanonade von Valmy. — Eindruck des Ereignisses. — Beginn einer Unterhandlung. — Verstärkung des französischen Heeres. — Dumouriez begehrt einen Sonderfrieden mit Preußen. — Entschluß zum Rückzug.

Fünftes Kapitel. Rückzug aus Frankreich 322

Stellung der Parteien im Konvent. — Zänkereien zwischen Gironde und Berg. — Kriegspläne gegen ganz Europa. — Angriff auf Savoyen. — Händel mit Genf. — Lage des deutschen Rheinlandes. — Einbruch der Franzosen. — Custine nimmt Mainz. — Dumouriez und Kellermann für Frieden. — Preußische Scheinunterhandlung. — Abzug der Oesterreicher nach Belgien. — Vollständige Räumung Frankreichs. — Oesterreich beschließt Eroberung des Elsasses. — Spielmann reist in das Hauptquartier. — Letzte Verhandlung mit den Franzosen. — Preußen fordert sofortige Besitzergreifung in Polen.

Drittes Buch.

Sturz des französischen Königtums.

Erstes Kapitel.

Ursprung des Revolutionskrieges.

In der neuen Nationalversammlung gab es nur eine kräftige und thatlustige Gruppe, die Partei der Gironde. Die Wahlen waren so gut wie nach dem allgemeinen Stimmrechte erfolgt: der Einfluß der Klubs war durch keine Gegenwirkung des Eigentums gebrochen worden. Dazu kam eine Erscheinung, welche man von diesem Zeitpunkte an bei allen Ereignissen der Revolution gar nicht zu stark in Anschlag bringen kann, eine tiefe und allgemeine Abspannung der Mittelklassen. Der Aufschwung bei der königlichen Flucht war der letzte Pulsschlag der Begeisterung, womit die Nation im Sommer 1789 den Anbruch eines neuen Weltalters begrüßt hatte. Die Masse der Bevölkerung war trotz aller Uebelstände nicht unzufrieden mit dem bisher Geleisteten: aber um so heftiger drängte sie zum Abschlusse und eilte, als ein solcher durch Annahme der Verfassung geboten schien, zum ruhigen Genusse des Vollendeten. Alle Welt wandte sich ihren Privatgeschäften zu und freute sich, von der lästigen Politik auf lange, wie man meinte, erlöst zu sein [1]. Fast alle Wahlen, welche von nun an erfolgten, waren

---

[1] Die Roland klagte damals: es ist unglaublich, wie viele Beamte und Großhändler reaktionär sind; das Volk aber ist müde, glaubt alles gethan und geht an sein Tagewerk. Alle demokratischen Zeitungen erbosen sich über das Lebehoch, welches den König bei jedem Erscheinen begleitet, u. s. w.

Minoritätswahlen, am stärksten in Paris, wo es jetzt für ein Großes galt, wenn ein Viertel der Aktivbürger sein Recht ausübte. Es ist ein schlagender Beweis für die thatsächliche Schwäche der demokratischen Partei, daß sie unter diesen Umständen dennoch bei den Wahlen in ganz entschiedener Minderheit blieb. Aber die Niederlage wurde ihr reichlich durch die Beschaffenheit der Sieger ersetzt. Da die Männer des alten Staates durch die ganze Lage der Dinge, die Mitglieder der Constituante durch Robespierres Gesetz, die Mehrzahl der Gebildeten durch ihren Ueberdruß an der Politik ausgeschlossen waren, so ergab sich als eigentlicher Körper der Versammlung eine ansichts- und erfahrungslose Menschenmenge, welche tief unter ihrer Aufgabe stand. Sie hatten den löblichen Willen, die neue Freiheit zu bewahren, aber nicht das mindeste Urteil über die Gefahr, welche die Freiheit damals bedrohte. Sie wünschten Monarchie und Ordnung, hätten aber jede dahin zielende Maßregel für erdrückende Reaktion gehalten. Ihr Wahlspruch war die Verfassung, die ganze Verfassung und nichts als die Verfassung; sie hatten keine Ahnung, daß für die Erhaltung dessen, was ihnen bei diesen Worten vorschwebte, eine gründliche Reform der Verfassung unumgänglich war. Kurz, sie waren eine verschlechterte Auflage der Lamethschen Partei von 1790: sie erlebten auch genau dasselbe Schicksal wie diese, halfen anfangs auf allen Seiten zur Zerstörung, kamen zu spät zur Besinnung und mußten endlich gezwungen zulassen, was sie selbst in leichtsinniger Unerfahrenheit begonnen hatten.

Wenn man von Parteien in dieser Versammlung redet, so bedeutet der Ausdruck nichts anderes als kleine Gruppen von zwölf bis zwanzig Männern, welche die Rednerbühne oder die Ausschüsse beherrschen und die willenlose Masse der Abgeordneten wechselnd mit sich fortreißen. Zwar schrieben sich gleich anfangs hundertunddreißig Deputierte bei den Jakobinern und etwa zweihundert bei den Feuillants ein; auf die Abstimmungen aber hatte dies keinen bleibenden Einfluß, die Mehrheit schwankte vielmehr nach augenblicklichen Bestimmungsgründen. Was rechte Seite hieß, kam eigentlich niemals zur Thätigkeit, sondern sah sich von Anfang an auf die Verteidigung geworfen. Die alten Häupter der Constituante, Barnave, Lameth, Duport, arbeiteten zwar im stillen, teils im Kabinett der Minister, teils im Klub der Feuillants, um den Verhältnissen durch Einführung des Zweikammersystems größere Stetigkeit zu geben. Allein über das Wie gab es keine Verständigung; man stritt über erbliche Pairie und wählbaren Senat und wagte sich um so weniger in der Nationalversammlung mit einem Antrage hervor. Draußen bekannte sich das Ideal der Partei, der General Lafayette, zu dem Systeme eines amerikanischen Senates, aber ohne irgend welche Energie einer wirklichen Ueberzeugung. Wie er das Königtum nur aus Pflichttreue verteidigte und der Republik alle Gefühle des Herzens zuwandte, so gestand er das Bedürfnis einer zweiten Kammer ein, schöner aber und idealer schien ihm doch die bestehende Verfassung. Er kam darüber weder zu klaren Gedanken noch zu entschlossenem Thun: auch gab er damals seinen Befehl über die Pariser Nationalgarde ab und blieb eine Weile auf seinen Gütern in Auvergne. So war das System der zwei Kammern von Anfang an ein leerer Schemen und nur den Demokraten ein nützlicher Vorwand zu Zorn und Verdächtigung, womit sie denn auch die Pariser Proletarier so kräftig in Bewegung setzten, daß der Klub der Feuillants binnen wenigen Wochen durch den Unfug des Pöbels gesprengt wurde.

Wenn also auf dieser Seite im besten Falle eine schwächliche Defensive aufzutreiben war, so fand sich drüben auf der Linken desto entschlossenere Lust zum Angriff. Die Abgeordneten der Gironde, Vergniaud und Ducos, Guadet und Gensonné, ragten unter den neuen Männern der Versammlung durch persönlichen Anstand, formelle Bildung und rednerisches Talent hervor; sie waren dabei so heiß und radikal wie irgend ein Pariser Volksmann und wurden bald die Lieblinge aller eifrigen Patrioten, welchen die Cordeliers zu schmutzig und die Feuillants zu mattherzig erschienen.

Die Schönheit der Form ist nichts Geringes auch in den furchtbarsten Krisen der Politik; die Gironde verdankt dem oratorischen Zauber, vor allem Vergniauds, einen Nachruhm, den weder ihre Grundsätze noch ihre Thaten hätten verdienen können; denn im übrigen hat sie ohne irgend eine eigentümliche Auszeichnung die Laufbahn der Demagogie zurückgelegt. Sie hat als Opposition die Regierung mit allen Waffen der Anarchie angegriffen und ist dann konservativ geworden, als sie selbst die Regierung führen sollte. In der ersten Hälfte ihres Weges sucht man vergebens irgend einen sachlichen Unterschied zwischen ihr und den Cordeliers. Ungebundenheit der einzelnen und Gewaltthätigkeit der Massen, Nichtbeachtung des Rechtes und Beseitigung des Eigentums, Emancipation des Fleisches und Herabwürdigung der Religion, in all diesen Bestrebungen stimmen die Girondisten mit Robespierre und Marat überein, auch als sie durch persönlichen Ehrgeiz schon auf das bitterste mit ihnen überworfen sind. Sie bleiben in diesen Richtungen genau so lange, bis sie durch die Dolche, welche sie gegen das Königtum in Bewegung gesetzt, das eigene Leben bedroht sehen; dann sind sie mit einem Schlage verwandelt, kämpfen für Ordnung, Gesetz und Eigentum und gehen zu Grunde, weil sie auf einem ihnen so fremden Boden sich nicht zu bewegen wissen und der Anarchie durch ihre früheren Thaten selbst die Dämme abgetragen haben. Ihr Unheil war dann nicht etwa, wie man wohl behauptet hat, ihr wankelmütiger Abfall von der Sache der Pöbelherrschaft, sondern gerade ihre Unfähigkeit, die Umkehr gründlich und vollständig zu vollziehen: sie erlagen nicht der logischen Stärke ihrer Gegner, sondern der sittlichen Konsequenz ihres eigenen Unrechtes, in dessen Folgen sie unwiderruflich verstrickt waren.

Die Vertreter von Bordeaux, welche der Partei den Namen gegeben, haben eigentlich niemals eine leitende Stellung innerhalb derselben eingenommen. Soviel von einer solchen bei ihnen überhaupt die Rede war, kam sie, wunderlich genug, in den Besitz eines heimatlosen Litteraten,

einer politisierenden Dame und eines verborgen wirkenden
Priesters. Diese Hände haben dann den Thron der Cape=
tinger gestürzt und die Umwälzung über Europa fortgeleitet.
Keiner· von ihnen war ein schöpferisches Talent oder ein
mächtiger Charakter ¹); alle aber hatten den eifrigen Willen
zum Zerstören, und mehr bedurfte es nicht, um die morschen
Pfeiler der neuen Verfassung über den Haufen zu werfen.

Der Litterat unter ihnen war Brissot, der am 16. Juli
die Republik hatte ausrufen wollen und jetzt als konstitu=
tioneller Abgeordneter die Hauptstadt in der Nationalver=
sammlung vertrat. Vor seinem unruhigen Ehrgeize lag nun
die Welt geöffnet, und noch ganz andere Dinge als die
Schwächlinge der Constituante dachte er zu leisten. Denn
wenn diese Frankreich nach ihrem Sinne gestaltet hatten,
so konnte er seit den letzten Monaten die Revolution vor
allen Dingen als eine europäische Frage betrachten und
auf einem Schauplatze so weit wie die Welt sein Talent
und seinen Einfluß bethätigen. Im einzelnen waren seine
Wege schwerlich schon bestimmt, er war überhaupt nicht der
Mann, um sich zähe an weitausschauende Pläne zu binden:
aber Zweck und Mittel vereinten sich ihm in der einen For=
derung — immer weitere Unruhe nach allen Seiten. So
schürte er in Frankreich für die Republik, so hatte er seine
Umtriebe in allen Nachbarländern ²), so kam er bald auf
das verhängnisschwere Wort, daß Frankreich auswärtigen
Krieg bedürfe, um seine Revolution zu vollenden. Nichts
war im letzten Sommer der fortschreitenden Revolution ge=
fährlicher erschienen als die Drohung eines Bündnisses
zwischen König Ludwig, den Feuillants und den Mächten:
ein solches Bündnis wurde aber unmöglich oder tödlich für

---

¹) Ueber die Befähigung der damaligen Staatsmänner im
allgemeinen sagt die Roland selbst I, 332: La chose qui m'ait
le plus surprise... c'est l'universelle médiocrité; elle passe
tout ce que l'imagination peut se présenter, et cela dans tous
les dégrés etc.

²) Einzelne Personen sowohl als geschlossene Gesellschaften, sagt
der Bericht Montmorins an die N.=V. v. 31. Oktober, haben es ver=
sucht, die Nachbarvölker aufzuwiegeln.

den König, sobald es gelang, Frankreich in offenen Krieg mit dem alten Europa zu verwickeln. Diesen Krieg, welcher den Thron Ludwigs XVI. stürzen, die französische Gesellschaft aus den Angeln heben und Europa verwandeln sollte, kein anderer Mensch als er und seine Partei hat ihn herbeigeführt und mithin auch kein anderer einen größeren Teil der Verantwortung für die Greuel von 1793 zu tragen. Er warf sich in diesen Strom mit kecker Unbedachtsamkeit; er hatte etwas ideale Begeisterung für die Befreiung der Welt und die Staatsform der Republik, was ihn aber am stärksten trieb, war die persönliche Rastlosigkeit, welche an dem Getümmel und der Erhitzung selbst ihre Lust hat und sich ohne Sorge für kommende Gefahren dem Glücke anvertraut, das dem Kühnen und dem Gewandten hold ist.

Wie Brissot nach außen, so gab der Partei ihre Tendenz nach innen Marie Johanne Roland, die Gemahlin des bisherigen Gewerbeinspektors zu Lyon, mit dem sie vor einem Jahre nach Paris gekommen und gleich in das heftigste demokratische Treiben eingetreten war[1]). Schon im Jahre 1789 hatte sie einem Freunde geschrieben, die Nationalversammlung müsse zwei erlauchte Köpfe fordern, wenn nicht alles wieder zu Grunde gehen sollte, und nach der Flucht des Königs war sie mit Brissot und Robespierre eifrig in der Agitation beschäftigt, welche mit der Emeute des Marsfeldes ein so trauriges Ende nahm. Sie war damals 36 Jahre alt, nicht schön aber interessant, enthusiastisch und ruhelos, talentvoll und unerschrocken, dem Edlen nachstrebend, aber ohne Gefühl für das sittlich Zulässige. Bei allen Gaben aber war auch sie dem gewöhnlichen Lose politisierender Frauen nicht entgangen. Sie hatte den weiblichen Sinn für das Schöne und die menschliche Wärme des Herzens eingebüßt. Damals schwärmte sie nach den Studien

---

[1]) Die neuesten, vervollständigten Ausgaben ihrer Memoiren, von Dauban und Faugères, liefern nur unbedeutende Zusätze zu dem früher bekannten Texte. Interessanter sind die neuerlich entdeckten Briefe an Buzot, bei Dauban, étude sur Mad. Roland. Paris 1864.

ihrer Jugend für eine Republik nach antikem Muster, für spartanische Strenge, römische Tugend und plutarchische Helden, alles Dinge, die mit der Moralität von Paris und der Zerrissenheit Frankreichs einen besonderen Kontrast bildeten. Diese Idealität hielt sie jedoch nicht von dem eifrigen Besuche der Klubs ab, wo es nichts weniger als idealisch oder nur reinlich herging. Später liebte sie ihre Freunde im eigenen Hause zu versammeln und ihren Erörterungen zuzuhören: da hatte sie selten ein anderes Gefühl als Ungeduld über diese Männer, die immer nur in das Allgemeine reden und sich damit alle Begeisterung hinwegsprechen. Dann verhandelte sie mit den Genossen einzeln, rief sie aus ihrer Trägheit und Schläfrigkeit hervor und schalt ihre Bedenken und Rücksichten nieder. Als jemand sie vor der Unbändigkeit des Pariser Pöbels warnte, rief sie, man könne die Schweißhunde doch einmal nicht zum Aufjagen des Wildes entbehren; als ein anderer Mitleid bei einer Beschimpfung der Königin und des kleinen Dauphin zeigte, wandte sie sich hinweg: es handele sich in der Revolution um größere Dinge als um ein Weib und ein Kind. Wer sich für ihr persönliches Wesen begeistern will, muß über diese fanatische Kälte hinwegsehen können; wer ihre staatsmännische Thätigkeit prüft, wird kein anderes Ergebnis erhalten, als daß sie durch ihre Hitze die Partei unaufhörlich vorangetrieben, aber bei ihrer Oberflächlichkeit sehr selten durch einen schöpferischen Gedanken gefördert hat.

Eine weniger bemerkte, aber nicht minder wichtige Rolle spielte in diesem Kreise der Abbé Sieyès. Er leistete, was weder Brissot noch die Roland vermocht hätten: er gab der Partei den weitausschauenden strategischen Plan. Nachdem er sich im Sommer 1789 beinahe an der Spitze der Bewegung gesehen, hatte er sich übellaunig aus der öffentlichen Verhandlung zurückgezogen, als die Revolution nicht überall die geraden Linien seines Systemes einhalten wollte. Er war grimmig über die Welt, die von der Trefflichkeit seiner Schlüsse nicht mehr als von dem Bohren seines Ehrgeizes Notiz nahm, und somit ganz in der Stimmung, zur Ver=

nichtung alles Bestehenden die Hebel anzusetzen. Während der Dauer der Constituante leitete er im stillen gemeinsam mit dem großen Mathematiker Condorcet den Klub der Propaganda[1]), der durch seine Sendboten das Feuer der Revolution in alle Nachbarlande fortzuleiten strebte und damals besonders in Holland, Belgien und Savoyen zahlreiche Anhänger fand: so begegnete er sich ganz von selbst mit dem Kriegseifer der Gironde; wie sehr er im Grunde des Herzens seine jungen und unreifen Republikaner verachtete, so ließ er sich doch herab, mitten in tiefer Verborgenheit ihren leitenden Feldherrn zu machen. Der Mangel praktischen Sinnes, der so leicht dem Gelehrten im politischen Leben hinderlich ist, erschien bei ihm nur in dem Inhalte seiner großen Theorien: für die Behandlung der laufenden Geschäfte, der täglichen Parteikämpfe, der streitenden Personen besaß er berechnende Schlauheit und unverwüstliche Ruhe. So warnte er, die Nation nicht wieder durch den Namen der Republik vorzeitig zu erschrecken, deren Einführung zunächst durch einen Thronwechsel vorzubereiten, überhaupt den Kampf mit verdeckten Mitteln zu führen. Er verstand es, Erfahrungen und Verbindungen aller Art mehr anzudeuten als zu entwickeln, sich stets in geheimnisvoller Ueberlegenheit zu erhalten und allmählich seine Umgebung zu einem Ziele zu führen, dessen Bedeutung von ihr noch kaum geahnt wurde[2]).

Schon aus dieser Mischung höchst verschiedener Einflüsse ist es leicht erklärlich, daß die Gironde nie zu festem und gleichförmigem Auftreten gelangen konnte, wie es die übrigen Faktionen der Jakobiner charakterisiert. Um so schwerer möchte es anzugeben sein, wie im einzelnen der von ihnen erstrebte Staat beschaffen sein sollte; das einzig Sichere war ihr Wunsch, die Herrschaft zu ergreifen, die Revolution

---

[1]) Goltz war in der Lage, hierüber der preußischen Regierung sehr genaue Mitteilungen zu machen.
[2]) Ueber Sieyès vgl. vor allem die von Sayous herausgegebenen Memoiren Mallet du Pans und La Marck an Mercy 30. Oktober.

weiterzuführen und den Kampf gegen die Monarchie mit
allen Mitteln zu Ende zu bringen.
 So rasch wie möglich gingen sie an die brennenden
Fragen, nicht an die großen und dringenden Aufgaben der
inneren Gesetzgebung, die ersehnte Reform des bürgerlichen
Rechtes oder die Neubildung des mit der Kirche zerrütteten
Unterrichtswesens, sondern an den Sturz des Königtums
und zu diesem Behufe an die weitere Verfolgung des Klerus
und der Auswanderer bis zum europäischen Kriege.
 Ehe wir in diese Verwicklung eintreten, überblicken wir
noch einmal die allgemeine Weltlage. Rußland und Schweden
wünschten den Krieg und sprachen diese Gesinnung höchst
geräuschvoll aus, vor allem wo es galt, andere Staaten in
den Hader hineinzuhetzen. Spanien und Sardinien wei=
gerten die Anerkennung der französischen Verfassung, machten
aus ihrer unfreundlichen Gesinnung überall kein Hehl, doch
wußte jedermann, daß ihre Schwäche sie ebenso ungefährlich
machte wie die räumliche Entfernung den russischen Hof.
Daß England auf das bestimmteste sich jeder Einmischung
in die französischen Händel enthalten würde, war der ganzen
Welt bekannt. So kam alles auf die deutschen Mächte an.
Diese hätten ihrerseits nach völkerrechtlichen Begriffen aus=
reichenden Grund zum Kriege gegen das revolutionäre Frank=
reich gehabt, nach der vertragswidrigen Verletzung der El=
sässer Fürsten, worüber im August ein beschwerender Reichs=
tagsschluß ergangen war, sowie nach dem ungehinderten
Treiben der revolutionären Propaganda in dem österreichi=
schen Belgien und in dem mit Preußen verbündeten Hol=
land. So heftig aber auch die geistlichen, militärisch ohn=
mächtigen Fürsten über diese Dinge polterten, so hatte doch
der König von Preußen ohne Rückhalt die französische Ver=
fassung anerkannt und war überhaupt entschlossen, sich in
dieser Frage auf das strengste an die von Oesterreich ein=
gehaltene Linie zu binden. In Wien aber, wie wir wissen,
hatte Leopold keinen anderen Wunsch als Erhaltung des
Friedens. In demselben Augenblicke, in welchem die Gi=
ronde sich zu ihrem Feldzuge anschickte, vollzog auch er die

Anerkennung der französischen Konstitution und wiederholte den Ausgewanderten die feste Weigerung jeglichen Beistandes. So lagen die Dinge auf der Seite des alten Europa. Obwohl seit zwei Jahren von der Revolution gereizt, bedroht und verletzt, hatte man an der entscheidenden Stelle keinen anderen Gedanken als Bewahrung des Friedensstandes. Die durch Ludwigs Flucht veranlaßten Unterhandlungen waren mit der Annahme der Verfassung suspendiert; von Rüstungen war weder in Oesterreich noch in Preußen die Rede, nicht eine Kompanie war auf Kriegsfuß gesetzt.

Einen einzigen Punkt gab es, an welchem Frankreich Grund zu völkerrechtlicher Beschwerde hatte, die Duldung und Ermunterung, welche das Treiben der Emigranten seit kurzem in den Bistümern Worms und Trier fand. Die französischen Prinzen sammelten dort allmählich einen Haufen von 4000 Mann, bildeten daraus bewaffnete Bataillone und Schwadronen und posaunten in alle Welt ihre Absicht hinaus, im Dezember den Einbruch in Frankreich zu beginnen. Die beiden Bischöfe, auf die Verletzung der kirchlichen Rechte im Elsaß pochend, leisteten ihnen dabei jeden ersinnlichen Vorschub, und offenbar gab, solange das Deutsche Reich nicht selbst dem Könige von Frankreich den Krieg erklärt hatte, ein solcher Vorgang dem letzteren gerechten Anlaß zur Klage. Immer aber kam auch hier noch alles auf die Art der Behandlung an. Zunächst waren die revolutionären Parteien die letzten, denen ein heftiges Auftreten zustand, da im rechtlichen Sinne das Verhalten der deutschen Bischöfe nicht schlimmer war als das Treiben der französischen Propaganda und es thatsächlich höchst zweifelhaft erscheinen muß, auf welcher Seite die größere Gefahr für die bestehende Verfassung lag. Denn auch an bewaffneten Emigrantenrotten fehlte es hüben so wenig wie drüben; geflüchtete belgische Demokraten rüsteten im Norddepartement ganz öffentlich einen Freischarenzug gegen Brüssel[1]). Und sie hatten

---

[1]) Von der französischen Regierung selbst eingestanden in der Note des Grafen Noailles, 11. Januar 1792. Vivenot, Quellen I, 316.

starken Anhang in Belgien, während die französischen Prinzen völlig ohnmächtig waren gegenüber einem Volke, welches trotz aller sonstigen Spaltungen gerade ihnen, wie der Juni gezeigt, vier Millionen bewaffneter Bürger entgegenstellte. Es war eine Lächerlichkeit, wenn die Pariser Demagogen über diese Handvoll Leute ernste Sorge heuchelten; es war eine traurige Urteilslosigkeit, wenn sich dadurch eine Masse guter Bürger in Angst und Zorn hineinpeitschen ließ. Viel bedenklicher ohne alle Frage als die Rüstung der Prinzen waren für die Revolution die kirchlichen Händel im Innern; nur hatte auch hier durch den Erlaß der Civilverfassung die Revolution den Krieg begonnen, wie sie jetzt den Angriff auf Kaiser und Reich zu eröffnen im Begriffe stand. Nichts wäre bei Leopolds weltkundiger Abneigung gegen die Emigranten leichter gewesen, als durch eine ruhige und ernste Unterhandlung zur Abhülfe und zum Einverständnis zu gelangen: aber vom ersten Tage an bewies die Gironde durch ihr tobendes Vorgehen, durch jedes Wort ihrer Redner, daß eben die Verhinderung des Einverständnisses, daß die Entzündung des Weltkrieges ihr einziger Zweck war.

Es ist wichtig, diese unzweifelhaften Thatsachen fest in das Auge zu fassen, um sich von einer der größten Täuschungen frei zu erhalten, welche durch Partei- oder Nationalinteresse um ein großes geschichtliches Ereignis gelegt worden sind. Tausendmal ist es wiederholt worden: der Krieg, welchen Frankreich gegen die Mächte erklärte, sei nur die Abwehr der Feindseligkeit gewesen, womit diese die Freiheit von 1789 und die Verfassung von 1791 bedroht hätten. Gemäßigtere Freunde der Revolution haben wenigstens eine fatalistische Auffassung ausgesprochen, der sich dann auch aus unparteiischer Objektivität einzelne deutsche Historiker angeschlossen haben: es sei hier überhaupt von persönlichem Willen, von menschlicher Verschuldung und Zurechnung nicht zu reden, vielmehr durch eine unwiderstehliche Naturkraft das alte und das neue Europa in den verhängnisvollen Kampf hineingerissen worden. In Wahrheit aber sind wenige geschichtliche Thatsachen gewisser als das gerade

Gegenteil jener Sätze. Das neue Frankreich, wie es durch den 4. August eingeweiht worden, hätte in voller Verträglichkeit neben dem heiligen römischen Reiche bestehen können, so gut wie heute das republikanische Amerika neben den europäischen Monarchien besteht, wenn nicht die brausende Leidenschaft der Gironde in dem Bruche mit Deutschland das wirksamste Mittel für ihre zweite Revolution gefunden hätte. Hier das Maß der Verantwortung zu schmälern, heißt entweder die genaue Forschung oder die sittliche Pflicht der Geschichtschreibung verleugnen. Nein, nach völlig freiem Entschlusse ist der Krieg durch die Gironde begonnen worden, um die monarchische Verfassung von 1791 zu beseitigen, und Ludwig XVI., die Feuillants und Kaiser Leopold wurden von ihnen gedrängt, weil sie alle diese letzte Stellung vor der Republik gegen den Angriff der Jakobiner zu behaupten suchten. Der König wünschte für spätere Zeiten eine Reform der Verfassung auf friedlichem Wege, die Gironde aber drängte zum Kriege, um den gewaltsamen Sturz der Verfassung sofort zu erreichen. Bei der augenblicklichen Ruhe bedurfte sie dazu einer erneuerten Gärung, sie mußte durch ein starkes Reizmittel die Masse der Nation wieder in die Wege der Jakobiner zurückschrecken. Was bei der Flucht des Königs geschehen, gab dazu die Mittel in die Hand. Wenn man dem Volke die Einbildung beibrachte, daß König, Priester, Emigranten und Ausland einverstanden seien, mit deutschen Truppen das alte Staatswesen wieder einzuführen, dann, mußte man, würde die unermeßliche Mehrzahl des Volkes sich zu den Jakobinern gesellen.

Demnach nahm man seine Stellung. Man hatte Eile, denn ein erster Angriff auf die Krone, ein Beschluß, dem Könige die Titel Sire und Majestät zu entziehen, war einer allgemeinen Mißbilligung bei den Pariser Bürgern begegnet: dringend empfand man das Bedürfnis, auch diese ruhigen Schichten der Bevölkerung wieder in Gärung zu versetzen. Rasch nacheinander also wurden Verfolgungsdekrete gegen Priester und Auswanderer beantragt. Zuerst am 7. Oktober sprach Couthon über die Priester, ein lahmer und gebrechlicher Mensch von mildem und freundlichem Wesen im privaten Verkehr, nach seinen politischen Ansichten aber enge mit Robespierre befreundet, und gab gleich das Maß für die Verhandlung, indem er die bloße Anwesenheit der eidweigernden Priester für ein Hinderniß der Ruhe erklärte. Claude Fauchet, der sich durch die Reden im sozialen Zirkel die bischöfliche Würde im Departement Calvados verschafft und hier die Bauern in wilder Anhänglichkeit an die alte Kirche gefunden hatte, forderte, daß der Staat die Schlangen in seinem Busen wenigstens nicht selbst ernähre und also den eidweigernden Priestern ihre Pensionen entziehe. Man bemerkte rechts ohne Erfolg dagegen, daß die Pensionen eine Entschädigung für das eingezogene Kirchengut und von der Verfassung selbst gewährleistet seien: von der Linken kam vielmehr Isnard auf Couthons Ansicht zurück und forderte Verbannung der Priester aus dem Reiche, unter wütendem Beifalle der Zuhörer, die bei dieser Versammlung eine noch größere Rolle als bei der vorigen spielten. Indessen blieb die Mehrheit bei Fauchets Antrag stehen, welcher der Staatskasse 30 Millionen zu ersparen verhieß, und gab außerdem nur den Distriktsbehörden die Befugnis, widerspenstige Priester aus dem Bezirke zu entfernen.

Gleichzeitig war man auch gegen die Auswanderer vorgeschritten. Die Rechte stützte sich wieder auf die Verfassung, welche die Freiheit der Auswanderung gewährleistete: sie nahm außerdem Bezug auf die allgemeine Amnestie, womit die Constituante ihre Thätigkeit geschlossen hatte. Hier ergriff denn Brissot die Leitung des Angriffs. Seine große Rede vom 20. Oktober, mit der er zuerst seine Führerstellung in dem Hause einnahm, ist deshalb merkwürdig, weil sie deutlich zeigt, daß es ihm mehr auf die Mächte als auf die Auswanderer ankam und die letzteren ihm nur ein Mittel zum europäischen Kriege waren. Während er gegen die Ausgewanderten gelindere Mittel als irgend einer seiner Freunde vorschlug, mahnte er um so glühender den Stolz der Nation gegen die Mächte auf, die er ohne weiteres als Beschützer der Emigration bezeichnete: sie seien zwar ungefährlich, entfernt, friedliebend oder ohnmächtig, aber um so mehr empfehle es sich, durch festes, bewaffnetes Auftreten ihnen die Lust zur Einmischung oder Vermittelung zu benehmen. Die Gironde war damit vollkommen einverstanden, aber es erschien den meisten unter ihnen thöricht, nach seinem Vorschlage die Auswanderer durch Drohungen zur Rückkehr zu bestimmen. Wie man die Priester zu verbannen wünschte, so wollte man die Auswanderer gerade nicht zurückrufen, sondern ihre Entfernung und die Angst vor ihren Rüstungen verewigen. Dazu gab es keinen einfacheren Weg, als durch Schreckensmaßregeln zugleich ihr Ehrgefühl zu reizen und ihre Sicherheit gefährdet zu zeigen. So kam am 9. November ein Beschluß zu stande, welcher den 1. Januar als Frist zur Rückkehr setzte, die Prinzen und Beamten, welche dann nicht erschienen, ohne weiteres zum Tode verurteilte und die gleiche Strafe den übrigen androhte, wenn sie an einer Rottierung teilnähmen. Das Begehren der Rechten, den Begriff der Rottierung näher zu bestimmen, wurde abgelehnt, dann aber der diplomatische Ausschuß beauftragt, über die fremden Mächte näheren Bericht zu erstatten.

Der König, der vierzehn Tage früher seine Brüder, wir sahen mit welcher Dringlichkeit, zur Ruhe ermahnt hatte, konnte sich doch nicht entschließen, an der barbarischen Härte des Dekrets Anteil zu nehmen, und legte sein Veto dagegen ein. Allerdings erließ er zugleich am 12. November ein Manifest gegen die Bestrebungen seiner Brüder: aber was half ihm dies gegenüber den Angriffen der republikanischen Partei? Klubs und Presse klagten jetzt um die Wette über das Einverständnis zwischen Ludwig XVI., den Emigranten, den Mächten. Zugleich faßte die Partei damals an der wichtigsten Stelle des hauptstädtischen Lebens festen Fuß, indem die Amtszeit des Maire zu Ende ging und sich hier Gelegenheit bot, die mächtigste Behörde des Reiches im revolutionären Sinne zu besetzen. Der hervorragendste Bewerber der rechten Seite war General Lafayette, der in diesem Posten sein ganzes früheres Ansehen wieder zu gewinnen hoffte. Die Volksmänner aber, welche ihn seit dem 17. Juli tödlich haßten, boten alles auf, um einem der Ihrigen den Sieg zu verschaffen, und richteten ihre Blicke auf Pétion, der in der Constituante zu dem kleinen Kerne der äußersten Linken, Robespierre, Salles, Grégoire, gehört hatte. Sie erhielten hier einen unerwarteten Bundesgenossen an dem geheimen Einflusse des Hofes, der seit 1790 von niemand härteren Druck als von Lafayette erfahren hatte und Pétion für unbedeutend und bestechlich hielt. Das Beste that immer die Trägheit der großen Masse der Bürger, da fast 70 000 Stimmberechtigte, die gewiß nicht alle für Pétion gewesen wären, zu Hause blieben und dieser es so am 16. November mit 6000 Stimmen von 10 000 über Lafayette davontrug[1]. Die übrigen Wahlen fielen nicht besser aus; ein eifriger Genosse Brissots, Roederer, wurde Syndikus des Departements, Manuel, ein ebenso fanatischer wie frivoler Litterat, Procureur, Danton endlich, der Führer der Cordeliers, Procureur=Substitut der Stadt Paris[2].

Am 22. November erschien der Bericht des diplomatischen Ausschusses über die auswärtigen Angelegenheiten. Noch einmal hatte in demselben die gemäßigte Meinung den Platz behalten; er begnügte sich mit dem einfachen Antrage: die Regierung möge die nötigen Schritte thun, um die rheinischen Kurfürsten von einer ferneren Begünstigung der Emigranten und ihrer Rüstungen abzuhalten. Dies war ganz im Sinne des Hofes, des Ministers Delessart, der soeben an Montmorins Stelle getreten war, und der ihn leitenden Feuillants, der Lameths, Barnaves, Duports, welche sämtlich den Krieg scheuten, aber durch die Verhandlungen, welche der Ausschuß vorschlug, den vielersehnten Kongreß der Mächte herbeizuführen meinten. Denn an diesem Hoffnungsbilde hielten sie eifrig fest, seitdem es Kaiser Leopold in Padua und Pillnitz öffentlich vor Europa aufgestellt hatte. Die Königin korrespondierte darüber fort

---

[1] Vgl. Mortimer=Ternaux I. 44.
[2] Dieser mit 1162 Stimmen unter 81 000 Berechtigten.

und fort mit Mercy in Brüssel und drängte durch diesen ihren Bruder auf das eifrigste, endlich zum Werke zu schreiten. Es war noch immer dieselbe Ansicht, daß ein europäischer Kongreß, mit starker Waffenmacht hinter sich, die Emigranten beseitigen, die guten Bürger ermutigen, die Jakobiner einschüchtern würde. Es war auch noch immer dasselbe Ziel, ohne Herstellung des Klerus, der Feudalität und der Parlamente, die neue Verfassung im monarchischen Sinne zu reformieren, durch einheimische Kräfte, durch Erhebung der gemäßigten Parteien.

Die Gironde, welche nichts mehr als einen solchen Einfluß der Mächte auf die Mittelklassen oder die Jakobiner befürchtete, that alles, um durch offenen Bruch mit Oesterreich das System im Keime zu ersticken. Indessen kann man zweifeln, ob sie damals schon die Mehrheit gewonnen hätte, wäre ihr nicht von der Rechten selbst eine entscheidende Hülfe zugekommen. Lafayette nämlich kannte im allgemeinen die Wünsche der Lameths, Delessarts, des Kaisers, ohne bisher eine bestimmte Stellung dazu zu nehmen. Ueber das Ziel derselben, die Einführung einer zweiten Kammer, hätte er sich vielleicht mit ihnen verständigt, wenn auch über die Bildung derselben die Ansichten noch auseinander gingen. Aber nimmermehr mochte er sich auf ihre Wege einlassen. Es war etwas Nationalstolz dabei, der ihn gegen den Einfluß der Mächte sich sträuben ließ; zugleich aber machte ihm seine Eigensucht den Gedanken unerträglich, daß die verhaßten Lameths den König retten und die Macht davontragen sollten. Schloß er sich dagegen der Gironde an, so konnte ihm die Führung des Heeres und des Krieges nicht entgehen; er erinnerte sich an die alten Pläne zu Gunsten der belgischen Freiheit, er sah sich wieder mit der Fülle der Ehren und der Volksgunst umgeben. Er entschloß sich für den Krieg.

Der größte Teil der rechten Seite stand unter seinem oder seiner Freunde Einfluß. Der erste Schritt war die Aufstellung eines streitfähigen Heeres. Die wenigen Royalisten der Versammlung wagten keinen Widerspruch; Barnave selbst hatte geäußert, daß ohne ein tüchtiges Heer im Innern nicht weiterzukommen sei; sie meinten, die Verstärkung der Armee bringe noch keinen Krieg, wohl aber könne sie die Zucht der Truppen kräftigen und dadurch dem König eine nach innen zuverlässige Streitmacht verschaffen. Was die Linke betraf, so sprach Jsnard ihre Hoffnungen mit rückhaltlosem Ungestüm aus: wenn das französische Volk den Degen einmal zieht, wird es die Scheide weit hinwegwerfen; entzündet von dem Feuer der Freiheit kann es allein, wenn man es reizt, das Angesicht der Erde verwandeln und die Tyrannen auf ihren thönernen Thronen zittern machen. So wurde am 29. November, an demselben Tage, an welchem das Priesterdekret seine schließliche Fassung erhielt, unter dem Jubel aller Parteien [1]) beschlossen, der König möge die Kurfürsten zur Auflösung des Emigrantenheeres auffordern, die Entschädigung der im Elsaß begüterten deutschen Fürsten rasch erledigen, das diplomatische Personal in patriotischem Sinne wechseln und sofort die nötigen Streitkräfte an den Grenzen versammeln, um dem allen Nachdruck zu geben [2]).

Der Hof war überwältigt durch diese plötzliche Einigkeit der Parteien. Vergebens ließ Malouet raten, der König solle vor jeder anderen Antwort seinen Willen erklären, von Paris hinweg etwa nach Fontainebleau zu gehen; vergebens warf sich Montmorin der Königin zu Füßen, sie möge lieber

---

[1]) Dies erkennt jetzt auch Mortimer-Ternaux I, 42 an.
[2]) Mémoires de Lafayette VI, 42; mémoires de Vaublanc I, 335. Vaublanc war selbst in der Versammlung für diese Dinge thätig, im Sinne Lafayettes, den er als Feldherrn des aufzustellenden Heeres bezeichnete. Es ist ein starker Irrtum, wenn Buchez (VI, 284 der zweiten Ausgabe) Vaublanc hier für ein Werkzeug des Hofs und der Feuillants hält, die von Rüstungen nichts wissen wollten. L. Blanc VI, 219 ff. meint ebenso grundlos: Narbonne und Lafayette hätten nicht den wirklichen, ernsten Krieg gegen die Mächte, sondern nur kleine Angriffe gegen die rheinischen Kurfürsten gewollt. Eine solche Unterscheidung gab es nicht: damals wußte jedermann, daß ein Angriff auf Trier oder Worms den Krieg mit dem Kaiser sofort zur Folge haben würde.

gleich der Gefahr entgegengetreten als sich durch längere Nachgiebigkeit vernichten. Man hatte Furcht vor den Folgen jedes Widerstandes, Furcht vor dem nächsten Unheil einer Insurrektion [1]). Der König gab der Nationalversammlung eine im allgemeinen zustimmende Antwort. So war der erste Schritt zum Kriege gethan; die befohlene Rüstung mußte eine entsprechende auf deutscher Seite hervorrufen, und auf diesem Gebiete zieht Eisen bekanntlich Eisen an. Was die Linke wollte, lag jetzt in thatsächlicher Klarheit vor aller Augen: niemand konnte weiter glauben, daß sie, der Herold des Krieges, durch europäische Androhung eines Krieges zum Verzicht auf ihr Programm bestimmt werden könnte. Und auch die andere Hoffnung der Kongreßfreunde, eine Ermutigung der Mittelklassen durch die fremde Einmischung, zeigte sich in diesen Tagen als irrig: gerade im Gegenteil, das Bild des europäischen Kongresses hatte den Nationalstolz auch der bürgerlichen Bevölkerung schwer verletzt und dadurch den Republikanern unendliche Verstärkung zugeführt. Aber die Königin blieb in ihrer Täuschung. Bei aller sonstigen Geisteskraft fehlte der Kaisertochter die Fähigkeit, die Geister der Revolution zu begreifen: dieser Mangel, nicht aber eine dämonische Leidenschaft [2]) hat sie in ihr Verhängnis gezogen. Weil eine Menge der Demagogen feige und käuflich war, traute sie der Partei überhaupt weder Mut noch Fanatismus zu [3]). Weil die Pariser Bürger nicht gegen die Klubs sich zu erheben wagten, glaubte sie überhaupt bei dem Volke an keinen ernsten Widerstand gegen ein europäisches Machtgebot. So hielt sie auch jetzt noch die Wirkung eines bewaffneten Kongresses für gar nicht unwahrscheinlich. Zuletzt aber, wenn alles fehlschlüge, wenn alle Franzosen ihr versagen sollten, dann erschien ihr erst recht im vollen Maße der Waffenschutz der Fremden als das einzige Rettungsmittel. Ohne ihn wäre dann das Verderben

---

[1]) Mallet du Pan, mémoires I, 248.
[2]) Ranke, Revolutionskriege, 137.
[3]) Malouet, mémoires II, 157. Vgl. den Brief der Königin an Mercy, bei Arneth, Marie Antoinette, Joseph II. und Leopold II., 244.

ihres Gemahles und Sohnes in jedem Falle unausbleiblich; träte aber Europa dazwischen, so wäre inmitten töblicher Gefahren doch stets die Möglichkeit des Heiles gegeben. In solcher Stimmung schrieb sie den 3. Dezember nicht bloß wie sonst nach Wien oder Brüssel, sondern an die Kaiserin von Rußland, sowie an die Könige von Schweden und Spanien, so sehr sie auch jenen bisher wegen ihrer Begünstigung der Emigranten gezürnt hatte. An alle richtete sie die dringende Bitte, bei dem drohenden Auftreten der revolutionären Kräfte so schnell wie möglich zu dem bewaffneten Kongresse zu schreiten. Ein eigenhändiges Schreiben gleichen Sinnes sandte Ludwig an den König von Preußen [1]) und gab zugleich dem Baron Breteuil ausführliche Weisung, bei allen Höfen für den großen Zweck thätig zu sein. Er verbarg sich dabei nicht die Möglichkeit, daß das ersehnte Mittel in verkehrter Richtung wirken, der Kongreß die Jakobiner nicht mit Furcht, sondern mit Wut erfüllen und dann also nicht zu geordnetem Frieden, sondern zu beschleunigtem Kriege führen könnte. In diesem Falle, meinte er, sei zu hoffen, daß sein offizielles Handeln bei den Mächten keine Mißdeutung erfahren, in Frankreich aber jeden Argwohn eines Einvernehmens mit den Fremden verhüten werde. Scheinbar werde er dann den Krieg gegen die Mächte selbst leiten, im stillen jedoch alles thun, um die Krisis so schnell wie möglich zum Heile des französischen Königtums zu beendigen. Wir sehen, auf welch abschüssige Bahn gleich dieser erste Schritt des verdeckten Spieles den unglückseligen Fürsten stellte. Wie hätte die Gironde, wären ihr diese Erwägungen Ludwigs bekannt gewesen, schon damals die Richtigkeit ihrer Rechnung preisen dürfen! Wenn ihr die Kriegserklärung gelang, so war es schlechterdings unmöglich, daß Ludwig nicht zum Verbündeten des Landesfeindes, nicht zum

---

[1]) Dies ist das von Bertrand und Beauchamp zu 1790 gesetzte, oben erwähnte Schreiben. Bertrand wollte es 1800 in Berlin einsehen, der König aber weigerte es und befahl strenge Sekretierung des Briefes. Höchst wahrscheinlich hat Bertrand eine Abschrift durch Breteuil oder dessen Vertreter Caraman erhalten.

Feinde des eigenen Volkes wurde. Aber ebenso unnötig ist hier noch eine weitere Erörterung, wen die Verantwortung für alle folgenden Schritte des auf den Tod bedrängten Monarchen belastet.

Die Folgen des Dekrets vom 29. November entwickelten sich zunächst in Paris mit unaufhaltsamer Schnelligkeit. Der Kriegsminister Duportail, ein eifriger Vertreter der Friedenspolitik, gab sofort seine Entlassung: und Ludwig, nachdem er den offenen Widerstand gegen das Dekret nicht gewagt hatte, konnte nicht umhin, das erledigte Portefeuille im Sinne der neuen Richtung zu vergeben. Er wählte einen Mann, der wenigstens durch seine Geburt aus der alten vornehmen Welt entsprossen war und in seiner Gesinnung eine warme Ergebenheit gegen den Thron zur Schau trug. Allein trotz dieser Eigenschaften gehörte Graf Ludwig Narbonne nach seinem Dichten und Trachten zu jener jüngeren Generation des französischen Adels, die sich bei dem Anfange der Revolution so lebhaft beteiligt und auf verschiedenen Punkten so großen Einfluß ausgeübt hatte, zu jenem Kreise geistreicher und frivoler Lebemänner, die in die Revolution wie sonst in eine Hofintrigue als ein Mittel persönlichen Ehrgeizes eintraten und bei aller Demagogie doch immer vornehme Herren, reich, glänzend und lebenslustig blieben. Narbonne war mit den größten Mustern dieses Schlages, mit dem orleanistischen Biron und dem fayettistischen Talleyrand, von Jugend auf gleich befreundet, dann durch letzteren mit Lafayette in nahe Verbindung getreten. Abgesehen von politischen und sittlichen Grundsätzen war er im übrigen liebenswürdig, brav und gewandt, ein Mann, der mit derselben Keckheit einen mißlichen Liebeshandel, einen kühnen Husarenstreich und ein über den Staat entscheidendes politisches Experiment unternahm und zuletzt auch das eine ebenso verführerisch wie das andere fand. Er wurde durch Lafayette und Talleyrand[1]) den offiziellen Kreisen empfohlen; außerdem aber beschützte ihn Neckers

---

[1]) Morris' diary, 4. Febr.

Tochter, Frau v. Staël, die soeben mit ihrem Gemahl, dem schwedischen Gesandten, nach Paris gekommen war, sich als Kind ihres großen Vaters, als geistreiche Frau und begeisterte Patriotin fühlte, und mit prickelnder Ungeduld ihren Einfluß nach allen Seiten auszudehnen suchte. Der Gemahl war der Vertreter eines Fürsten, welcher an der Spitze der Auswanderer einen Kreuzzug gegen die ganze Revolution unternehmen wollte; Frau v. Staël aber ließ sich durch so bürgerliche Rücksichten nicht aufhalten, und in ihrem Salon wurde Narbonnes Ernennung zum Minister des Revolutionskrieges durchgesetzt. Denn so und nicht anders nahm Narbonne seine Aufgabe. Er hing mit der Gironde durch die Freundschaft einer anderen Dame, der Frau v. Condorcet, zusammen; er sah Brissot häufig und verständigte sich mit ihm ohne Mühe. Freilich war er von dessen republikanischen Plänen noch weiter als Lafayette entfernt: er wollte vielmehr die Monarchie erhalten und wo möglich heben. Aber man müsse seine Zeit verstehen, heute gehe es nicht ohne breite Volkstümlichkeit und verwegene Demagogie, wer hier aber unerschrocken und freiheitliebend zugreife, bedürfe keines Kongresses der auswärtigen Mächte. Im Gegenteil, von diesen das Heil erwarten, verrate eine entwürdigende Abhängigkeit; eben jetzt mit den vorgeschlagenen Rüstungen sei man auf dem rechten Wege, man schaffe sich zunächst ein tüchtiges Heer und Respekt nach außen und innen; indem man sich dann selbst an die Spitze der Bewegung setze, sichere man den Frieden am besten, und wenn es dennoch zum Kriege kommen sollte, so müsse man nur geschickt und verwegen sein und werde Europa und Jakobiner zugleich zu Paaren treiben.

Der König, dem es damals ganz an einflußreichen Ratgebern fehlte — denn Barnave wurde von ihm nie, von der Königin selten gehört, die anderen Feuillants hatten nur mit den Ministern zu thun [1]) — der König wußte

---

[1]) Pellenc an La Marck. 3. Januar. (Correspondance entre Mirabeau et La Marck, vol. III.)

keinen scheinbaren Grund gegen diese Erörterungen. Die anderen Minister wagten nicht, zugleich ihrem Kollegen und der Versammlung entgegenzutreten, und so verkündete Ludwig am 14. Dezember dem Reichstage, daß er dem Kurfürsten von Trier erklärt habe, wenn binnen einem Monat das Emigrantenheer nicht aufgelöst sei, werde man ihn als Feind betrachten; daß an der Nordgrenze 150000 Mann in drei Heeren unter den Generalen Rochambeau, Luckner und Lafayette aufgestellt werden sollten; daß er, der König, den Krieg beantragen werde, falls die Vorstellungen fruchtlos blieben. Die Versammlung sprach ihre hohe Genugthuung für so viel Kraft und Vaterlandsliebe aus, beschloß anstandshalber ihrerseits die Entwaffnung der belgischen Flüchtlinge und ließ es sich in dieser Stimmung fast schweigend gefallen, daß Ludwig fünf Tage später das Priestergesetz, wie vorher das Emigrantendekret, zurückwies[1]).

Wenn jemand bei der Anmeldung einer Beschwerde sogleich mit Waffengewalt droht, wenn er diese Drohung im offenen Parlamente vor Europa verkündet und gleichzeitig die Mobilmachung einer großen Heeresmacht beginnt, so bekennt er sich schon damit vor aller Welt zu dem Streben, nicht den Frieden, sondern den Krieg herbeizuführen. Bei ihrer Waffnung blieben aber die Gedanken Narbonnes und seiner Freunde nicht stehen. Sie sahen sehr wohl, wie unzulänglich die französischen Streitkräfte damals gegen ein Bündnis Europas waren: sie entwarfen also den Plan, das ganze Alliansystem des bisherigen Frankreich umzuwandeln und durch neue Verbindungen das alte Europa auf den Kopf zu stellen[2]). Der erste Antrieb dazu ging von Biron aus: einst war er der Held der vornehmen Gesellschaft aller Residenzen gewesen, schön, reich, verschuldet, in Abenteuern, Liebeshändeln, Raufereien berühmt, mit allen Intriganten befreundet, eine Weile von der Königin be-

---

[1]) Ich gebe so oft nach, sagte er, daß man mir auch einmal den Willen thun kann. Pellenc l. c.
[2]) Das Folgende aus der ungedruckten Korrespondenz zwischen Narbonne, Biron und Talleyrand. Dépôt de la guerre, Paris.

günstigt, dann ein Gefährte des Herzogs von Orleans, jetzt als General beim Nordheere erfüllt von dem Ehrgeize, eine kriegerische Rolle zu spielen. Kaum hatte er Narbonnes Ernennung erfahren, so schrieb er dem gemeinsamen Freunde Talleyrand: die Maßregel des 14. ist herrlich, wenn ihr Preußen gewinnt, im entgegengesetzten Falle spielt ihr gewagtes Spiel mit schlechten Karten. Talleyrand ging mit Freuden darauf ein. Hier liegt unser Heil, antwortete er, ist der König von Preußen für uns, so sind wir Herren der Stellung, das Mißtrauen schwindet, die Verfassung gewinnt Boden. Beide vereinten sich dann weiter, auch England hinzuzuziehen, welches, wie sie hofften, schon nach seinem bisherigen Bunde mit Preußen sich gerne anschließen würde. Die von dem Reichstage begehrte Erneuerung des diplomatischen Personales bot ganz von selbst den Anlaß zu solchen Unterhandlungen, und Biron, der alle liederlichen Elemente des Berliner Hofes auswendig wußte, machte eifrige Vorschläge über diese Gesandtschaft. Man sieht, in wie lustiger Weise die vornehmen Glücksritter hohe Politik trieben. Mit einer Kammerdiener- und Kupplerintrigue meinten sie die Stellung der großen Reiche wie Thon in ihren Händen umzuformen. Wenn Bischoffwerder hinreichende Gelderbietungen gemacht würden, schmeichelten sie sich, Preußen zum Verbündeten der Revolution gegen Oesterreich zu gewinnen, Preußen, dessen König gerade damals von Entrüstung über die frechen Kriegsreden der Gironde überfloß und in Wien immer entschiedener zu kräftigem Auftreten gegen diese Friedensstörer mahnte. So mußte denn Biron auch in Paris gleich auf der Schwelle seines Systems erleben, daß Barnave und Delessart, welche Freundschaft mit Oesterreich, aber keine Kampfgenossen gegen dasselbe suchten, zwar dem Scheine nach auf Narbonnes Wünsche eingingen, dann aber durch die Sendung des Grafen Ségur, eines in Berlin mißliebigen Mannes [1]), jede Wirkung von

---

[1]) Er hatte 1789 in Petersburg gegen Preußen gearbeitet. Dazu ging ihm das Gerücht voran, er bringe schwere Bestechungsmittel mit. Die Berichte des Grafen Goltz thun dar, daß sein

vornherein vereitelten. Biron wütete, als er es erfuhr, gab alle Hoffnung auf und nahm sich vor, gegen den verräterischen Minister bei der Nationalversammlung gebührende Klage zu erheben. Fürs erste aber war man nur noch an die militärischen Maßregeln gewiesen.

Bei der Zerrüttung des ganzen Heerbestandes war dazu das dringendste eine reichliche Geldbewilligung. Narbonne begehrte also einen außerordentlichen Zuschuß von 20 Millionen in klingender Münze, eine Summe, die bei damaligem Stande des Papieres wenigstens 30 Millionen in Assignaten kosten mußte. Für gewöhnliche Staatsmänner hätte dies allein zu gründlicher Vertreibung aller Kriegsgedanken ausgereicht, da die finanzielle Verlegenheit bereits unermeßlich war. Die Erhebung der direkten Steuern war null. Jetzt am Jahresschlusse waren noch nicht einmal die Departements mit der Bestimmung ihrer Quoten fertig, und deren Verteilung auf die Gemeinden und die Steuerpflichtigen stand noch völlig zurück. So lieferte statt der regelmäßigen Monatseinnahme von 48 Millionen der September 40, Oktober 28, November 30, das Vierteljahr ergab mithin einen eingestandenen Ausfall von 46 Millionen oder fast einem Drittel der erwarteten Einnahmen. Sei es nun, daß in Wahrheit diese Beträge noch ungünstiger standen, sei es, daß die außerordentlichen Ausgaben mehr als ihre amtlichen Ansätze betragen hatten, genug, zu Anfang Dezember waren die 600 Millionen, welche die Constituante im Juni dekretiert hatte, verbraucht, 472 davon auf die Tilgung der Schuld, also 128 auf die Ausgaben der Jahresverwaltung verwandt worden. Da die Constituante 800 Millionen zugesetzt hatte, so war hiernach kein Zweifel möglich, daß bis zu Ende des Jahres die revolutionäre Regierung eine Milliarde von dem Kapital des Staats verzehrt haben würde.

Auf die Nationalversammlung machte es geringen Eindruck. Ihr Vertrauensmann in Finanzsachen war ein Fa-

---

Vorgänger in der Berliner Botschaft, du Moustier, diese Anklage verbreitet hatte. Vgl. Revue historique I, 170.

brikant aus Montpellier, Peter Joseph Cambon, der seinen
ungelehrten Kollegen vielleicht durch die Kenntnis kaufmän=
nischer Buchführung imponierte, jeden Widerspruch gewöhn=
licher Staatsklugheit mit patriotischer Energie niederdonnerte
und die Hülfsmittel der Revolution, wenn man nur auf den
Wegen der Revolution bliebe, für unerschöpflich erklärte. In
der Constituante hatte sich Montesquiou wenigstens die Mühe
ausführlicher Erörterung gegeben; die ganze Wahrheit kam
auch hier niemals zum Vorschein, aber man suchte doch den
Schein zu retten, die Ausgaben zu belegen, die Einnahmen
nachzuweisen und so eine gewisse Bilanz auf dem Papiere
herzustellen. Jetzt war von dem allen keine Rede mehr.
Cambon sagte in drei Worten, die Kasse sei leer, folglich
neues Papier anzufertigen; die Fünflivresscheine hätten die
Silberthaler aus dem Verkehre verdrängt, folglich müßten
die neuen Assignaten in Scheine von 10 und 15 Sous ge=
teilt werden. Zwei Redner schilderten hierauf das Unheil,
welches die arme Klasse durch die Ausgabe eines so wert=
losen Papieres treffen würde; niemand versuchte sie zu wider=
legen, weil die Maßregel, einerlei ob gut oder übel, in
jedem Falle unvermeidlich schien. — Am 17. Dezember be=
fahl man die Anfertigung von 300 Millionen Assignaten,
so daß die Gesamtmasse jetzt 2100 Millionen betrug. Das
Maximum des Umlaufes, bisher 1400, wurde auf 1600
Millionen gestellt, und die Emission allmählich in Scheinen
von 50 bis 10 Sous vollzogen.

Somit waren Geldmittel vorhanden, und die Gironde
bereitete sich mit frischem Mute zu der Verhandlung über den
von Narbonne begehrten Kredit. „Der Krieg," rief Brissot,
„ist eine nationale Wohlthat, das einzige Unglück wäre,
keinen Krieg zu haben. Wenn die Fürsten uns angreifen
wollen, so müssen wir ihnen zuvorkommen, wollen sie es
nicht, so müssen wir ihren Possen mit Schwertstreichen ein
Ende machen." Selbst Brissot erkannte noch an, daß der
letzte Fall vorhanden und der Kaiser keineswegs streitlustig
war: „aber," setzte er hinzu, „man muß ihm auf seine Deu=
teleien wegen der Elsasser Fürsten sagen, daß die Hoheit

der Völker durch die Verträge der Tyrannen nicht gebunden ist." Hérault de Séchelles sprach das wahre Verhältnis noch genauer aus: „Will man von dem windigen Plane eines Kongresses reden? Schlüge man uns die Aenderung eines einzigen Artikels der Verfassung vor, wir müßten lächelnd zur Tagesordnung übergehen." Bezeichnend war dann sein Bedauern, daß der Minister nicht bestimmter von den drohenden Feindseligkeiten Nachricht gegeben. „Eine solche Erklärung," sagte er, „würde euch die Gewalt verleihen, über die beiden Veto hinwegzusehen und alles zu thun, was zum Heile des Staates erforderlich ist: es wäre dies Rechtens nach der römischen Formel videant consules; es wäre der Augenblick gekommen, um der Rettung des Daseins willen das Bild der Freiheit zu verschleiern."

Endlich begeisterte Condorcet die Versammlung durch ein Manifest, worin das französische Volk sich über die Art der Kriegführung aussprechen sollte. Es drehte sich um den Satz, daß man Frieden mit allen Völkern und keine Eroberung wolle, daß man auch die Völker, deren Fürsten Krieg beginnen, als befreundet und der Freiheit bedürftig behandeln werde.

Die ganze Zukunft der Gironde lag in dieser Debatte. Krieg nach allen Seiten ohne Rücksicht auf das Völkerrecht, durch den Krieg die revolutionäre Herrschaft über Frankreich und die Ausdehnung der Revolution über die Nachbarstaaten.

Die 20 Millionen wurden am 30. Dezember einstimmig bewilligt und am 1. Januar das Anklagedekret auf Hochverrat gegen die Führer der Auswanderer erlassen.

Ein unvermuteter Widerstand bei den Jakobinern gab der Gironde Anlaß, ihre Gedanken noch unverhüllter an das Licht zu stellen. Robespierre hatte, wie wir schon zum Mai 1790 bemerkten, von jeher den Krieg gefürchtet. Was die Gironde damit bezweckte, war ganz und gar auch das Ziel seiner Wünsche, darüber gab er die unzweideutigsten Erläuterungen. Aber er glaubte, daß das Mittel schlecht gewählt sei, er sorgte, sobald der Krieg erklärt werde, müsse dem General, der ihn führe, die politische Diktatur zufallen.

So hielt er den ganzen Lärmen für eine Intrigue, um Lafayette und Narbonne an die Spitze Frankreichs zu bringen; ungefähr wie Narbonne selbst sah er die Wirkungen einer Kriegserklärung an. „Was gäbe es Schöneres," erörterte er, „als einen heiligen Kampf für die Freiheit, für die Ausrottung aller Tyrannei, für die Erhebung aller Völker? Aber ein solcher Krieg muß mit ungelähmter Kraft und unter zuverlässigen Lentern geführt werden, und ihr mutet uns zu, unter dem Beifall des Hofes, der Leitung Narbonnes, den Befehlen des Marquis von Lafayette zur Schlachtbank zu gehen. Also," schloß er, „stürzt zunächst den Hof, verjagt Narbonne und vernichtet Lafayette, dann erst dürft ihr ohne Verräterei vom auswärtigen Kriege reden, dann aber stimme auch ich mit Freuden ein."

Ludwig XVI. hätte ihm sagen können, daß nicht der Krieg, sondern die Revolution zur militärischen Diktatur führe. Die Revolution setzt nur scheinbar die Freiheit, in Wahrheit aber die Gewalt auf den Thron, und die stärkste Gewalt ist bei der Armee. Robespierres Demagogie arbeitete ebenso wie Brissots Kriegseifer dem General Bonaparte vor. Die Freiheit Frankreichs wurde durch die Kriegserklärung hoffnungslos, aber nicht, weil diese, wie Robespierre besorgte, die Revolution erstickte, sondern weil sie dieselbe, wie Brissot richtig sah, erhitzen und beschleunigen mußte.

Da es sich nun zwischen den beiden Führern der Revolution nur um diese letzte Frage handelte, so war Brissots Ueberlegenheit ganz entschieden. „Wenn Robespierre vor dem Verrate des Hofes warnt," entgegnete er treffend, „so ist darauf zu sagen, daß wir dieses Verrates bringend bedürfen. Er ist das einzige Mittel, die Leidenschaft des Volkes zu entflammen und den Sturz der Tyrannen herbeizuführen. Er wird einen Sturm anfachen, in dem die Schar der Intriganten verweht, die Macht der Revolution aber sich riesenhaft entfalten wird" [1]).

---

[1]) Ebenso Louvet in seinen Memoiren, Mallet I, 247 f., Roederer im Jakobinerklub.

Robespierre hatte gegen diese unwiderlegliche Ausführung kein anderes Mittel als die eigene Verdächtigung des Gegners. Brissot ging mit Narbonne denselben Weg, also war er ein Volksverräter wie dieser. Er stellte sich Robespierre als überlegener Widersacher auf der Bühne der Jakobiner entgegen: das verzieh ihm der argwöhnische, reizbare Mensch nicht, der sich bereits dort als den Alleinherrscher der Demokratie zu fühlen gelernt hatte. Allmählich gelang es diesem zwar, die Jakobiner mehr und mehr gegen Brissot einzunehmen — das meiste dazu that die steigende Macht des Gegners, welcher damit selbst der Oppositionslust des Klubs verfiel — aber was half eine solche Entschädigung des gekränkten Selbstgefühls, wenn die thatsächlichen Erfolge immer entschiedener nach Brissots Wünschen gelangen?

Robespierre hatte in der That keinen Begriff von der Denkweise seines Gegners. Er faßte es nicht, daß jemand an der Gefahr selbst seine Lust haben, daß das wirbelnde und tollkühne Spiel, welchem die Zukunft des Landes durch eine Kriegserklärung anheimfiel, einen starken Menschen reizen könnte. In seiner zähen und pedantischen Weise kam er nur Schritt auf Schritt voran: die europäische Revolution war ihm das logische Ergebnis der französischen, und daß Brissot sie jetzt mit fecker Umkehrung des Gedankens zum Hebel derselben machen wollte, war ihm unfaßbar und unheimlich. In den auswärtigen Verhältnissen war er dabei so unbewandert wie irgend ein Franzose und fand sich bei all diesen Verhandlungen unsicher auf fremdem Boden. Ueberhaupt aber war ihm alles zuwider, was mit Krieg und Heer zusammenhing; er liebte zu reden, aber nicht zu schlagen, der Krieg dünkte ihn eine gemeine und nach Umständen auch eine gefährliche Rauferei. Daß Brissot mit solchem Feuer darauf hinarbeitete, wurde ihm nur durch die Voraussetzung nichtswürdiger Verräterei erklärlich.

Drüben aber, im Lager der Gironde und im Ministerium des Krieges, war der Jubel groß, daß die Katastrophe so glücklich eingeleitet sei. Delessart bequemte sich endlich, dem Grafen Ségur einen zweiten Agenten, den jungen Sohn des Generals Custine, in Berlin zum Nachfolger zu geben, welcher bisher im Auftrage des Ministeriums sich bemüht hatte, den Herzog von Braunschweig zur Uebernahme des Oberbefehls über die französische Armee zu bestimmen ¹). Nach England sollte in vertraulicher Sendung Talleyrand selbst hinübergehen, und wenn Pitt hartnäckig bliebe, der Opposition zum Sturze des Ministers behülflich sein. Narbonne machte eine rasche Besichtigungsreise an die Grenzen, um die befehlenden Generale persönlich zu sehen, Rochambeau und Luckner durch den Marschallstab für das neue System zu gewinnen ²) und mit Lafayette bestimmtere Abrede zu nehmen. Ob man wirklich Krieg haben würde, wußte noch niemand gewiß, ob man ihn wünsche, darüber war wohl die Gironde, Narbonne aber schwerlich klar. Mit heiterer Leichtigkeit und allseitigem Selbstvertrauen ging er einer Krisis entgegen, deren Entwicklung ihn selbst, seine Freunde und Gegner, den König und die Verfassung in vernichtendem Sturze begraben sollte.

Eben in diesem Augenblicke langte die Antwort des Kaisers auf den Beschluß vom 14. Dezember an. Sie zeigte, daß die Gironde die gewünschte Wirkung, die Verhetzung des Zustandes, vollständig erreicht hatte.

Bis zu jenem drohenden Auftreten der revolutionären Parteien, wie es sich in den Dekreten vom 29. November und 14. Dezember ausprägte, hatte in Wien der Entschluß zu völlig passiver Beobachtung ungeändert fortbestanden. Aus dem November liegt eine Reihe von Aufsätzen, Denkschriften und Briefen des Fürsten Kaunitz vor ³), in welchen

---

¹) Korrespondenz darüber zwischen Narbonne und dem Herzog in Girtanners politischen Annalen II, 242. Näheres über den ganzen Plan hat jetzt Sorel in der Revue historique I, 154 ff. mitgeteilt.

²) Biron hatte darauf hingewiesen, um den Generalen, die mit ihren Assignaten nicht auskamen, damit Gehaltszulage auszuwirken. (Schreiben an Narbonne 9. Dezember.) Narbonne entfernte von den Marschallstäben die Lilien. (Pellenc an La Marck 3. Januar.)

³) Jetzt in Vivenots Quellen I, 270 ff. gedruckt.

er die Grundsätze der Menschenrechte zwar einer scharfen Kritik unterwirft, aber ebenso bestimmt den gesetzlichen Bestand der französischen Verfassung, die freie Annahme derselben durch König Ludwig und die Verträglichkeit des neuen französischen mit dem alten europäischen Rechtszustande darlegt. Mit schneidender Schärfe weist er die Pläne der Emigranten hinweg: die Herstellung des alten Regime erscheint ihm schlechthin unmöglich, zugleich aber auch, wenn sie möglich wäre, als eine Schädigung des österreichischen Interesses, dem ein durch die Volksvertreter gezügeltes Königtum in Frankreich besser zusage als das frühere unumschränkte. Demnach wird nicht bloß dem Grafen Artois jede kaiserliche Hülfe abgeschlagen: es wird auch in den österreichischen Landen, vor allem in Belgien, den Ausgewanderten jede bewaffnete Ansammlung auf das strengste verwehrt. Es entspricht dieser Gesinnung, daß Ende November der Reichstagsschluß vom 14. August über die Elsasser Fürstenrechte die kaiserliche Bestätigung noch nicht erhalten hat. Nicht minder deutlich zeigt sich die gleiche Haltung gegenüber der Königin Marie Antoinette. Zwar bemerkt die Wiener Regierung in einer Cirkularnote vom 12. November den befreundeten Höfen, daß bei der Unsicherheit der französischen Zustände fortdauernd die Aufmerksamkeit der Mächte darauf gerichtet sein müsse, und daß es wünschenswert sei, wenn gelegentlich in Paris die Gesandten zu gemäßigtem Vorgehen rieten. Aber nachdem Ludwig die Verfassung angenommen, sieht Kaunitz auf der Welt keinen Grund mehr zu thätigem Eingreifen der Mächte oder zu der Berufung eines europäischen Kongresses. Am 11. November entwickelt er dem Grafen Mercy ausführlich die Gründe gegen eine solche Maßregel, und wenige Tage nachdem das französische Königspaar seine Kongreßbriefe am 3. Dezember den Höfen Europas zugesandt hat, empfängt Marie Antoinette ein Schreiben Mercys vom 30. November, welches ihr jede Hoffnung auf den Zusammentritt des Kongresses abschneidet. Nicht besser ergeht es ihr in Berlin: der König von Preußen antwortet seinem französischen Bruder, daß er gerne auf

Bisherige Friedensstimmung Oesterreichs.

den Kongreß eingehen würde, wenn Kaiser Leopold einen solchen berufen und Ludwig ihm alle etwaigen Kosten ersetzen wolle. Genug, niemand konnte unlustiger zum Streite gegen das revolutionäre Frankreich sein als die deutschen Mächte im November 1791.

Aber allerdings, es war unmöglich, daß die kriegschnaubenden und weltstürmenden Reden und Dekrete der Girondisten diese Ruhe nicht allmählich störten. Bei aller Friedensliebe hielt Leopold auf seine Würde, und Kaunitz war von dem Stolze des alten Kaisertums erfüllt. Jetzt erfolgte die so lange verzögerte Bestätigung des Reichstagskonklusums über die Elsasser Fürstenrechte, die Uebernahme also der Verpflichtung, im Namen des Reiches auf Herstellung oder Genugthuung zu bringen. Denn, sagte Kaunitz, es scheint, daß man mit den Franzosen doch in ernsterem Tone reden muß. Nicht gesonnen zu weichen, nahm er Deckung und that das Erforderliche, das ihm nicht erfreuliche preußische Bündnis zum definitiven Abschlusse zu führen. Dann aber schrieb er mit fester Hand die Entgegnung auf den 14. Dezember, friedfertig in der eigentlichen Streitfrage, aber schonungslos, soweit es auf das revolutionäre Treiben ankam.

Seine vom 21. Dezember datierte Note sagte, daß der Kurfürst von Trier, nachdem er die belgischen Reglements gegen die Ausgewanderten verfügt (d. h. die Entwaffnung derselben angeordnet habe), um Schutz des Kaisers eingekommen sei, für den Fall, daß er dennoch angegriffen werde. Der Kaiser sei allerdings von König Ludwigs Mäßigung überzeugt, aber nach täglicher Erfahrung durchaus nicht sicher über die Festigkeit der französischen Handlungsweise oder über die Unterordnung der französischen Provinzial- und Gemeindebehörden und somit besorgt, daß trotz der Grundsätze des Königs Gewaltthaten gegen Trier vorkommen könnten. Aus diesen Gründen also habe der Kaiser den Marschall Bender in Luxemburg angewiesen, dem Kurfürsten die wirksamste Hülfe zu leisten, überlasse sich jedoch dem Wunsche, daß solche äußerste Maßregeln nicht nötig werden, weder für Kaiser und Reich noch für die

Mächte, die sich zur Erhaltung der Ruhe und zur Sicherheit der Kronen vereinigt haben.

Diese Antwort auf den Beschluß des 14. Dezember bezahlte also die französische Kriegsdrohung genau mit gleicher Münze: immer aber wahrte sie auf das strengste den rein defensiven Charakter der kaiserlichen Politik. Denn wenn es nicht gerade höflich war, auf die Zuchtlosigkeit der französischen Gemeindebehörden amtlich hinzudeuten, so war gegen die Richtigkeit der weltkundigen Thatsache nichts zu sagen, und ebensowenig ließ sich etwas gegen den Befehl an Bender aufbringen, nach Entwaffnung der Emigranten keine Angriffe auf Trier zu dulden. Und was die Hauptsache war: die Note enthielt die Erklärung, daß Trier fortan die Emigranten nach den österreichischen Reglements behandeln, mithin ihre Rottierungen hindern und damit also jeden Grund zur Klage gegen das Deutsche Reich beseitigen würde. Zwar versuchte man französischerseits, zunächst die Richtigkeit der Thatsache in Zweifel zu ziehen, indessen hatte diese Ausrede nur kurzen Bestand. Denn der Kurfürst, ernstlich erschreckt, hatte die angezeigte Verordnung wirklich erlassen [1]), und die Landstände des kleinen Staats, die sich nichts weniger als einen französischen Angriff wünschten, betrieben die Ausführung des Befehls mit Vorstellungen, welche ganz aus dem gewohnten unterthänigst ersterbenden Tone fielen und von dem Kurfürsten mit halb zornigem, halb ängstlichem Mißfallen bemerkt wurden. Bis dahin war in Koblenz ein lustiges und geräuschvolles Treiben gewesen; die Emigranten hatten sich bei dem gütigen Oheim ihrer Prinzen wie die Herren im Hause gefühlt; Hoffeste, Duelle, Liebeshändel, Exercitien lösten einander ab. Jetzt mußte der fröhliche Lärm verstummen, und höchstens auf einigen Dörfern, hinter dem Rücken der schwachen Behörden, mochte man noch im stillen die Degen wetzen. Calonne, der damals allmächtige

---

[1]) Triersche Noten vom 1. und 3. Januar 1792 an den dortigen französischen Geschäftsträger, bei Buchez, 2. Ausgabe, 6, 349. Klagen der Emigranten bei Kaunitz über die strenge Vollziehung der Verordnungen, Vivenot, Quellen I, 319.

Minister des auswärtigen Frankreich, zürnte über den Kaiser
nicht weniger als über die Nationalversammlung selbst. An
eine Verletzung der französischen Grenze durch Artois oder
Condé war nicht mehr zu denken. Als der Kurfürst Ende
Januar noch einmal versuchen wollte, den Prinzen etwas
freiere Hand zu lassen, wies Kaunitz am 6. Februar den
österreichischen Residenten in Trier an, auf keine Erörterung
weiter einzugehen, sondern lediglich zu erklären, daß bei der
leisesten Abweichung von der strengen Regel der Kaiser zum
Schutze Triers nicht einen Finger rühren, nicht einen Mann
marschieren lassen würde.

Die Emigranten also waren entwaffnet. Frankreich hatte
auf der weiten Welt keinen Titel mehr zum Kriege gegen
Deutschland. Die Gironde schwieg und erwog einige Wochen
hindurch. Sie war verlegen über die Mittel und Wege:
das Ziel war stets dasselbe, der Krieg, der baldigste Krieg
zunächst gegen Oesterreich. Denn, wenn auch unbestimmt
genug, gingen doch die Gerüchte umher von dem beabsich=
tigten Einverständnis zwischen dem Könige mit den ge=
mäßigten Bürgerschaften unter dem Rückhalt der um den
Kaiser vereinten Mächte. Kam hier die Gironde nicht zu=
vor, so mußte sie fürchten, im Lande vereinzelt zu werden.
Isnard sprach es offenherzig genug schon am 5. Januar
aus: „Der Kampf dreht sich nicht mehr um Herstellung des
alten Regime oder Einführung der Republik, denn die
Freunde des Alten erkennen auch die Unmöglichkeit desselben,
und die Republikaner sind bei ihrer geringen Anzahl gar
nicht als Partei zu zählen. Aber da steht den warmen Pa=
trioten, den echten Freunden der Freiheit und Gleichheit
die Masse der Gemäßigten entgegen, die zwar auch die Ver=
fassung, vor allem aber die Ruhe lieben. Sie schreckt die
Furcht der Anarchie von den besten Patrioten hinweg und
wirft sie den falschen Gemäßigten, den Gefährlichsten von
allen, in die Arme, den Reichen und Egoisten, den Fein=
den der Gleichheit. Um die Rettung oder Vernichtung der
Gleichheit bewegt sich der Streit." Robespierre und Marat,
die wollenen Mützen und die Pikenmänner hätten keine zu=

treffendere Formel ersinnen können. Nicht die Verfassung in ihren positiven Grundsätzen war bedroht, sondern die Herrschaft der Pöbelmassen und ihrer demagogischen Führer. Um dieser nächsten Sorge auszuweichen, stürzte sich die Gironde in den Krieg, in die viel größere aber entferntere Gefahr. Kein vernünftiger Mensch konnte sich verbergen, daß die Revolution verloren war, wenn die Mächte den Krieg mit raschen und zermalmenden Schlägen führten: aber einstweilen waren die Feinde weit entfernt, alle Möglichkeiten offen und nur das eine gewiß, daß der Krieg die französische Krone vernichtete, wenn die Mächte noch einige Monate in der gewohnten Weise fortzauderten.

Am 11. Januar kam Narbonne von seiner militärischen Rundreise zurück, nachdem er die Generale in Metz gesehen und zu einem Kriegsrate in die Hauptstadt entboten hatte. Er stärkte der Versammlung den Mut durch eine glänzende Beschreibung der Festungen und der Regimenter, bat aber doch um ein wirksameres Rekrutierungsgesetz, da ungefähr 50000 Mann an dem Sollbestande der Linientruppen fehlten. Er errang sich Beifall durch das treffliche Lob, welches er dem Freiheitssinne und Patriotismus der Freiwilligen spendete, fiel aber völlig durch mit dem Vorschlage, sie in die Regimentsverbände aufzunehmen und dort zu festerer Zucht zu erziehen. Neben diesen erfreulichen Nachrichten machte die Angabe des Generals Noailles über arge Mängel bei der Reiterei und Artillerie geringen Eindruck; wenn auch einzelne Führer bedenklich den Kopf schüttelten, beschloß die Masse der Partei unbedenklich jetzt vorwärts zu gehen. Unter den Generalen warnte zwar Rochambeau vor jeder Offensive mit den tief zerrütteten Truppenkörpern, desto eifriger aber ging der alte Luckner auf die Wünsche Narbonnes und der Gironde ein. Er war einst im Siebenjährigen Kriege ein rüstiger Parteigänger gewesen, hatte jedoch zu keiner Zeit geistige Kraft besessen, und stand jetzt mit völliger Unselbständigkeit zwischen den Parteien, so daß er besonders beim Glase für jede Meinung zu gewinnen war. Man müsse, rief er, sich nichts gefallen lassen, sondern dem Kaiser zu

Leibe gehen; er, Luckner, werde den Rhein überschreiten, das
Deutsche Reich umwälzen, den Kaiser in Wien selbst zur
Anerkennung der französischen Verfassung zwingen. Die
anderen hatten an seiner Hitze beinahe zu mäßigen; Brissot
und Condorcet fanden es nützlicher, das Deutsche Reich nur
durch Aufwiegelung der Einwohner zu beschäftigen — im
Breisgau und in der Pfalz rührten sich ihre Agenten da=
mals nicht wenig — den großen Krieg aber unter Lafayettes
Führung nach Belgien zu werfen, wo man ebenfalls auf
Empörungen und zugleich auf die Unthätigkeit Preußens
hoffte, welches andererseits den deutschen Reichslanden seinen
Schutz ganz so wie der Kaiser kürzlich zugesagt hatte.

Unter solchen Aussichten erstattete am 14. Januar 1792
der diplomatische Ausschuß der Nationalversammlung seinen
Bericht über Leopolds letzte Note. Die Gironde war in=
dessen zum Entschlusse gekommen. Da man den Krieg unter
allen Umständen haben wollte, Vergangenheit und Gegen=
wart aber keinen Anlaß dazu boten, so sollte die Zukunft
den Vorwand zum Bruche liefern. Der Redner des Aus=
schusses, Gensonné, führte in seinem Vortrag bittere Klage
wegen der kaiserlichen Bestätigung des Reichsschlusses über
die Elsasser Fürstenrechte, wegen des Befehls an General
Bender, vor allem aber wegen des in der Note erwähnten
Vereins der Mächte, dem offenbar eine feindselige Absicht
gegen den jetzigen Zustand der Dinge in Frankreich zu
Grunde liege. Er schloß mit dem Antrage: der König möge
von Leopold ein Versprechen fordern, nichts gegen Frank=
reich und dessen Verfassung zu unternehmen, vielmehr Frank=
reich bei jedem sonstigen Angriff nach dem Bunde von 1756
zu Hülfe zu kommen; der König möge ferner erklären, daß,
wenn dies Versprechen nicht binnen vier Wochen gegeben
sei, Frankreich darin den Bruch des Bundes und einen
Akt der Feindseligkeit erblicken müsse; endlich möge der Kö=
nig die bestimmtesten Befehle zur Beschleunigung aller Vor=
bereitungen zum Kriege geben.

Mit einem Worte also: der einzige bisher vorhandene
Grund zur Beschwerde ist beseitigt; so fordert man jetzt ein

Versprechen des Kaisers, in aller Zukunft sich gut aufführen zu wollen; man fordert es, in kürzester Frist, den Degen in der Hand, mit öffentlicher Drohung. Welche Nation der Welt hätte sich einem solchen Ansinnen unterworfen? Es war von Kaiser Leopold so wenig zu erwarten wie im Jahre 1870 von dem König Wilhelm in Ems. Wer eine solche Forderung stellt, läßt dem Gegner nur zwischen Selbsterniedrigung und Krieg die Wahl.

Ehe noch die Verhandlung über Gensonnés Antrag begann, erhob sich Guadet auf seinem Präsidentensessel. Ein Punkt in dem Vortrage habe sein Gefühl so mächtig erregt, daß er um die Erlaubnis bitte, ihm Worte zu geben. Und dann auf die Tribüne getreten, kündigte er den Verein der Mächte auf Aenderung der Verfassung als die Thatsache an, die jedes ehrliebende und patriotische Herz mit vernichtendem Zorne erfüllen müsse. In heftig rauschender Rede rief er den Stolz des französischen Volkes, des einzigen freien Volkes des Weltteils auf, den Stolz, an dessen Stelle jetzt die tiefste Erniedrigung treten solle, Gesetze zu empfangen von verachteten Fremden, von einer Bande gekrönter Despoten. Ich fordere, schloß er, daß ihr jeden Franzosen, der an irgend welcher Verhandlung mit Fremden über unsere Verfassung Anteil nimmt, für ehrlos und einen Verräter am Vaterlande erklärt.

Es war nach den Zwecken der Gironde, nach dem Sinne Lafayettes, nach den Begierden der Zuhörergalerien geredet. Die ganze Versammlung war ein einziges Feuer: ohne Besinnen noch Widerstreben, unter dem anhaltenden Rufe Freiheit oder Tod, wurde das Dekret beschlossen. Delessart war anwesend und sah die Hoffnung seiner Freunde zermalmt. Er hatte nicht die Kraft, sich zu regen, er rief Freiheit oder Tod wie die anderen und begehrte von dem Könige die augenblickliche Genehmigung des Dekretes, wenn man nicht ohne Rettung zu Grunde gehen wollte.

Das war die Antwort auf die Wünsche der Feuillants, durch vernünftige Vorstellungen der Mächte auf die Gemüter der Franzosen zu wirken. Der Krieg war entschie=

ben. Denn als man jetzt zur Beratung des Ausschuß= berichtes schritt, zeigte sich, daß keine andere Einwendung gegen ihn erhoben wurde als seine übertriebene Schwäche. Brissot wollte, am 17. Januar, nichts davon wissen, daß der Kaiser erst noch über seine Bundestreue befragt würde; es sei ohne weiteres zu erklären, daß er durch sein bis= heriges Verhalten den Bund bereits gebrochen und sich als Feind Frankreichs gezeigt habe. Eine Anzahl ähnlicher Verbesserungsvorschläge folgten sich. Wozu überhaupt noch irgend eine Erklärung? rief der Bischof Fauchet; der Krieg zwischen Freiheit und Tyrannei ist längst vorhanden; ruft alle Völker zur Teilnahme auf; bietet ihnen eure Hülfe gegen ihre Despoten, und zerreißt alle Verträge, mit denen bisher die Könige die Völker geknechtet haben. Endlich, am 25. Ja= nuar, erhielt nach dem Antrage des Pariser Abgeordneten Hérault de Séchelles der Beschluß seine definitive Fassung. Der Kaiser, hieß es darin, habe durch seinen Vertrag mit Preußen vom 25. Juli 1791, durch sein Rundschreiben vom 12. November und durch seine letzte Note vom 21. Dezember den Bündnisvertrag von 1756 verletzt; der König habe ihn also zu befragen, ob Oesterreich ferner mit Frankreich in Frieden leben und auf jede Verbindung gegen dessen Un= abhängigkeit verzichten wolle; erfolge hierauf bis zum 1. März nicht volle Genugthuung, so sei das Schweigen des Kaisers oder eine ungenügende Antwort desselben als Kriegserklä= rung zu betrachten; der König sei aufzufordern, schleunige Maßregeln für die volle Schlagfertigkeit des Heeres zu er= greifen.

So weit war man in Paris voran. Der Kaiser war in dieser Zeit noch mit keiner Macht zum Abschluß gekom= men, eine Unterhandlung schwebte mit Holland, ohne ein Ergebnis zu liefern; von Spanien, Schweden und Rußland war er nach wie vor geschieden durch seinen Entschluß, mit den Auswanderern und der Herstellung des alten Regime nichts zu thun zu haben. In Belgien standen den 100 000 Franzosen, welche nach den Etats die Nord= und Mittel= armee enthielten, 40 000 Oesterreicher gegenüber; in den

Breisgau, der durch innere Unruhen und Luckners Rhein=
armee bedroht war, beschloß Leopold 6000 Mann zu schicken
und in Böhmen 30000 Mann marschfertig zu halten. Zu=
gleich gingen seine Verhandlungen mit Preußen ungeändert
auf der bisherigen Grundlage weiter. „Ich werde," schrieb
er im Februar der Königin, „den Faktionen, die jetzt das
französische Volk mit sich fortreißen, die Freude nicht machen,
mich offen für die Contrerevolution zu erklären und ihnen
damit die Gemäßigten in die Hand zu liefern. Mit Preußen
bin ich einig darüber und werde bei keiner Macht davon
abgehen, daß wir die Auswanderer nicht unterstützen, uns
in die inneren Angelegenheiten Frankreichs nicht thätig ein=
mischen, es sei denn bei einer persönlichen Gefährdung der
königlichen Familie, und in keinem Falle auf den Sturz der
Verfassung ausgehen, sondern nur die Verbesserung derselben
durch versöhnliche Mittel begünstigen. Unsere Maßregeln
haben keinen anderen Zweck als Ermutigung der gemäßigten
Partei und Herbeiführung eines vernünftigen und gerechten
Abschlusses, der durch Versöhnung der Interessen das Glück
und die Freiheit Frankreichs sichert[1]."

Zweites Kapitel.

Sturz der Feuillants.

Die Gironde hielt auch aus anderen Gründen ihre Zeit
für gekommen. Auch wir, sagt die Roland, wollten eine
Revolution machen, die zweite, größere Revolution. Wenn

---

[1] Der Minister Delessart schrieb später aus seinem Gefängnis
an Necker: ma défense sera curieuse ... par la manifestation
de ce qui s'est passé dans les cours étrangères, par la démon-
stration qu'on ne nous voulait pas faire la guerre, par la
preuve sans réplique, que c'est nous qui l'avons provoquée,
et mis l'Europe contre nous. Die Dolche der Septembermörder
haben diese Verteidigung vernichtet. .

sie in der Brandung des auswärtigen Krieges zunächst den Thron zu begraben, wenn sie durch die Stürme desselben die schwachen Bande der bestehenden Verfassung zu zersprengen hofften, so schien es seit dem Beginne des Jahres fast, als hätte es des gefährlichen Mittels kaum bedurft, so entsetzlich brach die innere Auflösung aller Verhältnisse an das Tageslicht.

Damals im November, als Brissot seine ersten Kriegsreden hielt, war in die Nationalversammlung auch die erste, anfangs verworrene, bald schauerlich bestimmte Nachricht von der Zerstörung der reichsten französischen Kolonie, von dem Untergange San Domingos gelangt. Unmittelbar vor der Revolution stand die Insel auf einem Höhepunkte der Entwickelung, der in der Geschichte aller europäischen Kolonien nicht übertroffen worden ist. Der größte Teil des Bodens war mit kolossalen Plantagen bedeckt, welche halb Europa mit Zucker, Kaffee und Baumwolle versorgten. 1788 brachten sie für 150 Millionen nach Frankreich [1]), dessen Handel etwa vier Fünftel davon wieder in den Norden Europas ausführte und gern bereit war, daraufhin die Pflanzer, wo es not that, mit seiner ganzen Kapitalkraft zu unterstützen. Insbesondere hatte sich der Flor der Insel seit einer Verordnung von 1786 gehoben, die im Gegensatze zu dem bisher befolgten Monopolsystem der Kolonie den unmittelbaren Handel auch mit Fremden eröffnete. Seitdem verdoppelten die Pflanzer ihre Produktion, eine Menge Anlagekapitalien strömten aus Frankreich hinüber, aus Bordeaux allein über 100 Millionen; der Ertrag war glänzend und wurde immer glänzender erwartet. Das Leben der Pflanzer war ein fürstliches. Alle Genüsse der tropischen Natur und der europäischen Bildung standen ihnen zu Gebote; auf ihren weiten Gütern herrschten sie über Tausende von Negersklaven, ohne selbst irgend eine Gewalt über sich zu empfinden; seit der Befreiung Nordamerikas fragten sie

---

[1]) Arnould, balance de commerce. Bericht des Ministers Joli, 10. Juli 1792.

sich wohl, warum sie in der Abhängigkeit des Mutterlandes blieben.

Als in Frankreich die Reichsstände einberufen wurden, wollten sie denn auch ihren Anteil an der neuen Freiheit und nationalen Souveränität besitzen. Sie hatten dabei in den Städten der Insel eine lockere und unruhige Bevölkerung hinter sich, da der Reichtum derselben seit Jahren eine Menge emporstrebender Menschen aus allen Teilen und Ständen des Mutterlandes hinübergelockt hatte, Handwerker und Soldaten, Kaufleute und Matrosen, Krämer und Wirte. In ihren Versammlungen gab es sogleich Streit mit den königlichen Behörden und Haber untereinander, ob man Vertretung im Reichstage oder Unabhängigkeit von demselben begehren solle. Bald aber erhob sich im Innern der Insel ein neues Element, vor dessen Forderungen alle jene Händel in Schatten traten. Zwischen den großen Plantagen hausten auf kleinen Bauernhöfen freie farbige Leute, Mulatten und freigelassene Neger, etwa 15 000 an der Zahl, die mit ihrer Hände Arbeit ihr Brot gewannen, von Reichtum und Genüssen, von Bildung und Luxus nichts wußten, und durch den Stolz der Weißen von jeder Teilnahme an Politik und Gesellschaft ausgeschlossen waren. Jetzt aber vernahm man in S. Domingo wie in Frankreich die Lehre der Menschenrechte, die Farbigen begannen sich als Menschen zu fühlen, begehrten politische Rechte zuerst bei der Versammlung der Pflanzer und, dort mit Hohn zurückgewiesen an der Barre des Reichstages zu Paris. Hier nahmen sich Pétion und Robespierre ihrer an, während Barnave die Pflanzer als die wahren Stützen der Revolution auf der Insel vertrat; die Nationalversammlung, zwischen den Interessen des französischen Handels und den Grundsätzen der Menschenrechte in der Klemme, schwankte und kam zu keinem Entschlusse. Darüber verloren die Mulatten endlich die Geduld und ergriffen unter der Anführung Ogés die Waffen; allein die französischen Regimenter unter dem kräftigen Obersten Mauduit warfen den Aufstand rasch zu Boden, und die Mulatten wurden mit ent-

'etlicher Grausamkeit für die Ausübung des Insurrektions=
rechtes bestraft.

Unglücklicherweise aber hatte sich Mauduit den Freiheits=
gelüsten der Weißen ebenso furchtbar gemacht wie der Un=
bändigkeit der Farbigen. Einige Monate vor dem Mu=
lattenaufstande hatte er die Versammlung der Weißen mit
bewaffneter Hand gesprengt und das Ansehen der königlichen
Behörden mit Nachdruck aufrecht erhalten: die Pflanzer ver=
ziehen es ihm nicht, wiegelten die Truppen gegen ihn auf,
wühlten in den Regimentern wie die Jakobiner des Mutter=
landes und ruhten nicht, bis Mauduit einer Meuterei seiner
Soldaten unterlag. Die Vergeltung dafür folgte rasch ge=
nug. Im Mai 1791 trug die äußerste Linke der National=
versammlung ein Dekret davon, welches den freien Far=
bigen den Zugang in das aktive Bürgerrecht eröffnete. Die
Nachricht davon fiel wie ein Donnerschlag in die Wirren
der Insel hinein: die Weißen waren entschlossen, lieber das
Joch des Mutterlandes abzuwerfen, als sich der schimpflichen
Gemeinschaft zu fügen; die Farbigen wollten ihr jetzt ge=
setzlich bekräftigtes Recht um jeden Preis verwirklichen, und
ohne Hoffnung, die doppelt zahlreichen Weißen allein zu
bezwingen, schritten sie zu dem Aeußersten, zur Empörung
der Negersklaven.

Deren gab es damals etwa 400 000 auf der Insel.
Ihre Behandlung war verschieden nach der Persönlichkeit
ihrer Herren; gefehlt hatte es leider nie an Fällen, wo
Grausamkeit, Habgier oder Wollust das Los der Sklaven
unerträglich gemacht hatte. So war seit dem Beginn der
französischen Herrschaft eigentlich niemals völlige Ruhe ge=
wesen, kleinere oder größere Banden entlaufener Neger oder
Maronen machten das Innere der Gebirge unsicher; da sie
aber der bewaffneten Macht gegenüber stets den kürzeren
zogen, war man daran in Domingo völlig gewöhnt und
dachte nicht an die Möglichkeit einer Gefahr von dieser Seite
her. Jetzt aber wirkten Maronen und Mulatten zusammen,
und in einem Moment brach der Aufstand weit und breit
in allen Landschaften aus. Binnen vier Wochen lagen 600

Plantagen in Asche, Hunderttausende standen unter Waffen, die Weißen wurden wie wilde Tiere verfolgt, die Gefangenen gepfählt und zersägt, die Frauen auf den Tod mißhandelt, das platte Land bis unter die Mauern der Städte verheert. Die Weißen wehrten sich mit der Kraft der Verzweiflung, jetzt aber fehlte es den Truppen an Disciplin, der Lenkung an Mauduits Kraft. Schon im September sahen sie keine Rettung als ein Abkommen mit den Mulatten, denen sie endlich die politische Gleichstellung bewilligten. Aber in demselben Augenblicke setzte Barnave in der Nationalversammlung die Zurücknahme des Maidekrets durch und legte damit das Schicksal der Mulatten gesetzlich wieder in die Willkür der Weißen. Die Nachricht davon fachte sogleich den Krieg aufs neue an, die Gironde in ihrem Hader mit dem Ministerium hinderte die Absendung von helfenden Truppen und stellte statt dessen die Rechtsgleichheit der Mulatten wieder her. Es war eines so fruchtlos wie das andere; der einmal entfachte Brand wütete fort. Nun kamen die Klagen des französischen Handels. In den Seestädten folgten sich die Bankbrüche, in Paris stieg der Preis des Zuckers fast auf das Doppelte, der Pöbel der Antonsvorstadt begann die Magazine zu plündern, forderte Taxierung des Zuckers und, einmal an diese Bestrebungen erinnert, auch des Brotes. Die Ruhe, die seit dem 17. Juli in der Stadt geherrscht, war zu Ende, die Masse der Proletarier wieder in Bewegung, und die Gironde sorgte dafür, das Treiben rege zu erhalten.

Sie sah die Kriegserklärung voraus; sie wußte, wie enge damit innere Stürme verknüpft waren; sie dachte sogleich eine Armee dafür zu bewaffnen. Das Unheil von S. Domingo wäre kolossal genug gewesen, um zur Ruhe und Einigung zu ermahnen; aber diese Art der Vaterlandsliebe, welche den Interessen des Landes etwas System und etwas Ehrgeiz zu opfern vermag, war nicht in ihnen. Als Paris acht Tage lang von den Tumulten der Vorstadt dröhnte, hatten Brissot und seine Freunde nur den Gedanken, es würde noch stärker tosen, wenn die Vorstädter der National=

garde bewaffnet gegenüber ständen. Der Wahlklub im
bischöflichen Palaste, welcher Brissot in die Versammlung
gebracht, erklärte, wenn die Muskete die Waffe der Aktiv=
bürger sei, so sei die Pike die Waffe des Volkes; die Zei=
tungen der Partei wiederholten den Ruf, und Pétion
klagte, daß die Bourgeoisie, deren Bündnis mit dem Volke
den 14. Juli geschaffen, jetzt der heiligen Sache des Volkes
untreu geworden sei. Die Fabrikation begann, bald waren
viele tausend Piken in den Händen der Passivbürger. Zwei
Deputationen von St. Anton, die kurz nacheinander an die
Barre der Versammlung traten, gaben die Zwecke der Be=
waffnung mit unverhüllten Worten an; sie wollten, hieß es
am 26. Januar, ein Gesetz, welches das Eigentum sichert,
aber Aufkauf und Wucher vernichtet — es war die bekannte
Formel für amtliche Zwangstaxe der Waren — beobachtet
die Tuilerien, sagte man am 15. Februar, das Erwachen
des Löwen ist nicht fern, wir sind bereit, die Erde von den
Freunden des Königs zu reinigen und ihn selbst zu nötigen,
daß er uns nicht mehr betrügt. Kurz vorher hatte Nar=
bonne die alten französischen Garden als Linienregiment an
die Grenze geschickt, zu großem Kummer der Revolutionäre,
die bei allem Pikeneifer diese schlagfertigen Vorkämpfer sehr
ungern ziehen sahen; die Jakobiner handelten die Notwendig=
keit ihrer Zurückberufung unaufhörlich ab, und auch jene
Deputation erklärte der Versammlung: mit den Piken und
den Garden werdet ihr das Vaterland erretten.

Noch stärkere Hoffnungen setzten sie aber auf den Süden
des Reiches. Ich muß hier ein Wort über Avignon nach=
holen, über ein zweites Greuelfest, womit die Anfangstage
der gesetzgebenden Versammlung eingeweiht wurden.

Der alte Sitz der Päpste stand bis zum Jahre 1789
unter der römischen Herrschaft, die in dieser Ferne sehr ge=
linde auftrat und den Gemeinden des Landes eine große
Selbständigkeit ließ. Der Zustand der Bevölkerung war
übrigens derselbe wie in den benachbarten französischen
Bezirken, Unruhe in den Städten, Elend auf dem Lande;
es war kein Wunder, daß die Bewegungen des 4. August

sich in jedem Sinne auch über die Grafschaft ergossen. Die Schlösser wurden verbrannt, die Klöster gebrandschatzt, Zehnten und Herrenrechte beseitigt. Bald wurde die Stadt Avignon der Mittelpunkt eines revolutionären Treibens, welches zuerst auf Abschüttelung der päpstlichen Herrschaft, dann auf Vereinigung mit Frankreich steuerte. Die bisherige städtische Verfassung wurde umgeworfen, eine Municipalität nach französischem Schnitte gebildet und durchgängig mit französischen Parteigängern besetzt. Es war hier die bürgerliche Mittelklasse, die aus Haß gegen Klerus und Adel die Bewegung in die Hand nahm. Allein im Lande selbst erfuhr sie starken Widerstand. Die zweite Stadt des kleinen Bezirkes, Carpentras, erhielt sich päpstlich, schon aus nachbarlichem Widerspruch gegen Avignon: Adel, Mönche und Bauern strömten hier zusammen, hüben und drüben stand man mit gleichgesinnten Franzosen in Verbindung. Schon im November 1789 brachte die Linke der Nationalversammlung die Reunion zur Sprache; es ging aber hier wie bei der Kolonialfrage, die Versammlung gelangte zu keinem Entschlusse, scheute etwas vor offener Gewaltthat und hatte doch eine unwiderstehliche Lust, das päpstliche Gut sich anzueignen. Im Juni 1790 warf das Volk in Avignon die päpstlichen Wappen um, und der Stadtrat sandte Botschaft nach Paris, daß Avignon sich mit Frankreich vereinigen wolle. Auch dann aber zögerte die Entscheidung sich hin. Auf Requisition des päpstlichen Nuntius selbst ließ Mirabeau im November 1790 das Einrücken einiger französischen Regimenter zur Erhaltung der Ruhe dekretieren. La Marck schrieb ihm damals: ihr schickt damit die Pest nach Avignon — und in der That, kaum in Avignon angelangt, desertierte der größte Teil der Truppen und zog mit den Demokraten der Stadt zur Einnahme und Plünderung des päpstlich gesinnten Oertchens Cavaillon aus. Seitdem hörte der Bürgerkrieg nicht auf. Avignon berief gleich nachher eine Wahlversammlung aus allen Kommunen der Landschaft, und als Carpentras diese nicht anerkannte, rückte die bewaffnete Bande, durch französische Zuzüge bis auf 6000 Mann verstärkt, gegen die Stadt, um die Papisten mit Feuer und Schwert zu bändigen. Der unglückliche Bezirk vermochte seine Landschaft nicht zu decken, die Dörfer wurden angesteckt, die Aecker verheert, die Forsten verwüstet. Die Stadt aber, von Flüchtigen und Verzweifelnden erfüllt, hielt sich unerschütterlich, und als die Bauern des Gebirgs, ein harter und fester Menschenschlag, gereizt durch die tierische Wildheit der Banditen von Vaucluse — so nannte das demokratische Heer sich selbst — sich endlich zum Entsatze erhoben, kamen die Belagerer ihrerseits in ernstliche Gefahr. In diesem Augenblicke aber langten französische Regierungskommissare an, bewirkten Waffenstillstand, vorläufige Regelung des Zustandes und Rückkehr der Banditen nach Avignon. Am 14. September 1791 befahl sodann die Constituante die Vereinigung der Grafschaft mit Frankreich. Allein ehe die neue Herrschaft sich geltend machen konnte, waren bereits weitere und ärgere Greuel erfolgt. Der Stadtrat von Avignon war nicht mehr Meister über die von ihm entfesselten Kräfte. Die Wahlversammlung hatte den Banditen außer Verpflegung und Bewaffnung zwei Franken Tagessold versprochen; es war für Avignon eine harte Last, die bald genug den Wunsch auf Auflösung der gefährlichen Rotte hervorrief. Damit aber war den Führern nicht gedient; sie bemächtigten sich vielmehr des päpstlichen Schlosses, welches von hohem Felsen herab die Stadt und das Rhonethal übersieht und damals zugleich Palast, Citadelle und Arsenal war. Von hier aus beherrschten sie die Stadt nach ihrem Willen, schleppten die Mitglieder des Stadtrates in ihre Kerker, plünderten die öffentlichen Kassen, ermordeten, wer ihnen Widerstand leistete. Endlich aber war die Geduld des Volkes erschöpft. Als einer der Wahlherren, Lescuyer, die Leihhauskasse wegführen wollte, erhob sich ein Aufstand, in dem er erschlagen wurde; zugleich kam die Nachricht, daß neue Kommissare mit französischen Truppen im Anzuge seien, und die Bande sah damit das Ende ihres Regiments und Bestrafung ihrer Frevel vor Augen. Da beschlossen sie, im letzten Momente Lescuyer zu rächen und sich der Hauptzeugen ihrer Verbrechen zu entledigen. Am 16. Oktober ermordeten sie ihre Gefangenen auf dem Schlosse, 110 an der Zahl, einen Priester und eine schwangere Frau darunter, ein sechzehnjähriger Bube erschlug sieben der Opfer. Die Leichen wurden zerhackt und die blutigen Glieder in ein Verließ des Schlosses, die Eisgrube, geworfen, um hier für immer zu verschwinden. Dadurch ließ sich freilich die Kunde der That nicht verbergen, die ganze Bevölkerung erhob sich als Anklägerin, und die Kommissare befahlen sogleich die Verhaftung der Rädelsführer, worauf dann das Land einmütig sich gegen alle Angehörigen der Rotte erhob und an zweitausend dieser Patrioten aus der Stadt vertrieben wurden. Allein es war nicht die Zeit, wo in Frankreich das Recht gegen das Interesse der Parteien gehört wurde. Die Banditen von Avignon waren für eine neue Revolution ganz so brauchbar wie Pariser Pifen und französische Garden; von allen Seiten her nahm sich die französische Demokratie ihrer Sache an.

Die Binnenstädte und fast die ganze Landschaft der Provence hatte keine andere Stimmung als Avignon selbst. Im Sommer 1789 hatte man mit Jubel die Revolution gegen das alte Regime mitgemacht; der Verewigung aber der Unruhe war man gründlich müde, seitdem man das Wesen der zweiten Revolution in den Angriffen auf die Kirche, auf das Eigentum und die persönliche Sicherheit empfunden hatte. Je schärfer der kirchliche Gegensatz wurde, je heftiger hier in der Nähe der Kampf in Avignon entbrannte, desto fester schlossen sich die Gemäßigten zusammen. In Mende, Vannes und Jalès bildeten sich wieder bewaffnete Föderationen, um die katholischen Priester gegen die Jakobiner zu schützen; in Arles wurden die Bürger nach langen Anstrengungen über die Demokraten Herr und besetzten bei dem unruhigen Zustande des Landes einige alte Festungswerke, von wo aus sie die Rhone beherrschen und nötigenfalls sperren konnten. Irgend etwas Gesetzwidriges kam nicht vor, im Gegenteil war die Bewegung in Arles durch das Streben der dortigen Jakobiner entschieden worben, den Wucher und das Aufkaufen zu vernichten, d. h. vollen Kurs des Papiergeldes und beliebige Warenpreise zu erzwingen. Die Behörden des Departements waren mit den Bürgern ganz einverstanden [1]. Desto ungestümer erhob sich die Demokratie des Südens dagegen, welche damals in dem vielbewegten Marseille den Brennpunkt ihrer Macht besaß. Sie hatte hier die Municipalität nach ihrem Sinne gewählt, und auch die Mehrheit der Nationalgarde, 21 Bataillone, war ihr sicher. Dazu strömte in dem reichen Handelsplatze tagtäglich eine Menge des erregbarsten Volkes zusammen, französische und katalanische Schiffer, Schleichhändler und Abenteurer aus allen Weltgegenden; die großen Bauten des Hafens beschäftigten einige tausend Arbeiter, der laufende Verkehr führte alle Bauern der Umgegend unaufhörlich ab und zu; zwanzigtausend Menschen, sagt Barbaroux, damals Sekretär der Stadt, und ebenso viel Charaktere und Sinne. An Anlaß zur Unruhe fehlte es keinen Augenblick. Da gab es Reaktionsversuche von Offizieren, Edelleuten und Priestern, Gerüchte von Verschwörungen der Emigranten, Tumulte des Volkes, welches an den Assignaten nicht verlieren und sein Brot wohlfeil einkaufen wollte; kurz, es war ein unaufhörlich kreisender, immer wachsender Wirbel, der bald die ganze Provinz in seine Kreise hineinzog. Die Municipalität trat gegen diese Volksmassen mit unterwürfiger Zustimmung auf — sie ließ z. B. in einem Jahre für 21 000 Livres Ermahnungen drucken [2] — sonst aber handelte sie als souveräne Behörde, setzte sich mit allen benachbarten Gemeinden in Verbindung, eröffnete mit Korsika diplomatische Unterhandlungen, verwaltete die Marseiller Handels-

---

[1] Anklage der Marseiller gegen Arles, A. N. 20. Februar: das Direktorium ist mit den Empörern einverstanden und begünstigt die Agiotage und das Accaparement.
[2] Diese Rubrik kehrt in allen städtischen Budgets der Zeit mit ähnlichen Zahlen wieder — z. B. für Orleans 8000 Livres, Lottin I, 304 — im ganzen Reiche muß diese Reihe unproduktiver Revolutionskosten Millionen verschlungen haben.

niederlassungen in Afrika und der Levante und ließ keine Einrede, weder des Departements noch des Ministeriums zu. Schon im Anfang des Jahres warf sie argwöhnische Blicke auf Arles und Avignon und erwog die Folgen, wenn diese Orte sich mit Sardinien und den Emigranten verbündeten. Am 4. Februar schickte sie darauf Barbaroux nach Paris, um gegen die angeblichen [1]) Rüstungen, welche Arles gegen Marseille unternehme, die Contrerevolution der Departements, die Herrschaft der Wucherer und Aufkäufer Klage zu erheben. Barbaroux, ein junger, schöner Mann von entschiedener Bravour, warmer Phantasie, tumultuarischem Auftreten, setzte sich sogleich mit Brissot in enges Vernehmen und begeisterte sich lebhaft für die gleich ungeduldige und ehrgeizige Frau Roland. Außer Marseille unterstützten auch Montpellier und Orange seine Forderungen, und als Arles sich nicht fügen wollte, begannen sie auf eigene Hand einen Freischarenzug dorthin zu rüsten. Nationalgarden und bewaffnete Proletarier, Einheimische und fremder Zuzug wurden aufgeboten. Gegen Avignon wurden dieselben Anklagen wie gegen Arles eingebracht, die ganze Gegend schilderte man als in Aufstand und voller Verschwörung mit den Emigranten begriffen.

Aehnliche Wirren wurden um diese Zeit der Nationalversammlung aus allen Teilen Frankreichs gemeldet. Es zeigte sich, zu welcher Nichtigkeit die Regierung, zu welchem Elende die ökonomischen und religiösen Zustände, zu welcher Macht die Jakobiner gelangt waren. Kaum eine Stadt gab es jetzt in Frankreich, die nicht ihren Tochterklub besaß, die Jakobiner schätzten selbst ihre Zahl im Reiche auf 400 000 Männer [2]), zum größten Teil urteilslose und dürftige Leute, welche durch die Einrichtung des Klubs den Pariser Führern unbedingt zur Verfügung standen. Nicht als wären die Unordnungen, von denen gleich zu reden ist, alle im Pariser

---

[1]) General Barbantane, der drei Wochen später in Aix seine revolutionsfreundliche Gesinnung bewährte, nennt die Bewaffnung von Arles ein Kinderspiel.
[2]) J. M. Chénier, Monit. 1792, 711.

Klub im voraus entworfen und angeordnet worden. Die
Verhältnisse machten dies ganz überflüssig, da in jedem
Dorfe der Anlaß zu kirchlichen Händeln, der Verlust an
den Assignaten, der Wunsch nach wohlfeilem Brote, die
Nichtachtung endlich der Behörden und Gesetze vorhanden
war. Aber die Klubs leiteten die allgemeine Losung auf
Gärung oder Beschwichtigung der Massen in jedem Augen=
blicke nach den Bedürfnissen der Führer durch das Land.
Sie gaben den einzelnen Banden das Vertrauen, daß ähn=
liche Bewegungen anderwärts sich wiederholten und eine
unübersehbare Menge Gleichgesinnter ihnen den Rücken
deckte; sie setzten umgekehrt die Führer auf das rascheste
in stand, von jeder Lokalbewegung im Centrum des
Reiches den angemessensten Gebrauch zu machen. Jetzt im
Februar ging die Weisung, wir wissen aus welchen Grün=
den, durchweg auf Steigerung der Unruhen. Brissot und
die Gironde waren auf diesem Felde mit Robespierre und
Danton ebenso einig, wie sie sich in der Kriegsfrage der
Unterstützung Lafayettes und Narbonnes erfreuten. Daß
umgekehrt Robespierre ihnen wegen des Krieges und La=
fayette wegen der inneren Tumulte zürnte, kümmerte sie
wenig bei dem Erfolge dieses Zusammenwirkens, in welchem
alle anderen Parteien für den Augenblick nur ihren Zwecken
zu dienen schienen.

Die Brandstoffe waren überall dieselben. Nicht mehr,
wie 1789, die Herrenrechte, noch nicht, wie 1793, der Schrecken
vor dem Auslande; vielmehr sieht man hier sehr deutlich,
wie der Alarm gegen die Auswanderer nur von den Partei=
führern gemacht und etwa in einigen Grenzbezirken geteilt
wurde. Im Lande war es durchgängig die religiöse und
die sociale Frage, welche die Gemüter bewegten: Vernich=
tung der Kirche und Ernährung auf Kosten des Staates,
das war das Ziel fast aller Bewegungen. Die Assignaten,
von denen jetzt 1600 und bald 1800 Millionen cirkulierten,
nachdem etwa 400 wieder verbrannt waren, hatten das
Silber ganz aus dem Verkehre verdrängt, ja selbst das
Kupfer war trotz des Einschmelzens der Glocken nur mit

Mühe zu haben. Seit dem Beginne des Kriegsgeschreies sank das Papier entsetzlich; es verlor auch in seinen kleinen Noten von 5 Livres in Paris 40, in anderen Städten bis an 60 Prozent; die Sorge des Kurszettels, die sonst nur reiche Rentner drückt, plagte hier unaufhörlich den ärmsten Arbeiter. Die Nationalversammlung aber hatte für das Staatsbudget keine andere Quelle als immer neue Emissionen; da sah sie den heillosen Bruch mit den Auswanderern im Grunde mit herzlicher Freude, weil er ihr Anlaß zu neuen Konfiskationen, also zu unmittelbarem Gewinne und Vergrößerung des Pfandes für die Assignaten gab. Am 9. Februar dekretierte sie das Sequester über alle Güter der Emigranten und Verwaltung derselben zum Vorteil der Nation. Es war eine Masse, jetzt schon größer als jene des Kirchengutes, deren Einziehung denn auch längst von den Demokraten begehrt wurde. Dem Volke aber, dessen Assignaten sich dadurch nicht um einen Heller besserten, war bei allem terroristischen Jubel nicht geholfen. Der Mangel an barem Gelde wurde täglich stärker und bedrohlicher, kein Kassentransport auch der Regierung war noch sicher, weil das wütende Volk sogleich Entsendung in das Ausland argwöhnte. Wo ein Verkäufer das Papier sich anzunehmen weigerte, wo ein Geschäftsmann vollends bares Geld zusammensuchte, war der Tumult vorhanden und ertönte der Ruf: die Wucherer an die Laterne!

Unmittelbar damit hingen die Unruhen über die Lebensmittel zusammen. Die Preise stiegen mit der Wertlosigkeit der Assignaten, das Volk fürchtete zu verhungern, litt durchgängig not und sorgte noch viel mehr als es wirklich litt. Denn Arbeit war in den Manufakturen in Masse vorhanden, da die Wirkung des niedrigen Wechselkurses noch andauerte; wo sie nicht ausreichte, gab die Nationalversammlung neue Millionen für öffentliche Werkstätten, und die eifrig betriebene Rekrutierung eröffnete für den Augenblick mehr als hunderttausend Männern ein leidliches Unterkommen. Ebenso fehlte es nicht an Getreide; wo sich ein wirklicher Ausfall zeigen mochte, hätte der Staat den Markt versorgen können, da er in den ersten drei Monaten des Jahres für 12 Millionen ankaufte und dann weitere 10 Millionen zu gleichem Zwecke aussetzte. Aber die Unbändigkeit des Volkes verdarb auch hier alles. Die Rekrutierung ging schlecht, wie viel man auch von der patriotischen Begeisterung reden mochte; die Fabrikherren brachten mit größter Mühe ihre Arbeiter zusammen: die öffentlichen Werkstätten waren auch in den Augen des Volkes verbraucht und passiert. Nach Arbeit und Disziplin stand der Sinn nicht. Lieber hörten sie auf Marats Verwünschungen gegen die hartherzigen Reichen, lieber lasen sie in der verbreitetsten aller Pariser Zeitungen: der Ueberfluß des Reichen ist vom Anteil des Armen genommen, er ist also ein Diebstahl, ein sträflicher Diebstahl in einer Gesellschaft gleicher Menschen. In einem Atem damit gingen die Ermahnungen, alle Edelleute einzusperren und ihre Güter unter die Armen zu verteilen, die Priester wie Pestkranke in abgeschlossene Gebäude zu setzen, da man sie leider nicht verbannen könne, weil niemand das Geschmeiß aufnehmen wolle; den König bei den Befehlen des souveränen Volkes zum Schweigen, die Minister zum Gehorsam zu nötigen. Die Jakobiner lebten und webten in solchen Erörterungen, sandten sie in die Departements, wiederholten sie in jedem Orte. Dazu der Hunger und Kummer der Volksmassen, es bedurfte keiner weiteren Verschwörung, um allerorten die gleiche kommunistische Gewalt in das Leben zu rufen.

Der Getreidehandel lag völlig danieder. Der Pöbel ermordete die Kaufleute als Kornwucherer und hielt die Transporte an. In Noyon entstand bei einem solchen Vorfall das Gerücht, es seien Truppen dagegen im Anmarsche; da ging der Alarmruf durch 140 Pfarreien, und viele Tausende Bauern strömten zusammen, um sich das Brot nicht entreißen zu lassen. Nachricht kam an die Nationalversammlung, wo die Linke anfangs nur schmeichelnde Entschuldigungen für die Unruhestifter hatte; dann aber zeigte sich, daß die Sendung für Paris bestimmt gewesen, und nun wurde mit Ernst eine bewaffnete Macht ausgeschickt, welche durch ihr bloßes Erscheinen dem Unfug ein Ende machte. Anderwärts versagten auch die Truppen oder schlugen sich zu den Empörern; in den Departements des Nordens und des Pas du Calais brachte wochenlang jeder Markttag seine Revolte. In der Normandie zogen bewaffnete Banden von 6 bis 8000 Mann von Ort zu Ort, schätzten beliebig die Waren und erzwangen den Verkauf. In Melun hörte man die Sturmglocken weit umher auf allen Dörfern; die Bürger verschanzten die Thore, trugen Steine und heißes Wasser auf die Dächer und erwarteten so den Angriff. Die Behörden, ohne wirksamen Zusammenhang unter sich und nach oben, benahmen sich sehr verschieden. Der Maire von Etampes ließ sich von einer Rotte Banditen niedermachen, ohne die begehrte Warentaxe zu genehmigen; anderwärts sah man die Gemeindebeamten an der Spitze der Aufrührer, die Direktoren der Departements dagegen meist für Gesetz und Ruhe wirkend. Ueberhaupt kam die schlottrige Unbrauchbarkeit der neuen Verwaltung glänzend an den Tag: unser Hauptunglück ist, rief Vaublanc, daß die Gemeinderäte gegen die Departements in offener Widersetzlichkeit stehen.

Gefüllt wurde das Maß dieses Elends durch die kirchlichen Streitigkeiten. Minister des Innern war damals Cahier de Gerville, früher Mitglied des Pariser Gemeinderates, ein Freund Barnaves und Chapeliers, ein Mann von rauhem und polterndem Wesen, von Grund seines Herzens Republikaner, jetzt aber nach seinem Eide redlich auf Erhaltung der Gesetze bedacht. Ueber die Kirche hatte er ungefähr Mirabeaus Ansicht: ihm kam alles Christentum wie Aberglauben vor, den aber jedermann nach seiner Freiheit hochschätzen möchte. Als ihn Prinzeß Elisabeth einmal um Beschützung einer verfolgten Religiösen bat, rief er rauh und kurz: ein Minister hat für wichtigere Dinge als für Nonnen zu sorgen: die Nationalversammlung aber ersuchte er bringend, dafür zu thun, daß das Wort Kirche und Priester bei ihr nicht mehr gehört werde. Dieser Mann nun berichtete am 18. Februar: in allen Departements ist die Freiheit des Kultus verletzt worden; die Behörden haben quälerische Beschlüsse gefaßt, lassen den Eltern die Kinder wegnehmen, lassen Tote wieder ausgraben, weil eidweigernde Priester die Taufe oder die Beerdigung vollzogen haben; viele Departements haben die Pfarrkirchen geschlossen, unter dem Vorwande, daß die Priester zur Rebellion neigten. Nach dieser amtlichen Aeußerung, gegen die sich kein Wort des Widerspruchs auf der Linken erhob, kann kein Zweifel sein, auf welcher Seite auch im Jahre 1792 die Offensive in der kirchlichen Frage lag. Es zeigte sich weiter, als der Minister mit Nachdruck ein Gesetz begehrte, welches die Listen des Personenstandes bürgerlichen Behörden übertrüge, um diese Rechtsverhältnisse dem Kirchenstreite und den Gewissensskrupeln zu entziehen. Man ließ ihn monatelang vergebens bringen, sträubte sich auf alle Weise und ging endlich erst auf Guadets Bemerkung daran, daß die Sache an sich gut sei und später, wenn der konstitutionelle Klerus erstarke, vielleicht von diesem gehindert werden möchte. Wie man sich der Widerspenstigkeit der Emigranten freute, um ihre Güter einziehen zu können, so wünschte man die Fortdauer des Kirchenstreits, um das Recht zur Entfernung der Priester zu gewinnen. Bereits schritten einige Departements zu der Maßregel vor, sie eigenmächtig von ihrem bisherigen Wohnorte wegzuweisen oder sie ohne irgend ein gerichtliches Verfahren zu verhaften. In Lyon, wo der Stadtrat damals auch das Brot taxierte und willkürliche Haussuchungen nach falschen Assignaten veranstaltete, hielt er die Klöster unter polizeilicher Aufsicht und ließ die Wappen an den Kirchthüren zerschlagen.

Daß sich bei solchen Verfolgungen Widerstand regte, kann nicht befremden. Wenn die Kirche geschlossen war, hielt der Pfarrer den Gottesdienst von allen menschlichen Wohnungen entfernt im Dunkel des Waldes; die Bauern kamen meilenweit dorthin und sicher nicht mit Begeisterung für die Revolution in ihre Dörfer zurück. An der Aisne verjagten achtzehn Pfarreien ihre konstitutionellen Geistlichen und wichen erst, als starke Abteilungen Linientruppen einrückten. An der Dordogne und den oberen Pyrenäen gelang keine Wahl, die nicht von den altgläubigen Priestern unterstützt wurde. Im Departement endlich der Lozère entwich der abgesetzte Erzbischof, Castellane, in das Gebirge auf sein Schloß Chenac; die Gläubigen sammelten sich um ihn, befestigten das Schloß und umgaben ihn mit einer zahlreichen Besatzung. Daran reihte sich die Erhebung von Mende und Jalès, deren ich früher Erwähnung that: nicht weit davon lagen Arles und Avignon, die sich täglich entschlossener zeigten, der Tyrannei der Demokratie entgegenzutreten; es waren die Bezirke, gegen welche Barbaroux in Paris arbeitete und der Stadtrat von Marseille rüstete. In Marseille zürnten die Führer, daß die Nationalversammlung keinen Beschluß faßte, und schickten sich endlich an, auch ohne einen solchen zu handeln. Auf dem Wege nach Arles lag in Aix ein Schweizerregiment, dessen militärische Zuverlässigkeit ihnen aus eigener Erfahrung — das Regiment hatte früher zur Marseiller Garnison gehört — bekannt war. Sie fürchteten, von diesen Truppen bei einem Zuge auf Arles gefährdet zu werden, und rückten also am 28. Februar mit 4000 Mann und sechs Kanonen zunächst gegen Aix. Dort erwartete niemand einen Angriff; der Stadtrat sorgte für seine Bürger im Fall eines Kampfes, der Oberst des Regimentes, von dem vorgesetzten General Barbantane selbst zur Kapitulation aufgefordert, wollte seine Truppen nicht zu einem nutzlosen Blutvergießen führen: genug, die Entwaffnung und Entfernung der Truppen vollzog sich ohne Schwertstreich. Mit diesem ersten Erfolge zufrieden, gingen die Marseiller wieder zurück, der Eindruck aber, den ihr Unternehmen in Paris hervorrief, war gewaltig: der Hof und die Republikaner sahen, daß hier ein schlagfertiges Heer nur auf das Zeichen zur Erhebung wartete.

Es war kein Zweifel möglich, daß ein Zustand solcher Spannung und Gärung nicht lange andauern konnte. Das Ministerium hatte keine Mittel zum Eingreifen, die Verfassung nahm ihm die rechtliche Befugnis, der Geldmangel, die Bildung der Grenzheere und die Zuchtlosigkeit der Trup-

pen entzog ihm die materielle Kraft zur Unterdrückung der
Unruhen. Die Gironde ermangelte jedoch nicht, seine Untätigkeit als planmäßiges Streben zu verklagen, damit dem
Volke durch Verlängerung der Wirren die Revolution verleidet würde: ein Vorwurf, den es allerdings sehr leicht auf
die Versammlung zurückwerfen konnte, indem Gerville nachwies, daß er seit Oktober mehr als 200 für die Verwaltung nötige Dekrete vergebens beantragt habe, der Marineminister Bertrand sich in gleichem Falle befand und endlich Narbonne am 16. Februar über zwanzig rückständige
Gesetze erinnerte, ohne die weder Rüstung noch Kriegsführung denkbar sei. Dazu kam die innere Uneinigkeit in dem
Ministerium selbst, wo kaum zwei Mitglieder genau dieselbe
Meinung vertraten [1]). Bertrand hielt sich abgesondert als
ausgesprochener Royalist, knapp und gemessen in seinem Benehmen gegen die Versammlung, bei Hofe allein wohl angesehen, in der Stadt unaufhörlich intrigierend, ein fester,
kluger, aber nicht immer zuverlässiger Mensch. Der Finanzminister Tarbé, ein braver und redlicher Mann, als Techniker ebenso bewandert wie unbedeutend als Politiker, schloß
sich eng an Delessart an und wurde wie dieser vornehmlich von Barnave und den Lameths geleitet. Sie waren
einig darüber, daß ein längeres Zuwarten unmöglich sei,
und kamen jetzt auf die Pläne Mirabeaus zurück, denen sich
ihre Lenker einst mit so eifersüchtigem Grimme widersetzt
hatten: die auf den Tod abgehetzte Nation würde sich bestimmen lassen, aus allen Departements die Auflösung der
unfähigen Nationalversammlung zu begehren; ein Teil der
letzteren wäre zu bearbeiten, diese Forderung selbst zu unterstützen; man hoffte dann, den König in eine sichere Garnison
des Inneren zu bringen, wo er sich mit einer selbsternannten
Notablenversammlung umgeben und mit dieser eine neue
Verfassung nach dem Zweikammersystem bilden würde [2]).
Bertrand hatte gegen einen solchen Plan nichts einzuwen-

---

[1]) Pellenc an La Marck. 3. Januar 1792.
[2]) Mallet du Pan I, 295, 432.

den als etwa seine Unzulänglichkeit: Gerville und der Justizminister Duport hielten sonst zwar etwas mehr von der bestehenden Verfassung, gaben aber bei der jetzigen Lage der Verhältnisse ebenfalls ihre Zustimmung. Hätte man vielleicht die Leiden des Inneren, die man schon so lange geduldet, noch eine Weile fort ertragen, so ließ die Verwickelung der auswärtigen Fragen keinen Augenblick des Zauderns zu. Das einzige Rettungsmittel gegen den Krieg, den Zerstörer aller Dinge, war die Sprengung der bisherigen Mehrheit in der Nationalversammlung. Darin lag aber auch die tiefste Schwierigkeit des Vorhabens. Narbonne saß doch einmal im Conseil; konnte man hoffen, daß er und mithin Lafayette ihre ganze bisherige Stellung wechseln würden? Es schien gerade in diesen Tagen nicht unmöglich. Denn Lafayette zürnte über die inneren Unruhen, welche den Kriegsrüstungen keineswegs förderlich waren, und hatte sich ja von jeher zu Gunsten eines (gewählten) Senates ausgesprochen; Narbonne aber wurde bei den Jakobinern von der Partei Robespierres immer wütender angegriffen und empfand bei mehreren Gelegenheiten schmerzlich das Sinken seiner Volksgunst. Jedenfalls war ohne den Kriegsminister kein Gelingen zu hoffen, man mußte ihn, was gefährlich schien, beseitigen oder ihn heranziehen, was wenigstens bei den ersten Schritten des Planes unbedenklich war.

In der That ließ er sich um die Mitte des Monats bereitwillig finden. Es wurde beschlossen, sich mit einer Anzahl wohlgesinnter Abgeordneten einzulassen und eine ministerielle Partei, die bis jetzt nicht existiert hatte, förmlich zu organisieren[1]). Einer derselben, Mouysset, stellte darauf am 23. im Namen von 300 parteilosen Mitgliedern den Antrag, den Saal der Versammlung für die Abende, an denen keine Sitzung stattfände, den Abgeordneten zu freien aufklärenden Besprechungen zu eröffnen. Die Gironde

---

[1]) Bertrand vol. 7, chap. 11. Jedoch mit unrichtiger Zeit- und Personalangabe. Depesche Talleyrands an Narbonne 21. Februar: enfin vous vous unissez tous: voilà une bonne nouvelle.

erkannte die Tragweite der Forderung auf der Stelle. Sie fürchtete, daß sich hier eine parlamentarische Vereinigung, unabhängig von den Klubs und bald diesen feindselig, bilden würde: sie bot alle Kräfte auf, den Versuch im Keime zu ersticken. Die Verhandlung wurde stürmisch, beleidigende Unterstellungen mischten sich mit tumultuarischen Drohungen, die Galerien tobten mit ausgelassenem Jubel. Endlich fiel den Gemäßigten der Mut, und Mouysset nahm seinen Antrag zurück. Dieser erste Plan war im Keime erstickt.

Indes war Lafayette immer so erzürnt auf die Jakobiner, daß er mit Narbonne und Frau v. Staël die Herstellung des Thrones für sich allein in die Hand nahm. Frau v. Staël wollte die königliche Familie in ihrem Wagen entführen, dann sollte der König in Lafayettes Lager abgehen und sich an die Spitze des Heeres, natürlich unter Lafayettes Leitung, stellen. Wie wir den General kennen, wäre hier nimmermehr etwas Ausreichendes zu stande gekommen; die äußere Anlage des Planes war dabei ebenso abenteuerlich und locker wie Narbonnes ganzes System. So war die Königin von vornherein abgeneigt, und als endlich Bertrand und Delessart davon erfuhren, entschieden sie ohne Mühe die gänzliche Ablehnung [1]).

Hätte die Annahme höchst wahrscheinlich das Königtum um nichts gebessert, so war die Weigerung ebenso verhängnisvoll für Ludwig XVI. wie für die Feuillants. Bei Lafayette trug es die frische Empfindlichkeit sogleich über den früheren Zorn davon: seine Vereinigung mit der Gironde war unbedingter, sein Haß gegen die Lameths und ihre Freunde ingrimmiger als je. Um die Katastrophe zu beschleunigen, trat die Entwickelung der auswärtigen Angelegenheiten hinzu.

Man erhielt nämlich Nachrichten aus Wien und aus London. Jene waren ganz dazu angethan, die Erbitterung der französischen Kriegspartei zu reizen, diese, die Hoffnung und den Mut derselben zu erhöhen. Beide drängten also die Krisis zur Entscheidung.

---
[1]) Mallet I, 258.

In Wien hatte Kaiser Leopold den Beschluß vom 25. Januar natürlich verstanden, wie er gemeint war, als eine grobe Herausforderung. „Die Franzosen," rief er, „die mich den Friedfertigen nennen, müssen mich doch noch von anderen Seiten kennen lernen." Nach dem wilden Auftreten der revolutionären Parteien war er seit Mitte Januar sich klar geworden, daß hier die schlimmste Verwickelung möglich, die Fortsetzung des bisherigen passiven Verhaltens unthunlich und demnach erneuerte Anknüpfung mit den übrigen Höfen unerläßlich sei. In der Note vom 21. Dezember hatte er den Verein der Mächte drohend erwähnen lassen, obgleich derselbe in Wahrheit damals nicht vorhanden war. Es waren nicht so sehr erneuerte Hülfegesuche seiner Schwester als der Kriegslärm der Jakobiner, der ihn drei Wochen später auf die bisher aufgegebenen Gedanken zurückführte. Wenn in der weiteren Verhandlung die Gironde das sogenannte Konzert Europas als eine Entwürdigung des souveränen Frankreich und demnach als berechtigten Grund zu französischer Kriegserklärung darstellte, so ist nichts gewisser, als daß dieser schlimme Verein nie existiert hat, sondern stets nur ein Wunsch Leopolds geblieben, und vor allem, daß auch dieser Wunsch, völlig aufgegeben im November, erst im Januar 1792 durch die wilde Offensivpolitik der Gironde wieder in das Leben gerufen worden ist. Die Meinung ging noch immer, wie Kaunitz in zahlreichen Dokumenten erörterte [1]), dahin, einerseits durch die Vereinigung des ganzen europäischen Kontinents die Jakobiner zur Nachgiebigkeit zu bestimmen oder mit rascher Wucht zu überwältigen, andererseits aber, mit gänzlicher Ausschließung der Emigranten und grundsätzlicher Verneinung der Gegenrevolution, die bestehende Verfassung so weit zu verbessern, daß sich für die Monarchie ein erträglicher Zustand ergebe. Denn weiter zu gehen, sagte er, und durch Herstellung des absoluten Königtums die Bourbonen wieder zu ihrer alten Macht zu erheben, dies wäre der ärgste Fehler, welchen die

---

[1]) Vivenot, Quellen I, 327 ff.

österreichische Politik jemals begangen hätte oder begehen könnte. Hiernach sollte der europäische Verein sich auf das innere Staatsrecht Frankreichs gar nicht einlassen, sondern in dieser Hinsicht nur die Erhaltung der monarchischen Verfassung begehren, dann aber Beschwerde über die Elsasser Fürstenrechte, die Einziehung Avignons und die drohenden Rüstungen Frankreichs erheben, also ganz und gar auf dem internationalen Standpunkte verharren. Dann werde hoffentlich Ludwig XVI. in die Lage kommen, als Vermittler zwischen Europa und der Revolution aufzutreten, und damit die gemäßigten Parteien Frankreichs um sich versammeln.

Aber auch auf diesem Standpunkte war offenbar kein Gedanke daran, den brutalen Forderungen des 25. Januar genugzuthun. Jedoch mochte Leopold immer noch nicht der Hoffnung entsagen, in Frankreich selbst eine Partei für seine Wünsche zu gewinnen, und beschloß also, anstatt der Nationalversammlung ein trockenes und festes Nein entgegenzustellen, noch einmal auf eine Erörterung der Streitpunkte einzutreten. Soeben war es ihm gelungen, mit Preußen einig zu werden und das definitive Bündnis am 7. Februar zu zeichnen. Wir werden uns später die Entwickelung der deutschen Politik im Zusammenhange vergegenwärtigen: hier genügt es, zu bemerken, daß der Kaiser auch in diesem Vertrage an seiner bisherigen Weise festhielt, das Bündnis durchaus auf gegenseitige Verteidigung richtete, die endliche Bildung des europäischen Vereins in Aussicht stellte und die Unterstützung der konstitutionellen Partei in Frankreich wie in Polen beabsichtigte. Ganz nach derselben Auffassung wurde dann am 17. Februar die Antwortnote auf das Dekret vom 25. Januar redigiert. Die österreichische Regierung sprach zunächst ihr Befremden über den Unwillen aus, den man gegen den Befehl an General Bender geäußert habe, da man ja von Brüssel und Trier zugleich die amtliche Kunde erhalten, daß Bender nur dann Trier beschützen solle, wenn dieses die Emigranten entwaffne und zerstreue. Hinsichtlich des Vereins der europäischen Mächte erklärte

Leopold, daß er seit der Annahme der Verfassung nur noch eventuelles Bestehen habe, daß es aber Pflicht sei, ihn fortdauern zu lassen, solange eine republikanische Faktion den mit Leopold verbündeten König bedrohe und sich unter mächtigen Rüstungen und thätigen Wühlereien zur Revolutionierung von Europa anschicke. Der Kaiser wünsche Frieden, habe, während Frankreich rüste, die Emigranten entwaffnet und die anderen Mächte zum Frieden ermahnt; die Jakobiner allein hetzten zum Kriege, weil sie nur darin das Mittel sähen, das Volk zu einem ihnen günstigen Fanatismus zu steigern. Oesterreich sei also zu Verteidigungsanstalten genötigt, hoffe jedoch, die gesunde Mehrheit des französischen Volkes werde an seiner wahren Gesinnung nicht zweifeln, sondern sich von den Täuschungen befreien, in welche die Jakobiner sie zu verwickeln suchten.

Wie ernstlich übrigens die hier ausgesprochenen Friedenswünsche waren, zeigen zwei Depeschen, welche Kaunitz gleich nachher, am 19. und 20. Februar, an Mercy in Brüssel und an den Fürsten Reuß in Berlin erließ. In jener klagte er über die Unvernunft eines eben von Spanien eingereichten Planes auf eine vollständige Gegenrevolution in Frankreich und forderte Mercy dringend auf, Marie Antoinette von der gänzlichen Unthunlichkeit ihres Lieblingswunsches, eines bewaffneten Kongresses zu überzeugen. In dieser ließ er dem preußischen Hofe anzeigen, daß, wenn Rußland und Spanien bei dem thörichten Plane einer französischen Gegenrevolution beharrten oder für eine verständige Einmischung ihre Geld- und Truppenhülfe weigerten, der Kaiser nicht einsähe, warum er und Preußen allein sich vor den Riß stellen sollten. Falls aber die Franzosen „tollsinnig" genug wären, selbst zum Angriffe überzugehen, erwarte er mit Sicherheit die preußische Bundeshülfe.

Nun, was er tollsinnig nannte, erschien der herrschenden Partei in Paris eben als das höchste Gebot der Klugheit und Freiheitsliebe. Mit glühendem Eifer fielen sie über die kaiserliche Note vom 17. Februar her; der stolze und scharfe Ton, den sie in mehreren Sätzen anschlug, wurde

von Brissot mit Freude vernommen und eifrig ausgebeutet.
Delessart brachte die Depesche am 1. März vor die Versammlung und meldete, daß er in seiner Antwort die Kritik des inneren Zustandes und der französischen Parteien als ungehörig und beleidigend zurückgewiesen, dann aber die Freude des Königs über die friedfertigen Verheißungen Leopolds ausgesprochen, und den Kaiser aufgefordert habe, da er jede Feindseligkeit gegen die französische Verfassung ableugne, einen Verein zu lösen, der hiernach keinen Gegenstand mehr habe. Zwar klatschte die Versammlung, indem sie die Note dem diplomatischen Ausschusse überwies, diesen Wendungen Beifall: Delessart sollte aber bald erfahren, daß für ihn, den Minister des Friedens, auf diesem kampfglühenden Boden keine Stätte mehr war. Die Jakobiner meinten, die offene Beschwerde Oesterreichs gegen ihre Partei sei von Delessart veranlaßt, und so sei es für sie eine Lebensfrage, den Minister nicht länger im Amte zu dulden.

Zu gleicher Zeit sandte Talleyrand Berichte über seine Thätigkeit in London. Zuerst hatte er etwas kühle Aufnahme gefunden, zu deren Besserung nicht beitrug, daß sein Begleiter Biron wegen Schulden einem Verhaftsbefehle verfiel und er selbst sich dem Ministerium durch eifrigen Verkehr mit Fox, Sheridan und anderen Oppositionsmännern verdächtig machte[1]). Indessen zeigte die Lage doch auch günstige Momente. Der Sinn aller Machthaber in England ging unzweifelhaft auf langen Frieden, wie ihn Pitt für seine großen Finanzoperationen bedurfte. König Georg III. haßte allerdings die Revolution mit der ganzen Zähigkeit seines Wesens, in dem Lande aber gab es eine Menge warmer Verehrer des neuen Frankreich, und wie in einem Kriegsfalle die Masse der Nation sich entscheiden würde, hätte niemand voraussagen können. Das Ministerium war übrigens nicht so einig, wie es nach außen erschien. Der

---

[1]) Morris, Tagebuch I, 365: Montmorin sagt mir am 16. Januar, Talleyrand sei ganz sicher, Pitt zu stürzen. Morris an Washington 4. April: ich habe mir an Talleyrand ein warnendes Beispiel genommen und mit den Oppositionshäuptern keinen Verkehr gepflogen.

Premier verfügte unbedingt nur über seinen persönlichen Freund Dundas und seinen Vetter Grenville; gegenüber stand der Kanzler Thurlow, der ebenso eigensinnig war wie Pitt durchgreifend und seit langen Jahren lebhaften und persönlichen Groll gegen Pitt im Herzen trug. Diesen Männern nun legte Talleyrand den Antrag vor, die beiden Völker, im Bewußtsein der Gleichheit ihrer Interessen, sollten sich ihre Besitzungen in und außer Europa wechselseitig gewährleisten. Er sah wohl, daß es das einzige Erreichbare und auf ein förmliches Bündnis nicht zu hoffen sei, fand aber, daß eine solche Garantie, in diesem Augenblicke gegeben, den österreichisch-europäischen Verein thatsächlich sprengen müßte. Für England hatte der Vorschlag lockende Seiten; es gärte in Irland, in Ostindien hatte man den gefährlichen Krieg mit Tippo Sahib, es konnte sehr belangreich erscheinen, auf beiden Punkten sich gegen eine französische Feindseligkeit zu sichern. So schwankte die Frage vierzehn Tage lang im Ministerrate; endlich, am 2. März, eröffnete Grenville dem französischen Unterhändler, daß man nicht zu den Feinden Frankreichs gehöre, im Gegenteil die Befriedigung desselben im eigenen Interesse wünsche — Pitt und ich, sagte er, wissen, daß ein Handelsvolk bei der Freiheit seiner Nachbarn nur gewinnen kann — auf Talleyrands andere Vorschläge aber keine Antwort zu geben gedenke. Nach dem Verlaufe des Gesprächs hielt sich Talleyrand für berechtigt, Narbonne zu melden, daß Pitt eine Annäherung an Frankreich anstrebe, der Kanzler aber und vor allem der König dagegen sei, daß man sich deshalb zu einer nichtssagenden Antwort entschlossen habe, daß Pitt aber nichts gegen Frankreich thun werde, auch wenn dieses Belgien angreife. Denn allerdings habe 1790 England die belgische Souveränität dem Kaiser garantiert, allein eine militärische Expedition sei an sich noch kein Gegenstand des Vertrags [1]).

---

[1]) Dies alles nach Talleyrands Depeschen an Narbonne. Auch diese Blätter haben ihre Revolutionsgeschichte gehabt. Sie wurden bei Delessarts Prozeß dem Gerichtshof zu Orleans übersandt, blieben

Mit dieser Zusicherung glaubte Narbonne viel gewonnen zu haben. Bei der Krisis, worin durch die Entschlüsse der übrigen Minister das Kabinett sich befand, hatte er die drei Generale wieder nach Paris kommen lassen, um ihr Ansehen und ihren Rat als Stütze in der Nähe zu haben. Wieder kam unendlich viel auf Lafayette an, und wieder gab er die Entscheidung zu Gunsten der Zerstörung. Erzürnt über Bertrands Widerspruch gegen seinen Rettungsplan, gehoben durch die neuen Hoffnungen in England, bestärkte er Narbonne, auf dem bisherigen Wege zu bleiben, an der Kriegspolitik festzuhalten und seinen Kollegen kräftig entgegenzutreten. Lafayette selbst übernahm es, dem Conseil am 3. März zu verkünden, daß Narbonne mit dem verfassungsfeindlichen Bertrand nicht mehr zusammen dienen könne. Zureden und Anerbietungen waren umsonst, man hoffte, Narbonne zum Chef eines ganz gefügigen Ministeriums zu erheben. Am 6. erklärte Narbonne der Versammlung im Namen der Generale, daß man niemanden an die Verfassung rühren lassen dürfe: abscheulich sei es, mutwillig das Land in Krieg zu stürzen, aber verächtlich, den Krieg für unmöglich zu erklären, um die Freiheit zu schmälern; der König werde, das dürfe man von seiner Rechtschaffenheit erwarten, seinen Ministern befehlen, nicht bloß die Verfassung zu beobachten, sondern sie auch auszuführen und alle Schwierigkeiten kräftig aus dem Wege zu entfernen. Es war schwer zu sagen, ob die Verdächtigung, die in diesen Worten lag, mehr den König oder die Minister träfe; deutlicher redete übrigens am Abend die Gironde durch den Mund eines gewissen Gonchon [1]), eines halbverrückten Bürgers von St. Antoine, der im Namen der Vorstadt der Versammlung zurief: erzwingt den vollen Wert der Assignaten und vernichtet alle Verschwörer; es ist lohnender dem

---

dort, als das Tribunal durch die Septembermorde gesprengt wurde, unbeachtet unter den übrigen Papieren desselben und wurden erst vor einigen Jahren zufällig als Makulatur entdeckt und gerettet.

[1]) Daß er jetzt und noch lange ein Werkzeug der Gironde war, zeigen Gadouls Berichte bei Buchez XXVIII.

Volke dienen als den Königen; denn Höflinge, Könige und Minister werden vergehen, das Volk aber und die Pifen werden nicht vergehen.

Delessart und die Lameths fanden [1]), daß unter diesen Umständen Narbonne nicht einen Augenblick länger Minister bleiben dürfe. Die anderen erklärten sich in gleichem Sinne, nur müsse, um die Maßregel zu mildern, zugleich der royalistische Bertrand ausscheiden. Während dieser Erwägungen brachten die Zeitungen Briefe der drei Generale an Narbonne, worin sie es beklagten, wenn er seine Entlassung nähme, er sei dem Heere und dem Vaterlande unentbehrlich; damit war die Krisis in die Oeffentlichkeit geworfen und die Aufregung allgemein. Auch der König, verletzt durch die Einmischung der Offiziere in politische Fragen, zauderte nicht länger, und eröffnete Narbonne in drei Worten: er habe den Obersten Degrave an seiner Statt zum Kriegsminister ernannt. Die Generale beschied er auf das Schloß, sich über ihre Briefe zu rechtfertigen: Luckner sagte, Narbonne sei ein so bequemer Minister gewesen; Lafayette entgegnete, er habe an der Veröffentlichung des Briefes keinen Anteil. Dem Justizminister aber rief Lafayette unmutig zu: wir wollen sehen, wer der Stärkere im Reiche ist, ich oder der König [2]).

Es war der unglücklichste Zeitpunkt, welchen Delessart hätte wählen können. Es war, als sollten alle Weltgegenden den Schlag, der über ihm schwebte, verschärfen. Am 8. März kam die Nachricht nach Paris, daß der spanische Minister Florida Blanca gestürzt und durch Aranda ersetzt sei, dem man beinahe eine politische Gesinnung wie Lafayette und eine entschiedene Feindseligkeit gegen England zutraute, so daß man Spanien für den österreichischen Verein völlig verloren gab. Man hörte sodann von russischen Bemühungen, Preußen gegen die Polen in Bewegung zu bringen; es hieß, daß in Berlin darüber Generale und

---

[1]) La Marck an Mercy 11. März.
[2]) Pellenc an La Marck.

Minister im Streit lägen und das Interesse an Leopolds französischen Wünschen zurückträte. Endlich am 9. März erhielt man die überraschende und alle bisherigen Pläne zersprengende Kunde, daß der Kaiser Leopold, im kräftigsten Alter, nach viertägiger rascher Krankheit gestorben sei. Damit schien dem europäischen Vereine die Seele genommen. Der Nachfolger Franz, ein junger schwächlicher Mann von 22 Jahren, war nicht Kaiser; Oesterreich, meinte man, sei ganz vereinzelt, da man sich der englischen Neutralität nach Talleyrands Berichten sicher hielt. Das Pariser Publikum glaubte jetzt an Fortdauer des Friedens, und die Papiere stiegen um 15 Prozent. Aber Brissot und Lafayette sahen nur die vorteilhaftere Aussicht bei einem Angriffe auf Oesterreich, sahen Delessart auf allen Seiten verlassen und hülflos und beschlossen, für Narbonnes Sturz eine ausgezeichnete Rache zu nehmen, sich die Macht zu erobern und den Bruch mit Oesterreich zu vollenden.

Nichts kann inhaltsleerer, gehässiger und heftiger sein[1]) als die ausführliche Rede, womit Brissot am 10. März jene Depeschen Oesterreichs und Delessarts beleuchtete, um die Anklage auf Hochverrat gegen den Minister darauf zu begründen. Mochte dieser den Verein Leopolds gewünscht haben, hier in den Noten lag nichts vor, als was die Nationalversammlung selbst dekretiert hatte; was sonst einem Minister Pflicht und Ruhm sein würde, starke Forderungen in milder Form zu stellen, um den Gegner nicht unnötig zu reizen, wurde dieses Mal zum Verbrechen an der Ehre und Sicherheit des Staates gestempelt. Kein Ausschuß hatte berichtet, kein Wort des Angeklagten wurde zugelassen. Brissots und Lafayettes Faktionen waren verbündet, das war die ganze Versammlung. Als aber einigen Mitgliedern der Rechten die peinliche Anklage zu stark erschien und sie sich

---

[1]) Brissot selbst gestand es Dumont ein, der Minister werde ohne Zweifel freigesprochen werden, da man keine Beweise gegen ihn habe; aber die Situation fordere die Anklage, um ihn aus dem Ministerium zu entfernen; man dürfe sich die Jakobiner nicht zuvorkommen lassen. Dumont. mémoires sur Mirabeau XIX, 378.

mit dem Sturze des Ministers durch ein diktatorisches Mißtrauensvotum begnügen wollten, erhob sich der glänzendste Redner der Gironde, Vergniaud, um ihnen durch Eröffnung weiterer Gewalt die Milde der Partei anschaulich zu machen. Einst hatte Mirabeau im Kampfe gegen die Priester an die Bartholomäusnacht erinnert, in welcher die Fanatiker die Hand Karls IX. gegen sein Volk bewaffnet hätten; jetzt rief Vergniaud: auch ich sehe die Fenster des Palastes, in denen die Verschwörung spinnt, uns durch Anarchie und Bürgerkrieg zur Sklaverei zu führen; oft ist der Schrecken in alter Zeit aus diesem Palaste herausgetreten im Namen des Despotismus, möge er jetzt dorthin im Namen des Gesetzes zurückkehren, möge man wissen, daß dort nur der König unverletzlich und jedes andere Haupt dem Schwerte des Gesetzes unterworfen ist.

So schreckte die Gironde die Königin aus den Thränen um den Bruder, um den entfernten und letzten Retter, mit der Drohung des Blutgerüstes auf. Sie dachte nicht, daß sie die Hände rührte, um es ebenso für sich selbst wie für ihr Opfer zu bauen. Als ihr Redner geschlossen, überwältigte sie mit dem Donner eines endlosen Beifalls jeden Gedanken an Widerstand. Delessarts Anklage wurde mit gewaltiger Mehrheit beschlossen und noch am Abend seine Verhaftung bewirkt. Das Ministerium war gesprengt. Woher seine Nachfolger nehmen?

Zwei Angaben liest man häufig über die Bildung des neuen Kabinetts. Nach der einen hätte die Gironde die Ministerliste unter der Drohung diktiert, im anderen Falle der Königin den Prozeß zu machen[1]). Nach der anderen hätte der König überlegt, er müsse seine Freunde für bessere Zeit bewahren und nach konstitutioneller Regel die Minister aus der siegenden Opposition nehmen. Aber in solchen Zeiten hört wahrlich das Schema des konstitutionellen Tur-

---

[1]) Es war damals Robespierres Version, Beaulieu III, 247. Da nachher von einem solchen Prozeß keine Rede war, so ergab sich der Verdacht, die Gironde, zur Herrschaft gelangt, beteilige sich an den Verbrechen, die sie zu verfolgen gedroht.

nieres auf. Wo es sich um Leben und Tod handelt, umgiebt man sich mit Freunden und Helfern — wenn man es kann. Aber Ludwig konnte es nicht mehr: das war der einfache Grund für die Bildung eines demokratischen Ministeriums. Er war ohne Schutz und Waffe, seine Garde noch nicht im Dienst, die Truppen ebenso in der Hand seiner Feinde wie die Banden der Vorstadt. „Der König," schrieb damals einer seiner Vertrauten[1]), „lebt wie ein Mensch, der sich auf seinen Tod vorbereitet." Auch ließen ihn die Machthaber nicht im Dunkel über sein Schicksal, wenn er sich ihrem Willen nicht unbedingt füge. Nach einem Abendessen bei Condorcet, wo Brissot, Sieyès, Pétion, Narbonne, Lafayette und der soeben mit diesem versöhnte Herzog von Orleans anwesend waren, erschien der frühere Abgeordnete Dupont de Nemours, der, obwohl konstitutionell, mit Lafayette befreundet war, um dem König eiligst mitzuteilen, was ihm Lafayette von den Beschlüssen der versammelten Führer anvertraut hatte. Danach sollte der Krieg gegen Oesterreich ohne Zaudern erklärt und gleichzeitig der Angriff auf die rheinischen und sardinischen Lande eröffnet werden, wo man überall auf den Beitritt des Volkes hoffte. Man dachte in Delessarts gerichtlichen Aussagen Materialien über die geheimen Beziehungen des Hofes zum Kaiser zu erlangen; dann würde man den König suspendieren, Condorcet zum Erzieher des Dauphins bestellen, die Königin aber verhaften und vor Gericht stellen, unter neunzehn Klagepunkten, deren wichtigster der Vorwurf sein würde, daß sie den Kaiser zur Bildung einer gegen Frankreich gerichteten Koalition veranlaßt hätte. Der König, ohne Rat noch Beistand, ohne die Möglichkeit einer Flucht, sah keine Rettung als in bedingungsloser Unterwürfigkeit. Er übersandte heimlich durch Breteuil Kunde der neuen Bedrängnis nach Wien und Berlin[2]) und vollzog in Paris, was die revolutionären Häupter ihm vorlegten. Das neue Ministerium

---

[1]) Pellenc.
[2]) Briefe Breteuils und Fersens vom 23. März im preußischen Staatsarchiv. Auch Beauchamp und Mallet (I, 260) wissen von

wurde durch gemeinsame Beratung Lafayettes und der Gironde eingesetzt, wobei allerdings in den Personenfragen die Gironde überall den Sieg davontrug.

Gleich der noch von Delessart ernannte Kriegsminister Degrave, der jenem durch einen Freund Narbonnes empfohlen worden, hing mit der Gironde durch Pétion und Genfonné eng zusammen. Wichtiger aber war die folgende Ernennung zum auswärtigen Departement, wozu Lafayette den republikanisch gesinnten, aber weichen und unentschlossenen Barthélémy, Gesandten in der Schweiz, vorschlug, während er auf das Innere für seinen Freund, den Baron Dietrich, Maire von Straßburg, dachte, der in seinem Interesse die Elsasser Priester und Jakobiner bekämpfte, und ihm soeben eine Taschenausgabe der Menschenrechte zur Anlockung der österreichischen Soldaten geliefert hatte. Allein die Gironde warf nach Genfonnés Anregung ihr Auge auf den General Dumouriez, den sie in jenem Augenblick als einen der Ihrigen betrachtete, und gegen den Lafayette nicht besondere Einwendungen erheben konnte, da er ihn früher selbst als Agenten in Brüssel gebraucht hatte. Einer der bedeutendsten Männer der Revolution trat damit auf den großen Schauplatz der Politik. Er entschied sogleich die Anstellung des ihm ergebenen, sonst unerheblichen Lacoste als Marineminister. Etwas länger dauerte es mit den übrigen Stellen, bei denen Dumouriez ohne Genehmigung Brissots und Pétions keinen Schritt thun wollte. Erst am 26. einigte man sich auf Narbonnes Freund Garnier als Justizminister, wogegen Roland für das Innere und Clavière für die Finanzen durchaus Minister der Gironde waren. Endlich lehnte Garnier ab, und auch dieses letzte Departement fiel an einen Bordeleser Advokaten, Duranton, der von Vergniaud und Guadet empfohlen worden war [1]).

---

damaligen Plänen der Gironde, an Ludwigs Stelle eine Regentschaft für dessen Sohn einzusetzen. Vgl. auch Arneth, Marie Antoinette, Joseph und Leopold, 258 ff., und Vivenot, Quellen I. 430.

[1]) Neben ihm war noch von Louvet, Robert und Collot d'Herbois die Rede.

So gingen die Erfolge der Faktion am Sitze der Regierung vorwärts. Die Entscheidung in den Provinzen entsprach vollkommen der Krisis in der Hauptstadt. Am 12. März brach ein älterer Freund des Barbaroux, Namens Rebequi, mit 4000 Mann und sechs Geschützen aus Marseille auf, um die Gegenrevolution in Arles zu ersticken. Er achtete weder die Abmahnung einer Behörde noch die Möglichkeit des Bürgerkrieges; jedoch zeigte sich schnell genug, wie sehr die Patrioten die Kriegsrüstung der Arlesen übertrieben hatten, da von Widerstand keine Rede war, sondern die Marseiller ohne Kampf einrückten und die bedeutend schwächere Nationalgarde sofort entwaffneten. Fast an demselben Tage kamen in der Nationalversammlung wiederholte Anklagen gegen Avignon, Mende und Jalès vor, und rasch nacheinander wurde die Besetzung der Stadt Arles durch die Marseiller bestätigt und die Entwaffnung des ganzen Departements der Lozère befohlen; dafür aber gab man den Banditen von Vaucluse die Waffen der Eisgrube wieder in die Hand, indem man für Avignon eine unbeschränkte Amnestie aller politischen Vergehen aussprach und statt der königlichen Kommissare die Departements von Marseille und des Gard mit der Herstellung der Ruhe beauftragte. Marseille ernannte dazu die Führer seiner Armee von Arles, Rebequi und Bertin, die sogleich auf eigene Hand einen Trupp ihrer Mannschaft nach Avignon schickten, Jourdan, einen Teil seiner Banditen und andere Kriminalgefangene befreien ließen und gleich nachher mit ihnen feierlichen Triumpheinzug in Avignon hielten. Ueber der unglücklichen Stadt lag seitdem Trauer und Schrecken: dieses Mal, hatte Jourdan gerufen, soll die Eisgrube voll werden; viele Tausende schickten sich zur Auswanderung an. Die republikanische Revolution beherrschte den Süden des Reiches und hatte dort ein gerüstetes und siegreiches Heer zur Verfügung. Dazu war die zweite Stadt des Landes, Lyon, ganz und gar in demokratischen Händen. Der Gemeinderat war von Rolands Freunden erfüllt; der Maire, Vitet, stand mit dem Minister in vertrautem Briefwechsel, beherrschte die Stadt durch den Jakobinerklub und setzte soeben die Wahl eines tapferen Sansculotten, des Seidenarbeiters Juillard, zum Generalkommandanten der Bürgergarde durch. Während ein gasconischer Priester, Laussel, die Arbeiter der großen Fabrikstadt durch eine Zeitung begeisterte, an deren Spitze er die Bibelworte stellte: der Herr hat die Armen gesättigt und die Reichen leer hinweggeschickt — predigte ein anderer Exgeistlicher aus Piemont, Challier, bereits nach Robespierres Muster Verdacht gegen die Halbheit der Girondisten und forderte die Vernichtung der Geldmänner, die ihre Aristokratie auf den Trümmern des Adels erheben wollten. Es war vergeblich, daß der Departementsrat ihn wegen gesetzwidriger Verhaftungen und Haussuchungen suspendierte; der Zorn seiner demokratischen Pöbelmassen hielt ihn im Amte fest. Der Maire Vitet selbst ging damals nach Montpellier, um sich mit den Führern der Marseiller in Vernehmen zu setzen; es hieß allgemein, das Revolutionsheer, durch alle gleichartigen Elemente des Landes verstärkt, werde jetzt auf die Hauptstadt vorrücken.

Da die Gironde indes das Ministerium erobert hatte, wurde die äußerste Maßregel fürs erste aufgeschoben. Roland erklärte sogar die Befreiung der Banditen in Avignon für gesetzwidrig, worauf Robespierre ihn bei den Jakobinern offen des Verrates anklagte: es war aber nicht so ernstlich gemeint, und Rolands Freunde ließen gleich nachher die Versammlung über die Beschwerden Avignons zur Tagesordnung schreiten.

Drittes Kapitel.

Ministerium der Gironde.

Bei weitem der bedeutendste Mensch in der neuen Regierung war der Minister des Auswärtigen, General Dumouriez. Er stammte wie Sieyes und Mirabeau aus der Provence, von einer angesehenen Familie des dortigen Parlamentsadels. Sein Vater hatte es jedoch nach der Reizbarkeit und Ungefügigkeit seines Wesens nur bis zum Amte eines Kriegskommiſſars gebracht, und der ehrgeizige und lebensluſtige Sohn war demnach ſchon früh auf ſeine eigenen Kräfte angewieſen. So zog er als Achtzehnjähriger in den Krieg gegen Friedrich den Großen und erwarb ſich in drei Feldzügen das Ludwigskreuz und eine Hauptmannsſtelle. Der Frieden aber ſchnitt raſch dieſe Hoffnungen ab, ſein Regiment wurde aufgelöſt und er ſelbſt mit einer kleinen Penſion entlaſſen. Dazu überwarf er ſich mit dem Vater durch Neigung zu einer jungen Verwandten, mit deren Eltern die ſeinigen zerfallen waren; ſo durch Armut, Leidenſchaft und Ehrgeiz dreifach getrieben, machte er ſich auf, den Reſt ſeiner Habe, hundert Louisdor, in der Taſche, um in der weiten Welt ſein Glück zu ſuchen. Choiſeul, welcher damals an der Spitze des Miniſteriums ſtand, gab ihm Erlaubnis, über ſeine Erfolge zu berichten; dies war für Dumouriez hinreichend, um in dem Intriguenkreiſe, welcher damals die Regierung Frankreichs hieß, feſten Fuß zu faſſen. Es war für jeden ein ſchlüpfriger Boden und für einen Menſchen ohne Namen und Verbindungen, wie Dumouriez, ein halsbrechender. Dumouriez aber hatte den echten Soldatenſinn, welchem die Gefahr ein Reiz iſt; er verſtand es, am paſſenden Orte keck und ſtolz, geſchmeidig und unterwürfig, vor allem aber geſchickt und brauchbar zu ſein. Höhere Geſichtspunkte beſchränkten ihn nicht; er hatte in Politik und Moral weiter keine Ueberzeugung, als daß jeder Fehler für ihn ſchlimmer als ein Verbrechen und jedes gemeine Vergehen der ſchlimmſte Fehler ſein würde. So ging ſein Leben in bunten Wechſelfällen dahin: zuerſt war er in ſehr zweideutiger Stellung bei den korſiſchen Händeln von 1766 thätig, dann wirkte er als geheimer Agent des Miniſteriums in Spanien und Portugal, darauf in Ungarn und Polen, wo er im beſten Zuge war, den Krieg gegen die Ruſſen auf großem Fuße zu organiſieren, als der Sturz Choiſeuls ſeinem Treiben ein Ende machte und ihn nach Paris zurückrief. Für die Ungnade des neuen

Ministers Aiguillon hielt er sich durch die Gunst des Grafen Broglie entschädigt, welcher dem Könige als persönlicher Ratgeber hinter Aiguillons Rücken diente, erfuhr dann aber bei dem ersten Anlasse die Schwäche Ludwigs XV., der ihn ohne Schwierigkeit dem Minister preisgab und eine lange Verhaftung Dumouriez' zuließ. Endlich 1775 hörte die Verfolgung auf, und er wurde als Generalmajor zum Kommandanten von Cherbourg ernannt, welche Stelle er bis zum Ausbruch der Revolution bekleidete.

Die Entfernung aus Paris war hart genug für ihn; sein Geist fand in den engen Verhältnissen der Provinz keine Ruhe, unaufhörlich bestürmte er die Ministerien mit Plänen, Gutachten, Vorschlägen. Bei all diesem Treiben ging sein Drang weniger auf den Glanz als auf das Wesen der Macht, auf Einfluß, Thätigkeit und Wissen. Er wollte das Leben genießen, aber wäre auch mit mäßigem Lohne zufrieden gewesen; er hätte sich leicht beschieden, wenn sein Name unbekannt geblieben wäre; nur zu herrschen, einzugreifen, die Menschen zu lenken, seinen Willen in der Politik Frankreichs zu bethätigen, darauf richtete sich der Ehrgeiz seines unruhigen Geistes. So fand ihn der Ausbruch der Revolution, und er war keinen Augenblick zweifelhaft über seine Partei. Sein Leben lang hatte er mit dem Vorzuge des Geburtsadels ringen müssen; jetzt war die Zeit der persönlichen Kraft gekommen, und Dumouriez warf sich mit Eifer in die Bewegung. Er fachte den Bürgersinn seiner Soldaten an, half selbst in Cherbourg die Nationalgarde einrichten, und machte sich rasch einen revolutionären Namen in der ganzen Provinz. In Paris wurde er mit Mirabeau befreundet, fand Eingang bei Lafayette, und ging 1790 in dessen Auftrag nach Belgien, wo er mit den dortigen Demokraten bleibende Verbindungen anknüpfte. Getragen durch eine Menge alter Bekanntschaften, gewann er jetzt auch bei dem Ministerium Einfluß; nur Ludwig XVI. mochte ihn nicht und wies seine Beförderung mit den Worten ab, er kenne diesen Intriganten, dessen Unterstützung man bereuen würde. Endlich kam er 1791 als Militärchef der niederen

Loire 'nach Nantes, zeichnete sich hier bei der Flucht des
Königs durch scharfen Patriotismus aus, und wurde mit
Gensonné bekannt, als dieser im August die religiösen Unruhen der Vendée zu prüfen hatte. Zwei Monate nachher
bot er sich dem Könige als Ministerkandidaten an und versprach die gründlichste Ausrottung der Jakobiner[1]); zurückgewiesen, setzte er durch Gensonné die Verbindung mit der
Gironde fort, die ihn endlich im Februar 1792 nach Paris
und bei Delessarts Sturz in das Ministerium führte. Er
zählte damals dreiundfünfzig Jahre, war aber noch lebhaft
und ungestüm wie der jüngste Mensch, entschlossen, auf eigenen Füßen zu stehen und eine große Epoche in der Revolution zu machen.

Allerdings, wenn deshalb die Gironde ihn ohne weiteres
für ihren Mann hielt, so war sie in großem Irrtum. Eine
ausgeprägte politische Ueberzeugung hatte der General überhaupt nicht, und so weit wie möglich war er von der republikanischen Begeisterung oder gar dem demokratischen Fanatismus seiner augenblicklichen Genossen entfernt. „Er ist
geistvoll und thätig," berichtete damals über ihn Graf Goltz;
„er war bisher eifriger Jakobiner und kennt alle Fäden der
jakobinischen Maschinerie: aber es ist sehr möglich, daß er
diesen Herren noch ganz besondere Rätsel aufgeben wird."
In der That, er war Revolutionär geworden, weil damals
nur auf den Wegen der Revolution voranzukommen war;
sonst aber war er durch und durch Soldat und folglich
Verächter der Schönredner und der Gassen- und Wirtshaus-
politik, bereit, im Notfall auch der Republik zu dienen, in
seiner Vorliebe aber entschieden der Monarchie zugewandt
als der besseren Schutzwehr fester Ordnung im Staate. Zur
Zeit freilich sah er wohl, daß es nötig sei, mit dem Strom
zu schwimmen, der freisinnigste unter den Freiheitsmännern
zu sein und damit allmählich die jetzt zerstreuten Elemente
der Macht in der eigenen Hand zu vereinigen. Demnach
bekannte er sich jetzt auch nachdrücklich zu der Kriegspolitik

---

[1]) Morris an Washington. 21. März.

der Gironde, um sich durch kräftige Waffenthaten der Armee zu versichern und den Ruhmesdurst des Volkes für seine politischen Zwecke zu verwerten. Ihr werdet, hatte er früher zu Delessart gesagt, Krieg nicht bloß mit Oesterreich, sondern einen allgemeinen Krieg haben, aber er soll uns Ruhm und Gewinn und erweiterte Herrschaft bringen. Er sprach zuerst das für die Revolution so verhängnisvolle Wort der natürlichen Grenzen, der Alpen und des Rheines, aus und gründete darauf sein ganzes Kriegssystem: Verteidigung, wo diese Grenzen schon geschlossen seien wie im Elsaß, Angriff, wo sie erst durch Eroberung erreicht werden mußten. Dies traf Belgien, Lüttich und die rheinischen Kurfürsten im Norden, im Süden aber das gegen die sardinische Herrschaft mißvergnügte Herzogtum Savoyen. Hier wie in Belgien und am Rheine hatte man zahlreiche Verbindungen unter dem Volke und zweifelte nicht an dem Losbrechen der Insurrektion, sobald französische Truppen sich zeigen würden. Demnach wurde am 25. März beschlossen, daß Lafayette über Namur gegen Lüttich und Brüssel, Luckner von Straßburg aus über Landau gegen Mainz operieren, im Süden aber ein viertes Heer zum Angriffe auf Savoyen gebildet werden sollte. Nun mußte er freilich als alter Offizier nur zu wohl, wie mißlich es mit der Beschaffenheit des französischen Heerwesens stand, und wie sehr es sich des Versuches lohnte, demselben die bevorstehende Aufgabe möglichst zu erleichtern. Dumouriez erwog, ob man Preußen, wenn nicht völlig von Oesterreich trennen, so doch im Eifer seiner kriegerischen Thätigkeit mäßigen könne. Er entschloß sich zu einem geheimen Schritte, der zu seiner öffentlichen Kriegspolitik einen schneidenden Kontrast bildete und je nach den Umständen ihm den Kopf kosten oder völlig neue Wege eröffnen konnte.

Am 9. April schrieb er ein kurzes Billet an den in Berlin lebenden General Heymann, einen Emigranten liberaler Richtung: ich sende Euch Herrn Bénoit, mit dem Ihr in vollem Vertrauen reden könnt; ich benutze mit Freude diesen von mir hervorgerufenen Anlaß, um Euch ein Zeichen meiner Freundschaft zu geben. Bénoit langte eine Woche später in Berlin an, wurde jedoch von dem Minister Schulenburg nicht empfangen, weil dieser durch einen Verkehr mit solchen Jakobinern den König bloßzustellen fürchtete; Bénoit reichte also dem Minister durch Heymann seine Aufträge schriftlich ein. In der That waren sie so beschaffen, so verständig im Zwecke und praktisch in den Mitteln, daß sie einen gewissen Eindruck nicht verfehlen konnten. „Preußen," hieß es dort, „verfolgt keinen anderen Zweck in den französischen Dingen als die Herstellung der monarchischen Ordnung; in Frankreich aber will die Nation den Frieden und würde mit Freuden jedes ehrenhafte Mittel zu seiner Bewahrung ergreifen. Preußen allein kann ein solches Mittel gewähren, nach seiner Stärke, seiner Unparteilichkeit, seiner ganzen Stellung, da es keinen Teil an der Verschuldung des französischen Unheils hat." Jenes Mittel wäre nun eine preußische Erklärung, daß der König als Vermittler zwischen Frankreich und den Elsasser Fürsten auftreten wolle. Frankreich würde dann jede von dem Könige begehrte Entschädigung uneingeschränkt genehmigen. Das Gelingen dieses Geschäfts würde sogleich die Möglichkeit eines zweiten Schrittes geben, eines preußischen Antrags auf Rückberufung der Emigranten unter billigen Bedingungen, eine Maßregel, die ebenso nötig wie erwünscht für Frankreich wäre. „Wir können nur vermuten," fuhr die Denkschrift fort, „welche Wünsche Se. Majestät von Preußen in betreff von Aenderungen der französischen Verfassung hat. Die meisten werden in Paris ebenso wie im Auslande ersehnt und ließen sich leicht erreichen, sobald die Sorge vor dem Kriege die Volksmassen nicht mehr in der Aufregung erhielte, welche die Quelle aller Wirren ist. Nur so viel kann man sagen, daß die Schwierigkeit wachsen würde, je weiter sich die Vorschläge von der neuen Verfassung entfernten. Die Herstellung der Adelsvorrechte, der Kirchengüter, der großen Magistraturen wäre ohne Widerstand und Gefahr nicht durchzuführen; für die königliche Prärogative dagegen ließe sich auf dem Boden der Verfassung selbst eine sichere Grundlage gewinnen."

Wie man sieht, war es unmöglich, die Gedanken des Fürsten Kaunitz, ja Marie Antoinettes selbst genauer wiederzugeben. Aber wie war es denkbar, daß der Minister einer Partei, welche wegen der ersten Andeutungen dieses Systems die Welt mit ihrem Kampfrufe erfüllte, seinerseits mit solchen Vorschlägen hervortrat? Und nach Heymanns Erzählungen ging Bénoit im Gespräche mit jenem noch viel weiter. Man sei, sagte er, in Paris erfüllt von Sorge wegen des europäischen Vereins; man fürchte besonders die schlagfertige Kriegsmacht Preußens; man sei bereit, jeden Wunsch desselben zu bewilligen, selbst die Herstellung des Adels, nur daß man hiermit nicht sogleich hervortreten dürfe; schlechthin unmöglich sei nur das eine, die Rückgabe des größten Teiles schon veräußerten Kirchengutes.

Eben jetzt lief aus Paris die Nachricht ein, daß — wir werden gleich darauf zurückkommen — auf Dumouriez' Betreiben dort die kriegerische Entscheidung gefallen sei. Daß man gegenüber einem solchen Doppelspiele Ursache zur Vorsicht habe, war äußerst einleuchtend. Graf Schulenburg erstattete am 28. April dem Könige seinen Bericht: man sieht, sagte er, daß in Frankreich die Furcht groß ist, daß man an einen ernstlichen Angriff gegen uns nicht denkt, wir also noch keinen Anlaß zu kostspieligen Verteidigungsmaßregeln haben: offenbar will man Zeit gewinnen; man sucht den Angriff der Mächte hinauszuschieben, Ew. Majestät von Oesterreich zu trennen und die Stellung der herrschenden Partei zu sichern, indem man sich noch dazu das Verdienst der Herstellung eines gesetzlichen Zustandes erwirbt. Schulenburg fand es unmöglich, auf die heimliche Eröffnung etwas Bestimmtes zu bauen, immer aber Grund genug, Bénoit nicht unglimpflich abzuweisen, da die Sache vielleicht doch allen Teilen großen Nutzen bringen würde. Er gab hiernach Heymann eine höflich ausweichende Antwort mit, daß keine der Mächte etwas anderes als Gerechtigkeit für die verletzten Fürsten und Beendigung der für alle Nachbarn gefährlichen Anarchie verlange, daß Preußen sich von Oesterreich nicht trennen und nicht eher mit Frankreich eine Unterhandlung eröffnen könne, als dort eine gesetzliche Regierung mit solcher Autorität hergestellt sei, daß sich in sicherer Weise mit ihr unterhandeln lasse. Als Bénoit sich mit diesem Bescheide zur Rückreise anschickte, sagte er, er sehe wohl, wie die Dinge stehen, aber das letzte Wort sei noch nicht gesprochen; er werde wiederkommen, wohin und wann die preußische Regierung es wünsche; vielleicht sei es für das Gelingen der Unterhandlung erforderlich, daß ein preußisches Heer erst auf französischem Boden stehe¹).

Dumouriez hatte übrigens die Berichte seines Berliner Agenten nicht abgewartet, um mit der österreichischen Unterhandlung zum Abschluß zu kommen. Wenige Tage nach seinem Amtsantritt, am 18. März, hatte er eine neue Note nach Wien gesandt, wiederum die Auflösung des europäischen Vereins gefordert und zugleich angeboten, die französischen Heere von den Grenzen zurückzuziehen, sobald Oesterreich seine Truppensendungen nach Belgien und dem Rheine eingestellt habe. An demselben 18. März schrieb Kaunitz seinerseits eine Antwort auf eine noch von Delessart am 1. abgeschickte Besprechung der Februarnote, in welcher er mit ruhiger Bestimmtheit den in der letzteren genommenen Standpunkt innehielt, ohne eine Linie vorwärts oder rückwärts zu gehen. Dumouriez, noch mit der Vervollständigung der militärischen Rüstungen beschäftigt, ermahnte die murrende Nationalversammlung, vor einem Beschlusse über diese österreichische Auslassung erst noch abzuwarten, welchen Eindruck sein Entwaffnungsvorschlag auf Kaunitz machen würde. Indessen war in Wien kein Gedanke daran, die angeordneten Truppenmärsche zu unterbrechen; seit dem Sturze der Feuillants hatte man keine Hoffnung mehr auf Erhaltung des Friedens und wollte demnach so schnell wie möglich die bedrohten Grenzen sichern. Zum Ueberfluß war man von den kriegerischen Beschlüssen des 25. März auf der Stelle durch ein Billet der Königin unterrichtet worden; Dumou-

---

¹) Die Akten über Bénoits Unterhandlung im preußischen Staatsarchiv.

riez' Vorschlag konnte also nur in dem Lichte eines tückischen Versuchs erscheinen, dem Angriff auf Lüttich und Trier durch Verzögerung des dorthin bestimmten Nachschubs die Wege zu ebnen. Kaunitz begnügte sich also, am 7. April, dem französischen Botschafter die einfache Mitteilung zu machen, daß Oesterreich seinen früheren Eröffnungen nichts mehr hinzuzusetzen habe. In dem Berichte, womit Noailles diese Aeußerung begleitete, meldete er noch aus seinen letzten Gesprächen mit dem Vizekanzler Philipp Cobenzl[1]), daß dieser unabweichlich bei den alten Forderungen bleibe: Herstellung der Elsasser Fürsten, Rückgabe Avignons, feste Ordnung der konstitutionellen Monarchie. So war das französische Ultimatum vom 18. März einfach zurückgewiesen, und Dumouriez entschloß sich jetzt, wie unsicher auch noch alle Verhältnisse im Innern und nach außen lagen, in einem Ministerrate am 19. April die Kriegserklärung gegen den König von Ungarn und Böhmen zu beantragen. Zur Begründung des verhängnisvollen Vorschlages hatte er nichts als die Weigerung Oesterreichs, sich von dem Plane eines europäischen Vereins gegenüber der Revolution loszusagen. Um dieser Beschwerde einigermaßen Farbe zu geben, mußte er, in offenem Gegensatze zu der Wahrheit der Thatsachen, als den Zweck des Vereines den Sturz der Verfassung zu Gunsten des alten Regime und der Emigranten angeben; er mußte weiter die Beschwerden über die französische Gewaltthat im Elsaß und in Avignon als eine Beleidigung Frankreichs und seiner nationalen Unabhängigkeit darstellen. Indessen, so schlecht die Vorwände sich ausnehmen mochten, die Hauptsache war, zum Schlagen zu gelangen, und wenn Dumouriez dies zur Zeit hätte vermeiden wollen, er selbst hätte es nach den bisherigen Schritten nicht mehr vermocht.

Er hatte damals schon einige Erfahrungen über die Annehmlichkeiten gemacht, mit welchen eine Revolutionszeit die Stellung eines Ministers umgiebt. Zwar klatschte die Nationalversammlung bei jedem seiner Berichte, die er mit aller

---

[1]) So glaube ich nach Vivenot I', 434 annehmen zu müssen.

Energie des Bürgersinnes zu würzen verstand; auch bei den Jakobinern, die er einmal in der roten Freiheitsmütze besuchte, blieb die Mehrzahl der Stimmen ihm noch gewogen. Zunächst aber mußte er sich überzeugen, daß die Mittel zu einem ernstlichen Kriege durchaus unzulänglich waren. Narbonne hatte seine Anstalten mit glänzender Leichtfertigkeit getroffen und seine Berichte nur nach dem Beifall der Galerien, nicht aber nach der Wahrheit der Thatsachen eingerichtet. Es fehlte überall an Mannschaften und Offizieren, Disciplin und Material; der Kriegsminister Degrave, der sich ganz zu Dumouriez' Verfügung gestellt hatte, that das Mögliche; leider aber hinderte die innere Politik der Gironde, auf die man sonst sich stützen mußte, jeden Fortschritt. Die erste Bedingung erfolgreicher Kriegführung, die Disciplin des Heeres, erhielt nach so zahllosen Erschütterungen jetzt den Todesstoß, als auf wiederholtes Andringen der Jakobiner die Nationalversammlung die Freilassung der Schweizer vom Regimente Chateauvieux befahl, welche wegen der blutigen Meutereien von Nancy zu den Galeeren verurteilt worden waren, und darauf die Pariser Demagogen den entlassenen Kettensträflingen als Blutzeugen der Freiheit am 15. April ein rauschendes Volksfest veranstalteten [1]). Je radikaler diese Wühlerei wurde, desto mehr Offiziere wanderten aus, desto unbändiger stellten sich die Soldaten, desto weniger Truppen wurden im Innern entbehrlich, desto mehr stockten alle Kanäle der Verwaltung. Ueberhaupt zeigte sich bald, daß Dumouriez der Partei zu selbständig war. Frau Roland ärgerte sich über seine nicht gerade delikaten Formen, er spottete über ihre Geschäftigkeit und Großmannsthuerei: einstweilen brauchte man einander, aber von

---

[1]) Die rote phrygische Mütze, die seit dem Beginne der Revolution häufig als Symbol der Freiheit verwandt und in diesem Sinne auch von Dumouriez bei den Jakobinern getragen worden war, gewann erst seit dem Feste des 15. April allgemeine und bleibende Popularität. Die Galeerensträflinge trugen rote wollene Mützen, und auch die gefeierten Schweizer hatten sie aus dem Bagno mitgebracht. Vgl. Poisson, l'armée et la garde nationale I. 370; Mortimer-Ternaux, histoire de la Terreur, Bd. 2, Kap. 1.

engerem Einverständnis war keine Rede. Im Gegenteil fand Dumouriez und machte kaum noch ein Geheimnis daraus, daß der König besser sei als sie alle.

Es war sehr natürlich, daß er unter diesen Umständen die alte Verbindung mit Lafayette zu erneuern suchte, der jetzt wieder in sein Hauptquartier Metz zurückgegangen war, voll von Unmut über die Besetzung des Ministeriums und deshalb viel geneigter, gegen die Jakobiner als die Oesterreicher in das Feld zu rücken. Dumouriez schrieb ihm dreimal, bestätigte ihm die unter Narbonne genommene Abrede, daß er den Hauptschlag gegen Belgien führen sollte, und verstärkte ihn trotz aller Klagen der anderen Generale durch ein Division des Nordheeres [1]). Darauf kam eine halboffizielle Note des Generals, worin er die Herstellung der inneren Ordnung, die Achtung der bürgerlichen und religiösen Freiheit begehrte und unter dieser Bedingung das Ministerium zu unterstützen versprach. Zugleich aber beschwerte er sich in einem Privatbillet an Dumouriez über den ausschließenden Parteigeist und das unbändige Drängen zum Beginn des Krieges. Dumouriez antwortete: er treibe nicht zum Kriege, das Datum dieser Entscheidung sei älter als das jetzige Ministerium, noch mehr aber verwahre er sich gegen den Vorwurf des Parteigeistes und sei der Ueberzeugung, daß er selbst und Lafayette einander bedürften. In diesem Sinne nahm er den General auch bei den Verhandlungen des Conseils und der Partei in Schutz; er hatte Anlaß dazu, denn die Gironde, die jetzt, des Krieges sicher, wieder Aussöhnung mit Robespierre wünschte, wollte diesem den verhaßten Lafayette opfern, Dumouriez aber trat dem mit vollem Nachdrucke in den Weg. Nichtsdestoweniger blieb Lafayette zurückhaltend; seine Stimmung war den Ministern nicht unbekannt und gab ihnen ernstliche Sorge über das Schicksal des Kriegsantrags in der vorher so begeisterten Versammlung. Noch am 18. April, als bereits den Generalen die Instruktion zum Angriffe zugegangen, schrieb Du-

---

[1]) Ungedruckte Korrespondenz im Pariser Kriegsarchiv.

mouriez an Biron, mit dem er aus alten Zeiten befreundet
war: die Kriegsfrage kommt jetzt an die Versammlung,
entscheidet sie für Frieden, so bleibt uns allen nichts übrig,
als nach Amerika zu wandern. Allein es zeigte sich bald,
daß bei Lafayette eine Stimmung nicht so schnell zur That
überging, und er, wenn auch persönlich in seiner Kriegslust
abgefühlt auf seine Partei keine Einwirkung versucht hatte.
Im Gegenteil, als der König mit schwerem Herzen am
20. April den Befehl seiner Minister vollzog und den An=
trag auf Krieg gegen Oesterreich stellte, erhoben sich zwei
oder drei Stimmen mit der Mahnung zur Behutsamkeit,
sonst aber war alles nur eine Bewegung von Freude, Hitze
und Ungeduld. Kein Aufschub, kein Ausschußbericht, kein
Druck des Antrags wurde zugelassen, sondern der Krieg
gegen den König von Ungarn und Böhmen beinahe mit
Einstimmigkeit dekretiert.

Der einzige Titel für diesen Beschluß war, wie wir
wissen, das von Oesterreich angeblich erstrebte europäische
Konzert gegen Frankreich. Damit der Nachwelt auch der
letzte Zweifel über die Urheberschaft des Krieges aus=
geschlossen bleibe, traf es sich, daß am 21. April, also
am Tage nach der französischen Kriegserklärung, Kaunitz
den ersten Schritt zur Herbeiführung des Konzertes that,
durch eine Cirkularnote an sämtliche Mächte, worin er die
Gründe entwickelte, nach welchen der Wiener Hof bisher
jeden solchen Antrag unterlassen, jetzt aber, bei der stets
unzweifelhafter drohenden Offensive der Revolution, sich
dazu genötigt sehe [1]). Auch jetzt noch wollte Kaunitz nur
so weit selbst waffnen, als es zur Verteidigung der eigenen
Grenzen nötig wäre, und jede Maßregel zur Einwirkung
auf die inneren Zustände Frankreichs verschieben, bis die
Mächte sich über das Konzert verständigt hätten. In diesem
Sinne hatte soeben eine Konferenz der österreichischen Mi=
nister den Beschluß gefaßt, 50 000 Mann zur Sicherung der
rheinischen und belgischen Lande bereit zu stellen, davon

---

[1]) Vivenot, Quellen II, 1 ff.

aber nur 15 000 und zwar erst binnen Monatsfrist wirklich hinauszusenden und die übrigen allmählich folgen zu lassen. Das verbündete Preußen sollte zu gleichem Verfahren aufgefordert werden. Nach sechs Wochen also würden 30 000 Mann in jenen Vorlanden angelangt sein.

Wie ganz anders standen die Vorkehrungen in Paris! Soweit Dumouriez wußte, war an den Grenzen alles bereit, um Blitz und Schlag auf der Stelle folgen zu lassen. Für den Süden hatten die Demokraten von Marseille sich den General Montesquiou ausgebeten, welcher, noch von der Zeit der Constituante her mit Lameth und Lafayette gespannt, der Gironde sichere Bürgschaft zu geben schien[1]). Bereits war er unterwegs nach Lyon, um 30 000 Mann hart an der Grenze von Savoyen aufzustellen und zu rascher Invasion bereit zu halten. Der Vorwand ließ nicht lange auf sich warten. Am 19. April wies der sardinische Kommandant in Alexandrien den neu ernannten französischen Geschäftsträger Sémonville zurück, weil er nicht den Formen gemäß vorher angemeldet und außerdem als gefährlicher Unruhestifter bekannt sei. Beides war begründet. Sardinien gehörte zu den sogenannten verwandten Höfen, bei welchen jenes Ceremoniell in Geltung war: Sémonville aber war einst ein Werkzeug Lafayettes und dann Mirabeaus in der geheimen Pariser Polizei gewesen, hatte später als Geschäftsträger in Lüttich mit den dortigen Demokraten gearbeitet und endlich in Genua diese Bemühungen für Italien eifrig fortgesetzt. Nichtsdestoweniger forderte Dumouriez nachdrückliche Genugthuung für die völkerrechtswidrige Beschimpfung, und als diese ausblieb, erhielt Montesquiou die Weisung, bis zum 15. Mai Savoyen zu besetzen[2]).

Rochambeau und Lafayette hatten schon fünf Tage vor der Kriegserklärung den Befehl, ihre Truppen Lager beziehen zu lassen, damit dieser in den ersten Tagen des Mai 30 000 Mann von Dun in Eilmärschen auf Givet und

---

[1]) Barbaroux, mémoires.
[2]) Korrespondenz der Südarmee.

Namur führen und Rochambeau, sobald diese Bewegung eröffnet sei, mit 22 000 Mann über Mons nach Brüssel aufbrechen könne. Rochambeau war jedoch nach seinen militärischen und politischen Ansichten weder Dumouriez noch der Gironde genehm; nach acht Tagen kam also ein zweiter Befehl, er selbst solle bei der Nachhut in Valenciennes bleiben und statt seiner den General Biron mit 12 000 Mann gegen Mons, zwei kleinere Abteilungen aber zur Beirrung der Oesterreicher auf Tournay und Furnes entsenden und den Angriff spätestens am 29. April eröffnen. In gleicher Weise wurde Lafayette angewiesen, schon am 30. in Givet einzutreffen und am 1. Mai gegen Namur vorzugehen[1]). Dumouriez schrieb ihm selbst und trieb ihn zur Eile, erinnerte ihn an den Zorn der Jakobiner, den er durch glänzende Erfolge zu entwaffnen habe, an die Schwäche der ihm gegenüberstehenden Oesterreicher, an das Gewicht des Erfolges, wenn er in raschem Laufe Namur und Lüttich erreiche und die Belgier unter die Waffen rufe. „Ich zähle die Minuten," schloß er, „bis ich Nachricht von Euch habe."

Die Nachrichten kamen nur zu schnell von allen Seiten, unheilvoller, als irgend wer erwarten konnte.

Rochambeau war bitter verdrossen, als er die zweite Depesche vom 22. April empfing, der noch dazu die Instruktionen für die drei Untergenerale versiegelt beigelegt waren. Jedoch faßte er sich als ein Ehrenmann und that das Mögliche, um in den kurzen acht Tagen Biron bestens auszustatten, obwohl er ihn für den eigentlichen Urheber der ganzen Anordnung hielt. So mangelhaft auch die Rüstung des Heeres war, so hatte man doch hinreichendes Material, um 12 000 Mann in feldmäßigen Stand zu

---

[1]) Der ganze Unterschied zwischen der Instruktion vom 15. und vom 22. bestand also darin, daß nach jener der Angriff in der ersten Woche des Mai, nach dieser spätestens am 30. April geschehen sollte. Da seit Monaten der Plan im allgemeinen den Generalen bekannt und in Bezug auf Namur selbst von ihnen angegeben war, so erscheint die Differenz ganz unerheblich. Wenn Lafayette und Rochambeau daraus das Mißlingen herleiten, beweist dies nur ihren Wunsch, die Schuld desselben auf das Ministerium zu werfen.

setzen, und Biron konnte damit am 29. April die Grenze überschreiten, während Theobald Dillon mit 3500 von Lille aus gegen Tournay und Carles mit 1200 von Dünkirchen auf Furnes vorging. Dillon marschierte die Nacht hindurch, kam am 29. früh auf belgischen Boden und machte eine Stunde vor Tournay Halt, um die Truppen frühstücken zu lassen. Er selbst war unsicher über Stellung und Erfolg, sagte dem Rittmeister, welcher den Vortrab führte, er fürchte einen Ueberfall und möchte eigentlich sogleich zurückgehen, blieb aber doch hinter Hügeln versteckt stehen, ohne Posten zu weiterer Kundschaft vorzuschieben. So zäumte eben die Reiterei zum Füttern ab, als der Feind ungefähr in gleicher Stärke in der Flanke der Stellung erschien. Es waren die Obersten Pforzheim und Vogelsang, welche mit drei Bataillonen und sechs Schwadronen gegen die Franzosen heranrückten [1]). Obgleich sie zuerst nur einige Geschütze und Chevaulegers in das Gefecht brachten, erregten sie doch sogleich gewaltigen Schrecken bei dem Gegner, und als nach einer Weile auch Infanterie sichtbar wurde, befahl Dillon sogleich den Rückzug. Anfangs ging er in leiblicher Ordnung von statten. Die Oesterreicher folgten unter Sturmschlag, jedoch ohne zu feuern; plötzlich aber lösten sich zuerst die französischen Kürassiere, dann die übrigen Reitergeschwader auf, überrannten unter wildem Fluchtgeschrei das Fußvolk, und nun wälzte sich der ganze Haufe in verwirrtem Getümmel Lille zu. Die Oesterreicher verfolgten nur bis zur Grenze, ohne einen Mann zu verlieren, die Franzosen büßten vier Geschütze, eine Menge Gepäck und zwei Tote ein. Der Tumult setzte sich aber in Lille selbst fort, die Soldaten riefen Verrat, der städtische Pöbel stimmte ein, die Wut richtete sich gegen die Offiziere, und Dillon selbst wurde mit zwei anderen Generalen unbarmherzig niedergemacht.

Indes hatte Biron am 29. den ersten belgischen Grenzort Quiévrain ohne Widerstand besetzt und rückte von dort in drei Kolonnen gegen Mons. Es gab einige Vorposten-

---

[1]) Oesterreichische militärische Zeitschrift 1812, I, 16.

gefechte, die jedoch den Marsch nicht lange aufhielten, so daß man nachmittags die Höhen unmittelbar vor Mons erreichte, wo sich der österreichische General Beaulieu nur mit 3500 Mann, aber in vorteilhafter Stellung verschanzt hatte. Hier machte Biron Halt; er wußte nicht, wie stark der Feind war, traute seinen Truppen nicht viel zu, wunderte sich, daß von einer belgischen Revolution nichts zu spüren war, und kam endlich, nach einer nutzlosen Kanonade gegen die feindlichen leichten Truppen, zu dem vorsichtigen Beschlusse, auf Nachricht von Tournay zu warten. Als diese am Abend anlangte, war auch sein Mut zu Ende, und nur weil die Ermüdung der Truppen einen Nachtmarsch unmöglich machte, verschob er noch den Rückzug auf den folgenden Morgen. Keine Erwägung kam ihm, daß er unmöglich eine feindliche Uebermacht vor sich haben könne, da in ganz Belgien nicht 40 000 Oesterreicher standen, daß Dillon nur eine Finte, er aber den Hauptangriff zu machen habe, daß Rochambeau mit 6000 Mann nur wenige Stunden entfernt und mithin ein rekognoszierender Versuch gegen die feindliche Stellung ganz ungefährlich sei. Seine Unruhe ging auf die Truppen über, mitten in der Nacht gab es Unordnung bei zwei Dragonerregimentern, einige Soldaten flohen, doch blieb die Masse auf ihren Posten[1]); frühmorgens trat Biron nach kurzem Scharmützel bei Framerie den Rückzug an und gelangte ohne Verlust bis Quiévrain[2]). Hier aber warf ein plötzlicher Angriff feindlicher Husaren ein Bataillon Nationalgarden über den Haufen, die Unordnung pflanzte sich in den anderen Regimentern fort, das österreichische Fußvolk kam heran, und ohne Halten floh alles unter Verratgeschrei nach Valenciennes zurück. Mit unendlicher Mühe brachte Biron noch einmal einen Teil seiner Leute bei Crespin zum Stehen; kaum aber zeigte sich eine Patrouille österreichischer Ulanen, so erneuerte sich die wildeste Verwirrung. Drei Kanonen, sieben Munitionswagen,

---

[1]) A. N. 17. Mai, Berichte der beiden Obersten.
[2]) So sein eigener Bericht. Moniteur 8. Mai.

hundert Gefangene fielen in die Hände der Oesterreicher; der Verlust an Menschenleben war bei der eilfertigen Flucht der Franzosen gering ¹).

Während dieser Vorgänge hatte Lafayette zwischen dem 25. und 30. April in angestrengten Märschen 10 000 Mann bei Givet vereinigt und den Rest seines Heeres in voller Bewegung dorthin. Sein Vortrab überschritt die Grenze und besetzte Bouvines; da erhielt er am Abend von Rochambeau die Nachricht, daß Dillon und Biron sich zurückzögen, am 1. Mai ein bestätigendes Schreiben von Biron, am 2. eine Depesche des Kriegsministers, welche den Schrecken über Dillons Unglück und die Ermahnung aussprach, nur mit größter Vorsicht sich zu bewegen, damit nicht weiteres Mißlingen erfolge. Lafayette wünschte sich nichts Lieberes als solch eine Aufforderung und blieb in Givet stehen, ohne die geringste Rekognoszierung weiter zu versuchen.

Weil also die 3000 Mann unter Dillon geflohen, zog sich Biron trotz seiner dreifachen Uebermacht zurück, und weil Biron nichts ausgerichtet, wagte Lafayette mit 30 000 Mann keinen Schritt in ein Land, das im ganzen ihm keine stärkere Streitmacht hätte entgegenstellen können. Prüft man den Hergang genauer, so liegt hier die Schuld nicht an den Soldaten, die sich bald nachher tadellos schlugen, nicht an der schlechten Ausrüstung, die bei diesen ersten Schritten noch gar nicht zur Sprache kam, sondern allein an den Führern, die mit Unsicherheit und Unlust an den Krieg herangingen, immer nur die Mittel des Feindes und nicht die eigenen im Auge hatten und überall das erste Beispiel des Verzagens gaben. Allerdings war darum das Verratgeschrei der Soldaten, so heftig es auch von den Klubs und den Parteien wiederholt wurde, nicht begründet: thatsächliche Beweise liegen an keiner Stelle vor, vielmehr erklärt sich die Flucht der Soldaten ausreichend aus ihrer Unerfahrenheit, aus ihrem Mißtrauen gegen die Offiziere und

---

¹) Dies alles nach den Akten. In mehreren Darstellungen ist das Bild besonders durch den falsch aufgefaßten Vorgang bei den beiden Dragonerregimentern verwirrt worden.

aus ihrem Gefühl von der Schlaffheit der Führung. Was aber die Generale anbetrifft, so ist Mangel an Mut und Frische noch kein Verrat, und die leichteste Erwägung ihrer Interessen lehrt unwidersprechlich, daß für Lafayette und Rochambeau ebenso wie für Biron und Dillon der Verrat ein Akt des Wahnsinns und des Selbstmordes gewesen wäre. Darüber konnte sich kaum die fanatische Verblendung des Parteihasses von 1792 täuschen. Ebenso nichtig ist zuletzt die Anklage Lafayettes gegen Dumouriez, daß er, um sich des Generals zu entledigen, die Operationen überstürzt und Lafayettes Niederlage gewünscht habe. Hatte er doch seine politische Existenz auf den Erfolg des Angriffs gesetzt, Lafayette gegen den Wunsch der Gironde im Kommando erhalten, sein eigenes Heil von dem Benehmen des Generals abhängig gemacht. Auch wütete er über den schimpflichen Ausgang; seinem Freunde Biron sandte er ein vertrauliches Schreiben, worin er seinem Herzen Luft machte: ihr seid ausgerückt wie die Thoren und zurückgekommen wie die Narren.

Endlich, um das Maß zu füllen, kam wenige Tage später Nachricht von General Montesquiou, die Minister seien arg betrogen, wenn man ihnen von dem Dasein einer Südarmee gesprochen; dort sei alles zersplittert und ungerüstet wie im Dezember und unter zwei Monaten nichts aufzubringen, man möge also um jeden Preis den Bruch mit Sardinien vermeiden.

So war die Hoffnung, mit einem Handstreich bis an den Rhein und die Alpen vorzubringen, schnell zerronnen. Die Lage des Staates erschien mißlich im höchsten Grade. Bei der englischen Regierung erwirkte Talleyrand zwar ausdrücklich die Verheißung der Neutralität, auch wenn Frankreich Belgien überziehe — nur Holland müsse unangetastet bleiben [1]) — aber die gewünschte Unterstützung von dieser Seite war entschieden nicht mehr zu hoffen. Vollends was Preußen betraf, so war es jetzt unzweifelhaft, daß der König für

---

[1]) Montmorin an La Marck 22. Mai.

Oesterreich auftreten und binnen wenigen Monaten ein schweres Zusammentreffen zu erwarten sein würde. Dieser Aussicht erlag zunächst der Mut Degraves, der mit leeren Kassen, aufrührerischen Soldaten, desertierenden Offizieren und schlaffen Generalen sich nicht gegen die deutschen Heere zu messen wagte: er gab am 5. Mai seine Entlassung. Sein Nachfolger wurde ein girondistisch gesinnter Oberst Servan, ein fest zusammengenommener Charakter und tüchtiger Offizier, welcher damals keine andere Ansicht hatte, als daß die Lässigkeit der Feuillants und der Verrat des Hofes allein das Unheil verursache, mit großem Eifer an allen Punkten eingriff und im Inneren zu jedem revolutionären Schritte bereit war. Er hielt also im Conseil mit Roland und Clavière fest zusammen, während Dumouriez mit diesen täglich mehr zerfiel und alles Augenmerk um so eifriger nach außen richtete. Er hatte keinen anderen Gedanken, als möglichst rasche Erneuerung der Offensive. Gleich nach dem Schimpfe von Mons hatte Rochambeau seinen Abschied gefordert und Dumouriez sofort die Ernennung des kampflustigen Luckner an seine Stelle veranlaßt. Zugleich schrieb er aufs neue an Lafayette, erklärte ihm bündig, daß er seine Ansichten über die innere Politik vollständig teile, und beschwor ihn, binnen vierzehn Tagen einen zweiten Angriff auf Belgien zu versuchen und jeder Unterstützung durch die Minister gewärtig zu sein. In der That ließ es hier die Gironde trotz alles Argwohnes gegen Lafayette nicht fehlen. Servan verdoppelte und verdreifachte die Rekrutierungen, die Nationalversammlung erließ ein scharfes Disciplinargesetz, zum höchsten Anstoß der Cordeliers, Robespierres und Marats, ansehnliche Sendungen von Munition und Geräten gingen in das Lager ab. Allein hier wie überall kam Lafayette nicht über persönliche und augenblickliche Stimmung hinweg. Er traute Dumouriez nicht, er fürchtete gegen ihn in untergeordnete Stellung zu geraten, er verachtete die Unsittlichkeit des Mannes, der immer Maitressen gehalten, immer Freunde aus allen Parteien, immer Geld ohne nachweisbare Einkünfte gehabt, genug, er wollte von einem solchen

Bündnisse nichts wissen. Er antwortete nur mit verstärkten Klagen über die gänzliche Entblößung seines Heeres, die alle entschiedene Thätigkeit verhindere, und bestimmte noch dazu den schwachen Luckner, fast mit denselben Worten diese Klagen zu wiederholen. Seine Träume, Belgien und Holland als triumphierender Befreier zu durchziehen, waren zum zweiten Male verraucht. Vom Kriege versprach er sich nichts, als durch tüchtige Verteidigung die Deutschen im Schach zu halten und mit einer Kapitulation zugleich die Menschenrechte gegen die Emigranten und die Konstitution gegen die Jakobiner zu sichern [1]). So verging der Monat Mai, ohne daß außer einigen nichts bedeutenden Vorpostengefechten der Krieg sich irgendwie geregt hätte. Man blieb schwach und unfähig zu militärischem Thun, obgleich die ersten vier Wochen dieses kampflosen Feldzuges bereits 52 Millionen kosteten [2]).

So viel nämlich hatte man offiziellerweise dem Kriegsministerium als Zulage zu dem ordentlichen Etat bewilligt; daß im stillen viel mehr aufging, verriet Cambon am 30. Mai, als er 99 Millionen erwähnte, die man soeben dem Minister angewiesen habe; Näheres darüber weiß ich nicht beizubringen. Schlimmer aber als diese unmittelbaren Kosten waren auch auf dem finanziellen Gebiete die mittelbaren Nachwehen des Krieges: schon damals war auf dieser Seite vollständig zu übersehen, was er für die Fortentwickelung der Revolution bedeute.

Zunächst machte seine bloße Ankündigung dem künstlichen Aufschwung der französischen Industrie, welchen wir in den vorhergehenden Jahren beobachteten, ein Ende. Bereits am 16. Dezember rief ein Deputierter: wir verkaufen dem Auslande fünfzig Prozent weniger als im vorigen Jahre und kaufen um ebensoviel mehr. Alle Manufakturen stocken, sagte ein anderer, überall konkurrieren die Fremden gegen uns mit Vorteil. Einige der wichtigsten Zweige, die Wollen-

---

[1]) Mallets Memoire vom 14. Juli, § 2.
[2]) 20 im Dezember bewilligt, 25 am 22. April, dann 7 für jeden Monat vom 1. Mai an.

und Baumwollenfabrikation krankten am meisten; jene mußte ihren Rohstoff zum großen Teile, diese vollständig außer Landes suchen; jene litt bei dem Ankaufe desselben an dem ungünstigen Wechselkurse, diese an der Zerrüttung ihrer Hauptquelle, der Kolonie von San Domingo; beide sahen in der allgemeinen Auflösung den inneren Markt und den Verbrauch ihrer Erzeugnisse täglich mehr zusammenschrumpfen. Im Februar kam die Frage an die Nationalversammlung. Man war hier an das Eingreifen des Staates in Eigentums- und Verkehrsverhältnisse sattsam gewöhnt und schnell mit dem Heilmittel fertig. Die Hauptschwierigkeit war die Beschaffung des Rohstoffes: wohlan, so zwinge man die Besitzer desselben, ihn in die Fabriken zu bringen. Man hat sich bisher, sagte Tarbé, mit einem mäßigen Ausfuhrzoll auf Wolle und Baumwolle begnügt; jetzt, wo der heimische Bedarf nicht ausreicht, muß man die Ausfuhr eben verbieten. Es kommt darauf an, so stellte Aréna den Standpunkt des Urteils fest, dem Vaterlande zwei Millionen Arbeiter[1]) zu erhalten, die verruchten Spekulanten aber, welche durch Aufkauf der Wolle für das Ausland unsere Manufakturen stille legen, zu vernichten. Vergebens warnten Vaublanc und Emmery. In Frankreich war von jeher die Wollenerzeugung nicht so bedeutend, wie sie die natürlichen Mittel des Bodens verstatteten, die Schafzucht hatte stets die schwächste Seite des französischen Ackerbaues gebildet. Es war also sicher, daß man einer zweifelhaften Begünstigung der Fabriken zuliebe den überall erschütterten Ackerbau auf das härteste traf, sobald man den Herdenbesitzern ihren Ertrag und Absatz verkümmerte. Nichtsdestoweniger wurde das Verbot dekretiert.

Ende März klagte darauf der Handelsausschuß, daß es für die Baumwolle einen unendlichen Schleichhandel ins Leben gerufen habe, so daß man bei weiterem Bestande Gefahr laufe, die Baumwolle der französischen Kolonien

---

[1]) Es kommt dem Redner, wie Cambon, auf eine Null mehr oder weniger nicht an.

Bedrängnis der Industrie. Staatsbankerott. 93

von den Engländern kaufen zu müssen. Der Ausschuß beantragte demnach statt des Verbotes eine Ausfuhrsteuer von 12 Prozent des Wertes. Allein so wohlfeil waren die Anhänger der ökonomischen Staatsallmacht nicht zu befriedigen. Ein eifriger Demokrat, Duhem, forderte anstatt der Aufhebung des alten den Erlaß eines neuen Verbotes, gegen die Ausführung nämlich des Holzes, weil es den armen Leuten zu teuer werde und man für diese den Preis niedrig halten müsse. In Wahrheit stand es hier wie bei der Wolle: der letzte Grund der Teuerung war die unzulängliche Produktion, diese aber beförderte man wahrhaftig nicht, wenn man ihr die vorhandenen Absatzwege sperrte. Es blieb denn bei dem Ausfuhrverbot auf Wolle und einem Ausfuhrzolle von 50 Livres den Zentner auf Baumwolle, eine Steuer, welche dem Verbote gleich kam. Es blieb aber auch bei allen Uebelständen, welche das Verbot nicht beseitigte, sondern verschlimmerte.

Um das Uebel zu lindern, hätte es der Heilung seiner Ursachen bedurft, und diese lagen zwar auf der Hand, waren aber integrierende Teile der Revolutions- und Kriegspolitik der Gironde. Solange sich diese nicht änderte, trieb man Frankreich in dem elenden Kreise zu Tode, daß die Gewalt immer gesteigerte Not und die Not immer verschärfte Gewalt hervorrief. Man war schon so weit auf diesem Wege gekommen, daß eine Maßregel, welche Mirabeau vor anderthalb Jahren für schlimmer als den Bürgerkrieg gehalten hatte, fast unbemerkt in dem Getümmel vorüberging.

Clavière, welcher jetzt die Finanzen des Staates zu lenken hatte, war schon mit dem Vorschlage des Bankerotts hervorgetreten. In früheren Abschnitten der Revolution hätte er guten Sinn gehabt, damals, als man fremdes Eigentum konfiszierte, um die Staatsgläubiger damit zu bezahlen. Jetzt aber handelte es sich um die Kosten eines mutwillig hervorgerufenen Krieges: man fürchtete in Belgien nicht einfallen, die Rheinlande nicht revolutionieren, die natürlichen Grenzen nicht erobern zu können, wenn man fortführe, den Pflichten gegen seine Gläubiger nachzukommen.

Dieser Gefahr gegenüber schien kein Zaudern möglich. Man beschloß, den Ertrag der konfiszierten Kirchengüter natürlich zu behalten, aber die darauf angewiesenen Gläubiger dennoch nicht mehr zu bezahlen. Am 27. April erschien also der Antrag, 300 Millionen neuer Assignaten zu erschaffen, welche mit Beseitigung der bisherigen Gesetze, allein für Kriegskosten und nicht auch für die Liquidation der Staatsschuld zu verwenden wären. Dies wurde ohne besondere Debatte sogleich bewilligt. Zehn Tage später erfuhr man, daß der April 60 Millionen zur Schuldentilgung verbraucht hatte: Jakob Dupont rief, auf diesem Wege werde die Staatsschuld alle Assignaten verschlingen; Cambon bemerkte, der Krieg allein werde bis zu Ende des Jahres 400 Millionen mehr als die Jahreseinnahme kosten. Ueberdies, setzte er hinzu, mit dem Aufhören der Tilgung trefft ihr nur reiche Leute, alte Finanzbeamte, Bankiers und Spekulanten. So wurde am 15. Mai beschlossen, die Bezahlung der Schulden bis auf weiteres beruhen zu lassen, mit Ausnahme der kleinen Posten unter 10 000 Livres.

Dadurch in den Finanzen gefristet, nahm die Gironde die alten Revolutionspläne wieder auf. Nachdem sie das Ministerium erobert und Ludwig XVI. sich ihren Wünschen gefügig gezeigt, hatte der Angriff gegen das Königtum eine Weile geruht. Der Friede hätte sich vielleicht noch weiter fortgesetzt, wenn die Eroberung Belgiens gelungen wäre und gemeinsame Erfolge die Herzen erwärmt und die Parteien genährt hätten. Als aber das Mißgeschick von Tournay dem General Lafayette den erwünschten Vorwand gab, seinen Unmut gegen die Gironde zu offenbaren und alle kriegerischen Operationen in Stillstand zu bringen; als Ludwig, so wenig er Lafayette liebte, ihn doch nicht ohne weiteres den revolutionären Parteien aufopfern wollte: da erinnerten sich Roland und Brissot, daß ihr eigentliches Ziel ein Größeres als ein konstitutionelles Ministerium sei. Wenn Belgien nicht vor Ankunft der deutschen Heere eingenommen war, so wußten sie, daß der Krieg eine sehr mißliche Gestalt annahm: also hätten sie Eile. Einstweilen

aber waren die Preußen noch sehr weit entfernt und auf
der deutschen Grenze alles in tiefer Ruhe: also waren sie
mit frischer Keckheit erfüllt. Die Gründe des langen deut=
schen Zauderns werden wir noch erörtern, können aber hier
schon bemerken, daß die Folgen ganz unberechenbar waren.
Die Pariser Bevölkerung, im Winter höchst aufgeregt durch
die zahllosen Schilderungen der auswärtigen Gefahr, ver=
gaß bei dieser endlosen Sicherheit beinahe die Existenz der
fremden Mächte: man sprach von dem Kriege mit einer
sorglosen Neugier wie etwa von den indischen Kämpfen der
Engländer gegen Sultan Tippo. Damit wurde für jetzt
die Hoffnung der Feuillants auf Einschüchterung der Demo=
kraten zu Wasser, und als später die Gefahr ganz unvermutet
hereinbrach, schlug der unverständige Leichtsinn in wahn=
sinnige Angst und tierische Leidenschaft um.

Mehr noch als seine übrigen Kollegen hatte Roland seit
dem Anfang des Ministeriums an der feindseligen Stellung
der Partei gegen den König festgehalten. Kaum hatte er
das Portefeuille des Inneren übernommen, so steigerte sich
die Verfolgung gegen die alte Kirche. Die Nationalversamm=
lung hob am 6. April die weltlichen Kongregationen auf
und verbot alle kirchlichen Amtstrachten: als dann mehrere
Departements um die Verbannung der Priester baten, er=
läuterte Roland, es sei in der That der Bürgerkrieg nur
durch solche Maßregeln der Strenge abzuwenden, und ver=
anlaßte damit am 26. Mai einen Bericht des Sicherheits=
ausschusses, daß die Priester, als besonders durch die Ein=
falt der Bauern gestützt, in die Hauptstädte der Departe=
ments transportiert werden müßten. Eine Weile hinderte
Dumouriez, welchem die kirchlichen Händel gleichgültig und
zuwider waren, diesen Eifer und wies namentlich die Zu=
mutung, den König zum Gebrauche eines konstitutionellen
Beichtvaters zu nötigen, unwillig ab. Als aber die Gironde
durch Servans Eintritt eine neue Stimme im Ministerrate
gewonnen, kam Roland wieder in die Nationalversammlung,
um zu schleuniger Entschließung über die Priester zu mahnen.
Mag man über die Sache denken, wie man will, unzwei=

deutig ist die Illoyalität, mit der er als Minister hier gegen die verwundbarste Stelle der königlichen Ueberzeugung vorschritt, einen Krieg auf Leben und Tod zwischen dem Könige und der Versammlung entzündete und im Amte blieb, um so lange als möglich den ministeriellen Einfluß gegen den König zu richten. Er war darin so unbefangen, daß er aus ministeriellen Mitteln eine republikanische Zeitung gründete und über Dumouriez nicht wenig zürnte, als dieser von einer solchen Ausgabe nichts wissen wollte. Seine Frau rühmt auf allen Blättern ihres Buches die Tugendhaftigkeit des Gemahls; es ist deutlich, daß er, vielleicht vortrefflich im Privatverkehr, als Parteihaupt über die einfachsten Regeln der Ehre und Rechtlichkeit hinwegzuschreiten verstand.

Eine völlige Abschaffung des Königtums lag übrigens auch damals nicht in dem Plane der Partei. Sieyès und Condorcet hielten einen solchen Schritt noch immer für höchst bedenklich. Sie sahen wohl, daß darüber, je heftiger die Krisis sich anließ, erst der Augenblick des Sieges die Entscheidung geben könnte. Zu einer Anklage gegen die Königin hatte weder Delessarts Verhaftung noch eine Durchmusterung der diplomatischen Akten irgend welches Material geliefert. So ging einstweilen ihr Gedanke auf weitere Schmälerung der königlichen Rechte, Herabsetzung der Zivilliste, Ernennung der Minister durch die Nationalversammlung, endlich nach Umständen Aenderung des Throninhabers oder der Dynastie [1]). Das frühere Ideal der Lameths, eine monarchische Verfassung, aus der man den König nach Belieben weglassen kann, wäre damit auf das vollkommenste erreicht gewesen.

Der Weg zu diesem Ziele war durch die Umstände deutlich vorgezeichnet. Das erste war neue Belebung der revolutionären Leidenschaft, da weit und breit im Lande nichts als Abspannung und Sehnsucht nach Ruhe sichtbar war, in Paris besonders alle Welt sich von der Politik abwandte und nur das stets schlagfertige Gesindel der Klubs, die

---

[1]) Memoire von Mallet du Pan, nach Mitteilungen Ludwigs XVI.

Bastillesieger, Pikenmänner und Vagabunden, höchstens 10 bis 15 000 Köpfe, für einen Aufstand in Bereitschaft waren. Um die Zahl dieser Unruhigen zu verstärken, bot das nächste Mittel der deutsche Krieg; man hatte ihn wesentlich deshalb erklärt, um den Hof der Verräterei bezichtigen zu können, man mußte jetzt mit dieser Anklage so scharf wie möglich hervortreten.

Dann galt es, den König in militärischer Beziehung vollends wehrlos zu machen. Man verfügte durch Pétion bereits über die Bürgermiliz, durch das Ministerium über die Linientruppen; vor kurzem aber hatte die neue Leibwache des Königs ihren Dienst begonnen, ihm persönlich verpflichtet, nach den Etats 1800, in Wirklichkeit aber an 6000 Mann stark, erprobte und ausgesuchte Leute, die man in Verbindung mit einigen nahen Schweizerregimentern für ganz ausreichend erachtete, jene Barrikadenhelden in Respekt zu halten. Die Beseitigung dieser konstitutionellen Garde war also der zweite Schritt.

Damit aber hatte die Gironde sich ihre Beute keineswegs selbst gesichert. Denn so leicht ihr es war, die Gesellen und Proletarier zur Empörung aufzurufen, so wenig konnte sie nach dem Siege auf den Gehorsam dieser Truppen rechnen. Sie wußte sehr wohl, daß hier Danton und Marat, die Cordeliers und Robespierre allmächtig waren, und von diesen Häuptern war sie seit der Kriegsfrage durch den bittersten gegenseitigen Haß getrennt. Es erschien also dringend, sich neben Lafayettes Soldaten und Dantons Pikenmännern eine eigene, unmittelbar von ihr abhängige Kriegsmacht zu bilden: dafür rechnete sie zunächst auf den Süden des Reiches, vor allem auf die Provence, die jetzt vollständig unter der Herrschaft der Marseiller[1]) und der Banditen von Vaucluse lag. Hier hoffte man endlich auch im schlimmsten Falle, wenn

---

[1]) Gorsas' Courier vom 13. Juni enthält eine Marseiller Korrespondenz vom 5. Juni, worin ein Schreiben der Marseiller Jakobiner an Pétion mitgeteilt wird: sie wollen nach Paris kommen und die Freiheit verteidigen, bis eine allgemeine Föderation sie gesichert hat.

die deutschen Heere wider Erwarten schnell einträfen, eine sicher entlegene Zuflucht zu finden, den König dorthin mitzuschleppen und unter dem Schutze Jourdans und Barbaroux' einen neuen Abschnitt des Revolutionskampfes zu versuchen.

Alle diese Dinge wurden schon um die Mitte des Mai, vierzehn Tage nach dem Mißgeschick von Tournay und Mons erwogen [1]) und während der lang sich hinziehenden Priesterdebatte Punkt auf Punkt in das Werk gesetzt.

Ein journalistischer Parteigänger der Gironde, Carra, ein Mensch, der wegen Einbruches zwei Jahre im Gefängnisse, wie er versicherte, höchst unschuldig, zugebracht hatte, klagte am 15. Mai in seiner Zeitung ein österreichisches Komitee in den Tuilerien als Urheber alles Unheils an. Die früheren Minister Bertrand und Montmorin wurden als Mitglieder bezeichnet, die Königin, als österreichische Prinzessin, leite die Verschwörung, welche Frankreich den österreichischen Heeren überliefern solle, der jetzt in Brüssel lebende Graf Mercy sei der Vermittler zwischen Wien und den Tuilerien. Der Streich sollte, wie man sieht, die Königin, und damit die Stellung Ludwigs an dem empfindlichsten Punkte treffen. Was zur Gironde nah und fern gehörte, nahm die Klage auf; Brissot und Gensonné brachten sie in die Nationalversammlung; alle Zeitungen und Klubs wiederholten sie mit stets gehässigeren Zusätzen, und Frau Roland hatte den niedrigen Gedanken, ihrem Gemahl ein Ministerialschreiben an den König selbst aufzusetzen, in welchem ähnliche Hindeutungen durch die Sanktion des Ministerrats bekräftigt wurden. Der republikanische, aber gewissenhafte Justizminister Duranton verhinderte dies, indem er es als Minister des Königs für seine Pflicht erklärte, diesen nicht zu verdächtigen, sondern zu unterstützen [2]): allein nichtsdestoweniger hallte der Ruf des österreichischen Komitees von einer Partei, von einer Provinz zur anderen, haftete un-

---

[1]) Montmorin an La Marck, Mai und Juni. Morris an Jefferson 10. Juni.
[2]) Mém. de Roland, pièces justificatives.

vertilgbar an den Schritten der Königin und wurde der Vorwand zu allen Greueln des nächsten Jahres. Heute giebt es kein Geheimnis mehr in diesen Dingen. Wir wissen, daß ein festes Komitee für die Verhandlungen mit Oesterreich in den Tuilerien nie bestanden, wir wissen aber auch, welche Wünsche die Königin in ihrem geheimen Briefwechsel ihrem Bruder vorgetragen, aus welchen Beweggründen und mit welchem Erfolge sie gehandelt hat. Fort und fort durch die revolutionären Parteien mit dem Aeußersten bedroht, hat sie den Kaiser um eine militärisch=diplomatische Demonstration gebeten, in der bis zum letzten Tage festgehaltenen Ueberzeugung, daß hierdurch den Jakobinern Furcht, den Gemäßigten Mut gemacht und so die Möglichkeit einer konstitutionellen Reform gewonnen werde. Mit dem Streben der Emigranten nach Herstellung des alten Regime durch europäische Waffengewalt hatte sie so wenig zu schaffen, daß der vertraute Bote, den sie Mitte März nach Wien sandte, Goguelat, dem Vizekanzler Cobenzl die Erklärung abgab, das französische Königspaar würde, zu einer solchen Wahl gedrängt, ein Bündnis mit den Jakobinern der Verbindung mit den Emigranten vorziehen [1]). Sie lebte der Hoffnung, der von ihr erbetene bewaffnete Kongreß würde den Krieg nicht entflammen, sondern verhüten: daß Oesterreich die Bildung des europäischen Vereins verschleppte und die Gironde dadurch in die Lage kam, die Kriegserklärung durchzusetzen, eben hierin hat Marie Antoinette die Katastrophe ihres Daseins gesehen. Nach dem 20. April hat sie noch zwei Briefe an Mercy gesandt und in beiden nur die alten Wünsche wiederholt, die Emigranten fern zu halten und durch eine kräftige Sprache die Republikaner einzuschüchtern. Daß sie im Herzen größere Sympathie für die deutschen Truppen, die zu ihrer Rettung heranzogen, als für die jakobinischen Rotten empfand, die sie mit Kerker und Hochverratsprozeß bedrohten, war das ein Verbrechen?

An demselben 19. Mai, an welchem Roland sein Schreiben

---

[1]) Vivenot, Quellen I, 430.

den Kollegen mit der Bemerkung vorlegte, er werde es allein überreichen, wenn sie die Beteiligung ablehnten, forderte Lasource in der Nationalversammlung, man müsse das Volk in all seinen Tiefen aufregen durch eine feierliche Erklärung, daß das Vaterland in Gefahr sei, man müsse vor allem eine neue Streitmacht bei Paris versammeln, um die Stadt gegen innere und äußere Gegner zu decken. Der Antrag war verfrüht, die Gemüter in der großen Masse der Abgeordneten noch nicht vorbereitet, die Rede scheiterte an einem finanziellen Nebenpunkte. Aber wenige Tage später war das Priestergesetz vollendet, barbarisch genug, um seine Verwerfung durch den König außer allen Zweifel zu setzen und in dieser Voraussicht die Mehrheit der Versammlung feindselig gegen den König zu stimmen. Jeder Priester, hieß es darin, soll den Bürgereid leisten; thut er es nicht, so wird er, sobald zwanzig Bürger des Ortes darauf antragen, nach Bericht der Distriktsbehörde durch die Direktion des Departements ohne weiteres Verfahren über die Grenze des Reiches gebracht. Mancher Abgeordnete meinte, das Dekret einmal gegeben, müsse der König es auch genehmigen, und gehe es nicht anders, so könne eine gelinde Einschüchterung nicht schaden. Dazu kam eine Instruktion des Maires an die Nationalgarde, ein wachsames Auge auf etwaige Fluchtversuche des Königs zu haben; eine solche Erinnerung an Varennes machte bei vielen das Blut sieden und den Kopf wirbeln. Genug, am 28. Mai reichte ein elender Anlaß hin, einen tobenden Sturm anzufachen. Die Gemüter waren lebhaft erregt durch einen Vortrag des Kriegsministers, der neben dem Linienheere die Ausrüstung von 83 000 Freiwilligen begehrt und zum zweiten Male das weithin wiederhallende Wort: die ganze Nation muß sich erheben — in die Versammlung geworfen hatte. Gleich daran schloß der Sicherheitsausschuß eine Anzeige, die königliche Porzellanfabrik zu Sèvres habe große Ballen Papier verbrannt, verdächtiges, sehr verdächtiges Papier, in dem sich vielleicht der Briefwechsel des österreichischen Komitees befunden haben könne. Darauf Untersuchung,

Alarm der Hauptstadt, Permanenz der Sitzung. Es zeigte sich zwar sogleich, daß die Ballen nichts als eine in London gedruckte, von der Civilliste aufgekaufte Schmähschrift gegen die Königin enthalten hatten; man war aber einmal in Bewegung und dekretierte auf Bazires Antrag die Auflösung der königlichen Garde, weil einige gesetzlich ausgeschlossene Personen in ihr dienten, die Mannschaft über den Etat verstärkt und von revolutionsfeindlicher Gesinnung beseelt sei. Der König fand, daß man diese Klagepunkte hätte verfolgen und zur Strafe bringen, nicht aber deshalb die von der Verfassung ihm zugesicherte Garde vernichten dürfen: als er aber das Dekret verwerfen wollte, weigerten sich die Minister, sein Ablehnungsschreiben zu unterschreiben. Von Drohungen umringt, von Helfern und Beratern abgeschnitten, vollzog der Monarch den Befehl. Die Garde wurde aufgelöst und ihre Waffen von der städtischen Behörde in Verwahr genommen [1]). Er stand jetzt schutzentblößt zwischen den Feinden, ohne zu wissen, ob diese nur nach seiner Krone oder auch nach seinem Blute verlangten.

Darauf that der Kriegsminister Servan den letzten Schritt. Am 4. Juni, ohne Vollmacht vom Könige, ohne Rücksprache mit seinen Kollegen — nur Roland und Clavière wußten davon —, erklärte er der Nationalversammlung die Unzulänglichkeit der bisherigen Heeresstärke und Rekrutierung, und beantragte, daß jeder Kanton des Reiches am Jahrestag des Bastillesturmes fünf Bewaffnete zum Verbrüderungsfeste senden möge, zusammen 20 000 Mann, die nach der Feierlichkeit ein Lager bei Paris zur Deckung der Hauptstadt bilden und die Kanonen der Pariser Nationalgarde erhalten sollten. Der Vorschlag wurde mit geringen Aenderungen unter Beifallklatschen der Tribünen angenommen. Die Gironde sah sich damit binnen kurzer Frist im Besitz einer Armee, ausreichend stark, um den Thron zu beherrschen oder zu stürzen: die Zukunft Frankreichs schien vollständig in ihre Hand gelegt.

---

[1]) Gorsas, Courier 2. Juni.

Ueber die Wichtigkeit des Beschlusses konnte sich niemand täuschen. Alle Parteien sahen ebenso deutlich wie die Urheber desselben, daß die Waffen dieser Zwanzigtausend nicht gegen den äußeren Feind, sondern der inneren Politik zu dienen bestimmt waren. Die Jakobiner und Cordeliers frohlockten. Der einzige Robespierre, dessen persönlicher Haber mit Brissot stets giftiger geworden, fürchtete die Machtvermehrung, welche den verhaßten Nebenbuhlern durch die Bildung dieses Volksheeres zuwachsen könnte; die anderen hielten das für weitschichtige Sorgen, dachten sich mit den Föderierten, als ihresgleichen, wohl zu vertragen und freuten sich der Stärkung ihrer Sache gegen das Königtum. Dantons Freund Lacroix forderte im Klub bereits die Isolierung der Oesterreicherin, den Verkauf der Emigrantengüter, allgemeine Volksbewaffnung und progressive Einkommensteuer; ein Bürger der Antonsvorstadt setzte unter lärmendem Beifall hinzu: das Volk ist Souverän; thun seine Vertreter nicht ihre Schuldigkeit, so werden wir selbst sehen, was zu thun ist. Dementsprechend nahm die Anfertigung und Austeilung der Piken beschleunigten Fortgang; die zweite Revolution, die einst die Gironde angekündigt, war zum Ausbruche reif.

Das Bürgertum und der Hof empfanden es wohl. Die Pariser Nationalgarde, welche den rachedürstenden Haß der Proletarier seit dem 17. Juli nur zu gut kannte, sah mit Schrecken und Zorn eine demokratische Armee sich gegenüber entstehen; sie hielt sich entehrt und gefährdet; sie zweifelte keinen Augenblick, daß nur jakobinisches Gesindel in das neue Lager zusammenströmen und der Hauptstadt das Schicksal von Arles und Avignon bereiten würde. Dazu war der Plan der Gironde, im schlimmsten Falle den König in den Süden zu entführen, keineswegs geheim geblieben, und die Bürger meinten dann ihren einzigen Schutz gegen die Plünderungen der fremden Truppen zu verlieren[1]). So trat die Mehrzahl der Bataillone zusammen und verabredete

---

[1]) Morris.

eine große Demonstration; der Generalstab unternahm die Anfertigung einer Eingabe an den Reichstag gegen die Berufung der Föderierten, die sich rasch mit Tausenden von Unterschriften bedeckte. Mit Eifer regten sich in dieser Bewegung die Feuillants: Lafayette, in hellem Grimme gegen das Ministerium, trat wieder vollständig zu ihnen hinüber; vereinigt boten sie dem Könige ihre Unterstützung gegen den Angriff der Gironde an. Bei den Armeen hatte Luckner soeben einen zweiten Versuch gegen Belgien unternommen: ich habe zwar weder Truppen noch Waffen genug, hatte er an Servan geschrieben, aber ich bin bereit zur Offensive, wenn ihr sie vor der Ankunft der Preußen wünscht. Das Ministerium befahl darauf einen Angriff gegen Menin und Courtray, zu dessen Unterstützung Lafayette bis gegen Maubeuge hin vorgehen sollte; Luckner, in Menin angelangt, schaute dann begierig nach einem revolutionären Losbruche der Belgier aus, allein ein solcher erfolgte nicht, und auf die Pariser Nachrichten beschloß Lafayette auf der Stelle, keinen Schritt weiter gegen die Oesterreicher zu thun, bis er im Inneren mit den Jakobinern aufgeräumt hätte. Es war vergebens, daß Servan noch einmal einen Versuch zur Annäherung machte und einen gemeinsamen Freund in Lafayettes Lager absandte. Als dieser am 15. Juni dem Generale die Bereitwilligkeit Servans entwickelte, ihn mit allen Mitteln zur Eroberung Belgiens auszustatten, brachten Lafayettes Adjutanten mit lautem Jubel die Nachricht von dem Sturze der girondistischen Minister.

Denn auch Ludwig XVI. hatte so wenig wie irgend ein Mensch die Gefahr seiner Lage verkannt. Seit Wochen entschlossen, die ministerielle Gewalt seinen Feinden zu entziehen, gab ihm jetzt eine innere Spaltung des Kabinetts den Mut zu dem entscheidenden Schritte. Dumouriez' Stellung zu seinen Kollegen hatte sich mehr und mehr verschlimmert. Sie tadelten die Unregelmäßigkeiten seines Privatlebens: er nahm Anstoß an dieser Hofmeisterei; sie suchten ihm seine geheimen Fonds zu nehmen, als er sie nicht mehr für republikanische Zeitungen verwenden wollte:

er erklärte sie für wortbrüchige Fälscher, wenn sie die Hand an das einmal ihm bewilligte Geld legen würden. Wenn sie sich ärgerten, daß er über die Schwächen der Nationalversammlung rückhaltlos spottete, so fand er es ohne weiteres gewissenlos, daß sie als Minister des Königs den Thron unterwühlten; dazu kam denn das auswärtige Mißlingen, dessen Schuld man sich mit immer größerem Eifer gegenseitig zuschob; endlich machten die beiden Dekrete über die Priester und die Föderierten den Bruch unheilbar. Dumouriez war schon mit jenem nicht einverstanden; bei diesem erklärte er Servans Benehmen für unverantwortlich in der Form und das Dekret für eine Quelle des Verderbens, welches über den König und die Gironde gleich sicher hereinbrechen würde. Im Conseil wurde die Verhandlung so lebhaft, daß die beiden Minister dicht an der Herausforderung standen; nach der Sitzung schlug darauf Roland den Kollegen vor, bei dem Könige die Entlassung des Generals zu erzwingen. Allein dieser war ihnen bereits zuvorgekommen. In vertraulicher Konferenz mit dem Könige übernahm er es, die Verabschiedung der drei Girondisten zu vertreten und ein neues Ministerium zu bilden: er sagte dem Könige, er sei Jakobiner geworden, um der Monarchie zu dienen; jetzt sei die Lage dahin gediehen, daß es überall nicht mehr auf Worte, sondern auf Waffenmacht ankomme; er mache sich anheischig, dem Könige eine solche zu verschaffen; nur müsse Ludwig die beiden Dekrete genehmigen, worauf er dann sorgen würde, daß sie in der Ausführung wie so vieles andere zunichte würden. Er selbst erzählt, der König sei diese Bedingung eingegangen, während der Minister Bertrand das Gegenteil versichert: die formelle Glaubwürdigkeit beider Männer hält sich ziemlich die Wage, doch kann man sich vorstellen, daß bei diesen raschen und gespannten Verhandlungen ein unbestimmtes Wort des Königs dem General jene Hoffnung machte, ohne daß Ludwig selbst sich gebunden erachtete [1]). In dieser Lage der Dinge gab Ro-

---

[1]) Vgl. auch Malouet, mémoires, II, 131, 134.

Entlassung der Girondistischen Minister.

land den letzten Anstoß, indem er am 10. Juni den von seiner Frau redigierten Brief zuerst dem Könige überreichte und dann im Ministerrate vortrug, ein Aktenstück, welches sich in mannigfaltigen Wendungen und herausfordernder Sprache um den Satz bewegte, daß es zwar menschlich und begreiflich sei, wenn der König nach den Vorurteilen seiner Erziehung die Reaktion erstrebe, daß aber nichtsdestoweniger dieses Streben alles Unheil der Revolution verursache. Nach diesem persönlichen Angriffe war kein Zaudern möglich, und am 13. Juni empfingen die drei Girondisten in kurzen Worten ihren Abschied. Dumouriez trat an Servans, zwei seiner persönlichen Freunde an die Stelle Rolands und Clavières.

Man konnte voraussehen, daß diese Maßregel eine folgenschwere war. So viele Kräfte die Revolution in Frankreich besaß, so viele waren mit einer solchen Kriegserklärung zu offener Feindschaft gegen den König aufgeboten. Zunächst in der Nationalversammlung dröhnte es gewaltig. Rolands Brief wurde mit Begeisterung beklatscht und der Druck und die Versendung an die Departements beschlossen. Klubs und Journale rührten sich; die Jakobiner stürmten für die patriotischen Minister; Robespierre selbst, so wenig er der Gironde die Portefeuilles gegönnt hatte, durfte höchstens das Epigramm wagen, die Existenz eines verräterischen Ministerrates sei vielleicht ein Glück, weil sie die Patrioten zu neuem Mißtrauen anspornte; im übrigen aber zeigte sich volle und eifrige Einigkeit bei den revolutionären Fraktionen. Ein Sturm in Paris war unzweifelhaft.

Dumouriez, dessen derbe Keckheit mit der Gefahr wuchs, dachte ihm nicht auszuweichen. Im Gegenteil, er trat mitten in die Bewegung des Reichstages mit kalter Festigkeit hinein, um eine lange und schneidende Kritik von Servans Amtsführung zu verlesen. Er vermehrte die Erbitterung der Gegner, erweckte aber nicht geringere Furcht durch seine unbewegliche Sicherheit. Sie krümmten sich unter seiner Hand; Brissot rief: es ist der niedrigste Intrigant, der jemals gelebt hat — aber sie fanden keinen Fleck, ihn zu treffen, ja

sie wagten kaum ihren Haß zu zeigen,
Mitwisser ihrer Pläne Waffen wie kein a
besaß. Ob in den Zuständen für Dumou
keit gelegen hätte, den Streit zu bestehen,
scheiden? Die erste Bedingung aber des
gewesen, daß alle Monarchisten sich glei
Revolutionäre gezeigt hätten. Denn nichts
als daß diese nur eine Minderheit in der
daß sie aber die gefährlichsten Hülfen an t
keit der Truppen, der Auflösung der Behö
gültigkeit und Feigheit der besitzenden Kla
vereinten Kräfte des Königs, der Feuillant
Dumouriez's wären unter solchen Umstä
keineswegs sicher gewesen; ihre Trennung u
lage unvermeidlich.

Zunächst weigerte der König ebenso
Dumouriez die Sanktion der Dekrete wie
Vergebens stellte Dumouriez vor, daß das
richten würde; die Demokraten der Depa
bennoch die Priester mißhandeln und bew
strömen, Ludwig würde durch seine Weig
eigenen Interessen schaden. Der König
durch kein Unrecht beflecken zu wollen, und
die Unlenksamkeit desselben nicht weniger
Folgen des Vetos betroffen, gab schon an
Entlassung, um in dem Nordheere ein m
mando zu übernehmen. Ein unternehmung
hätte er in dieser Stellung vielleicht krä
innen wirken können, als an der Spitze
Behörde, welche damals den Titel eines Mir
allein auch hier trat die Verblendung der
servativen dazwischen. Für den König b
setzung der Ministerien keine Wahl, er muß
Fayettisten berufen; von Lafayette also v
ab, wie viel Dienste General Dumouriez
leisten sollte. Lafayette aber war unerbi
Hasse. An demselben Tage, an welchem

Ministerium niederlegte, traf ein Schreiben in Paris ein, in welchem Lafayette eine geharnischte Kriegserklärung gegen die Jakobiner mit der Versicherung begann, daß nach dem Sturze der drei Girondisten auch Dumouriez, der wenigst entschuldbare und anrüchigste von ihnen, sein skandalöses Dasein nicht lange mehr fortschleppen würde. Damit waren alle Brücken abgeworfen. Dumouriez war in seiner Entrüstung über die Gironde bereit gewesen, für das Königtum sein Geschick einzusetzen; aber bei einem Siege wollte er seinen Teil am Lohn und war nicht gesonnen, sich für eine Idee zu opfern, deren Verteidiger ihn mit Füßen traten. Er kannte seine Kraft, er sah die Krisis nahe rücken und ging mit der gelassenen Ueberzeugung in das Lager, daß klügere Menschen als Lafayette, trotz aller Abneigung, ihn rufen würden, sobald sie seiner bedürften. Lafayette aber sollte es bald erfahren, was er mit Dumouriez Beschimpfung gewonnen hatte.

Viertes Kapitel.

Letzte Versuche der Feuillants.

Die republikanischen Parteien waren in voller Bewegung. Die Gironde wollte sich die Macht nicht ohne Widerstand entreißen lassen, fürchtete aber bei der Abneigung der Pariser Bürgergarde und der Feigheit des vorstädtischen Pöbels mit den Kräften der Hauptstadt nicht auszureichen. Sie wünschte also zu warten, bis Servans Dekret trotz des königlichen Vetos von den Provinzen vollzogen wäre, entbot alle Klubs im Reiche, Freiwillige zum Föderationsfest zu senden, und bot vor allem die Marseiller und das Heer von Vaucluse auf. Desto ungeduldiger rührten sich die Agenten der Pariser Cordeliers in allen Sektionen: bei ihnen war keine Rede von Aufschub und Zuwarten, vielmehr fanden sie es lockender und vielleicht auch sicherer dazu, mit einem raschen Handstreiche zu endigen. Wenn die Gironde an die Gunst der Bauern dachte, indem sie am 14. Juni auch solche Herrenrechte ohne Entschädigung aufheben ließ, welche auf freiem Vertrage beruhten, so traf Danton bei den Pariser Proletariern viel schärfer zu demselben Ziele, indem er im Jakobinerklub eine neue Besteuerung der Reichen zu Gunsten der Armut begehrte. Es war der Schlachtruf, mit dem er die Herzen der Antonsvorstadt unwiderstehlich an sich fesselte.

Danton war mit seiner Wahl zu dem Gemeinderate in einen neuen Abschnitt politischen Lebens eingetreten. Sein Vorgänger in diesem Amte, Gerville, war von dort in das Ministerium berufen worden: Danton begann sich seitdem als Parteihaupt zu fühlen und auf die Begründung einer selbständigen Macht zu arbeiten. Mancher Schritt auf diesem Wege war ihm bereits gelungen. Der Brennpunkt seines Ansehens war nach wie vor der Klub der Cordeliers, wo sich aus ganz Paris die Menschen vereinigten, denen es bei den Jakobinern noch zu anständig herging, die von wortreichen Verhandlungen und doktrinären Untersuchungen nichts wissen wollten und ohne sonstige Umstände auf das einzige Interessante der Revolution, auf ihre Beute, losgingen. In der Nationalversammlung zählten sie bis jetzt nur wenige Stimmen; desto zahlreicher waren ihre Einflüsse auf dem ebenso wichtigen Boden der Hauptstadt. Der Maire Pétion hinderte sie nicht, solange die Gironde zum Hofe feindselig stand; der Procureur Manuel und von den Gemeindebeamten die beiden Mitglieder der Polizeikommission, Panis und Sergent, hielten entschieden zu Danton: es war also der ganze Apparat der hauptstädtischen Polizei mit seinen Verbindungen, Geldern und Agenten in den Dienst der Meuterer übergegangen. Seitdem wurde es ihnen doppelt leicht, alle unruhigen Elemente der gewaltigen Stadt um sich zu versammeln. Die Handwerker der Vorstädte schworen nicht höher als zu Dantons Freunden, dem reichen, aber etwas heruntergekommenen Bierbrauer Santerre und dem Bataillonsführer von St. Marcel, Alexandre; in diesen Quartieren war auch der größte Teil der Nationalgarde demokratisch gesinnt und Bajonette und Piken in brüderlicher Eintracht verbündet. In den anderen Stadtteilen waren die Demokraten dünner gesäet; dafür reichten die Verbindungen der Cordeliers in die Schlupfwinkel der Cité und die Spelunken der Hallen, in jene Höhlen des Elends und der Völlerei, wo die Verbrecher des ganzen Reiches zusammenströmten und jetzt von der Polizei selbst für den Dienst der Revolution geworben wurden. Da fanden sich Abenteurer aller Stände und Nationen, meistens jüngere, in jeder Art des Lasters geübte Menschen, die für einige Thaler zu Kriegs- und Morddienst bereit waren und die Emeute den Meistbietenden zur Verfügung hielten. Das Geld, welches in großen Massen zum Unterhalt dieser Banden erforderlich war, lieferten teils beutelustige Spekulanten, wie die Bankiers Gebrüder Frei, die in der Auflösung aller Rechtszustände sich goldenen Gewinn entgegenreifen sahen, teils der Herzog von Orleans, der, obgleich ohne festen Plan und sichere Aussicht, damals durch persönliche Beleidigungen des Hofes in frischen Ingrimm gesetzt war, vor allen aber die Kommune und durch deren Vermittelung der Staat selbst.

Niemand wird nun bei dem Führer eines solchen Treibens ideale Sittlichkeit oder weitblickende Vaterlandsliebe vermuten. Danton war kein unbedeutender, aber ein gemeiner Mensch, vielfach begabt, aber nur durch seine ungestüme Sinnlichkeit in Bewegung zu setzen. Solange sein Durst nach Genuß nicht befriedigt war, zeigte er sich unermüdlich, voll von Arbeitslust und Thatkraft: er ging an das Schwerste und Widerlichste und schreckte vor keiner Anstrengung und vor keinem Verbrechen zurück. Mit der Sättigung aber fiel alles zusammen. Dann trat eine unbezwingliche Trägheit und schlaffe Gutmütigkeit hervor: er war behaglich und wollte in seinem Behagen nicht gestört sein. Er leistete, was tierische Kraft und tierische Leidenschaft vollbringen kann, aber hatte keine Ader eines höheren geistigen Lebens in Sitte oder Bildung. Er besaß weder moralischen noch physischen Mut; den einen kann nur das Bewußtsein einer guten Sache geben, den anderen hatte er in seinen wüsten Schlemmereien verloren; zum Glück für sein Emporkommen war damals das Handwerk der Insurrektion nicht mit dringenden Gefahren verbunden, und über entferntere Wechselfälle sah er mit selbstsüchtigem Leichtsinne hinweg. Für ein politisches System schwärmte er so wenig wie irgend einer seiner Freunde. Er war einstweilen gegen den König, obgleich er stattliche Summen aus der Civilliste bezog; denn er sah wohl, daß sich an dessen Dasein der letzte Rest der Regierung und die Hoffnung aller Ordnungsfreunde anknüpfte. Er feierte wie Marat die unbedingte Durchführung der Menschenrechte als des einzig erheblichen Teiles der Verfassung; denn die Menschenrechte waren die ganz ausreichende Waffe, um jede Verfassung zu Gunsten roher Willkür auseinanderzusprengen. Die Demagogen, welche durch die Pikenmänner und Hallenbamen sich begeistern ließen, hatten kein anderes Ziel als die eigene Allmacht laut Beschluß des souveränen Straßenpöbels. Danton verachtete die Schulmeister und Schwätzer, die sich mit Grundsätzen plagten; er war wie Dumouriez und später Bonaparte der Ueberzeugung, daß es in der Politik allein darauf ankomme, der Stärkste zu sein, und fügte höchstens noch den Satz hinzu, daß nur ein Thor nicht für sich schöpfe, wenn er an der Quelle sitze. Bisher, sagte er damals, hat die Revolution den Patrioten wenig eingebracht, sie muß von neuem begonnen werden.

Ein Mensch dieses Schlages konnte eine Weile mit der Gironde zusammenwirken, auf längeren Frieden mit ihr war aber nicht zu rechnen. Am nächsten stimmte noch Brissots Wesen zu dem seinigen, denn auch diesem war zuletzt die Republik mehr Mittel als Zweck und die Lust des Regierens die Hauptsache. Dennoch waren beide Männer durch die Verschiedenheit ihrer persönlichen und sozialen Neigungen unwiderruflich getrennt. Brissot schwelgte in dem Gefühle des überlegenen persönlichen Geschickes; er bedurfte dazu Kenntnis und Bildung und war an die gute

Gesellschaft und die Techniker der Staatskunst gewiesen. Danton aber wollte vor allem Geld, Wein und Weiber und hatte nicht den geringsten Sinn für die ästhetische Verfeinerung seiner Genüsse. Jener blieb also bei aller demokratischen Koketterie zuletzt doch ein Politiker der gebildeten Klassen, dieser hat auch als Minister und Diplomat den Parteiführer der Sansculotten niemals verleugnet. Die anderen Girondisten hatten vollends keine Berührungspunkte mit Danton. Roland, Vergniaud, Guadet hielten auf strenge Privatmoral und hatten ein starkes Bewußtsein ihres soliden Lebenswandels; sie verurteilten hiernach Danton mit gleicher Schärfe, wie der ebenso nüchterne Lafayette über Dumouriez' geniale Liederlichkeit entrüstet sein konnte. Er vergalt es ihnen reichlich; er verachtete die Bedenklichkeit, die zu Hause ehrbar einhertrat und in der Politik das ganze Treiben der Cordeliers mitmachte. Vor allem aber war ihm Roland der schärfste Stein des Anstoßes. Denn dieser wünschte freilich auch den König zu stürzen, dann aber in der Republik eine geschäftsmäßige Ordnung zu handhaben, und die Cordeliers wollten Revolution, gerade um alle Ordnung und Verantwortlichkeit zu beseitigen.

Um so eifriger drängen sie jetzt vorwärts, um den Augenblick für sich auszubeuten und der Gironde den Gewinn vorwegzunehmen. Diese mochte besorgt genug sein über die Folgen eines verfrühten oder von ihr unabhängigen Aufstandes; allein auch bei ihren Freunden gab es Hitzköpfe genug, die sich ohne Halten in die Wühlerei hineinwarfen, und die Leiter hätten bei offenem Einhalten den Bruch ihres ganzen Einflusses und die Erholung der königlichen Gewalt befürchten müssen. So wurde für den Augenblick kein Unterschied der Parteien sichtbar. Genossen der Gironde und Anhänger der Cordeliers wirkten in den Sektionsversammlungen gemeinsam für dieselben Zwecke [1]).

---

[1]) L. Blanc, Bd. VI, Kap. 12, um allein die Gironde für den Tag verantwortlich zu machen, erörtert, daß weder von Danton noch von Camille Desmoulins irgendwo Erwähnung geschehe. Daß Danton nicht sichtbar hervortrat, ist richtig: wer aber wollte glauben,

Am 16. Juni beschlossen die Vorstädte, den Jahrestag des Ballhauses, den 20., durch einen feierlichen Zug zu begehen, dessen Teilnehmer dieselben Kleider wie an jenem Tage, außerdem aber auch Waffen tragen und der Nationalversammlung wie dem König die Wünsche des Volkes aussprechen sollten. Wenn man alles Gesindel der Hauptstadt in der Vorstadt vereinte[1]) und die Bauern der nächsten Dörfer hinzuzog[2]), so konnte man vielleicht auf 20 000 Bewaffnete rechnen: der Zug selbst mußte fernere Menschenmassen anlocken, ein Anlaß zum Tumulte war leicht gefunden, dann mochte der Strom über die unvorbereiteten Tuilerien dahinbrausen. Hinter Pétions Rücken konnte ein solcher Streich weder vorbereitet noch vollzogen werden; dieser aber haßte den König bitter und that für das Gelingen des Aufstandes alles, was er ohne öffentliche Genehmigung desselben thun konnte. Die Vorstädter hatten gar keine Lust zu einem Kampfe mit der Nationalgarde und hätten sich nicht gerührt, wenn Pétion einen Beschluß des großen Gemeinderates, es sollte entsprechend der bestimmten Vorschrift des Gesetzes durchaus keine bewaffnete Petition zugelassen werden, vollzogen hätte. Statt dessen wies der Maire den Kommandanten an, die Bewegung nicht zu unterdrücken, sondern zu lenken, teilte einen widersprechenden Befehl des Departements nicht dem Kommandanten, sondern nur den einzelnen Bataillonsführern mit und lähmte so die Wirksamkeit der Nationalgarde in gleichem Maße, wie er den Mut der revolutionären Haufen erfrischte[3]). Als Santerre am Morgen des 20. seine Vorstädter erwägen

---

daß Santerre, Alexandre, Sergent ohne Dantons Zustimmung vorgegangen seien? Der stets vorsichtige Robespierre warnte, keine partielle Insurrektion zu machen.

[1]) Beaulieu III, 359.

[2]) Gerichtliche Aussage Lareynies bei Buchez XVII, 117. Santerre hat mehrere Affidés auf die Dörfer geschickt. Die Bauern von Montreuil drohen auch am 21. hereinzubrechen.

[3]) Die Aktenstücke dieser Verhandlungen in der Revue rétrospective, sodann vielfach vervollständigt bei Mortimer-Ternaux, Band I, Buch 2 und Note 9.

hörte, ob die Nationalgarde feuern würde, rief er: Pétion
ist da, habt keine Sorgen, vorwärts marsch! Anfangs hatte
er nur 1500 Mann ¹), darauf traten die Bataillone der
Vorstädte hinzu, so daß der ausrückende Haufe etwa 8000
Mann betrug ²), dann folgten nach Pétions Befehle auch
andere Nationalgarden, eine Menge Neugieriger drängte nach,
so daß endlich 30 bis 40 000 Bewaffnete und im ganzen
vielleicht eine Menschenmenge von hunderttausend Köpfen
in Bewegung sein mochte ³). Ein Teil derselben wandte
sich an die Nationalversammlung, wo trotz aller Proteste
der Rechten Vergniaud ihre Zulassung durchsetzte, und verlas
dort eine Adresse, worin das Blut der Verschwörer und der
Sturz des Königs gefordert wurde, falls er einen anderen
Willen als das Volk haben wollte. Nachdem ihr Zug unter
Trommelwirbel, patriotischen Reden und Tänzen durch
den Saal defiliert war, eilte die ganze Masse gegen die
Tuilerien, wo zwanzig Bataillone Nationalgarde aufgestellt,
aber ohne Befehle gelassen waren, und auf den Andrang
des Volkes plötzlich das große Eingangsthor von innen er=
öffnet wurde, worauf der Schwarm sich mit wildem Jubel
über die Gemächer des Schlosses wie über eine erstürmte
Festung ergoß.

Der König, der noch soeben von Municipaloffizieren die
besten Zusicherungen über die Gesinnung des Volkes erhalten,
war völlig überrascht. Indessen faßte er sich schnell, be=
fahl selbst, die Thüre seines Zimmers den Tumultuanten zu
öffnen, und war dann, in eine Fensternische gedrängt, zwei
Stunden lang von dem Pöbelhaufen umgeben. Sie schrieen:
weg mit dem Veto, hoch die patriotischen Minister, bestätigt
die Dekrete. Der König blieb unbeweglich. Mehrmals
schlug ein langer junger Mensch mit einer Pike nach ihm,
andere suchten ihn mit den Spitzen ihrer Degen zu erreichen,
vier Bürgergarden um ihn herum hatten Mühe, ihn zu

---

¹) Lareynie.
²) Beaulieu.
³) Peltier. Prudhomme.

decken¹). Dann gab es etwas mehr Ruhe, die Mehrzahl des Haufens hatte offenbar keine Anweisung für den Fall, daß der König nicht sogleich eingeschüchtert wäre: sie fingen an, ihm zuzutrinken, und nötigten ihn, eine Freiheitsmütze aufzusetzen, fanden, daß er nicht so übel sei, waren aber nicht vom Flecke zu bringen. Hinter all diesen Brutalitäten lag jedoch nur Frechheit und kein Mut: als draußen einmal Musketen klirrten, wandte sich der Schwarm schleunig nach allen Thüren zur Flucht; es war aber nur das Geräusch des Salutierens, mit dem die Bürgergarde einige Deputierte der Nationalversammlung empfing, und der Pöbel blieb wieder fest auf der Stelle. Vergeblich waren die Vorstellungen auch der Volksmänner Vergniaud und Jsnard; auch sie erhielten nur das Geschrei: die Minister, die Defrete, weg das Veto! zur Antwort; unten im Garten ertönte zuweilen der Ruf, sie hätten oben mit dem Könige ein Ende gemacht. Ludwig war nicht zu erschüttern, zeigte weder Furcht noch Zorn und that damit wohl das beste, um sein und der Seinigen Dasein zu fristen. Endlich nach anderthalbstündigem Warten langte Pétion an. Er hatte leider, sagte er, erst spät die Nachricht erhalten, war dann sogleich vom Mittagsessen aufgestanden und auf jedem Schritte verzögert worden. Er hielt darauf eine Rede, lobte die Weisheit des Volkes, versprach alles Gute und schmeichelte sie endlich aus den Zimmern hinaus. Etwas nach 7 Uhr war das Schloß wieder geräumt.

Der ganze Hergang zeigt deutlich, wie verschiedene Einflüsse auf den Pöbel wirkten. Die Häupter der Gironde im Reichstage hätten die Empörung des Tages gar nicht gemacht; als sie losbrach, gaben sie ihr nur heimliche und deshalb schwache Unterstützung und beschränkten ihr Ziel auf die

---

¹) Diese Details stehen durch die protokollarischen Aussagen der anwesenden Nationalgarden, sowie durch den Bericht der Departementskommission fest, was auch L. Blanc über die Harmlosigkeit der ganzen Bewegung sagen mag. Wenn der König einmal den Saal zu verlassen sich weigerte, so geschah es, weil er dem Municipalbeamten, der ihn dazu aufforderte, nicht traute.

Rückberufung Rolands in das Ministerium. Unter dieser Bedingung ebnete ihr Pétion die Wege, die er mit einem einzigen Befehl an die Bürgergarde hätte abschneiden können. So haben sie allerdings nicht den Tod des Königs geplant, wohl aber haben sie allein den Mördern die Thore des Schlosses geöffnet. Denn daß solche Elemente unter der Masse waren, kann keinem Zweifel unterliegen: wie am 6. Oktober zu Versailles zogen die von Marat und seinesgleichen geschulten Banditen in dem Gefolge der revolutionären Demonstration einher und brachen mit blutgierigem Ungestüm durch die künstlichen Pläne der ersten Führer hindurch. Als dieses Mal der Königsmord durch die Feigheit der Mörder, die Festigkeit der einzelnen Gardisten, die ungetrübte Haltung des Königs mißlungen war, hatte der Tag keinen Inhalt mehr: das Ganze verlief sich als eine gemeine und schmutzige Posse.

Von dem 20. Juni an hielten die Parteien die Waffen in der Hand. Man war zu weit gegangen, um noch an friedliche Entschlüsse des Gegners zu glauben; man war dem Blute zu nahe gekommen, als daß ein Ende ohne Blut noch möglich gewesen wäre. Bis zur endlichen Katastrophe gab Frankreich kein anderes Lebenszeichen als die Vorbereitungen zum entscheidenden Schlage.

Soeben war das Ministerium neu besetzt worden. Es waren Feuillants oder Schützlinge Lafayettes, was damals gleiche Bedeutung hatte: ein Mann befand sich unter ihnen, der den Zustand nach seinen Gründen und Folgen begriff, und sich durch kein theoretisches Schwärmen im Kampfe beirren ließ, der Minister des Innern Terrier de Monciel. Bisher Präsident des Juradepartements, wo er als Liberaler emporgekommen und durch den Unfug der Demokraten konservativ geworden war, dachte er sich nicht wie die Lameths auf Intriguen oder wie Lafayette auf Proteste zu beschränken. Ihm war es klar geworden, daß die Jakobiner gefährlich seien, nicht weil sie die Verfassung verletzten, sondern weil die Substanz der Verfassung die Jakobiner erschaffe; er sah ein, daß der Streit schon längst über den Boden der Ge=

setze hinausgekommen und ein Waffengang auf Tod und
Leben geworden war. Sein Verstand war kalt und sein
Herz warm genug, um ihn in die Mitte der Gefahr, aber
auch zu den praktischen Mitteln zu treiben. Zum ersten
Male seit Mirabeaus Tod sahen sich die Jakobiner, soeben
noch in voller Offensive, mit einem rücksichtslosen Angriff
bedroht.

Der Skandal des 20. stärkte, eben weil er nur ein
Skandal geblieben, ihre Gegner. Die öffentliche Meinung
rührte sich bei den Mittelklassen, zu Paris, in den Pro=
vinzen, bei den Armeen. Zwei Versuche der Cordeliers,
am 21. und 25., den Sturm auf die Tuilerien zu wieder=
holen, wurden, der eine durch das Auftreten der National=
garde, der andere durch die vorsichtigen Warnungen Pétions
verhindert [1]), steigerten aber den Zorn der Bürgerschaft über
den gefährlichen Unfug, und wenn einen Monat früher acht
Tausend gegen Servans Dekret sich eingezeichnet hatten, so
fand jetzt eine kräftige Bittschrift um Bestrafung der Auf=
rührer zwanzigtausend Unterschriften [2]). Der Nationalgarde
fehlte nichts als ein kräftiger und einflußreicher Führer, um
sich von dem republikanisch gesinnten Stadtrate loszureißen,
und den Jakobinerklub mit gewaffneter Hand zu sprengen.
Die Mehrheit des Reichstages wäre dann der herrschenden
Gewalt in Paris ebenso gerne nach rechts wie bisher nach
links gefolgt: eine Wendung von unabsehbarer Wichtigkeit
hätte eintreten können. Niemand wird behaupten, daß der
Sieg damit gewiß und die Revolution ohne weiteres er=
stickt gewesen wäre: aber die Möglichkeit dazu war gegeben,
wenn sogleich eine verständige Reform der Verfassung nach
Mirabeaus Grundsätzen, und vor allem, wenn gleichzeitig
verdoppelte Rüstung gegen die Fremden und der Antrag

---

[1]) Rev. de Paris 13, 572: On se désista de la nouvelle
démarche projetée. Erst nachträglich wurde die Ausrede erfunden,
die Unordnung sei von verkappten Royalisten angezettelt worden.

[2]) Die Jakobiner erklärten den größten Teil derselben für er=
schlichen; wir werden sehen, wie nachdrücklich sie drei Monate später
diese Behauptung zurücknahmen.

eines einfachen Friedensschlusses an Oesterreich erfolgte. Dies alles war erreichbar, es war oft von den Führern der Feuillants besprochen worden, es ließ den Jakobinern kein Agitationsmittel übrig, dem man nicht mit überlegener Kraft hätte begegnen können. Es war der letzte Augenblick, um Frankreich vor den Greueln von 1793 und Europa vor einem zwanzigjährigen Weltkampfe zu schützen. Leider aber war der einzige in der Lage mögliche Führer der General Lafayette, und dieser hatte freilich den Wunsch, die Jakobiner zu unterdrücken und mit Oesterreich einen ehrenhaften Frieden zu schließen; allein über die Höhe seiner Thatkraft sollte seine Partei sogleich die schmerzlichste Erfahrung machen.

Er erhielt die Nachricht von dem 20. Juni zwei Tage nachher in seinem Lager von Teinieres, dort in der Stellung zwischen Maubeuge und Bavay, die er zu Luckners Unterstützung bezogen hatte. Eine solche und so rasche Antwort auf seinen Drohbrief war ihm zu viel. Er beschloß, nach Paris zu gehen, um den Klub zu vernichten. Demnach sandte er seinen Adjutanten, Bureaux de Puzy, an Luckner, mit einem zweifachen Auftrage. Zunächst teilte er ihm nach einem früher von Dumouriez erhaltenen Briefe mit, daß die Preußen im Anzuge seien und er also in seine alten Stellungen zurückgehen müsse: daraus ergab sich für Luckner die Notwendigkeit, ebenfalls seine vorgeschobene Position zu räumen und sich hinter Valenciennes mit der Deckung der französischen Grenze zu begnügen[1]). Luckner antwortete hierauf, daß er bereits dem Minister die Schwierigkeit seiner Lage geschildert habe, an weitere Angriffe nicht denke und nur die Befehle von Paris erwarte. Sodann sollte Bureaux im allgemeinen den Marschall von Lafayettes Absicht, nach

---

[1]) Luckner an den Kriegsminister 22. Juni. Am 20. hatte er noch um Verstärkungen zu weiterer Fortsetzung seiner Operationen gebeten; am 26. nach der Konferenz mit Bureaux erklärte er dem Minister, daß er nichts Besseres als Verteidigung der Grenzen wisse. Diese urkundlichen Daten lassen von Bureaux' Bericht an die Nationalversammlung und Lafayettes Angaben VI, 82 nicht viel bestehen.

Paris zu gehen, unterrichten und eine vorläufige Meinung des alten Haudegens darüber zu erforschen suchen. Luckner rief zuerst aus: ist er toll? er mag sich hüten, daß ihm die Jakobiner nicht den Kopf abschneiden. Dann beschied er sich, daß er von Politik nichts verstehe; Lafayette möge darin thun, was ihm nützlich und gerecht erscheine.

Dieser hatte indes sein Heer unter die Kanonen von Maubeuge zurückgenommen und stellte seine Abreise nach Paris auf den 26. Juni fest. Einen genauen Plan hatte er schwerlich; er dachte in der Nationalversammlung zu reden und die Nationalgarde zu begeistern; daß er im voraus die weiteren Schritte überlegt habe, wird zweifelhaft schon durch den Umstand, daß er niemanden in Paris auf seine Ankunft vorbereitete. Noch am 25. schrieb er vielmehr dem Kriegsminister Lajard, einem ihm völlig ergebenen Manne, er wisse nicht, wie er Krieg führen solle, solange der anarchische Zustand des Inneren ihre militärische Schwäche verzehnfache; er habe den meisten Grund, darüber zu sorgen, da er nach außen stärker gefährdet sei als Luckner; denn dieser habe nur mit Oesterreichern, er aber mit Preußen und, was schlimmer sei, mit preußischen Generalen zu thun[1]); er werde nicht widerstehen können, wenn nicht vorher eine glückliche Krisis im Inneren eintrete. Außer diesen Sorgen und Wünschen aber enthielt das Schreiben nichts. Lajard war ebenso wie alle Welt überrascht, als der General am 28. Juni in Paris anlangte und nicht die geringste Vorbereitung war getroffen.

In der Nationalversammlung dachte die Linke, als sie seine Ankunft vernahm, er sei wenigstens von einigen Regimentern begleitet, um sie und den Jakobinerklub auseinanderzusprengen. Es ist kein Zweifel, daß sie bei der Stimmung der Nationalgarde kein Mittel dagegen gehabt hätten. Gesetzlich wäre es nicht gewesen, jedoch gesetzlich hatten auch die Rotten des 20. Juni nicht gehandelt, gegen die Lafayette

---

[1]) Dieser Satz fehlt in dem Abdrucke des Briefs in Lafayettes Memoiren.

Gesetz und Verfassung zu schützen wünschte. Als aber der General an der Barre erschien, allein, friedfertig, nur mit den Waffen der Rede auftretend, war ihr Mut sogleich wiederhergestellt. Die Tribünen murrten, Guadet redete von einem neuen Cromwell, die Diskussion endete mit der Verweisung der Sache an einen Ausschuß. Lafayette begab sich darauf zu dem Könige, dem er die Versicherung gab, die Jakobiner müßten physisch und moralisch vernichtet werden [1]), zugleich aber auch aussprach, in Hinsicht der Verfassung bleibe er bei der amerikanischen mit einer erblichen Vollziehungsgewalt [2]). Der König war höflich, aber zurückhaltend, und als nach Lafayettes Aufbruch die Prinzessin Elisabeth ausrief, man müsse das Vergangene vergessen und sich dem Manne anschließen, der allein noch Rettung bringen könne, antwortete die Königin: lieber sterben, als sich von Lafayette und den Konstitutionellen retten lassen. Der General versammelte dann in seiner Wohnung eine Anzahl vertrauter Freunde zur Beratung um sich. Die Einzelheiten dieser späten Ueberlegung werden in jedem Berichte verschieden erzählt: das Wesentliche aber kehrt in allen gleichmäßig wieder, Unentschlossenheit und Unklarheit bei sämtlichen Teilnehmern. Als Lafayette die bewaffnete Sprengung des Klubs zur Erwägung brachte, erklärten seine Freunde aus der Departementsbehörde, ein solcher Schritt sei ungesetzlich und folglich von ihnen, als der specifisch gesetzlichen Partei, zu unterlassen [3]). Dann kam eine Deputation von einigen Bataillonen Pariser Nationalgarde; sie hatten einen Maienbaum vor Lafayettes Thür gepflanzt und ihm eine Ehrenwache gegeben; sie forderten ihn jetzt auf, sie ohne Zaudern gegen die Jakobiner zu führen und hier das Nest alles Unheils mit einem Schlage zu zerstören. Der General antwortete ihnen, er wolle ihnen nicht das Beispiel der Gewaltthätigkeit geben, er bedürfe es auch nicht, da ihm zwei Drittel der Nationalversammlung sicher und mithin

---
[1]) Lally-Tollendal an den König von Preußen.
[2]) Morris' Tagebuch, 29. Juli.
[3]) Lally.

die gesetzliche Auflösung des Klubs gewiß sei ¹). Hinterher mochte er bedacht haben, daß die Mehrheit der Nationalversammlung nicht eher ein freies Votum über irgend eine Frage abgeben würde, bis der Klub und die Tribünen ihre Macht verloren hätten: man versprach sich also, mit allen Gleichgesinnten abends auf den Elysäischen Feldern zusammenzutreten ²). Allein jene erste Zurückweisung der Garden mußte lähmend gewirkt haben; die strengen Royalisten der Bataillone hatten unterdes im Schlosse angefragt und die Weisung erhalten, sich auf nichts einzulassen ³); genug, nicht hundert Menschen fanden sich am Abend ein. Den folgenden Morgen erneuerte man den Versuch mit noch geringerem Erfolge. Die Jakobiner hatten von Anfang an das Aergste erwartet: jetzt atmeten sie auf und begleiteten die hoffnungslose Abreise des Generals mit höhnischem Freudengeschrei ⁴).

Mit den Kräften der Hauptstadt, das sahen jetzt alle Parteien, war die Entscheidung nicht zu geben. Die Konservativen konnten das Heer, die revolutionäre Partei die Föderierten nicht entbehren. Alles hing davon ab, wer diese Kräfte zuerst um sich vereinen, wer sie dem Gegner an den entscheidenden Punkten entziehen könnte.

Die Provinzen, von beiden Seiten her gleich eifrig bearbeitet, fingen an, aufs neue wie im Februar und März zu gären: der Pöbel erging sich in Korntumulten und Priesterverfolgung, während die besitzenden Klassen, wie in Paris,

---

¹) Beaulieu, essais.
²) Toulongeon, histoire de la révolution.
³) Campan, mémoires.
⁴) Ich habe die Anekdote nicht erwähnt, daß Lafayette eine Revue der Nationalgarde zu seinem Staatsstreiche habe benutzen wollen, die Königin aber Pétion davon benachrichtigt und dieser die Revue abbestellt habe. Nach der Gesinnung der Königin gegen Lafayette wäre es nicht unmöglich gewesen; ich zweifle aber an der Wirklichkeit. Die einzige Quelle sind die Berichte Lafayettes und seiner Freunde, sonst weiß weder Beaulieu noch Lally, weder die Campan noch Bertrand davon; auch war es seit lange jakobinische Politik, Lafayette durch dritte Hand Geschichten von solchen Hofintriguen zu hinterbringen, um ihn gegen die Königin weiter zu reizen.

über die Fortdauer der Anarchie täglich ungeduldiger wurden. Hier griff dann der Minister Monciel auf allen Punkten mit Nachdruck und Thätigkeit ein. Sein Augenmerk ging im wesentlichen auf einen Plan, wie ihn Mirabeau entworfen hatte, Entfernung des Königs aus Paris, Auflösung der Nationalversammlung durch eine große Manifestation der Departements, Aenderung der Verfassung im Vereine mit neuen Reichsständen. Die meisten Departementsräte waren bereit, darauf einzugehen; die Jakobiner zählten selbst 25 bis 32, welche sich allen und jeden Schritten des Hofes anschließen würden; eine Menge davon hatten bereits ihre stehenden Vertreter in Paris, mit denen der Minister die laufenden Angelegenheiten beriet. Bis man zu entscheidenden Maßregeln gelangte, galt es aber, die Ruhe in Paris zu sichern, und in diesem Sinne traf Monciel den Brennpunkt des girondistischen Kriegsplanes, indem er am 20. Juni allen Departements befahl, den Marsch der Föderierten nach Paris zu hindern, da jeder gute Bürger das Verbrüderungsfest zu Hause begehen könne, Paris aber mit einer Anhäufung von Banditen bedroht werde.

An demselben Tage legte die Gironde ihren Feldzugsplan der Nationalversammlung mit voller Offenheit vor. Gleich nach dem Sturz Rolands hatte sie als leitendes Organ einen Ausschuß von zwölf, später von einundzwanzig Mitgliedern ernennen lassen, welcher die Lage des Landes und die Mittel gegen die drohenden Gefahren beraten sollte. Dieser erstattete nun am 30. seinen ersten Bericht. Es war ein umfassendes Programm, welches eine ganze Reihe von Gesetzen und mit diesen, ohne formelle Aenderung der Verfassung, eine unbedingte Diktatur der Versammlung ankündigte. Eine feierliche Erklärung, daß das Vaterland in Gefahr sei, in diesem Falle die Permanenz aller Behörden und das Aufgebot aller Nationalgarden, eine verstärkte Rekrutierung für die Heere, Absendung von Kommissaren der Versammlung in jedes Heerlager, geschärfte Verantwortlichkeit der Minister, endlich ein neues Gesetz gegen die meuterischen Priester. Die Rechte hörte mit schweigender

Abspannung zu: ihr Mut war seit Lafayettes Fehlschlagen tief gesunken. Das Centrum, oder besser die Masse der willenlosen Leute, stand wieder völlig unter der Zucht der stets heftiger brausenden Tribünen ¹). Die Linke forderte mit Eifer die schleunige Durchberatung jener Beschlüsse: war sie vollendet, so sollte das letzte Wort erst erscheinen, die Suspension des Königs, auf welche Gensonné in der Kommission schon einen Antrag gestellt und dafür die laute Unterstützung der Mehrheit gefunden hatte ²). Sie meinten, der König würde dann keine Mittel mehr besitzen, um dem Suspensionsdekrete Widerstand zu leisten: die Macht der Regierung würde ohne Kampf und Erschütterung in ihre Hände übergehen. Immer sah man sich auch für gewaltthätige Ereignisse vor; bei aller Abneigung gegen die bewaffnete Insurrektion that man das mögliche, um ihr den Sieg zu erleichtern. So wurde am 2. Juli ein Dekret erlassen, welches Monciels Verfügung gegen die Föderierten zwar nicht aufhob, wohl aber nichtig machte, indem es solchen Nationalgarden, welche nach Paris zum Feste des 14. kämen, freies Quartier in der Hauptstadt bis zum 18. verhieß und dann ihren Abmarsch in ein Lager bei Soissons verordnete. Am Abend befahl darauf die Versammlung nach den Wünschen der Vorstadt die Auflösung des Generalstabs der Bürgergarde, am 3. Juli sogar auf Carnots Antrag die Zurückberufung der vormaligen französischen Garden nach Paris, unter dem Vorwande, sie hier zu einer Gendarmeriedivision zu formieren. Es war eine Polizeimannschaft, wie sie Panis und Sergent bedurften: bei solchen Verteidigern des Thrones konnte man sich den Marsch der Föderierten beinahe ersparen; der Augenblick schien nahe, in welchem der Sturz

---

¹) Aus den zahlreichen Zeugnissen dafür nur eines von einem Journalisten der äußersten Linken. Es war unbequem für die Königsmänner, sagt er, daß sie feste Plätze auf der Rechten hatten, ils étaient trop en évidence, on les huait, même avant d'ouvrir la bouche, ils étaient jugés au premier pas qu'ils faisaient en entrant et cela chaque jour, les tribunes étaient inexorables.
²) Debatte des Konvents, 3. Januar 1793.

des Königtums wie ein harmloses Schaustück vor sich gehen konnte.

So von den nächsten Hindernissen befreit und durch tröstliche Aussichten nach allen Seiten gestärkt, trat man am 3. Juli in die große Diskussion über die Gefahr des Vaterlandes ein. Vergniaud eröffnete sie mit einer ausführlichen und schwungvollen Rede, welche in ihrer Form die Kraft durch scheinbare Mäßigung steigerte, in der Sache aber doch gerade auf den Schluß hinging, daß der König durch sein Einverständnis mit den Oesterreichern, Preußen und Emigranten die von der Verfassung für solche Fälle angedrohte Absetzung verwirkt habe. Er beantragte demnach die Erklärung, daß das Vaterland in Gefahr sei, die Verantwortlichkeit der Minister geschärft, der König durch ein kräftiges aber versöhnliches Manifest auf den rechten Weg zurückgeführt werde. Die Wirkung war groß, der Beifall auch bei den Gegnern bedeutend und die Stimmung der Mehrzahl erobert. Dumas suchte vergebens durch eine weniger glänzende, aber äußerst bündige Improvisation die Stimmung auf das Maß der Thatsachen zurückzuführen. Er erinnerte, daß der König sich gegen die Kriegserklärung gesträubt und die Gironde allein sie erzwungen, daß der König die Auswanderer von den Mächten nach Kräften fern gehalten und die Versammlung allein die Sache beider verschmolzen, daß der König die Hauptstärke des Heeres zur Verteidigung der Ostgrenze bestimmt und das girondistische Ministerium allein diese Grenze durch einen leichtfertigen Angriff auf Belgien entblößt habe. Diese Dinge konnte kein Mensch hinwegleugnen, kein Mensch die Wahrheit bemänteln, daß der Ursprung der jetzigen Verwickelung auf die Gironde, auf sie allein und nicht auf den König zurückgehe. Immer aber blieb es nicht weniger wahr, daß, wie die Sachen einmal lagen, der König einen Sieg der Preußen als einen Vorteil für sich selbst betrachten und folglich in den Augen der meisten als ein Feind der nationalen Ehre und Unabhängigkeit erscheinen mußte. Brissot mochte mit stolzem Selbstgefühl auf die revolutionäre Klugheit zurück=

sehen, mit der er im Anfang des Jahres alle
Meisterstreich, auf die Entzündung des Kr
hatte. Wie sehr die Stellung des Königs sei
war, trat in diesem Augenblicke hervor. ?
Versammlung waren monarchisch gesinnt,
weniger war gleich an diesem ersten Tage d
Verhandlung im revolutionären Sinne entf
am 4. Juli kam ein Dekret zu stande, wel
nenz aller Behörden und das Aufgebot aller
anordnete für den Fall, daß die Gefahr
erklärt würde. Niemand konnte zweifeln, d
selbst unmittelbar bevorstände. Der Bisch
es ohne Rückhalt aus, daß die Verräterei d
bar und die Diktatur der Nationalversamm
Weg zur Rettung des Vaterlandes sei.
bloß die Parteien, es war die große Ma
rung, welche durch das glühende Schreck
verrates von dem Throne losgerissen un
der radikalen Faktionen wider Willen dienstl
feudale Presse that mit eherner Stirne
Sorge und Erbitterung weiter zu schüren, in
das Einverständnis der Offiziere und Regi
Feinde und den bevorstehenden Abfall der 2
und die Pariser mit jeder Art von Miß
die siegreichen Kroaten bedrohte. Diese L
die Greuel der späteren revolutionären Raser
herzigkeit nicht rechtfertigen, aber zu großen

Während so die Gironde keck und method
Schritt zu ihrem Ziele that, war man am
Schrecken und Unsicherheit. Bis dahin hatte
fluß vorgewogen, unterstützt durch den am
sandten Morris sowie durch die im wesentlic
ben Vorschläge der Exminister Bertrand u
Allein unter ihnen selbst war keine volle Eins
noch weniger entschlossen sich König und Köni
Vertrauen einem einzigen Systeme zu folgen.
ahllose Berichte und die abweichendsten Ra

hinüber und herüber und zerstörten einen Plan durch den anderen. Es war nicht gerade ein Wunder, denn ihre persönliche Lage wurde täglich entsetzlicher. Wenn die Königin an das Fenster trat, wurde sie von dem Pöbel sogleich mit giftigen und unflätigen Schmähungen zurückgeschreckt; der Gottesdienst in der Schloßkapelle wurde durch den Lärm der Patrioten gestört; wochenlang hatte man Vergiftung zu besorgen und wagte nur besonders zubereitete Speisen zu kosten; in einer Nacht verhaftete der Kammerdiener der Königin in ihrem Vorzimmer einen ihr auflauernden Mörder. Die Königin rief mehrmals, lieber wollte sie monatelang in einem Turme am Meeresstrande eingesperrt sein, als solch einen Zustand länger ertragen [1]). Sie hörte alle Befreiungspläne; sie ließ es zu, daß die Minister mit Lafayette, andere Vertraute mit den ausgewanderten Prinzen verhandelten, daß die Civilliste fortdauernd Pétion, Danton und andere Patrioten zu bestechen suchte: aber im Grunde ihres Herzens hatte sie keine ernstliche Hoffnung als auf die Ankunft der deutschen Armeen mehr. Der Schweizer Mallet du Pan war Mitte Mai zu den beiden Königen abgeschickt worden, um diese in Leopolds Ansichten festzuhalten und den Einfluß der Emigranten auszuschließen [2]); eben jetzt war er in Frankfurt bei der Kaiserkrönung Franz' II. anwesend, und mit größter Spannung wurden seine Berichte erwartet. Andere Mittel, für die Koalition zu wirken, hatte man in den Tuilerien nicht, da die Leitung des Krieges ausschließlich in der Hand der Minister und der Generale lag und diese, wenn auch mit den Jakobinern verfeindet und auf monarchische Restauration bedacht, dem Auslande doch keinen unmittelbaren Einfluß verstatten wollten. Hier

---

[1]) Mémoires de mad. Campan. Lafayette läßt sie statt dessen sagen: es wäre unser Glück, wenn wir in einen Turm gesperrt würden, und deutet dann an, Danton habe nach dem 10. August auf diesen Wunsch hin die königliche Familie in den Tempel bringen lassen.
[2]) Die jetzt vollständigen Akten dieser Unterhandlung in den Mémoires etc. de Mallet du Pan.

stimmte Monciel ganz mit Lafayette zusammen: in den letzten Tagen des Juni beschlossen sie, Luckners Truppen aus Belgien zurückzuziehen und alle Streitkräfte dem Einmarsche der Preußen entgegenzuwerfen: am 4. Juli ging noch dazu ein Befehl an Montesquiou ab, 20 Bataillone der Südarmee, also beinahe die Hälfte seines Fußvolkes, zur Verstärkung des Rheinheeres abzugeben. Zugleich wurde bestimmt, daß Lafayette und Luckner ihre Kommandos tauschen, jener die flandrische, dieser die luxemburgische und Rheingrenze übernehmen sollten. Ein Grund dafür war die Abneigung Lafayettes, seine Kräfte mit den Preußen zu messen [1]), ein dringenderer jedoch der Plan, nicht bloß die Generale, sondern auch die Truppen zu wechseln, bei diesen Märschen einige ergebene Regimenter in die Nähe von Paris zu führen und den König etwa nach Compiègne unter deren Schutz zu bringen. Dann würde man die Gegenrevolution beginnen, zugleich aber mit den Deutschen unter Vermittelung des befreiten Königs einen ehrenvollen Frieden schließen [2]).

Diese Dinge waren im Werden, als die Nationalversammlung die erzählten Streiche führte. Der Eindruck in den Tuilerien war überwältigend. Man besorgte einen sofortigen Ausbruch, der König hatte noch keinen festen Plan, kein Geld, keine verfügbaren Streitmittel [3]). So gewann plötzlich eine ganz entgegengesetzte Ansicht die Oberhand, die traurigste, die sich denken ließ, da sie in letzter Instanz das Heil in der Gewinnung der schwachen Masse der Nationalversammlung suchte. Der König sollte sich in versöhnliche und liberale Haltung versetzen, so viel wie irgend möglich die

---

[1]) S. o. seinen Brief an Lajard 25. Juni. Lafayette stellt freilich in seinen Memoiren die Sache so dar, daß Luckner den Tausch veranlaßt hätte, allein dieser wundert sich in einer Depesche vom 12. Juli gar sehr über seine ewigen Deplacierungen.
[2]) Depeschen Luckners und Lafayettes an Lajard, 6. Juli, nebst Lajards Antwort vom 9. — Lally an Ludwig XVI., Beilage zu seinem Briefe an den König von Preußen.
[3]) Morris' Tagebuch, 2. Juli.

revolutionären Maßregeln zu seinen eigenen machen und so mit den Stimmen des Centrums sich die Mehrheit des Reichstages wieder erobern [1]). Alle Gründe der Einsicht und der Würde sprachen dagegen, aber der Schrecken vor den nächsten Gefahren und die Gleichgültigkeit gegen die ministeriellen Pläne entschieden dafür. So gab der König jetzt seine Sanktion zu dem letzten Dekrete über die gutsherrlichen Rechte; dann schrieb er am 4. Juli der Nationalversammlung, er wünsche dem Föderationsfeste persönlich beizuwohnen und den Verbrüderungseid entgegenzunehmen. Auffallender ließ sich das Einschlagen eines neuen Weges nicht bezeichnen.

Die Linke war überrascht, blieb aber argwöhnisch und ließ sich in ihrem Gange nicht irren. Gironde und Jakobiner forderten um die Wette die Erklärung der Gefahr des Vaterlandes. Im Klub war bereits durch Danjou entwickelt worden, daß ein gesetzgebender Körper nicht mehr ausreiche, sondern zur Aenderung der Verfassung ein Nationalkonvent berufen werden müsse. Chépy setzte hinzu, alle Abligen seien aus dem Heerbefehle zu entfernen, alle Emigrantengüter zu verkaufen, alle Verwaltungs= und Gerichtsbehörden neu zu besetzen. Aus der Mitte der Girondisten begehrte mit nicht geringerem Ungestüm in der Nationalversammlung der Bischof Torné, sie solle nicht mehr in den Gesetzen, sondern einzig in dem Heil des Vaterlandes die Richtschnur ihres Benehmens suchen: vorher hatte er seinen Freunden entwickelt, mit der Verfassung sei es vorbei und nur im Süden des Reiches Rettung zu finden. Noch immer mehr steigerten sich die Anträge. Am 6. Juli wollte Condorcet das Finanzministerium unterdrückt und die Civilliste unter Aufsicht gestellt wissen; er gab zugleich eine Probe des Kultur= und Sittenzustandes, welchen die Gironde unter dem Namen bürgerlicher Freiheit für Frankreich in Bereitschaft hielt: Abschaffung der Testamente, Vermehrung der kleinen Eigentümer, Gleichstellung der natürlichen und ehelichen Kinder, Freiheit der Ehescheidung, diese Dinge for=

---

[1]) Lally an Ludwig XVI., 19. Juli, Nachschrift.

derte er als die beste Schutzwehr gegen den königlichen Despotismus.

Ludwig XVI. hätte an dieser ersten Probe genug haben können. Aber die Unterhandlungen mit dem Centrum hatten schon begonnen und hier eine lebhafte Freude hervorgerufen. Denn diese Männer fürchteten gleich sehr den Sieg der Rechten wie der Linken und fürchteten vor allem die Gefahren des dem Siege vorausgehenden Kampfes. Es war bei ihnen ein Lieblingswort, daß die Nachgiebigkeit die höchste patriotische Tugend sei, nur die Zwietracht der Parteien gefährde das Vaterland, der Vernünftigste müsse einen Schritt entgegenkommen. Nach diesen Regeln hatten sie sich bisher mit der Gironde und den Tribünen verhalten und waren natürlich entzückt, daß der König sich jetzt mit ihnen in gleicher Weise stellen wollte. Es gab am 7. Juli einen Sturm der Begeisterung, als der Bischof Lamourette diesen Empfindungen Worte lieh, eine allgemeine Versöhnung predigte, zur Verfluchung der Republik und der Adelskammer aufrief und, von der Tribüne herabsteigend, sich einem bisherigen Gegner in die Arme warf. Die parteilosen Männer tobten in ihrem Jubel über den Frieden, und die beiden Parteien mußten sich beeilen, durch gleich tugendhaftes Betragen die Achtung ihrer Mitbürger zu behaupten. Sie wetteiferten, sich zu umarmen und sich als Söhne des Vaterlandes den Bruderkuß zu geben; die ganze Versammlung war in Rührung und Enthusiasmus aufgelöst, so daß man den König auf der Stelle benachrichtigte und in den Saal hinüberführte, um die frische Wärme für die gute Sache zu benutzen. Auch erlebte er ein nochmaliges Aufwogen von Patriotismus und Loyalität und kam voll guter Hoffnungen in das Schloß zurück.

Aber was konnte es frommen, wenn man den trüben Schaum der Versammlung für einen Augenblick durcheinander rührte? Man hätte stärker und mutiger als alle Parteien zusammen sein müssen, um ihren Hader zu bändigen: wie lange sollte ein Frieden vorhalten, den einzig die Schwäche der Furchtsamen ausgerufen hatte? Die Dinge gingen auf der Stelle ihren Gang weiter. In derselben Stunde, in der Lamourette seinen Triumph feierte, beendete das Departement seine Untersuchung über den 20. Juni und sprach als Ergebnis derselben die Amtssuspension Pétions und Manuels aus. Nach der Verfassung hatte in einem solchen Falle zuerst der König und dann die Versammlung über die Rechtsbeständigkeit der Verfügung zu entscheiden, und der Stadtrat beeilte sich, den Schutz der letzteren für seinen tugendhaften Maire anzurufen. Der König versuchte auch jetzt noch die eben eingeweihte Friedenspolitik fortzusetzen und bat, ihm, als einem persönlich Beteiligten, sein Votum zu erlassen: allein die Gironde war nicht gesonnen, eine solche Gelegenheit neuer Erbitterung aus der Hand zu geben, und blieb fest auf der Vorschrift der Verfassung. Alle Organe der Linken erklärten am folgenden Tage die Versöhnung für eine entweder tückische oder widerliche Posse. Zwischen der Tugend und dem Laster, sagte Prudhomme, ist kein Frieden denkbar; statt aller Küsse, meinte Carra, bedürfen wir Suspension des Königs und die Sturmglocke durch das ganze Reich. Bei den Jakobinern stimmten Tausende zu, als Billaud Varennes ausrief: solche Gefühlsscenen bedeuten stets nur Unheil, gegen gekrönte Räuber und Menschenfresser muß man nicht einen weinerlichen Priester, sondern Herkules und seine Keule in den Streit führen. In der Nationalversammlung selbst begann am 9. Juli Brissot eine große Rede über die Gefahr des Landes mit der Erklärung, daß ein Mensch die Kraft Frankreichs lähme und Preußen und Oesterreich überwältigt sei, sobald man die Tuilerien gebrochen habe: er schloß mit dem Antrage auf Niedersetzung eines Ausschusses der Versammlung zur Führung der hohen Polizei und der hohen Politik, eines Ausschusses, wie man ein Jahr später sagte, der öffentlichen Wohlfahrt.

Kurz, die Politik der Nachgiebigkeit hatte binnen 24 Stunden vollständiges Fiasko gemacht. Monciel hatte von vornherein keinen Zweifel darüber gehabt, sich dem Auftreten Ludwigs in der Versammlung nachdrücklich widersetzt, ernstlich seine Entlassung angeboten[1]). Der König war nach einem so gänzlichen Mißlingen rat- und willenlos, Monciels Ansehen gewann wieder Boden, und noch einmal schien es, als wenn Ludwig sich seiner Leitung unbedingt überlassen würde. Es kam Botschaft von Lafayette, er wolle mit Luckner am 14. Juli in Paris sein und nach dem Feste den König offen aus der Stadt hinweg nach Compiègne führen, wo er unter dem Schutze getreuer Regimenter eine neue Aera der Freiheit eröffnen würde. Lafayette hielt sich überzeugt, die bloße Entfernung des Königs würde einen solchen Eindruck in Paris machen, daß alle guten Elemente der Nationalgarde sich zusammenscharen, die Mehrheit der Nationalversammlung sich zurechtfinden, der König nach einigen Wochen als friedfertiger Triumphator in die Hauptstadt würde zurückkehren können. Einer Aenderung aber der Verfassung war er noch im innersten Herzen abgeneigt[2]). Ein solcher Plan hätte sich selbst aufgehoben, und so unternahm es Lally-Tollendal, ihn auf eigene Hand zu modifizieren, um ihn dem Könige genehm zu machen. Er stellte es Ludwig als die Absicht des Generals vor, daß in Compiègne das Königtum die ihm nötigen Rechte zurückerhalte, eine neue Kammer aus den Grundbesitzern gebildet, der Adel in seine Ehrenvorrechte wieder eingesetzt werde. Das Ministerium unterstützte diese Anträge mit seinem ganzen Ansehen, und am 9. Juli sprach Ludwig XVI. seine Einwilligung aus. Aber nicht lange hielt auch diese Entschließung stand. Montmorin fand schon die Abreise zu gewagt, Bertrand meinte, daß Lafayette durch seine Anhänglichkeit an die konstitutionellen Formen an jeder Kraftentwickelung gehindert sein würde. Die Königin fand beide Einwürfe richtig. „Alle Adressen, die aus der Provinz gegen den 20. eingelaufen sind," sagte sie, „bekunden nur die Anhänglichkeit an Ruhe und Ordnung, nicht aber so viel mon-

---

[1]) Morris' Tagebuch, 8. Juli.
[2]) Lafayette, Memoiren, IV, Anhang, über Lallys Brief an den König von Preußen.

archische Gesinnung, um nur einen einzigen Schuß gegen die Pariser und Marseiller zu unserem Schutze abzufeuern: Lafayette kann uns nicht helfen, seitdem er durch seinen Besuch die Nationalversammlung von aller Furcht geheilt hat; dazu verehrt er die Quelle alles Uebels, die Verfassung, als den einzigen Gegenstand, der eine Verteidigung verdiene[1]." Mit einem Worte, sie sah im Inneren weder Hülfe noch Rettung, Gefahr überall bis zur Ankunft der Deutschen, gleich sehr in den Provinzen wie in Paris selbst, ja Verschlimmerung der Lage, wenn man durch eine Flucht aus der Hauptstadt die entscheidende Stelle räume. Sie war überzeugt, daß für die nächste Zeit nur eine volle Herstellung der königlichen Gewalt Frankreich vor unabsehbarem Unheil bewahren könne; sie war zugleich weiter als jemals von dem Gedanken des alten Regime mit seinem Adel, seinen Gutsherren, seiner Kirche entfernt; sie konnte mithin auf die Ausgewanderten noch weniger als auf die Konstitutionellen rechnen und hatte kein anderes Wort, als Abwarten, ob man den Einzug der Preußen in Paris erlebe. Rettet mich und die Meinen, mich, wenn es noch Zeit ist, schrieb sie den 4. Juli an Mercy.

Der König widerstand ihr nicht lange. Am 10. Juli eröffnete er den Ministern seinen Willen, in Paris zu bleiben. Sie waren wie vom Donner gerührt und erklärten sofort, dann nicht länger ihre Stellung behaupten zu können. In die Versammlung fiel die Nachricht von dieser Ministerkrisis zu allseitiger Ueberraschung hinein. Niemand vermochte sie sich zu erklären, es gab ein langes Schweigen, nur durch das Klatschen einiger Zuhörer unterbrochen. Dann machte Lamourette noch einen Versuch im Stile des 7., indem er beantragte, die Erklärung über die Gefahr des Landes ebenso wie die Untersuchung über den 20. Juni auszusetzen; er mußte aber erleben, daß kaum jemand Notiz davon nahm, sondern im Gegenteil die Zwölfe mit einem Schlußberichte für den nächsten Tag beauftragt

---

[1] Beaulieu.

wurden. Nachher drängten sich freilich die Ueberlegungen, was die Ministerkrisis zu bedeuten habe. Am schmeichelhaftesten für die Partei legte sie sich Roland aus: er war der Ueberzeugung, daß Ludwig XVI., des Kampfes gegen die Gironde müde, ihn und seine Freunde wieder in das Kabinett berufen wolle. Es lag darin kein Grund, mit den parlamentarischen Maßregeln inne zu halten, durch welche man den König unterwerfen wollte: von Herzen aber freute man sich, nicht mehr im Bunde mit den Cordeliers eines Straßenkampfes zu bedürfen. So ließ Roland auf der Stelle Barbaroux rufen und wies ihn an, den Marsch der Marseiller aufzuschieben, weil zu einem zweiten Ministerium der Gironde Aussicht wäre.

Gründlicher konnte man sich allerdings nicht irren. Der König hatte die Feuillants entlassen, weil er nur noch von den Fremden die Rettung des Lebens erwartete. Die Cordeliers aber verwarfen jede ordnende Regierungsgewalt, und hätten auf ein Ministerium der Gironde mit doppelter Schadenfreude ihre Streiche geführt.

Fünftes Kapitel.

Der zehnte August.

Gleich der Tag nach der Auflösung des Ministeriums brachte in Paris die Erklärung der Gefahr des Vaterlandes. Die Nationalversammlung sprach sie am 11. Juli aus, stellte dadurch alle Nationalgarden für den Krieg zur Verfügung und rief die Wachsamkeit der Behörden, sowie die Aufopferung des Volkes auf. Unter den vorgeschriebenen feierlichen Formen pflanzte sich dies Signal der Erhebung allmählich durch alle Ortschaften des Reiches fort und hatte gewaltige Wirkung. Es lieferte zwar den Generalen geringe militärische Verstärkung, was ich später im Zusammenhange der Kriegsgeschichte darthun werde, leistete jedoch der Gironde vollkommen den für die innere Politik beabsichtigten Dienst. Die bald rauschende, bald düstere, stets aber theatralische Weise, womit allerorten die Gefahr des Landes unter Trompetenschall in feierlichen Aufzügen verkündet wurde, vermehrte die Aufregung und den Fremdenhaß bedeutend und ließ wenigstens bei den niederen Volksklassen die Vorfechter der Revolution allein auch als die Vertreter der nationalen Selbständigkeit erscheinen.

In Paris fanden die Cordeliers außerdem, daß mit dem Dekrete die gewöhnlichen Gesetze überhaupt aufgelöst und mit der Gefahr des Landes auch die herrschende Allmacht des Volkes verfügt sei. Die gewaltige Stadt dröhnte von den Vorbereitungen des Föderationsfestes, bei dem jedermann den Ausbruch erwartete: die indes angelangten Föderierten traten höchst geräuschvoll auf, verdoppelten den Galerienlärm in der Nationalversammlung und setzten hier am 13. Juli Pétions Lossprechung durch. Der König hatte nämlich die Suspension bestätigt; die Gründe waren unwiderleglich, aber die Unparteiischen des Reichstages besorgten unendliches Unheil von der Leidenschaft der Föderierten, wenn der tugendhafte Maire nicht glänzend hergestellt würde. Er war denn auch der eigentliche Held des Festes, welches am 14. tumultuarisch genug begangen wurde: im übrigen blieb der Tag hinter den Erwartungen der Demokraten weit zurück. Einerseits hatte Monciels Verbot doch immer gewirkt und die Ankunft der Föderierten wenigstens verzögert, so daß am 14. kaum 3000 Mann angelangt waren, die sich unter der Pariser Nationalgarde völlig verloren. Dann aber gab es noch einige Regimenter Linientruppen zu Paris, gegen deren Aufstellung die Revolutionsmänner sich nicht zu erheben wagten: gleich den 15. nahm denn auch die Gironde Anlaß, sie aus Paris hinwegzuweisen. Es bedurfte dazu nur eines einfachen Dekretes, da die Anwesenheit von Truppen am Sitzungsorte des Reichs=

tages von dessen Genehmigung abhängig war. Der König behielt seitdem nur ein Schweizerbataillon zur Beschützung seiner persönlichen Sicherheit in der Stadt.

Um so lauter und rückhaltloser gingen Cordeliers und Föderierte ihren Weg. Letztere hatten schon vor dem Feste auf Dantons Vorschlag verheißen, Paris nicht vor dem Sturze der Tyrannei zu verlassen, und setzten noch am 14. abends einen Ausschuß nieder, der seitdem als leitende Behörde des Aufstandes thätig war. Ihre Zahl wuchs allmählich auf ungefähr 5000 Mann, zum größten Teile verlorene Leute, die von den Staatsmännern der Gironde nicht viel wußten, desto eifriger aber in den Schenken der Vorstädte mit den Banden der Cordeliers Herzensfreundschaft schlossen und vor allem von Robespierre und Marat, als den Vorkämpfern des armen Volkes, begeistert waren. Robespierre, dessen Stern im Februar neben dem Einflusse der Gironde etwas verblichen war, wuchs täglich mehr heran, seitdem die Gironde den letzten Angriff verzögerte. Aeußerlich hielt er sich in engem Einverständnis mit Danton und Marat, hatte aber geringe Mühe, sich neben ihnen eine gesonderte Stellung zu sichern. Während Marat nur von Blut und Mord, von Verrat und Strafe des Verrates redete und Danton alle Kraft zum Schlagen und Explodieren zusammennahm, suchte Robespierre stets mit parlamentarischen Mitteln zu arbeiten, die er den Waffen in derselben Weise wie die Gironde, wenn auch aus anderen Gründen und zu entgegengesetzten Zwecken vorzog. Danton arbeitete auf die thatsächliche Anarchie, mehr aus Genußsucht als aus Ehrgeiz, mit dem einfachen Hebel seiner bewaffneten Banden. Robespierre kannte das Wort Genuß nicht, desto mehr aber den Trieb, allein hervorzuragen in Ansehen, Volksgunst und Gewalt, so daß er einem Gegner leichter als einem Rivalen verzieh: er wollte sein Leben und seine Macht nicht dem Wagnis des Straßenkampfes anvertrauen und seine Herrschaft durch gesetzliche Organisation dauernd sichern. Danton verstand es, aus allen Spelunken Frankreichs eine Bande zum Sturme auf die Tuilerien zusammenzuziehen, Robespierre aber mußte eine Verfassung auszudenken, in welcher diese Bande eine bleibende und geregelte Herrschaft über Frankreich handhaben konnte. Hatte er in dem ersten Abschnitte der Revolution die Tugend und die Rechte der unterdrückten Proletarier verkündet, so erschuf er in dem zweiten für die Uebermacht derselben die ordnende Form und gründete darauf seine eigene, in aller Geschichte beispiellose Gewalt. Im Jakobinerklub führte er dieses Thema nach verschiedenen Seiten mit unermüdlicher Thätigkeit aus: neben der Forderung des Augenblicks, Lafayette und Ludwig XVI. zu beseitigen, behandelte er fort und fort das Programm, daß auch in der Zukunft kein König, keine Kammer, kein General eine herrschende Gewalt haben dürfe, sondern allein die Masse der einzelnen, freien, souveränen Bürger. Wenn damit der große Haufe überall das Heft in der Hand hatte, so fiel die thatsächliche Macht von selbst den Proletariern zu, welche nicht die Mehrzahl, wohl aber den einzigen organisierten Teil desselben bildeten.

Die besitzlosen Leute sollten aber nicht bloß die herrschende Klasse in dem französischen Staate werden. Danton und Robespierre dachten ihnen die Güter der bisherigen Reichen zuzuwenden, Marats Freunde trachteten nach gänzlicher Vernichtung der bisherigen Gesellschaft. Niemand unterstützte es bei den Jakobinern mit heftigerem Nachdrucke als Billaud-Varennes, der Sohn eines armen Advokaten in La Rochelle, der als junger Mensch aus dem elterlichen Hause mit einer Magd entlaufen, dann eine Weile zum Theater gegangen und endlich wegen skandalöser Pamphlete aus seiner Vaterstadt verjagt worden war. Der Hunger hatte ihn darauf in die Kongregation des Oratoire zu Paris getrieben, wo er sich zum Lehrer ausbildete, zwar nicht Priester wurde, wohl aber alle Untugenden des pfäffischen Wesens sich aneignete. Es war so viel Ehrgeiz und Eigenliebe in ihm wie in Robespierre; sein bisheriger Lebensgang hatte ihn mit Gesetz und Gesellschaft in Kampf gebracht; er fühlte sich als Ausgestoßenen und dachte es der tugendhaften und anständigen Welt dereinst zu vergelten. Dort im Kloster lernte er seine Leidenschaft hinter ernstem und salbungsvollem Wesen zu verstecken; er recitierte mit erhobenen Blicken schwülstige Lobgedichte auf Ludwig XVI., wußte sich in das Wohl= wollen seiner Vorgesetzten einzuschleichen, gab aber endlich doch einige Blößen und wurde wegen unzüchtiger Poesien aus dem Kolleg ausgewiesen. Aufs neue ging es ihm elend, seine Galle wurde immer schwärzer, sein Grimm immer giftiger, so fand ihn die Revolution. Jetzt warf er die bisherigen Künste des Heuchelns und Schleichens hinweg und stürzte sich in die Unruhen mit dem Eifer lang gesammelter Rachgier hinein. Man sah ihn selten auf der Tribüne, weil seine Rede weder gelenk noch en= thusiastisch genug war, um die Massen zu fesseln (Des= moulins nannte ihn deshalb einmal einen rechtwinkligen Politiker, was ihm Billaud nie vergaß); aber in der Heim= lichkeit des Komitees Anschläge zu brüten, vor deren Schärfe selbst die Cordeliers zurückschreckten, und aus Robespierres Voraussetzungen die schneidendsten Folgerungen hervorzu= kehren, dazu war er der auserlesene Mann. Hatte schon Danton die Erleichterung der ärmeren Klasse bei den Steuern begehrt, so wollte Billaud die Kosten der neuen Revolution mit dem Vermögen ihrer Gegner bestritten wissen. Das Mittel dazu schien ihm einfach: wenn alle Offiziere, Beamte und Richter verabschiedet seien, müsse man die Feinde der Freiheit deportieren und ihre Güter einziehen.

Eine Tugend läßt sich diesem finsteren Terroristen nicht absprechen: er hat seit 1789 seine Wünsche nie mehr unter lehrhafte oder gefühlvolle Redeblumen versteckt und niemals durch eine persönliche Rücksicht sich zu einem Farbenwechsel bestimmen lassen. Unaufhörlich arbeitete er für die äußersten Mittel; wo man ihn berührte, fand man ihn glühend von Leidenschaft, und die Schwerfälligkeit seines Wesens schien die Wucht seines Auftretens nur zu erhöhen. Dies vor= nehmlich unterschied ihn von einem sonst ganz gleichgesinnten Genossen, dem Lyoner Schauspieler Collot d'Herbois, der

sich wie Billaud für alle Mühseligkeiten seines hungervollen
Lebens an dem Blute der anständigen Gesellschaft zu erholen
gedachte, aber alle Affekte hinter einer unerschütterlichen
und undurchdringlichen Kälte versteckte. Er hatte sich bei den
Patrioten einen weiteren Namen zuerst durch einen für die
Bauern geschriebenen Katechismus der neuen Politik gemacht,
der unter dem Titel Gespräche des Vater Gerhard in vielen
tausend Exemplaren durch die Jakobiner verbreitet wurde.
Als darauf die Ministerkrisis des März eintrat, fühlte er
sich schon so bedeutend, daß er sich der Gironde zuerst als
Minister des Innern und dann als Regierungskommissar
für die Kolonien anbot; Brissot aber hatte das Ungeschick,
den patriotischen Schauspieler etwas achselzuckend abzufertigen,
und Collot begann darauf die Gironde mit wütenden An=
bringungen zu verfolgen. Er war unter den Jakobinern
entschieden das größte Intrigantentalent; er verstand es wie
keiner, eine Partei zu verwirren oder neu zu bilden; er
besaß, was diese Laufbahn erfordert, in vollendetem Grade:
freche Eigensucht, kalte Brutalität, schamlose Schmeichelei,
vor allem aber eine unergründliche Verschlossenheit. In
geordneten Zuständen auch eines demokratischen Staates
hätten ihn weder Kenntnisse noch Charakter über die nie=
drigsten Stufen des Gemeinwesens erhoben: jetzt wo sich
der ganze Zustand täglich mehr unter die Gewalt der rohen
Massen beugte, hatte er eine Zukunft vor sich, in der sein
Name das Entsetzen Frankreichs werden sollte.

Je unverhüllter und ernsthafter diese Tendenzen bei den
Jakobinern hervortraten, je entschiedener diese Männer die
Föderierten und Vorstädter an sich fesselten, desto lauer
wurden begreiflicherweise die Girondisten in der Verfolgung
ihrer Umsturzpläne. Freilich hatten sie alles, was jene
begehrten, selbst unendlich oft gepriesen und den Pöbel
eifrig genug als Mittel für ihre neue Revolution verwandt:
aber sobald die Partei Robespierre geradezu die Vernichtung
der gebildeten Gesellschaft forderte, so fühlten sie sich ohne
Ausnahme als Angehörige des bedrohten Standes. Sie
alle konnten sich nicht entschließen, in die Schenken der

Hallen hinabzusteigen, um hier den Föderierten Brüderschaft zuzutrinken, und doch mußten sie sich sagen, daß es das einzige Mittel war, die Revolution in der Hand und ihre Todfeinde von der Herrschaft entfernt zu halten. Der von Schmutz und Blutgeruch erfüllte Dunstkreis bei den Jakobinern wurde ihnen mit jeder Stunde unerträglicher: sie waren an dem Punkte angelangt, an dem die Revolution, nicht über ihr Gewissen, wohl aber über ihre Neigungen hinausging. Sie sahen, daß sie nicht bloß dem Könige Gefahr bereitet hatten, und warteten ungeduldig, ob er sich ihnen nicht zu gemeinsamer Verteidigung unterwerfen wollte. Vergniaud beklagte sich bereits über das Unheil des 20. Juni, die Kommission der Zwölfe fand am 19. Juli keinen Grund, dem General Lafayette wegen seines letzten Erscheinens in Paris den Prozeß zu machen. Aber wie laut nun auch die Jakobiner über diesen verräterischen Abfall der Gironde zum Könige tobten, Ludwig XVI. schien dafür ganz unempfänglich, und vergebens wartete Roland Tag um Tag auf eine Botschaft vom Schlosse. Als sie schlechterdings nicht kommen wollte, entschloß sich die Partei, sogar den ersten Schritt zu thun. Am 20. ließen Vergniaud, Guadet und Gensonné dem Könige durch den Hofmaler Boze ein Schreiben zustellen, worin sie die Bildung eines girondistischen Ministeriums als das einzige Rettungsmittel nachdrücklich hervorhoben[1]).

Wie groß war nun die Enttäuschung und der Zorn, als Ludwig am 21. Juli Rolands Portefeuille wieder einem Feuillant, Champion, übertrug, Dubouchage zur Marine, endlich am 23. Dabancourt zum Kriege berief und die rasche Besetzung der übrigen Stellen verhieß. Roland war außer sich. Die erste Erbitterung bewirkte einen neuen Befehl an die Marseiller, ihren Marsch nach Paris zu be-

---

[1]) Guadet (Neffe des Deputierten), les Girondins, I, 262 berichtet, daß sein Oheim damals zum Könige berufen und freundlich angehört worden sei. Wirkung hatten freilich auch seine mündlichen Ratschläge nicht.

schleunigen, und einen heftigen Angriff Guadets auf Lafa=
yette, den er anklagte, durch Bureaux de Puzy den Mar=
schall Luckner zu einem Marsche auf Paris aufgefordert zu
haben. Die Nationalversammlung befahl hierauf eine neue
Untersuchung, bei welcher die drei Offiziere, dem buchstäb=
lichen Hergange gemäß, die Wahrheit der Thatsache ein=
hellig in Abrede stellten. Auch folgte bei der Gironde selbst
diesem Aufwallen die Abkühlung auf dem Fuße. Damals war
General Montesquiou in Paris, den sie selbst an die Spitze
des Südheeres befördert und wesentlich bei allen Umsturz=
plänen in Anschlag gebracht hatte. Er war noch immer
ihr Verbündeter und wünschte gerade jetzt durch ihren Ein=
fluß sich die zwanzig Bataillone zu erhalten, die ihm Lajard
für die Rheingrenze abgefordert. Aber was die Republik
betraf, so erklärte er den Zwölfen sehr trocken: ihr könnt
hier die Absetzung des Königs aussprechen, aber seid ver=
sichert, daß ihr dann keinen Offizier und keinen Soldaten
mehr haben werdet. Es war etwas zu viel gesagt, da die
Soldaten ebensowenig monarchischen wie republikanischen
Eifer hatten: aber es reichte hin, um das Feuer der giron=
distischen Partei vollkommen zu löschen.

Ihre Führer gingen dann ohne allgemeinen Plan den
Umständen nach ihre Wege weiter. Bei einigen trug es
der Grimm gegen den König über alle anderen Erwägungen
davon, und Gensonné brachte am 25. Juli einen Gesetz=
entwurf vor die Nationalversammlung, der nichts Geringeres
als eine revolutionäre Regierung unmittelbar durch die
Mehrheit des Parlaments enthielt: die Gemeinderäte sollten
das Recht empfangen, jeden der Sicherheit des Staates
gefährlichen Menschen zu verhaften und nach Befinden ein
Jahr lang im Gefängnisse zu lassen, die Aufsicht aber über
diese Thätigkeit sollte einem Ausschusse der Nationalver=
sammlung übertragen werden. Wenn es durchging, so war
offenbar die Frage, wer aus den Revolutionskämpfen Frank=
reich als Beute davontrüge, gleichbedeutend mit jener, wer
sich des Besitzes der Gemeindebehörden versichern würde.
Was Paris betrifft, so hatte die äußerste Linke ihren Ein=

fluß sicher gestellt, indem seit dem 17. Juli ein sogenanntes Korrespondenzbureau der 48 Sektionen eingerichtet worden war, dessen Mitglieder aus sehr unregelmäßigen Wahlen hervorgingen, durchgängig zu den heftigsten Jakobinern gehörten und bei der bevorstehenden Erhebung ganz bereit waren, an die Stelle der bisherigen Behörden als revolutionärer Gemeinderat zu treten[1]). Weitere Schritte auf diesem Boden gelangen der Partei in der Nationalversammlung, indem sie am 25. Juli die Permanenz aller Sektionen im Reiche und am 29. die Zulassung der Passivbürger zum Bürgergardendienste einmal im Monat durchsetzte.

Andere Girondisten aber wurden durch solche Vorgänge eher noch zweifelhafter. Zum zweiten Male erhielt Boze ein Schreiben an den König; Vergniaud sprach auf der Tribüne von den Unbesonnenen, welche durch Uebertreibung — durch einen Antrag nämlich auf Absetzung des Königs — die beste Sache verderben; Brissot forderte sogar Bestrafung wie der Emigranten so auch der Königsmörder, da das Blut eines Königs stets nicht die Freiheit, sondern die Monarchie gekräftigt habe. Als dann Guadet ganz offen eine Adresse an Ludwig XVI. beantragte, welche die Wiederherstellung des girondistischen Ministeriums begehren sollte, und Rechte und Linke sich gleich eifrig dagegen vereinten, da erhob sich Brissot von neuem gegen die Ausschweifungen, womit man dem Könige das Recht gebe, seinerseits über Verfassungsbruch zu klagen und die besitzende Klasse in ganz Frankreich in die Arme der Ausländer treibe. Er fand Beifall in der Versammlung, aber die Galerien heulten, schmähten über den doppelzüngigen Verräter und warfen ihm Obst in das Gesicht. Bei den Jakobinern war nur eine Stimme der Verachtung gegen die elende Partei, welche bei der Revolution einzig die Ministersessel für ihre Handlanger im Auge habe: der Ausschuß der Föderierten meinte, die Ankunft eines glühend patriotischen Brester Bataillons

---

[1]) Mortimer-Ternaux, II, 138.

zum entscheidenden Schlage zu benutzen. Als aber Pétion davon erfuhr, beeilte er sich, die Aufläufe zu zerstreuen und seinen Einfluß zur Erhaltung der Ruhe in die Wagschale zu werfen.

Es war das letzte Mal. Denn schon den 28. Juli gab der König die bestimmte Erklärung, daß er niemals auf die Anträge der Gironde eingehen würde¹). Zugleich wurde das Manifest der verbündeten Mächte bekannt²), welches für die Gironde ebenso harte Drohungen wie für die übrigen Jakobiner und für ganz Frankreich kein anderes Wort als der Ahndung und Bestrafung enthielt. Es lasse ihnen, meinten die Führer, keinen Rückzug übrig. Hätten wir sonst auch zaudern wollen, sagte einer, so sind wir jetzt gezwungen, die Nation zu einem Schlage fortzureißen, der alle Brücken zertrümmert und sie unwiderruflich mit uns verbündet³). Die Gironde suchte über das praktisch ausführbarste und wirksamste System zur Entscheidung zu kommen, gelangte aber auch jetzt nicht zu voller Einmütigkeit. Einige Mitglieder der Partei wollten die Monarchie erhalten und nur die Person des Monarchen wechseln. Nach ihrer Meinung sollte Ludwig XVI. beseitigt und die Absetzung ausgesprochen werden. Dann würde der Dauphin folgen und die Gironde den Regentschaftsrat besetzen. Die Berufung eines Nationalkonvents zur Revision der Verfassung schien unerläßlich, aber man dachte sich die Mehrheit im voraus zu sichern, indem man zwei Drittel der jetzigen Deputierten von vornherein zu Mitgliedern der neuen Versammlung erklärte⁴). Condorcet würde Erzieher des jungen Königs, Pétion Vorsteher der Regentschaft, Roland, Servan, Clavière Minister werden. Dagegen erklärte Vergniaud, daß es eine Thorheit und ein

---

¹) Bertrand.
²) Buchez.
³) Beaulieu.
⁴) Einen Dekretentwurf dieses Inhalts führt Prudhomme, crimes etc. zum 10. August an.

Vergehen sei, das Ideal der Freiheit, die republikanische Staatsform, noch länger abzuweisen. Er forderte also einen Konvent der Nation gerade zu dem Zwecke, um die Abschaffung des Königtums zu verfügen, und wollte deshalb nicht die Absetzung Ludwigs, welche zur Thronfolge des Dauphin führte, sondern die Suspension des Königs als ersten Schritt zum Sturze des Thrones. So wichtig aber diese Meinungsverschiedenheit war, so wenig hinderte sie für den Augenblick die revolutionären Schritte der Partei, da die Entfernung Ludwigs in jedem Falle das nächste Ziel der Bewegung bildete. Hierüber kam man in diesen Tagen zu dem bestimmten Entschlusse. Trotz aller Schwierigkeiten fand man zuletzt doch ebenso viel Aussichten wie Uebelstände. Woher hätte nach der Entfernung der Linientruppen der König die Kraft zum Widerstande nehmen sollen? Wären die Armeen nicht gerade freundlich gesinnt, so würden sie sich doch schwerlich zu einem Gewaltstreiche fortreißen lassen, wenn ein verfassungsmäßiges Dekret die Abdankung des Königs aussprüche. Alles käme darauf an, einen skandalösen Pöbeltumult, welcher durch die gesetzlichen Formen schreiend hindurchbräche, zu verhüten und damit hier den Generalen den Vorwand zur Reaktion, dort den Cordeliers die Möglichkeit zur Anarchie abzuschneiden. Gerade am 29. Juli langte das vielberufene Bataillon der Marseiller an, es stand damals noch ganz unter Barbaroux Einfluß, so daß dieser gleich an dem Tage seiner Ankunft der Nationalversammlung das Absetzungsdekret zu entreißen dachte. Dabei wurde er zwar durch Santerre im Stiche gelassen und so der Plan vereitelt; immer aber war das Ansehen der Marseiller bei den Demokraten gewaltig und konnte der Gironde die Hoffnung erwecken, durch sie auch die übrigen Föderierten, im ganzen 5300 Mann, am 30. Juli für ihre Zwecke zu benutzen, dann aber so rasch wie möglich aus Paris und dem Bereiche der Cordeliers zu entfernen[1].

---

[1] Lasource forderte deshalb am· 29. bei den Jakobinern den Abmarsch der Föderierten an die Grenze.

Pétion überließ sich den besten Hoffnungen: ich sehe schon, sagte er, ich werde der Regentschaft nicht entgehen können[1]).

Es gehörte freilich die ganze Ehrsucht und Selbstgefälligkeit dazu, welche Pétion und seine Freunde charakterisierte, um sich mit solchen Träumen die Festigkeit ihrer Stellung auszumalen. Sie, welche ihrem Bunde mit den Cordeliers so wenig trauten, daß sie erst vor acht Tagen sich zweimal in bemütigende Unterhandlungen mit Ludwig XVI. hatten hineinschrecken lassen, sie am wenigsten hätten sich in diesem Grade täuschen dürfen. Immer deutlicher zeigte sich eine Lage des Landes, in der nur eine organisierte und schlagfertige Waffenmacht etwas ausrichten konnte, und eine solche besaß zwar das Reich in der Armee, diese aber war an den Grenzen gegen die Deutschen beschäftigt: es besaß sie die Revolution an den Proletariern des Jakobinerklubs, diese aber standen in Paris zu den Cordeliers und in den Provinzen nur dort zu der Gironde, wo man von ihrem Zwiespalt mit Danton und Robespierre noch wenig unterrichtet war. Sittliche und rechtliche Kräfte aber waren nicht vorhanden, das Gesetz und der Staatsorganismus hatten keinen Einfluß, die Behörden und Nationalgarden waren ohnmächtig, in sich gespalten oder reaktionär. Dabei wurde die finanzielle Aussicht immer trüber und hätte schneidender als alles andere der Gironde die Aufklärung geben können, daß die Urheber des Revolutionskrieges ihr eigenes Geschöpf verleugneten, wenn sie sich von der kommunistischen Demokratie hinwegwandten. Denn vor allem der Krieg verschlang bei der Zersetzung aller inneren Verhältnisse namenlose Summen; diese konnten nur durch Assignaten erhoben werden, und jede Vermehrung der Assignaten bereitete neue Konfiskationen und allgemeine Zwangskurse vor. Beides zusammen aber ergab Ueberweisung alles Eigentums an den Staat, mithin den Kommunismus.

---

[1]) Beaulieu — nach der Aussage von Ohrenzeugen.

Der Beginn des Krieges hatte außer starken Prohibitivzöllen und dem Bankerott gegen die Gläubiger des alten Staates noch 600 Millionen neuer Assignaten gebracht. Ende Juli waren diese Summen erschöpft, der Kurs des Papiergeldes stand seit Februar zwischen 70 und 60, der Staat hatte also in dem halben Jahre ungefähr 330 Millionen Kapital auf seine laufenden Ausgaben verwandt. Es waren aber jetzt 2300 Millionen emittiert und die Hypothek der Kirchengüter bereits überschritten. Denn nach dem letzten Berichte im Mai waren davon verkauft ungefähr für 1800, und vorhanden noch für 350 Millionen[1]); es gab mithin 200 Millionen Assignaten mehr, als die endliche Veräußerung erwarten ließ. Jetzt bedurfte man neues Papier, folglich auch neue und große Hypothek: der Berichterstatter Fouquet entwickelte jedoch am 31. Juli einige Bedenken; uns wird ein kurzer Ueberblick über die Folgen der bisherigen Wirtschaft zeigen, daß Anlaß genug dazu vorhanden war.

Der Verkauf der Kirchengüter hatte erst im Frühling 1791 stärkeren Zug gewonnen; den günstigsten Verlauf nahm er gleich nach der Vollendung der Verfassung, wo binnen vier Wochen an 500 Millionen Angebot erfolgte[2]). Die Parteihändel aber der Legislative und vor allem der Ausbruch des Krieges lähmten ihn auf der Stelle, die folgenden sieben Monate lieferten nur 360 Millionen, und es war vorauszusehen, daß jede Steigerung der inneren oder äußeren Wirren das Verhältnis immer ungünstiger stellen würde. Das fiel um so schwerer in das Gewicht, als jene Zahlen keineswegs eine entsprechende Verminderung des Papierumlaufs ausdrückten; vielmehr waren nach dem zum Kaufe lockenden Gesetze die Zahlungstermine weit gestellt und bis zum Mai auf jene 1800 Millionen erst 488 eingezahlt; seitdem aber liefen monatlich etwa 30 Millionen ein. Hieraus

---

[1]) Alle diese Ziffern sind hier abgerundet. Berichte vom 5. April, 19. April, 23. Mai.
[2]) Denn am Ende der Constituante waren 964, Mitte Oktober aber 1440 Millionen versteigert.

allein erklärt sich auch die hohe Summe von 2200 Millionen, auf welche der Kaufertrag der Kirchengüter angegeben wurde, während sie in geregelten Verhältnissen kaum 1300 hätten aufbringen können. Da die Assignaten seit Februar ein Drittel unter Pari standen[1]), so waren die Güter in Wahrheit für etwa 1600 Millionen weggegeben und dieser Preis durch die übermäßige Zerschlagung und Aussaugung derselben teuer genug erkauft worden. Wohin sollte es nun führen, wenn man die Papiermasse in stets größerem Maße vermehrte, die Güterpreise aber durch stets erweiterte Zufuhr von Kaufobjekten herabbrückte?

Es kamen aber noch andere Rücksichten in Betracht. Die Verwaltung der Domänen war jetzt so elend wie zwei Jahre früher; man hatte vom Frühling 1790 bis zum Mai 1792 im ganzen 44 Millionen daraus bezogen, während sonst in jedem Jahre der Klerus 70, die Regierung 11 bis 12 Millionen erhielt. Seit dem Februar 1792 war nun aber eine damals ebenso gewaltige und täglich anwachsende Gütermasse in dieselbe Lage versetzt worden, die Besitzungen der Emigranten. Sie standen vermöge des Sequesters, wie die Kirchengüter, unter der Aufsicht der Municipalitäten, welche in diesem Jahre noch, so weit es thunlich war, die bisherigen Verwalter für Rechnung des Staates fortwirtschaften ließen, die beweglichen Güter aber, Möbel und Pretiosen in Beschlag nahmen und versteigerten. Man ermißt leicht, wie viel Unordnung, Unterschleif und Verschlechterung der Güter damit eintreten mußte. Die Verwalter bereicherten hier sich selbst, ließen dort alles zu Grunde gehen und fanden zuweilen Mittel, die Einkünfte den geflohenen Herren in das Ausland nachzusenden. Als im Spätsommer die Ernte eingebracht war, wurde die neue Bestellung durchgängig unterlassen. Bei einem Lande, welches, wie damals Frankreich, seinen Kornverbrauch nur mit Mühe erzeugte, war es keine Kleinigkeit, daß ein Zwanzigstel seiner Aecker so gut wie wüst liegen blieb.

---

[1]) So in Paris, in den Provinzen niedriger.

So stand es auf den Gütern, deren Verwaltung der Staat in der Hand behalten hatte. Auf den verkauften Domänen war man ebenfalls weit von erfreulichen Aussichten entfernt. Es stellte sich nämlich schon damals die merkwürdige Thatsache heraus, daß die demokratische Absicht der Konstituante, durch die Zersplitterung der Kirchengüter eine Menge kleiner Eigentümer zu schaffen, vollkommen fehlgeschlagen war. Die Anhäufung der Gütermasse war 1792 nicht geringer als 1788. Die großen Besitzungen hatten sich in anderer Weise gruppiert und die Herren gewechselt, aber die Zahl der Eigentümer war nicht gewachsen. Denn die kleinen Bauern und armen Leute, die sich 1791 zum Kaufe herangedrängt, waren zum größten Teile darin verunglückt. Wer nicht schon im Winter erlegen war, wurde durch die Unruhe vor der Kriegserklärung zum Bettler. Spekulation und Agiotage thaten das übrige: genug, der größte Teil der Kirchengüter befand sich jetzt in den Händen städtischer Kapitalisten, welche ganz wie die früheren Eigentümer zum größten Teil ihre Besitzungen nie zu Gesicht bekamen, die Meierverhältnisse fortdauern ließen und durch fremde Unternehmer die Pachtschillinge beitrieben.

Dies Ergebnis ist ebenso merkwürdig wie wenig beachtet. Wie oft hat man die Revolution gerühmt, daß sie die großen Aecker der toten Hand in die eifrige Wirtschaft der kleinen Eigentümer geworfen, oder im umgekehrten Sinne geklagt, daß sie damit die vom Code Napoleon vollendete Pulverisierung des Landes begonnen habe. Wenn wir nun schon bemerkten, daß vor der Revolution der Boden der kleinen Wirtschaften ganz so groß wie heute gewesen, so sehen wir hier die Erklärung einer solchen Stetigkeit mitten unter den Stürmen der Revolution. Sie führt uns, wie alle ökonomischen Erschütterungen dieser Zeit, auf eine allgemeine Regel zurück, die auch jetzt noch häufig genug verkannt wird. Die Verteilung der Güter folgt im großen keinen anderen Gesetzen als ihre Produktion. Jede wirkliche Steigerung der letzteren führt schließlich auch eine zweckmäßigere Verteilung herbei. Jeder Versuch aber, nach menschlicher, auch der bestgemeinten Willkür die Verteilung zu beherrschen, bleibt im glücklichsten Falle wie nicht geschehen und lähmt sogleich die Produktion und den Umlauf und folglich den Wohlstand aller Klassen. Die Schicksale des französischen Ackers seit 1789 sind der Ausdruck dieses Satzes nach den verschiedensten Richtungen hin. Der 4. August hat den Landbau in allen Teilen befruchtet, weil er die Arbeitskraft entfesselt und die Erzeugung gesteigert hat. Die Zerteilung der Kirchengüter hat die Zahl der Eigentümer so wenig wie später der Verkauf der Emigrantengüter vermehrt, wohl aber hat sie in der allgemeinen Anarchie nicht bloß die reichen Prälaten, sondern noch empfindlicher die kleinen Bauern zu Bettlern gemacht. Aehnliche Bemerkungen ließen sich über den heutigen Zustand und dessen Ursachen durchführen: nicht die Teilbarkeit der Güter, deren Verbot eine Beschränkung des Eigentums, der Freiheit und folglich des Wohlstandes sein würde, ist die Quelle der jetzigen Mängel — denn die angebliche Zersplitterung der Güter ist ja viel älter als der Code Napoleon — sondern wieder nur die heutigen Hindernisse des Kredites, der Produktion und des Absatzes, das Recht des Pflichtteils, die Meierverhältnisse, die Schutzzölle, das Bankmonopol. Den 4. August für diese Dinge herbeizuführen, das ist die wahre Aufgabe des französischen Volkswirtes, nicht aber die Erfindung neuer Verteilungsrezepte, seien sie feudaler oder socialer Richtung.

Frankreich empfand schon 1792 die Folgen des Versuches, kleine Eigentümer von Staats wegen zu erschaffen, auf das bitterste. Von allen Seiten liefen höchst bedrohliche Meldungen über den Ausfall der Ernte ein, am schlimmsten immer wieder aus der Mitte und dem Süden des Reiches. Etwas besser hielten in den nördlichen Grenzprovinzen die Zustände der Geldpächter vor; aber auch diese verbargen sich nicht, daß sie nicht lange mehr gegen das allgemeine Verderben würden ankämpfen können. Im Elsaß erwachten selbst hier und da die Erinnerungen an das Deutsche Reich, dessen morsche Verfassung den Landleuten neben dem französischen Unwesen jetzt als ein Segen erschien. Anderwärts fristete gerade die drohende Nachbarschaft des feindlichen Landes allein noch bei den Bauern die revolutionäre Stimmung; sie hatten von den deutschen Barbaren überhaupt eine wo möglich schlimmere Vorstellung als 1848 die Deutschen von einer russischen Intervention, und vor allem knirschten sie bei dem Gedanken an Zehnten und Herrenrechte, die sie von dem Siege der Preußen für unzertrennlich hielten. Sonst aber hätten sie gar nichts einzuwenden gehabt, wenn Ludwig XVI. die Zügel der Regierung aufs neue ergriffen hätte.

Die Zerrüttung des Ackerbaues mußte bedrohliche Rückwirkungen nach allen Seiten hervorrufen. Die Brotverpflegung der Städte wurde immer schwieriger, denn der Ertrag der Aecker sank, die Eigentümer schafften selbst die Geldpachten wegen des Schwankens der Assignaten ab, ließen sich den Zins in Getreide entrichten, speicherten es in Erwartung günstiger Kurse auf und ließen es, um den Arbeitslohn zu sparen, oft nicht einmal ausdreschen. Sodann griff das Verbot der Wollenausfuhr ein, die Schafzucht ging zu Grunde, und im Herbste kamen die Klagen von allen Punkten, daß es an Wolle gänzlich mangle. Es verstand sich, daß dies umgekehrt wieder auf stärkere Verschlechterung der Aecker zurückwirkte und so ein Unheil das andere steigerte. Die blühendste Rinderzucht des Reiches hatte bis dahin in der Vendée bestanden, wo die Bauern ihre Pachtstücke fast nur zu Wiesen benutzten, und ihren Gewinn bei den Gutsherren vorteilhaft anlegten. Die Zunahme der Assignaten und die Verfolgung des Adels zerrüttete dieses Gedeihen gänzlich. Die Bauern, hier äußerst kirchlich gesinnt und deshalb schon mißvergnügt, wüteten gegen die Revolution: eben im Juni bildete sich hier die erste wahrhaft gefährliche Verschwörung der Royalisten gegen den neuen Zustand. Paris aber empfand den zerstörenden Umschwung zunächst in materieller Beziehung, da die Fleischlieferung, die ihm bisher vornehmlich aus jenen Gegenden zugeflossen war, zu versiegen begann. Verringerte sich dem Volke somit das Brot, das Fleisch, der Kleidungsstoff, so sah man in gleichem Maße beim Herannahen des Herbstes das Material zur Heizung schwinden. Freilich war schon im alten Staate die Benutzung der Forsten durchgängig eine räuberische gewesen, jetzt aber wuchs bei der Auflösung aller Gesetzlichkeit der Mißbrauch in kolossalem Maße. Es war der letzte Rest der Domänen, der einzige unberührte Teil des geistlichen Gutes, aber von allen Seiten wurden vandalische Verheerungen gemeldet, und der Finanzausschuß in seiner Ratlosigkeit begann auch hierhin begehrliche Blicke zu werfen.

Bei solchen Zuständen mußte die Lage der besitzenden Klasse eine gedrückte, jene der arbeitenden eine fast verzweifelnde sein. Alle Preise waren gestiegen, allerdings auch der Arbeitslohn, aber keineswegs überall in ausreichendem Verhältnis. Denn die vermehrte Masse des Wertzeichens war immer der Hauptgrund veränderter Preissätze, aber durchaus nicht der einzige. Vielmehr wurde das Maß des Steigens bei jeder einzelnen Ware durch das Maß der Produktion oder der Nachfrage modifiziert. Das Steigen des Metallgeldes wurde veranlaßt durch das Papier und verstärkt durch die Ausfuhr der Emigranten, das Einschmelzen der Münzen, vor allem aber durch die Operationen des Staatsschatzes, der z. B. unter dem Ministerium Narbonne notgedrungen für die Kriegsrüstungen bedeutende Summen um jeden Preis aufkaufte. Ebenso wirkte bei den meisten Lebensbedürfnissen neben dem Papier die Abnahme der Produktion auf Preiserhöhung ein. Bei dem Arbeitslohne dagegen verhielt es sich umgekehrt. Wenn hier die Zunahme der Wertzeichen eine Tendenz auf Steigerung hervorrief, so drückte die Vernichtung des Luxus und der mißliche Stand der Fabriken die Nachfrage wenigstens um ebensoviel herab. Am meisten wurde dies in Paris fühlbar, wo neben den sehr gestiegenen Warenpreisen der Tagelohn im Herbste 1792 wie vier Jahre früher auf 15 Sous stand.

So sind wir den Spuren der revolutionären Finanzkunst auf jedem Punkte des socialen Daseins begegnet.

Konfiskation, Prohibition, Assignate, sie haben den Acker mit Dürre geschlagen, die Weide öde gelegt, die arbeitende Hand zur Unthätigkeit verdammt. Dem Staate aber ist seine Beute unter dem Griffe zerronnen. Soll man auf diesen Bahnen des Unheils, immer unersättlich und immer zum Hunger verurteilt, vorwärts schreiten?

Wie aber will man einen Ausweg sonst entdecken? Die Anforderungen an die Staatskasse häufen sich, und von regelmäßigen Einnahmen sind nur noch schwache Spuren vorhanden. Wie hätten die Bauern, deren Viehstand ruiniert, deren Geräte verteuert, deren Marktfuhren geplündert, deren Gewinn im besten Fall mit sinkendem Papiere salbiert wurde, wie hätten sie volle und regelmäßige Zahlung einer übertrieben hohen Steuer leisten sollen? Und wenn alle Arbeiter in ihrem Lohne verkürzt, alle Besitzenden geängstigt und aller Luxus geächtet wurde, wenn die Kaufleute sich einen Markt durch den Krieg, einen anderen durch die Unzulänglichkeit ihrer Zahlungsmittel verschlossen sahen, war es ein Wunder, daß die Douanen am Ende des Jahres statt 22 nur 12 Millionen geliefert hatten? In der damaligen Tiefe der Zerrüttung gab es keine erdenkbare Maßregel, welche sofortige Heilung bewirkt hätte. Es gab nur eine Wahl. Die eine Möglichkeit hieß Umkehr auf dem Wege der Revolution und vor allem Friede mit Deutschland. Diesen konnte man in jedem Augenblicke haben und dadurch allein dem Staate monatlich 80 Millionen ersparen, wenn man sich ernstlich mit dem Könige auf den Grund einer ausreichenden Revision der Verfassung vereinte. Hierzu hatte sich Lafayette endlich entschlossen und es gemeinsam mit Luckner bei dem Ministerium beantragt: Ludwig antwortete, wie gerne sei er zum Frieden bereit, wenn er ein solches Wort in Paris nur auszusprechen wagen dürfe. Die andere Alternative war entschlossener Fortschritt auf dem Wege der Freibeuterei, immer weiteres Papier, immer größere Konfiskation, und wenn in Frankreich nichts mehr zu finden wäre, dann immer gewaltigerer Krieg, um die Schätze des Auslandes dem Raube Frankreichs hinzuzufügen.

Dafür waren Jakobiner und Cordeliers entschieden und hatten mithin allen Grund, sich der Verlegenheit der Staatskasse als des besten Wühlermittels zu erfreuen. Zwischen ihnen stand die Gironde, unentschlossen wie zwei Jahre früher Lafayette, im Widerstreite entgegengesetzter Wünsche, wenig geneigt zu der Vollendung jenes Vandalentums, aber jeden Schritt zum Frieden als Schimpf und Schande verabscheuend. Der Finanzbericht vom 31. Juli drückte die Stimmung deutlich aus. Er erörtert nach allen Richtungen, daß neue Papieremission im Grunde unmöglich sei, und endigt mit der Forderung, 300 Millionen Assignaten zu erschaffen. Er findet, daß die Veräußerung der Emigrantengüter den Kredit des Papiers eher drücken als fördern werde, kann aber den Wunsch nicht bergen, eine so reichliche Quelle zugänglich zu sehen. Er warnt bringend, die Hand an das kostbarste Gut des Staates, an die Waldungen, zu legen, bittet sich aber schließlich doch 200 Millionen davon zur Veräußerung aus. Ein Mitglied meinte, warum man nicht lieber die Güter des Malteserordens konfisziere: tröstet euch darüber, entgegnete Cambon, sie werden bald genug an die Reihe kommen, wenn die 300 Millionen ausgegeben sind. So wurde die Veräußerung der Forsten und die Emission des Papiers beschlossen.

Die Demokraten fanden in dem allem nur verstärkten Antrieb, zur Entscheidung zu schreiten. Sie versicherten sich täglich der Föderierten fester und entwarfen immer genauere Pläne für eine gewaltsame Erhebung, welche die Hoffnung der Gironde ebenso wie den Thron des Königs zerschmettern sollte. In den geheimen Sitzungen, die zu diesem Zwecke in verschiedenen Schenken der Vorstädte gehalten wurden, fanden sich allerdings auch einige Anhänger der Gironde, zunächst Barbaroux, dann die Zeitungsschreiber Carra und Gorsas ein, und ebenso blieb Pétion nach seiner amtlichen Stellung in Kenntnis der Entwürfe. Indes kam hier keiner der streitigen Punkte zur Sprache. Die Führer, Danton und Robespierre sowohl als Brissot und Roland, hielten sich schon aus Gründen persönlicher Sicher=

heit entfernt: man verhandelte nicht die Benutzung des Sieges, sondern nur den Angriff gegen das Königtum, den Tag des Losbrechens, die Bildung der Kolonnen, die Richtung des Marsches auf die Tuilerien. Die Gironde hatte so weit nichts einzuwenden, da auch sie eine bewaffnete Demonstration nötig zu haben glaubte, um der Mehrheit der Versammlung den Absetzungsbeschluß zu entreißen. Bei Hofe war man vollständig über diese Umtriebe unterrichtet, aber ganz ohne Mittel, ihnen etwas anzuhaben, da das Departement seit der Kassation seiner Urteile den Abschied genommen hatte und die übrigen Behörden der Hauptstadt an der Spitze der Verschwörung standen. Der König ließ sich also, um Zeit zu gewinnen, dazu bestimmen, nochmals Bestechungsversuche bei den Häuptern seiner Feinde zu machen: Danton und dessen Freunde Santerre und Lacroix, Pétion und Brissot werden unter den Angegangenen bezeichnet[1]), und wenn man den Berichten ihrer Gegner trauen

---

[1]) Danton von Bertrand, Lafayette und Mirabeau nach eigener Kenntnis, Pétion von Hue und Beaulieu, Lacroix von Soulavie nach einer Mitteilung des Ministers Chambonas, Brissot und andere Girondisten von Montmorin, Santerre von Bertrand nach einer Mitteilung der Prinzessin Elisabeth und Gilliers. Vgl. auch Malouet, mémoires, II, 141. Der König selbst erzählt ihm, daß Pétion und Santerre 750 000 Livres erhalten haben. — Alle Nachrichten dieser Art sind höchst vorsichtig aufzunehmen; es verlohnt aber nicht der Mühe, sie im einzelnen zu diskutieren. Nur in Bezug auf Danton mag hier bemerkt werden, daß Bougeart, Danton, 393, Lafayettes Zeugnis verwirft, weil nach demselben die Bestechung in dem Ankauf seiner Advokatur bestanden habe, diese 10 000 Francs wert gewesen und von dem Könige ihm mit 100 000 bezahlt worden sei; nun aber sei der Wert einer solchen Advokatur auf 60 000 Francs anzuschlagen, das sei durch eine Angabe der Pariser avocats du roi an die Nationalversammlung bezeugt, worin sie für die Aufhebung ihrer Aemter eine solche Entschädigung beansprächen. Allein es ist klar, daß ein solcher Anspruch der Advokaten den wahren Wert der Stelle nicht erweisen kann, und daß Lafayettes Zeugnis nicht an Glaubwürdigkeit verliert, wenn er auch die Geringfügigkeit des Wertes in etwas übertrieben hätte. Die anderen Zeugnisse läßt Bougeart außer acht, und schon L. Blanc hat bemerkt, daß vor allem Mirabeaus Aussage die Frage schlechthin gegen Danton entscheidet.

darf, so hätten die einen Geld genommen, ohne ihr Versprechen zu halten, die andern nur zu geringe Angebote empfangen, um sich dem Könige hinzugeben. Die Jakobiner hatten gleich damals heftigen Argwohn; am 1. August wurden von ihrer Tribüne Brissot und Vergniaud laut des Verrates angeklagt, und Robespierre begehrte wiederholt, daß in den neuen Konvent kein Mitglied der beiden Nationalversammlungen eintreten dürfe. Wie es sich nun aber mit jenen Bestechungen verhalten haben möge, zu einem Abschluß gelangte man nicht. Die Freunde des Königs kamen wieder auf den Gedanken einer Flucht in die Normandie zurück, ohne jedoch Ludwig XVI. bestimmen zu können: die Gironde aber ließ dem Treiben der Pariser Revolutionäre freien Lauf.

Dies war denn im vollsten Zuge. Vor allem das Dekret vom 25. Juli über die Permanenz der Sektionen hatte Luft gemacht[1]); es kostete jetzt geringe Mühe, die schneidendsten Beschlüsse zu stande zu bringen, in der Regel mit einem Zehntel der berechtigten Stimmen, tief in der Nacht, wenn der gute Bürger bequem oder eingeschüchtert zu Hause blieb, nicht selten mit einer Verstärkung von Passivbürgern, die schon niemand mehr aus den Versammlungen hinwegzuweisen wagte. Am 28. Juli verkündete Carra, daß 47 Sektionen für die Absetzung des Königs wären, am 31. erklärte die Sektion Mauconseil auf eigene Faust, daß sie den Landesverräter Ludwig nicht mehr als König anerkenne und am 5. August in Masse diesen Beschluß (der im ganzen mit 600 Stimmen gefaßt war) der Nationalversammlung vorlegen werde. Derselbe Vorsatz wurde am 3. August von den Vorstädten St. Antoine und St. Marceau ausgesprochen: man wolle in Waffen an der Barre erscheinen und die Marseiller zur Begleitung auffordern. Um dieselbe Zeit stand Pétion als Führer der Sektionskommissare vor dem Reichstage, um im Namen der

---

[1]) Faktisch trat es sogleich in Wirkung, obwohl es erst am 22. sanktioniert und am 6. August von der Mairie verkündet wurde.

Hauptstadt die Absetzung Ludwigs zu fordern: seine Adresse hielt sich über das Weitere in vorsichtiger Unbestimmtheit und begehrte nur die Berufung eines Konventes und bis dahin ein provisorisches, von der Versammlung ernanntes Ministerium. Denn, sagte sie, man kann nicht wissen, ob die Nation bei der gegenwärtigen Dynastie bleiben will oder nicht. Der Weg stand damit allen Wünschen offen, für die Freunde einer Regentschaft im Namen Ludwigs XVII., für die Anhänger des Herzogs von Orleans und für die Verehrer der Republik. Aehnliche Anträge kamen zur Verstärkung von allen Klubs der Provinzen; die Jakobiner hofften am 5. August zum Schlusse zu gelangen. An diesem Tage sollten die Marseiller, die bis dahin in der Antonsvorstadt einquartiert gewesen, in der Nähe der Cordeliers kaserniert werden; sie fielen damit vollends in Dantons Hände, und eben diesen Umzug hatten Mauconseil und die Vorstädte bei ihren Beschlüssen im Auge gehabt. Das leitende Komitee hielt in der Nacht des 4. eine Beratung darüber; da zeigte sich aber einerseits, daß die Rüstungen der Vorstädte noch nicht vollendet waren, anderseits machte sich der Wunsch der Gironde geltend, nur auf ein Dekret der Nationalversammlung zu verfahren, und diese hatte die Absetzung erst für den 9. auf ihrer Tagesordnung. So schob man den Kampf noch einmal auf und begnügte sich, durch ununterbrochene Patrouillen der Föderierten und Vorstädter die Tuilerien genau überwachen zu lassen, um jeden Fluchtversuch des Königs zu hindern. St. Antoine beschloß außerdem, bis zum 9. abends 11 Uhr auf die Entscheidung der Nationalversammlung zu warten; wenn bis dahin aber nicht was Rechtens geschehen sei, „so wird um Mitternacht die Sturmglocke läuten, den Generalmarsch schlagen und alles auf einmal sich erheben". St. Marceau und die Föderierten wurden sofort hiervon unterrichtet und den folgenden Tag Kommissare in die übrigen 46 Sektionen zu weiteren Abreden ausgeschickt. Man war zum Schlagen gerüstet. Die Polizei der Kommune hatte seit dem 25. über 50000 scharfe Patronen austeilen lassen, 3000 an St. Marteau, 4000 an eine Sektion der Antonsvorstadt, 5000 an die Marseiller u. s. w.[1]); dagegen war es noch am 9. dem Generalkommandanten der Nationalgarde unmöglich, bei dem Stadtrate für die zum Schutze der Ordnung aufgestellten Bataillone Schießbedarf zu erhalten[2]).

Indessen gelangte die Nationalversammlung am 8. August zu der Schlußverhandlung über die gegen Lafayette erhobenen Anklagen. Es war der Kommission der Zwölfe am 29. Juli aufgegeben worden, über die Aussagen Bureaux Puzys nach acht Tagen Bericht zu erstatten, und Jean Debry stellte jetzt im Namen des Ausschusses den Antrag auf Anklage gegen den General. In den letzten Wochen hatte die Masse der Unparteiischen unter dem Drucke der Tribünen unweigerlich mit der Linken gestimmt, und die Gironde rechnete auch jetzt auf ihre Unterwürfigkeit. Allein die reißenden Fortschritte, welche die Wühlerei in den letzten Tagen gemacht, und die Offenheit, mit welcher die Pläne der äußersten Linken zu Tage traten, fingen an im entgegengesetzten Sinne zu wirken. Die meisten dieser Gruppe hatten ihre ganze politische Schule nach Lafayettes Vorbild gemacht: dies Muster hinderte sie nicht, nach Umständen für demokratische oder anarchische Anträge zu stimmen, aber das Ideal ihres Herzens selbst mit eigenen Händen zu zerbrechen, war ihnen zu viel zugemutet. Eine Mehrheit von 406 gegen 224 Stimmen lehnte die Anklage ab. Auf diesen Beschluß hin erfolgte eine entschiedene Spaltung unter den beiden Fraktionen der Linken. Die Gironde schloß ganz richtig, daß eine solche Stimmung der Mehrheit keine Hoffnung lasse, in den nächsten Tagen die Absetzung des Königs durchzubringen; indem sie nun fest auf diesem halbgesetzlichen

---

[1] Revue rétrospective. Panis zeichnete: Bon et très bon à délivrer.
[2] Roederer, cinquante jours. Ebenso bezeugt Pétion selbst, pièces intéressantes pour l'histoire, 1793, daß er die Insurrektion gewünscht, aber ihr Mißlingen gefürchtet habe, daß seine Aufgabe gewesen sei, als Bürger die Sache der Freiheit zu fördern und als Magistrat die Formen zu wahren.

Wege verharren wollte, beschloß sie die Katastrophe aufzuschieben und ließ am 9. durch die Zwölf zunächst eine Anzahl Vorfragen zur Erledigung stellen: Cordeliers aber und Jakobiner freuten sich, daß kein anderes Mittel als die materielle Gewalt übrig bleibe. Die parlamentarische Mehrheit versagt ihnen: wohlan, so schreiten sie über diese Mehrheit hinweg. Die Nationalversammlung will nicht die Leitung des Umsturzes ergreifen: um so besser, so erschafft man eine andere, ganz anders demokratische Centralbehörde. Wenn dies gelang, so war nicht bloß der König, es war auch im Augenblick des Sieges selbst die Gironde vernichtet.

Gleich am Schlusse der Sitzung fiel der Pöbel der Tribünen über die Deputierten der Mehrheit her, mißhandelte sie an den Thüren des Saales, drang in ihre Wohnungen ein und drohte sie zu ermorden, wenn sie sich noch einmal auf der Rednerbühne blicken ließen. Abends hielt der leitende Ausschuß der Föderierten seine letzte Sitzung in einer Schenke in der Antonsvorstadt[1]), korrespondierende Komitees saßen in allen Sektionen[2]), die Jakobiner waren unermüdlich, die Befehle umherzutragen und die Gleichgesinnten in Bereitschaft zu halten. Die Erfolge waren aber anfänglich gering, da kaum eine Minderheit von zehn der hauptstädtischen Sektionsversammlungen dem Aufstande geneigt, vielmehr die große Mehrheit entschieden für Ruhe und Frieden gestimmt war[3]). Gegen 7 Uhr versicherten jedoch die Führer, daß dreizehn Sektionen sich einverstanden erklärt hätten, und eröffneten in den Sektionsversammlungen der Antonsvorstadt die entscheidende Verhandlung. Zuerst eine Botschaft der Föderierten, welche an den Beschluß vom 4. erinnerte und daran festzuhalten mahnte. Dann ein

---

[1]) Carra.
[2]) Beaulieu, Gorsas.
[3]) Aus den Protokollen aller Sektionen hat jetzt Mortimer-Ternaux, II, 228 nachgewiesen, daß die Angabe des Protokolls der Sektion Quinze-Vingts über die Zustimmung von 13 Sektionen (Buchez XVI, 407) eine Lüge ist.

Antrag, jede Sektion solle drei Kommissare ernennen, welche sämtlich auf dem Rathause sich zur Rettung des Vaterlandes vereinen würden. Hierauf Beschluß, allein dieser revolutionären Kommune zu gehorchen, Wahl der drei Kommissare und Botschaft an die übrigen Sektionen.

Es war ein bescheidenes Lokal des Arbeiterviertels, in dem einige hundert Menschen der niedrigsten Volksklasse unter dem Vorsitze eines alten Gerichtsschreibers Huguenin diese nächtliche Verhandlung führten. In solcher Verborgenheit entstand eine Diktatur, die zwei Jahre lang alles, was in Frankreich existierte, Menschen und Vermögen, Leib und Leben, Gut und Blut, mit eisernem Tritte unter die Füße werfen sollte.

Um Mitternacht begann die Sturmglocke zu läuten, zuerst bei den Cordeliers, dann in den Vorstädten, bald aber in allen Quartieren der Stadt. In den Sektionen duckten sich die Furchtsamen nur um so tiefer in ihre Betten, die Thätigen unter der Ordnungspartei eilten zu ihren Bataillonen, in den Versammlungen behielten mithin die Jakobiner das Feld allein. Die Zahl der Stimmenden und Wählenden in allen zusammen wird auf 600 angegeben[1]); sie brauchten also nicht lange Zeit, sich über ihre Kommissare zu verständigen, welche sich denn im Laufe der Nacht allmählich auf dem Rathause einfanden. Dort war der bisherige Gemeinderat versammelt, präsidiert von dem jakobinisch gesinnten Professor Cousin, umgeben von einem jakobinisch gesinnten Volkshaufen auf den Zuhörertribunen: unter diesen Umständen fanden die revolutionären Kommissare keine Schwierigkeit, dicht neben der gesetzlichen Behörde, wieder unter Huguenins Vorsitz, ihre Sitzung zu eröffnen und jener, solange er sie noch bestehen ließ, ihren Willen zu diktieren. Anfangs war ihnen nicht ganz frei zu Mute, ihre Zahl vervollständigte sich langsam, es wurde

---

[1]) Von Bertrand de Moleville. Die Details, welche Mortimer-Ternaux aus den Sektionsprotokollen, II. 235, beibringt, stimmen dazu vollkommen. In der Sektion Arsenal wurden die drei Kommissare von sechs Bürgern erwählt.

Morgen, bis siebenundzwanzig Sektionen vertreten waren[1]). Dazu kam Nachricht, daß der Zufluß der Bewaffneten schwächer erfolgte, als man gehofft hatte. Um 3 Uhr morgens zählte man in St. Anton eine Schar von 1500 Mann[2]), die sich nur allmählich vergrößerte; erst gegen 5 wurde es überhaupt in der Stadt lebendig[3]) und die Zusammenrottung ansehnlich: nun aber trat Uneinigkeit hervor[4]), die furchtsamen Bedenken des 20. Juni kamen von neuem, und Santerre selbst, sei es aus Rücksicht auf das Geld der Civilliste oder auf die Sicherheit des eigenen Lebens, wollte nicht aufbrechen. Danton war in der Kaserne der Marseiller; diese traten mit Eifer an, und auch das Bataillon der Cordeliers ergriff die Waffen. Mit ihnen vereinigte sich nach 6 Uhr die Kolonne von St. Marceau, darauf setzten sie sich gegen die Tuilerien in Bewegung. Sie hatten den Pont-Neuf zu passieren, welchen der Generalkommandant Mandat mit einem Bataillone Bürgergarde und zwei Geschützen besetzt hatte: indes war auch hier die städtische Behörde eingeschritten: Manuel hatte im Namen des Stadtrates die Truppen fortgeschickt; und die letzten Posten derselben wichen vor der herannahenden Empörung ohne Widerstand.

Es war ein bedeutender Gewinn für die Empörung, aber noch nicht der letzte entscheidende Schritt. Die Bahn zum Königsschlosse war geöffnet: es kam jetzt darauf an, die Tuilerien selbst wehrlos zu machen. Auf Betreiben der Sektionskommissare sandte Cousin einen Befehl an den Generalkommandanten, sofort auf dem Rathause zu erscheinen, um seiner vorgesetzten Behörde Auskunft über die von ihm ergriffenen Maßregeln zu geben. Mandat, früher Haupt-

---

[1]) Adresse der Kommune an die N.-V., 31. August (Ternaux, III, 172).
[2]) Blondel an Röderer.
[3]) Pétion bei Buchez, XVI, 445.
[4]) Bericht des (alten) Stadtrats an die Nationalversammlung, frühmorgens. Die Bürger von St. Antoine wissen nicht, was der Lärm und der Auflauf bedeutet.

mann in der französischen Garde, ein Mann von liberaler und konstitutioneller Gesinnung, fester Pflichttreue und militärischer Entschlossenheit, hatte seine Vorkehrungen so gut getroffen, wie es die Umstände irgend gestatteten: solange er befehligte, war der bewaffnete Aufstand immer noch nicht ohne Gefahr; die jakobinischen Führer aber waren nicht gesonnen, einer solchen ihre Sache und ihre Personen auszusetzen. Der Generalkommandant erhielt die Vorladung im Schlosse der Tuilerien; noch war kein Feind zu sehen, er selbst wußte nichts von den Vorgängen auf dem Rathause und hatte keinen Titel, einer Ladung der vorgesetzten Behörde Widerstand zu leisten. Er erschien mit seinem Sohne und einem Adjutanten, berief sich auf einen allgemeinen Befehl des Maire vom 6. August, Gewalt mit Gewalt zu vertreiben, und wurde von dem Gemeinderate nach kurzer Besprechung entlassen. Dann aber zog man ihn in die Versammlung der Sektionskommissare, versicherte sich seiner Person und überhäufte ihn mit den heftigsten Vorwürfen, daß er ein großes Blutvergießen unter den patriotischen Bürgern habe anrichten wollen. Er erkannte sogleich, welches Schicksal ihm bevorstehe, weigerte aber mit heldenmütiger Standhaftigkeit, sein Leben durch die Unterzeichnung eines Befehls zu erretten, welcher die Nationalgarde von der Verteidigung der Tuilerien abrief. Es wurde ihm darauf seine Verhaftung erklärt und seine Abführung in ein Gefängnis verfügt: kaum aber trat er auf die Treppe des Rathauses hinaus, so fielen die Mordgesellen der Empörung über ihn her und töteten ihn durch einen Pistolenschuß. Die Kommissare verkündeten darauf als neuen Generalkommandanten den Führer von St. Antoine, Santerre, und warfen, so weit gediehen, die letzte Maske scheinbarer Gesetzlichkeit hinweg; im Namen des souveränen Volkes suspendierten sie den bisherigen Gemeinderat und setzten sich selbst an dessen Stelle[1]).

---

[1]) Die Darstellung dieser Vorgänge war in den früheren Auflagen nach den offiziellen Protokollen der Kommune gegeben. Jetzt

Die Ermordung Mandats war mehr als alles andere entscheidend für den Ausgang des Tages, da sie der Verteidigung von vornherein ihre Einheit und Haltung nahm. Mandat hatte sechzehn Abteilungen Bürgergarde, zusammen etwa 3000 Mann, um das Schloß aufgestellt; sie gehörten verschiedenen Bataillonen an, kannten sich nicht, waren in ihren Gesinnungen geteilt. Ganz offen nahmen die Kanoniere für den Aufstand Partei, entschieden für den König waren die Grenadiere von St. Thomas (die wohlhabenden Bürger der Straßen Vivienne und Richelieu), die anderen hatten überhaupt keine Lust zum Schlagen, wären aber durch eine kräftige Leitung fortgerissen worden. Mandats Tod lähmte diese bürgerliche Streitmacht; es blieben jetzt noch im Innern des Schlosses hundertundzwanzig Edelleute[1]) verfügbar, die aus persönlicher Anhänglichkeit sich um den König geschart hatten, aber schlecht bewaffnet und gar nicht discipliniert waren, sodann ein Regiment Schweizergarde, nach der Angabe des Obersten Pfyffer 1950 Mann, eine durchaus zuverlässige und schlagfertige Truppe. Sie standen in dem Treppenhause des Schlosses und hielten mit ihren Posten die Eingänge vom Karussellplatz her geschlossen. Der Platz füllte sich mehr und mehr mit Menschen; bald nach Mandats Abgange waren die Marseiller und Cordeliers dort angelangt, höchstens 1500 Bewaffnete[2]), denen sich vielleicht eine doppelte Anzahl neugieriger Zuschauer angeschlossen hatte. Zu so winzigen Proportionen war der große Kampf einer alten und neuen Zeit durch die Abspannung des französischen Volkes und Staates zusammengeschrumpft. Fast eine Stunde lang stand man sich gegenüber. Die Mar-

---

hat Mortimer-Ternaux aus den Originalakten nachgewiesen, daß diese nachträglich an den wichtigsten Stellen im Interesse der siegenden Partei verfälscht worden sind, und seinerseits den authentischen Hergang aus den ursprünglichen Aufzeichnungen hergestellt.

[1]) Die Zahl bei Aubier, Augenzeugen, Brief an Mallet im britischen Merkur.

[2]) 516 Marseiller und die beiden Bataillone von St. Marceau und Theatre Français.

seiller erwarteten St. Anton mit der lebhaftesten Ungeduld; in der That hätten die Schweizer vollkommen ausgereicht, sie zu zersprengen, und Gott weiß, ob dann Santerre sich noch zu einer Bewegung entschlossen hätte. Zu diesem war indes ein Elsasser Abenteurer, Westermann, geeilt, um den absterbenden Mut der Masse zu entflammen; er mußte dem breitschulterigen und kleinmütigen Oberkommandanten den Degen auf die Brust setzen, daß er den Aufbruch befehle. So kam man endlich in Marsch, die Förderierten voran, darauf die Nationalgarden und Pikenmänner der Vorstädte, dazwischen französische Garde, die noch ihre Enrollierung zur Gendarmerie erwartete. Die Kolonne wuchs im Fortschreiten; ein Bataillon, welches am Stadthause ihr den Weg verlegen sollte, war durch Mandats Tod entwaffnet; an 15000 Mann stark, wand sich der Zug langsam durch die engen Straßen und dann die Quais entlang, den Tuilerien zu. Santerre selbst zog es vor, von seiner neuen Würde auf dem Rathause Besitz zu nehmen, und empfing dort Pétions wiederholte Bitte, der Abrede gemäß verhaftet zu werden. Er erhielt endlich 600 Mann Ehrenwache. Die vorsichtige Feigheit der Führer verleugnete sich also nicht bis zum letzten Augenblicke. Nur Danton und Desmoulins waren wenigstens auf der Straße sichtbar und thätig[1]; Robespierre, der zwei Tage vorher sich den Marseillern als Diktator hatte antragen lassen, und Marat, der am 9. bei Barbaroux um ein sicheres Versteck in Marseille gebettelt hatte, waren nirgendwo anzutreffen.

Ihnen gegenüber aber — und dies gab den endlichen Ausschlag — war bei dem Könige nur Fassung zum Dulden und männlicher Mut allein bei Marie Antoinette zu finden. Man hatte in den Tuilerien die Nacht in ratloser Beratung und schwankender Erwartung zugebracht. Der König schlief eine Stunde, versuchte in der Morgenfrühe die Nationalgarde durch eine Musterung zu begeistern, war aber

---

[1] Tagebuch der Frau Desmoulins.

selbst abgespannt und stumm und brachte keine Wirkung
hervor. Im Hofe empfing ihn zwar allgemeines Lebehoch,
in welches nur die Kanoniere nicht einstimmten[1]), im Garten
aber traf er ein jakobinisches Bataillon, wurde mit Schimpf=
reden verfolgt und kam körperlich erhitzt und geistig im=
passibel in das Schloß zurück, um sich dort mit seinem
Beichtvater einzuschließen. Dieses Mißlingen hatte seine Ur=
sache wesentlich in dem Ungeschick, mit welchem Ludwig auf=
trat. Denn wenn die demokratischen Geschichtschreiber später
mit allen Kräften versichert haben, eine große Aufwallung
von ganz Paris habe den 10. August gemacht, so sind die
gleichzeitigen Revolutionäre noch viel einstimmiger, daß es
nur eines festen Auftretens des Königs bedurft hätte, um
mehr als die Hälfte der Nationalgarde für sich in den Kampf
zu bringen[2]). Ein Girondist und zwar der zahmsten einer,
der Procureur des Departements, Roederer, sollte den Ruhm
gewinnen, ihn vollends zu entwaffnen. Dieser war die
Nacht hindurch im Schlosse, trat als eifriger Diener der
öffentlichen Ordnung auf, hinderte aber jede kräftige Maß=
regel, z. B. die Erklärung des Kriegsgesetzes, und trieb
Mandat hinweg, um der Ladung der Kommune zu gehorchen.
Er hatte wie Santerre die lebhafteste Sorge, daß der König im
Kampfe siegen und dann seine Scharen vielleicht gegen die Na=
tionalversammlung führen würde: als demnach die Marseiller
angelangt waren, begann er mit ihnen zu unterhandeln
und trat bei dem Könige mit dem Vorschlage hervor, zur
Vermeidung des Blutvergießens sich unter den Schutz der
Nationalversammlung zu begeben. Die Königin fuhr heftig
dagegen auf, Ludwig selbst meinte, es seien nur wenige
Menschen auf dem Karussell. Als aber Roederer erklärte,
die Vorstädte seien mit unendlichen Massen unterwegs,

---

[1]) Bericht des Artilleriekapitäns Langlade.
[2]) Pétion, Buchez, 19, 441. Barbaroux, mémoires, 69. Bour=
bon, Convent. nat., 23. Dezember 1792. Prudhomme, Révolutions
de Paris. 1. September. Langlade, Buchez 17. 304. Ebenso der
englische Reisende Moore, journal I, 105, 143.

nicht fünf Minuten dürfe man verlieren, er gebe nicht bloß einen Rat, er bitte um die Erlaubnis, die königliche Familie hinwegzuführen: da wich die Standhaftigkeit Ludwigs vor der Gefahr der Seinigen, und er sagte, laßt uns gehen. Roederer verstattete keine Zeit, noch weitere Befehle zu erteilen, und der traurige Zug setzte sich nach dem Sitzungssaale in Bewegung. Auf der Terrasse, die er passieren mußte, hatte eine Stunde früher ein Pöbelhaufe bereits elf Royalisten niedergemacht und ließ nur unter wilden Schmähungen die königliche Familie passieren. Man wies ihr, da in Anwesenheit des Königs die Versammlung nicht beraten dürfe, die Loge der Stenographen, einen niedrigen Raum von zehn Fuß im Geviert, als Aufenthalt an.

Die Nationalgarde, seit jener Musterung schon wankend, verlief sich darauf völlig, während die Massen von St. Anton von allen Seiten her auf den Karussellplatz einmündeten. Da brachen die Marseiller in den Hof, der sich sogleich mit einer brausenden Menschenflut erfüllte: die Schweizer zogen sich auf die große Schloßtreppe zurück und wurden hier mit Schmeicheleien und Schmähungen zur Uebergabe aufgefordert. Als das Volk immer ungestümer vordrang, gab ihr Oberst endlich den verhängnisvollen Befehl Feuer. Die Wucht ihrer Disciplin trat gewaltig hervor: die dicht gedrängten Angreifer stürzten haufenweise, warfen sich zurück und räumten den Hof in heulender Flucht. Mit einem raschen Ausfall reinigte darauf eine Abteilung der Schweizer den weiten Platz des Karussells, sie meinten den Sieg in Händen zu haben[1]): da kam eine Botschaft des Königs, der ihnen das Feuer einzustellen, die Tuilerien zu räumen und sich auf die Nationalversammlung zurückzuziehen befahl[2]). Hierauf drangen die Stürmenden mit frischem

---

[1]) Briefe anwesender Schweizeroffiziere bei Nettement, études sur les Girondins S. 119 ff. Napoleon, damals in Paris anwesend, hatte dieselbe Meinung.
[2]) Ludwig gab den Befehl, als man die ersten Salven vernahm. Michelet urgiert, es sei erst geschehen, nachdem Roederer

Eifer vor und verdoppelten ihr Feuer in demselben Maße, als jenes der Schweizer verstummte. Das Schloß wurde in einem Momente überschwemmt, was sich von männlichen Wesen darin vorfand, bis zum letzten Küchenjungen herunter, niedergemacht, Geräte und Möbel zertrümmert, eine Menge Kostbarkeiten entwendet oder auf das Stadthaus geschleppt. Die abziehende Kolonne der Schweizer wurde im Garten von allen Seiten her beschossen, mehrere Detachements zersprengt und die Flüchtlinge ohne Barmherzigkeit zusammengehauen. Der letzte Rest gab auf einen neuen Befehl Ludwigs in den Räumen der Nationalversammlung seine Waffen an die Bürgergarde ab[1]).

Die Revolution hatte gesiegt. Von dem bisherigen Staatsgebäude stand kein Stein mehr auf dem andern. Das Königtum lag im Staube, die gesetzgebende Versammlung existierte nur dem Scheine nach fort. Denn kein Mitglied ihrer Mehrheit hätte sich blicken lassen dürfen, von 750 waren nur noch 284 Deputierte der Linken anwesend. Während einzelne Beutestücke aus dem Schlosse an ihre Barre gebracht wurden, die neue Kommune sich anmeldete, flüchtige Schweizer in den Gängen von den Pikenmännern verfolgt wurden, begehrte Duhem zuerst Absetzung der Minister, und zeigte das Volksheer an, die Tuilerien ständen in Flammen (einige Nebengebäude waren in Brand geraten) und würden nicht eher gelöscht werden, bis die Absetzung des Königs ausgesprochen sei. Da erhob sich Vergniaud

---

die Einnahme der Tuilerien gemeldet: so steht es freilich in dem hier äußerst summarischen Moniteur; daß es aber ein Fehler ist, läßt sich im Moniteur selbst nicht verkennen, da er diese Meldung in die um 8 Uhr morgens gehaltene, erste Rede Roederers aufnimmt, wo noch kein Schuß gefallen war. Der genaue Sitzungsbericht des Logographen zeigt den richtigen Hergang.

[1]) Mit Recht schließt Mortimer-Ternaux, II, 325, seine Darstellung mit den Worten: die Tuilerien wurden nicht erstürmt, sondern auf Befehl Ludwigs geräumt. Das Volk hatte 100 Tote und 60 Verwundete (nicht, wie Lamartine faselt, 3600).

im Namen der außerordentlichen Kommission, um den lange vorbereiteten Antrag der Gironde zu stellen. Zwar stand an seiner Spitze die Berufung eines Nationalkonvents, und von den zwei Dritteln der jetzigen Versammlung als notwendigen Mitgliedern desselben war keine Rede weiter: dann aber ging er nicht auf Absetzung, sondern auf Suspension des Königs, auf Bildung eines neuen Ministeriums, aber auch, auf Ernennung eines Erziehers für den Kronprinzen, auf Suspension der Civilliste, aber auf Wohnung des Königs im Palaste Luxemburg und Anweisung eines einstweiligen Gehaltes. Die neuen Minister und der Erzieher des Kronprinzen sollten von der Nationalversammlung ernannt werden, jedes Dekret auch ohne königliche Sanktion Gesetzeskraft haben. Die Versammlung nahm die Beschlüsse auf der Stelle ohne irgend eine Verhandlung an, draußen aber zürnte das Volk, daß nicht die Absetzung erfolgt sei, und Vergniaud hatte Mühe, einen Sturm von Petitionären zu beschwichtigen. Um so weniger konnte man den Jakobinern die Erklärung des allgemeinen Stimmrechts für die Konventswahlen weigern, welches jetzt als Ausdruck der feierlich erklärten Gleichheit aller großjährigen Männer verliehen wurde. Daß diese Gleichberechtigung aller der neuen Revolution nicht gefährlich, daß sie nur im Sinne der neuen Machthaber geübt würde, dafür sorgten drei sofort sich anschließende Dekrete. Es wurde die Absetzung aller Friedensrichter befohlen und zwar fast in demselben Augenblicke zugleich von dem Reichstage und dem Stadthause, so lästig waren jene bisher den Wühlern gewesen. Es wurde dann den Stadträten das Recht gegeben, bei verdächtigen Leuten Haussuchung nach Waffen zu halten: denn, sagte Thuriot, wir sind im Krieg mit einem großen Teil der Bürger und müssen siegen um jeden Preis. Wenn man so die Gegner entwaffnete, so rüstete man die Freunde, indem man die Anordnung eines verschanzten Lagers unter den Mauern der Hauptstadt befahl; es war ein einfaches Mittel, um alle gutgesinnten Föderierten in der Nähe zu behalten. Endlich in das

Ministerium teilten sich die beiden Fraktionen. Die Gironde ließ die Wiederernennung Rolands, Servans und Clavières durch Zuruf bewirken; die Wahl zu den drei anderen Stellen übertrug Danton die Justiz, dem eifrig jakobinischen Mathematiker Monge die Marine, dem Lütticher Journalisten Lebrun, einem Angestellten Dumouriezs, die auswärtigen Angelegenheiten.

Viertes Buch.

Feldzug in der Champagne.

Erstes Kapitel.
Deutsche Rüstungen.

Die Katastrophe des 10. August, welche der äußersten demokratischen Partei in Paris die Herrschaft gab, machte damit auch den kriegerischen Zusammenstoß der Revolution und der deutschen Mächte unvermeiblich.

Wir haben früher den Beginn des Zwiespaltes gesehen und beobachtet, wie der Anstoß dazu ausschließlich von der Nationalversammlung kam, wie es vor allen die Gironde war, welche Frankreich zum Angriffe auf den Kaiser vorwärts trieb. Treten wir nun auf die deutsche Seite hinüber und forschen wir, wie die Entwickelung der revolutionären Feindseligkeit auf die Verhältnisse unseres Vaterlandes einwirkte, und zu welchen Entschlüssen sie die Politik der großen deutschen Staaten bestimmte. Wir kommen damit noch einmal auf die letzten Lebensmonate Kaiser Leopolds zurück.

Nach der Annahme der Verfassung durch Ludwig XVI. überließ sich der Kaiser eine Zeit lang der Hoffnung, die französische Frage gelöst und sich jeder Störung von dieser Seite her überhoben zu sehen. Er hatte der sonstigen Sorgen genug, um sich zu diesem Ergebnisse von Herzen Glück zu wünschen. Im Deutschen Reiche waren eine Menge wichtiger Stände in aufgeregter Stimmung gegen Oesterreich; dessen junge Freundschaft mit Preußen, welche Macht bisher als der feste Rückhalt gegen kaiserliche Uebergriffe gegolten, rief lebhafte Besorgnisse bei Pfalzbayern und Württemberg, bei

Kassel und Hannover hervor. In den eigenen Provinzen fand Leopold vielfachen Stoff für künftige Gefahren: der Ruhe in Ungarn traute noch kein Mensch, und in dem eben unterworfenen Belgien waren die Verhältnisse so wenig befestigt, daß die Brabanter Stände sich in offene Opposition gegen die Regierung setzten und die kaiserlichen Generale dringend Verstärkung begehrten. Was die auswärtigen Angelegenheiten betraf, so war die nächst der französischen wichtigste Frage, die polnische, noch völlig ungewiß und entwickelte täglich größere Schwierigkeiten. Leopold hatte in Petersburg jenen Antrag gestellt, die Berufung des Kurfürsten von Sachsen zur erblichen Monarchie in Polen anzuerkennen: Katharina aber hatte sich keine Antwort darauf entlocken lassen, und je näher der Abschluß ihres definitiven Friedens mit den Türken rückte, desto unverhüllter ließ sie in Warschau ihre offene Feindseligkeit gegen die Maiverfassung hervortreten. Der Kurfürst von Sachsen zauberte demnach, sich über die Annahme der polnischen Krone auszusprechen; Leopold mußte erkennen, daß auch hier alles auf die Festigkeit seines preußischen Bündnisses ankomme, und hatte Grund genug, seinem polnischen Plane eine üble Aufnahme in Berlin zu prophezeien. Alle diese Dinge wirkten zusammen, um ihn gegen einen französischen Krieg so abgeneigt wie möglich zu stimmen. Daß Rußland jetzt anfing, den Ausgewanderten die lebhafteste Gunst zu zeigen und in Wien wie in Berlin den heiligen Krieg gegen die frevelhaften Jakobiner zu predigen, diente nur dazu, den Kaiser in seiner friedfertigen Gesinnung zu befestigen. Er urteilte ganz richtig, daß Katharina die deutschen Mächte einzig deshalb in jene Verwickelung hineintreibe, um selbst in Polen freie Hand zu haben, und war nicht der Meinung, sich einem so leicht erkennbaren Spiele hinzugeben. Er that mithin alles, um den Franzosen jeden Vorwand zum Streite abzuschneiden. Er empfing den neuen konstitutionellen Gesandten trotz der lebhaftesten Gegenwirkung der Ausgewanderten und eines Teils des österreichischen Adels. Er entschied, als seine Minister stritten, ob das Reich auf Herstellung der im Elsaß beschädigten Reichsstände bestehen oder über die Entschädigung verhandeln sollte, für die mildere Ansicht. Zugleich aber ging er daran, sein Bündnis mit Preußen zum definitiven Abschlusse zu bringen und sich dadurch eine feste Unterstützung nach allen Seiten zu verschaffen.

Am 17. November, eine Woche nach dem ersten Emigrantengesetz in Paris, machte über dieses Fürst Reuß dem preußischen Ministerium eine Mitteilung und erklärte sich bei dieser Gelegenheit bevollmächtigt, stündlich die förmliche Ausfertigung des Bundesvertrages vorzunehmen. Er erkundigte sich über Preußens Meinung hinsichtlich der Stärke der im Kriegsfall zu leistenden Hülfe und war zufrieden, als die Minister den Ansatz von 20 000 Mann vorschlugen. Ueberhaupt äußerte er sich in dem Sinne eines strengen Verteidigungssystems; wir sind jetzt überzeugt, meldeten die Minister ihrem Gesandten in Wien, daß Oesterreich gegen Frankreich nicht vorgehen wird. Dieser erhielt darüber gleich nachher von Kaunitz die vollste Bestätigung: der Staatskanzler erging sich mit schneidender Schärfe über den Unfug, welchen die Emigranten am Rhein trieben, den zu unterstützen keine Macht ein Interesse hätte. Es ist lächerlich, sagte er, wenn die französischen Prinzen, wenn Rußland und Spanien die Annahme der Verfassung durch Ludwig XVI. für erzwungen und nichtig ausgeben oder gar ihm selbst das Recht abstreiten, die alte Verfassung zu ändern: sie streben umsonst, uns in einen Krieg hineinzuhetzen, der nur die übelsten Folgen für Ludwig und die jetzige Herrschaft der gemäßigten Partei in Frankreich haben könnte. Er verbreitete sich dann über den Segen des österreichisch-preußischen Bündnisses und erklärte sich gerne bereit, seinerseits einen näheren Entwurf des Vertrages auszuarbeiten zu lassen. Wir sehen wieder, daß es ohne das Treiben der Girondisten nimmermehr zu dem Revolutionskriege gekommen wäre.

Was die allgemeine Beurteilung der politischen Lage betraf, so teilte auch die preußische Regierung Leopolds Ansichten über Frankreich durchaus. König Friedrich Wilhelm beabsichtigte ebensowenig wie der Kaiser eine Angriffspolitik gegen die Revolution; es ist unrichtig, wenn man früher den Prahlereien der Emigranten Glauben geschenkt, daß sie in Berlin damals Einfluß gewonnen hätten. Es war das stete Wort des Königs, daß er in der französischen Sache genau dieselbe Linie wie Oesterreich innehalten würde. Was ihn von Leopold unterschied, war einzig die Stimmung, in welcher beide den Angriff der Franzosen sich entwickeln sahen. Während das kriegerische Treiben der Gironde in Wien zwar mit ungebrochener Festigkeit, aber doch mit schwerer Sorge beobachtet wurde, empfand der König eher eine kampfbereite Genugthuung, daß diese verruchten Jakobiner selbst die Gelegenheit zu einer gründlichen Abrechnung herbeiführten. Seine Minister aber waren ohne Ausnahme von der Ansicht des Fürsten Kaunitz durchdrungen, daß ein französischer Krieg ein Unglück für ganz Europa sein würde, und bestimmten demnach den König ohne Mühe, jede Anregung in dieser Sache von dem so viel näher interessierten Kaiser ausgehen zu lassen und selbst die österreichischen Anträge stets nur mit höchster Vorsicht aufzunehmen. Als die französische Regierung am 14. Dezember ihre erste Heeresrüstung und die Bedrohung des Kurfürstentums Trier verkündigte, kam denn von den Emigranten das Gesuch, ihnen Zuflucht in Ansbach und Baireuth zu eröffnen, es kam von Trier die Bitte um ein preußisches Deckungscorps von 4000 Mann und von Oesterreich der Vorschlag einer gemeinsamen, nach Paris zu erlassenden Erklärung. Der König lehnte umgehend die beiden ersten Anträge ab[1]), war bereit, sofort in Paris gemeinsam mit dem Kaiser einen kräftigen Protest gegen jede Verletzung des deutschen Reichsbodens abzugeben, fand aber eine allgemeine Erklärung über die Revolution noch ebenso bedenklich wie im vorigen Sommer. Sie sei, meinte er, mißlich und selbst kompromittierend, wenn man nicht in der Lage sei, sie wirksam durch die That zu unter-

---

[1]) Eigenhändiges Schreiben an die Minister vom 28. Dezember.

Erste Schritte zum österreichisch-preußischen Bundesvertrag. 173

stützen. Er wolle sich jedoch einem bestimmten Wunsche des Kaisers nicht entziehen; das Manifest möge also mit bewaffneter Einmischung drohen, bei persönlicher Verletzung der königlichen Familie oder bei verweigerter Genugthuung für die im Elsaß verletzten Reichsfürsten; dagegen sei er entschieden gegen jede Erwähnung der Verfassungsfragen oder auch nur der republikanischen Bestrebungen. Endlich fügte er ganz wie in seiner Antwort an den französischen König hinzu: da ich an der ganzen Sache nach der Lage meiner Länder kein direktes politisches Interesse habe, sondern stets nur aus persönlicher Teilnahme für Ludwig XVI. und als Reichsstand einschreiten würde, so müßte ich für den unglücklichen Fall, daß es zum Kriege käme, auf einer gerechten Entschädigung für meine Kosten und Gefahren bestehen.

So weit also war man auch in Berlin von einem thätigen Gegensatz gegen das neue Frankreich, von einem Prinzipienkrieg gegen die Revolution entfernt.

Durchaus im Sinne dieser preußischen Erörterungen verfügte der Kaiser, wie wir früher sahen, in Trier die Entwaffnung der Ausgewanderten und begnügte sich in Paris mit der Anzeige, daß seine belgischen Truppen gegen jede Verletzung der deutschen Reichsgrenze einschreiten würden. Bei der Stimmung der Pariser Machthaber konnte er sich freilich die Möglichkeit des Bruches nicht verleugnen, und Kaunitz ließ demnach am 4. Januar in Berlin den Entwurf zu dem definitiven Bundesvertrag vorlegen. Derselbe blieb überall auf dem Boden reiner Verteidigung und enthielt über Frankreich nur die Klausel, daß beide Mächte für die Verwirklichung des europäischen Vereines sorgen würden. Die Verhandlung ging dann im ganzen leicht von statten; man stellte den Betrag der regelmäßigen Bundeshülfe fest, verhieß sich, die anderen Mächte, namentlich England und Rußland, zum Beitritte aufzufordern, und hatte nur an zwei Punkten eine Verschiedenheit der beiderseitigen Stellung zu empfinden. Der eine betraf Belgien, indem Oesterreich Unterstützung gegen innere Rebellen, vor allem in Hinblick auf die schwierige Stimmung der Belgier, beantragte, Preußen aber den Artikel nur unter der Bedingung genehmigte, daß ein geheimer Zusatz gerade Belgien von der Wirksamkeit desselben ausnähme. Erheblicher war der zweite, auf Polen bezügliche Punkt. Wir haben früher gesehen, wie gleich im Mai 1791 das Urteil der beiden Höfe über die neue polnische Verfassung verschieden gewesen, wie Leopold und Kaunitz sie als eine für Oesterreich vorteilhafte Wendung mit Freuden begrüßt, wie dagegen Preußen eine große Gefahr für sich selbst darin erkannt und nur aus Rücksicht auf den damals drohenden russischen Krieg von einem förmlichen Proteste abgesehen hatte. Das Höchste, wozu in den Präliminarien des 25. Juli Preußen sich hatte bringen lassen, war die Zusage, selbst nichts Feindliches gegen jene Verfassung zu unternehmen, nimmermehr aber ein Versprechen, dieselbe gegen anderweitige Angriffe zu beschützen. Seitdem war auf beiden Seiten diese Auffassung immer entschiedener und damit der Gegensatz zwischen den beiden Kabinetten immer ausdrücklicher geworden. Zwar meinten die Polen nach ihrem Bündnis von 1790 gegen jede russische Einmischung der preußischen Hülfe sicher zu sein; im Lande selbst aber stand die neue Verfassung, unvollendet, wie sie war, und der Zustimmung des sächsischen Kurfürsten entbehrend, auf schwachen Füßen, bei der Stärke der Gegenpartei und der Gleichgültigkeit der Volksmassen. So bemühten sich die Machthaber unausgesetzt, in Berlin eine förmliche Anerkennung des neuen Zustandes zu erlangen oder doch irgend eine Aeußerung, aus der sich eine günstige Gesinnung Preußens folgern ließe, hervorzulocken. Aber alle darauf verwandten Künste waren und blieben fruchtlos, im Gegenteil, sie reizten die leicht erregbare Ungeduld des Königs in wachsendem Maße, so daß der preußische Gesandte in Warschau mehr als einmal auf die schärfste Weise die Erklärung abzugeben hatte, die Verfassung sei hinter Preußens Rücken erst nach dem Abschlusse des Bündnisses ausgerufen worden; demnach habe Preußen nicht das mindeste damit zu schaffen, nicht den Schatten einer Verpflichtung, für die Erhaltung derselben aufzukommen ¹). Unter seinen jetzigen Ministern war es besonders Graf Schulenburg, welcher diese Ansichten mit voller Energie vertrat und den König überzeugt hatte, daß die durch Hertzberg veranlaßte Freundschaft mit Polen ein grober Fehler gewesen ²). Von jener Stimmung, in welcher der König einst das unüberlegte Wort gesprochen, der jedesmalige Kurfürst von Sachsen könne zugleich auch polnischer Monarch sein, war er auf das gründlichste geheilt. Im Gegenteil, durch die Erlebnisse der letzten Jahre war ihm alles, was zur weiteren Kräftigung Polens dienen mochte, ja alles, was den polnischen Namen trug, in hohem Grade widerwärtig geworden, und mit wahrem Eifer ergriff er jede Veranlassung, um die Polen über seine jetzige Gesinnung vollständig ins klare zu setzen.

Auf der anderen Seite hatte sich Fürst Kaunitz mehr und mehr mit der Ueberzeugung durchdrungen, daß die Befestigung des neuen Zustandes in Polen nach jeder Hinsicht im Interesse Oesterreichs liege. Nachdem er schon im Mai 1791 eine warme Empfehlung desselben nach Petersburg gesandt hatte, wartete er mit Ungeduld auf eine zustimmende Antwort und sah in dem Ausbleiben derselben mit gutem Grunde ein Zeichen russischer Abwendung von Oesterreich selbst. Unterdessen verhandelten die Polen in Dresden mit dem sächsischen Kurfürsten über die Annahme ihrer Erbkrone auf Grund der neuen Verfassung. Der Kurfürst, besonnener als seine Vorfahren und durch deren Schicksale gewarnt, hatte, wie wir wissen, große Bedenken. Eine bindende Erklärung wollte er überhaupt erst geben, wenn er der Zustimmung der drei Nachbarmächte, also auch Rußlands, sicher wäre. Vorläufig erwog er den sachlichen Inhalt der Verfassungsbestimmungen und fand, daß sie trotz aller Verbesserung der bisherigen Anarchie doch immer noch

---

¹) Diese Erklärungen bilden beinahe den einzigen Inhalt der diplomatischen Korrespondenz mit Warschau im zweiten Halbjahr 1791.
²) Reuß an Kaunitz, 6. Februar 1792, bei Ranke 345.

die erforderliche Sicherheit und Festigkeit des Königtums vermissen ließen. Nötig dünkte ihm zunächst, um die bisherigen Zweifel an der Rechtsbeständigkeit der Verfassung zu beseitigen, Bestätigung derselben durch die Diätinen. Dann schien ihm die Aufhebung des Satzes erforderlich, daß der König einem einstimmigen Beschlusse des Ministerrates seine Genehmigung nicht versagen dürfe. Er wünschte endlich, statt der Thronfolge seiner Tochter, zunächst die seiner Brüder und ihrer Nachkommen, also des jedesmaligen Kurfürsten von Sachsen, und damit die bleibende Personalunion beider Staaten. Als Kaunitz im Herbste 1791 diese Forderungen vernahm, erachtete er die letzte in jedem Sinne wünschenswert. Im allgemeinen wollte er freilich Polen nicht zu einer kriegsstarken, dann vielleicht auch Oesterreich gefährlichen Macht heranwachsen lassen, wohl aber ihm so weit innere Kräftigung gönnen, um nicht jeden Tag die Ruhe Europas durch die Ausbrüche des Warschauer Parteihaders oder die Uebermacht eines einzelnen Nachbarhofes gestört zu sehen. Das eine wie das andere schien ihm auf dem Wege des 3. Mai erreichbar. Unter allen Umständen hielt er die konstitutionelle Monarchie für eine Staatsform, bei der an eine starke militärische Machtentfaltung und eine kühne auswärtige Politik nicht gedacht werden könnte. In diesem Sinne empfahl er die französische wie die polnische Verfassung: hier wie dort wollte er so weit Stärkung des Königtums, damit es von der Volksvertretung nicht unbedingt beherrscht, der Antagonismus der beiden Gewalten bewahrt und damit die auswärtige Thätigkeit des Staates nach außen gelähmt würde. Damit aber vertrug sich nach seiner Ansicht sehr wohl die innere Haltbarkeit des Staates und ein festes Maß verteidigender Kraft, und diese wünschte er lebhaft den Franzosen zu bewahren und den Polen zu verschaffen. Denn obwohl Oesterreich immer noch der vertraute Bundesgenosse Rußlands hieß und jetzt eben auch amtlich der gleich vertraute Freund Preußens werden sollte, so kannte doch der Fürst die bittere Verstimmung Katharinas, und tiefes Mißtrauen gegen Preußen war damals

wie seit vierzig Jahren die höchste Regel seiner Politik.
Also schien es ihm gut, eine befreundete Macht zweiten
Ranges rechts und links neben sich aufzustellen. In dem
konstitutionellen Frankreich hätte ihm Marie Antoinette ein
sicheres Verhältnis gewährleistet; für Polen aber lag es in
der Natur der Dinge, daß der katholische Sachsenfürst nach
alter Ueberlieferung seinen Rückhalt an Oesterreich suchte.
Ohne Zweifel wäre die Sache für Wien höchst erfreulich
gewesen: die Frage war nur, ob sie zu den erreichbaren
Zielen gehörte, an deren zutreffender Auswahl der hervor=
ragende Staatsmann erkannt wird. Denn daß ein festes
sächsisch=polnisches Reich, welches den preußischen Staat auf
zwei Grenzen einschnürte und die russische Macht von West=
europa schlechthin absperrte, weder in Berlin noch in Peters=
burg mit günstigen Blicken betrachtet werden konnte, lag
auf der Hand: gab es für Oesterreich eine Möglichkeit, es
trotzdem durchzusetzen, ohne durch einen vergeblichen Versuch
die beiden Nachbarmächte gegen sich selbst zu vereinigen?
Kaunitz meinte, es erreichen zu können, indem er die eine
gegen die andere ausspielte. Im November 1791 schrieb
er wieder nach Petersburg, stellte als den leitenden Ge=
sichtspunkt der ganzen polnischen Frage die Notwendigkeit
hin, Preußen nicht auf Polens Kosten stark werden zu
lassen, und empfahl deshalb aufs neue die Anerkennung der
sächsischen Erbkrone durch die beiden Kaiserhöfe. Was
Preußen betraf, so hätte sich damals ein Weg geboten, um
es für die Maiverfassung günstiger zu stimmen: es war
nämlich eine Prinzessin des herzoglichen Hauses von Kur=
land zu vermählen, und König Friedrich Wilhelm faßte den
Gedanken, auf diese Weise den jüngeren, ihm sehr ergebenen
Prinzen von Oranien in Kurland zur Herrschaft zu bringen;
wenn Oesterreich hierauf einging und durch seinen Einfluß
in Petersburg und Warschau den Plan verwirklichte, so
hätte es damit ohne Zweifel seinen polnischen Wünschen in
Berlin wirksam vorgearbeitet. Aber eben eine solche Stär=
kung des preußischen Ansehens in Polen war, was Kaunitz
in jeder Weise verhindern wollte; er nahm also die preußische

Aufforderung mit höflichen Verheißungen hin, gab jedoch derselben thatsächlich keine Folge¹). Trotzdem aber machte bald nachher Kaunitz den Versuch, in dem Bundesvertrage Polen eine Stätte zu bereiten, und beantragte einen Artikel zur Gewährleistung der freien polnischen Verfassung, des Werkes also vom 3. Mai 1791. Seine Depesche vom 4. Januar ging sehr vorsichtig an die Sache heran, zeichnete jedoch in bestimmten Zügen das vollständige Bild des österreichischen Systems. Es solle gar nichts ohne ein vollkommenes Einverständnis der drei Nachbarmächte geschehen; Oesterreich wolle ebensowenig ohne Rußlands gutwillige Zustimmung in der Angelegenheit vorgehen wie in Petersburg dem preußischen Einflusse den Rang ablaufen; in Polen selbst dürfe keine Machtsteigerung stattfinden, welche den drei Mächten gefährlich werden oder im Sinne der polnischen Enthusiasten und Demokraten liegen könnte, zumal sich bei diesen jetzt bedenkliche Spuren des französischen Giftes zu zeigen begännen. Aber alle diese schmeichelnden Erörterungen haben nur den einen Zweck, die Hauptsache dem preußischen Hofe schmackhaft zu machen, die gemeinsame Garantie der neuen Verfassung und der Erbmonarchie Polens unter dem Kurfürsten von Sachsen. Wie dies letztere aber im Grunde gemeint sei, wird allerdings angedeutet, jedoch wieder so leise und schonend wie möglich eingeführt. In ruhiger Erzählung wird gemeldet, der Kurfürst von Sachsen wünsche, falls er die Krone übernehme, daß sie für immer mit dem sächsischen Kurhute verbunden, also die Erbberechtigung nicht auf seine Tochter, sondern auf seine Brüder erstreckt werde. Der Kaiser, bemerkt Kaunitz, wolle aus persönlichem Zartgefühl, da der älteste jener Brüder sein Schwiegersohn sei, in dieser Frage nichts thun, wenn er gleich dafür halte, daß die bleibende Vereinigung der beiden Kronen dem Interesse der drei Nachbarhöfe konveniere.

---

¹) Vivenot, Quellen, I, 282. In Berlin lebte man in der Täuschung, der Plan sei trotz der wärmsten Empfehlung durch Leopold an Rußlands Widerspruch gescheitert.

Die preußischen Minister ließen diesen sächsischen Plan, soweit wir sehen, zunächst auf sich beruhen; aber auch in der Hauptsache fanden sie sich durch die österreichische Eröffnung wenig erfreulich berührt. Ehe es jedoch zu einer Erörterung darüber kam, that die französische Kriegspartei einen neuen Schritt vorwärts, und es erfolgte jenes den Kampf eigentlich entscheidende Dekret vom 25. Januar, welches dem Kaiser sofortigen Bruch androhte, wenn er nicht ausdrücklich auf den europäischen Verein verzichte. Leopold sah die Gefahr näher rücken, ohne sich jedoch auch jetzt von ihrer vollen Dringlichkeit zu überzeugen; er legte also Preußen ein näheres Programm über seine französischen Absichten vor, dessen Besprechung aufs neue den rein defensiven Standpunkt der deutschen Mächte in dieser Sache bekundete. Er betonte wie immer die Notwendigkeit, daß ganz Europa an dem großen Werke teilnehme, und daß kein Gedanke an eine Gegenrevolution oder die Herstellung des alten Zustandes auftauche. Der König erklärte sich ganz einverstanden. Leopold schlug dann vor, daß die Mächte folgende Forderungen an Frankreich stellen möchten: Zurückziehung der drei Heere von den Grenzen und Einstellung der gegen die Ruhe in Deutschland gerichteten Drohungen, Genugthuung für die verletzten Reichsfürsten, Zurückgabe Avignons und Venaissins an den Papst, Anerkennung der bestehenden Verträge mit den europäischen Staaten. Diesen Punkten, welche sich ausschließlich auf die Herstellung der früheren auswärtigen Verhältnisse Frankreichs bezogen, stimmte Preußen zu. In Bezug auf die inneren Fragen sollte nach Leopolds Ansicht ferner begehrt werden volle Freiheit und Sicherheit für Ludwig XVI. und dessen Familie und Beseitigung aller republikanischen Bestrebungen: in Berlin dachte man aber, daß davon abgesehen und statt dessen die Auflösung des Jakobinerklubs gefordert werden sollte. Um die Wirkung dieses Auftretens zu unterstützen, schlug Leopold die Bereitstellung eines Heeres von je 40 000 Mann durch jede der beiden Mächte vor; der König meinte dagegen, daß wenigstens 50 000 in Bewegung zu setzen seien. Die Emigranten sollten sich völlig unthätig verhalten: darüber waren Kaiser und König ohne weitere Erörterung einig. Endlich kam die Frage der Entschädigungen zur Sprache. Kaunitz hatte sich eine Weile gesträubt, der preußische Gesandte aber wiederholt die Notwendigkeit hervorgehoben. So erkannte denn die Note des 25. Januar die Gerechtigkeit eines solchen Begehrens an, sowohl im Falle eines wirklichen Krieges als auch einer bloßen kriegerischen Demonstration, und der König war seinerseits bereit, sich mit diesem Zugeständnis des Grundsatzes fürs erste zu beruhigen, da jede nähere Bestimmung im Augenblick offenbar die größte Schwierigkeit haben mußte.

In allen wesentlichen Punkten war man hier also geeinigt. Anders aber verhielt es sich bei der polnischen Frage. Der König war in dieser auf das festeste entschlossen, und erklärte den Ministern, daß er eine Gewähr für die Maiverfassung nimmermehr übernehmen werde; er sei bereit, entweder die alte polnische Verfassung zu garantieren oder höchstens ein Versprechen zu geben, daß er selbst nichts Feindliches gegen die neue unternehmen werde. Die Minister hatten nun die Aufgabe, diese Auffassung dem österreichischen Gesandten einleuchtend zu machen. Fürst Reuß befand sich dabei in peinlicher Lage. Am 25. Januar hatte ihm Kaunitz eine beinahe drohende Ausführung zugeschickt, die er selbst eine heikliche Mitteilung nannte, worin er Preußens Widerstreben gegen die polnische Verfassung als schlechterdings ungerechtfertigt bezeichnete; es rufe den Verdacht hervor, daß Preußen eigensüchtige Zwecke und einseitige Vergrößerung in Polen anstrebe, ein Verhalten, welches mit den Grundsätzen des österreichischen Bundes in schneidendem Widerspruche stehe und Oesterreich nötigen würde, sich unbedingt in Rußlands Arme zu werfen und dieser Macht die Alleinherrschaft in Polen zu überlassen. Zu so peinlichen Erörterungen waren jedoch die Unterhändler in Berlin auf keiner Seite geneigt, und um nicht den ganzen Bundesvertrag an der einen Schwierigkeit scheitern zu lassen, suchten die preußischen Minister nach einem vermittelnden Ausdruck und beantragten statt der Worte: Gewährleistung der freien Verfassung — die Lesart: Gewährleistung einer freien Verfassung, mithin keine ausdrückliche Verwerfung, aber ebensowenig eine bestimmte Billigung des neuen Zustandes. Schwerlich hätte Leopold unter anderen Verhältnissen sich dieser Auskunft gefügt, da sie im Grunde ihm den Verzicht auf den großen polnisch-sächsischen Plan auferlegte. Die Drohung aber des französischen Krieges ließ ihm keine Wahl, und er entschloß sich, den Vertrag auf diesen Grundlagen, am 7. Februar, zu unterzeichnen. Es war die erste der unheilvollen Einwirkungen, welche das Schicksal Polens durch die Kriegslust der französischen Demokratie erfahren sollte.

Ehe wir den Verlauf dieser Dinge weiter verfolgen, sind zwei Ereignisse zu erwähnen, welche von verschiedenen Seiten her einen starken mittelbaren Einfluß darauf zu üben bestimmt waren, der Abschluß des definitiven Friedens zwischen Rußland und der Türkei, welcher am 9. Januar 1792 zu Jassy erfolgte und Oczakow nebst der Seeküste bis zum Dniestr in russischen Händen ließ, sodann, 28. Januar, die Besitzergreifung der fränkischen Fürstentümer Ansbach und Baireuth für Preußen, nachdem der bisher dort regierende Vetter vier Wochen früher zu Gunsten des Königs abgedankt hatte. Endlich erinnern wir uns, wie um die Mitte des Februar die gemäßigte Partei in Paris von verschiedenen Seiten her Versuche machte, die Herrschaft wieder zu erringen, womit denn auch der Friede in Europa gesichert worden wäre.

Alle diese Momente übten auf Leopold dieselbe Wirkung aus, die völlige Abkehr von den soeben mit Preußen erwogenen Gedanken eines französischen Krieges. Mit Freuden glaubte er, was er wünschte, die Vermeidung eines Kampfes, der alle seine Wünsche und Interessen zu zerstören drohte. Die bloße Möglichkeit desselben hatte ihn gezwungen, der Vergrößerung des preußischen Nebenbuhlers durch eine halbe Million Unterthanen ohne eine Silbe des Widerspruchs zuzusehen: doppelt widerwärtig dünkte ihm jetzt der wirkliche Ausbruch, für dessen Fall er soeben dem

Könige einen Anspruch auf Entschädigung,
Gebietszuwachs, hatte einräumen müssen.
es in der polnischen Frage. Schon jetzt
währ der Maiverfassung unter den Händen
er in den Krieg gegen Frankreich verwic
kein Mittel, Preußen von dem Umsturz be
von der offenen Unterstützung der Gegen
abzuhalten. Noch viel dringender wurde b
die freie Verfügung, welche jetzt die Kaiseri
alle Kräfte ihres weiten Reiches besaß.
daß Fürst Potemkin die Häupter der pol
denen in Jassy um sich versammelt hatte:
er inmitten der dort entworfenen Pläne, ak
tung des russischen Gesandten in Wien
Tage schroffer, die Kolonnen des russisch
immer stärker von der türkischen gegen die
heran, und ein kräftiges Auftreten Katharir
war in kürzester Frist zu erwarten. Off
erforderlich, wenn hier überhaupt noch et
Sinn erreicht werden sollte, und höchst wah
es in diesem Zusammenhange, daß um
Februar der Kurfürst von Sachsen endlic
Erklärung über die Maiverfassung in dem
Sinne den Polen abgab. In Berlin erhi
Mitteilung über diesen Schritt und fand, b
des Kurfürsten sämtlich die Konzentration
in Polen steigern und folglich die Gefahr
standes für Preußen erschweren müßten.
ein solches Werk sich vollenden zu lassen obe
zuwirken, wuchs. Zu einem Entschlusse abe
nicht, schon wegen der völligen Unsicherheit
Sache, vor deren Aufhellung man keine M
durfte, durch welche vielleicht das ganze
eine tiefe Erschütterung erfahren hätte. M
abwartender Stellung und ließ sich daraus
Nachricht nicht hervorlocken, welche sonst ba
teresse des Königs in Anspruch nahm. Gra

sandte in Petersburg, schrieb nämlich, daß er endlich eine bestimmte Kunde über die Absichten Katharinas gegen Polen erlangt habe. Es war ihm gelungen, ein Handschreiben der Kaiserin an den Grafen Suboff einzusehen, worin dieselbe sich im wesentlichen dahin aussprach: sobald mit den Türken abgeschlossen ist, will ich, daß Repnin sich zum großen Heere begiebt, so viele Truppen wie möglich, ich denke etwa 130 000 Mann, zusammenzieht und durch die Ukraine in Polen einrückt; Igelström wird ein Corps zu Smolensk befehligen und Soltikoff mit den Truppen von Westrußland und Livland an der Grenze bleiben; wenn Oesterreich und Preußen sich widersetzen, wie das wahrscheinlich ist, so werde ich ihnen eine Entschädigung oder Teilung anbieten. Der König antwortete dem Gesandten unter Bezeigung seiner hohen Zufriedenheit, er sei der erste, der ihm über diese Dinge eine Aufklärung verschafft habe, er solle das tiefste Geheimnis darüber bewahren, sich äußerst achtsam, aber bis auf weitere Befehle völlig passiv verhalten.

Lange konnte aber diese Unthätigkeit bei der Stärke der allseitigen Spannung nicht dauern. Es war der Augenblick der schwülen Stille, wie er unmittelbar dem Ausbruch des Sturmes vorherzugehen pflegt.

Zunächst kamen aus Paris die ungünstigsten Nachrichten. Die Versuche der Feuillants waren gescheitert, Lafayette hatte sich von ihnen und vom Hofe getrennt, der Eifer und die Siegesgewißheit der Demokraten stand höher als jemals. Die Emigranten in Berlin jubelten; so hatten sie es stets geweissagt; bei den Jakobinern sei nur mit der Schärfe des Schwertes durchzudringen und jede Hoffnung auf den Bestand einer gemäßigten Mittelpartei thöricht. Der König, wenngleich stets entschlossen, sein Verhalten strenge nach jenem des Kaisers zu richten, hielt jetzt den Krieg für unvermeidlich und beschloß, in Wien auf mutige und entscheidende Schritte zu drängen. Einige Wochen früher hatte Fürst Reuß ihm gesagt [1]), der Kaiser wünsche nochmals den

---

[1]) Vivenot, Quellen, I, 304, 322.

trefflichen General Bischoffwerder zu sprechen; Friedrich Wilhelm erklärte jetzt den Ministern, der Krieg sei gewiß; Bischoffwerder solle nach Wien hinüberreisen, um den Kaiser aus seiner Trägheit emporzurütteln, den Feldzugsplan festzustellen und die Entschädigung zu beraten. Er hörte auf keine Gegenvorstellung und zeichnete am 18. Februar die nach seinen Weisungen entworfene Instruktion für den General[1]. Dieser empfing darin den Auftrag, auf die Unerläßlichkeit kräftiger Entschlüsse gegenüber dem französischen Angriffe hinzuweisen, die Ernennung des Herzogs von Braunschweig zum Oberfeldherrn der beiderseitigen Streitkräfte vorzuschlagen, als Kriegsentschädigung aber Elsaß und Lothringen in das Auge zu fassen, so daß Oesterreich davon den größeren, Kurpfalz einen kleineren Teil empfing und letzteres dafür Jülich und Berg an Preußen abträte. Es war, wie man sieht, eine durchaus realistische Politik: die Franzosen bedrohen uns, nach zahlreichen Kränkungen und Wühlereien, jetzt unmittelbar mit offenem Angriff, also ergreifen wir zu unserer Verteidigung die Waffen und nehmen ihnen in gerechter Vergeltung die Provinzen wieder ab, deren Besitz sie selbst durch die Verletzung ihres Erwerbstitels, des westfälischen Friedens, verwirkt haben. Die Auswanderer werden in der Instruktion nur einmal und ganz beiläufig dahin erwähnt, daß es hart sein würde, wenn gar nichts für sie geschehe; aber von einer Begeisterung für ihre Prinzipien ist Preußen so weit entfernt, daß Bischoffwerder mit dem Kaiser die Gegenmaßregeln beraten soll, welche zu ergreifen wären, wenn einige der zum europäischen Konzert geladenen Mächte dem Kampfe gegen die Revolution eine diesseits unangenehme Wendung zu geben suchten, das heißt, wenn Rußland und Schweden eine Gegenrevolution im Sinne der Auswanderer anstrebten. Davon also will man in Berlin so wenig wie in Wien etwas wissen. Endlich soll Bischoffwerder dem Kaiser die Erklärung wiederholen, daß Preußen sich nie zum Schutze der polnischen Maiver-

---

[1] Jetzt gedruckt bei Ranke, Ursprung, 351.

fassung verpflichten, aber nach wie vor sich jeder eigenen Feindseligkeit gegen dieselbe enthalten werde; der in Wien gehegte Verdacht, daß Preußen bereits im geheimen mit Rußland über eine Schädigung Polens verhandele, sei völlig unbegründet, man habe bisher von russischer Seite nicht die geringste Eröffnung über Polen erhalten.

Dies alles war in dem Augenblicke, in welchem der König die Instruktion unterschrieb, vollkommen der Wahrheit gemäß. Wenn er für seine kriegerischen Anstrengungen einen Landgewinn begehrte, so knüpfte er damals nicht an Hertzbergs Pläne auf Danzig und Thorn, sondern an die alten Aussichten seines Hauses auf niederrheinische Landschaften an. Jede Unterstützung Polens lehnte er ab, aber auch auf polnische Erwerbungen war sein Sinn noch nicht gerichtet.

Bischoffwerder, mit solchen Weisungen versehen [1]), langte denn am 28. Februar in Wien an. Allein es war ihm nicht vergönnt, noch einmal mit seinem kaiserlichen Gönner die Geschicke Europas abzuwägen: am 29. erklärte sich die Krankheit, welcher Leopold nach drei Tagen erlag. Die Bestürzung und Verwirrung in Wien war unermeßlich. Inmitten der heftigsten Krisis sah sich der Staat des erfahrenen und festen Steuermannes beraubt; im Osten und Westen drängten brennende Gefahren; von dem jungen König Franz wußte niemand, wohin er sein Vertrauen und seine Schritte richten, ja bei der schwächlichen und reizbaren Gesundheit desselben nicht einmal, ob er auch nur kurze Zeit die Lasten seines Amtes ertragen würde. Einstweilen bestätigte er die bisherigen Minister und erklärte ihnen den Wunsch, in dem politischen Systeme seines Vaters zu beharren. Die von Frankreich her drohende Gefahr konnte auch er sich freilich nicht verbergen, und so befahl er, einen der erprobtesten

---

[1]) Guadet, les Girondins, I, 187, erzählt von einem weiteren Vertrage zwischen Oesterreich und Preußen vom 17. Februar: „c'était tout une contre-révolution." Was er vom Inhalte aufführt, würde die Bezeichnung rechtfertigen; nur schade, daß dieser angebliche Vertrag nie existiert hat.

seiner Generale, den Fürsten von Hohenlohe-Kirchberg, nach Wien zu berufen, damit er mit Bischoffwerder die kriegerischen Maßregeln berate, welche beide Mächte im Fall eines französischen Angriffes zu nehmen hätten. Gegen die Uebertragung des Oberbefehls an Braunschweig hatte er nichts zu erinnern. Zugleich aber sollte, wenn irgend möglich, die polnische Frage zur Entscheidung gebracht und deshalb Leopolds Plan in vollem Umfange sowohl in Berlin als in Petersburg kategorisch zur Annahme empfohlen werden.

Die Krisis kam damit auf ihre Höhe. Es war die Entscheidung für die preußische Politik auf eine lange verhängnisvolle Zeit. Es ist wichtig, jeden Moment des Verlaufes in voller Deutlichkeit zu fassen.

Der Staatsreferendar Spielmann hatte die Denkschrift über Polen ausgearbeitet, welche Fürst Reuß nun den 10. März in Berlin übergab. Sie erörterte, daß Oesterreich und Preußen ein gleiches Interesse hätten, durch Befestigung der Ruhe und Ordnung in Polen einen Quell ewiger Verlegenheit und Zwietracht zu schließen. Darin liege der zwingende Antrieb, dort vor allem die Erblichkeit der Krone festzustellen. Für beide Mächte sei der Kurfürst von Sachsen der anständigste Träger derselben; auch widerspreche es ihrem Interesse nicht, das Erbrecht auf die Brüder des Kurfürsten, und zwar auf den jedesmaligen Kurfürsten selbst, auszudehnen. Denn alles komme darauf an, daß Polen nicht länger von dem vorwiegenden Einfluß einer benachbarten Macht abhänge. Freilich dürfe es auch nicht so stark sein, daß es selbst einem seiner Nachbarn gefährlich werden könne; diese Forderung sei aber erreicht, wenn man ihm für immer die Beschränkung seines Heeres auf 40000 Mann auferlege, seine Neutralität für ewige Zeiten ausspreche und hiernach seine Verfassung durch beide deutsche Mächte als Mitkontrahenten gewährleiste. Rußland würde hoffentlich zustimmen, da es durch einen Widerspruch gegen ein so zweckmäßiges System ganz unstatthafte Eroberungsgelüste verraten würde.

Als der König diese Denkschrift gelesen hatte, in welcher die polnisch-sächsische Union nicht mehr als ein Einfall des machtlosen Kurfürsten, sondern als ein Antrag des gewaltigen Oesterreich auftrat, rief er aus: darauf dürfen wir nimmermehr eingehen. Er erwog mit den Ministern, daß für Preußen nichts gefährlicher wäre als eine Macht, wie sie aus der hier vorgeschlagenen bleibenden Verbindung Polens und Sachsens hervorgehen würde. Denn bei einem Bunde derselben mit Oesterreich wäre Schlesien, mit Rußland Ostpreußen auf der Stelle erdrückt. Die angebotene Beschränkung des polnischen Heeres erschien ihm als leere Täuschung, die bei dem Ausbruche eines Krieges von selbst wegfallen würde. Ich bin, sagte der König, zu fest von Oesterreichs Loyalität überzeugt, sonst müßte das Auftauchen eines solchen Planes mich mit tiefem Argwohn erfüllen.

Inmitten dieser zornig-sorgenvollen Erregung, welche für einen Augenblick das Innerste seines Herzens von Oesterreich abwandte, empfing er am 13. März eine neue, nicht weniger inhaltsvolle Depesche aus Petersburg. Graf Goltz meldete die erste unmittelbare Eröffnung Rußlands über Polen. Wir sehen, schrieb der Vizekanzler Graf Ostermann in einer vom 17. Februar datierten Verbalnote, in Preußens wiederholter Aufforderung, ihm unsere Auffassung der polnischen Sache mitzuteilen, keine leere Neugier oder gar eine Absicht, uns zu hindern, sondern den aufrichtigen Wunsch einer Verständigung. Die Lage ist höchst wichtig, und unsere Interessen gehen völlig parallel. Wird Polen innerlich fest und mit Sachsen bleibend verbunden, so entsteht eine Macht ersten Ranges, welche auf jeden ihrer Nachbarn den empfindlichsten Druck ausüben kann. Wir sind dabei stark beteiligt nach der Ausdehnung unserer polnischen Grenze, Preußen ist es noch mehr bei dem notwendigen Anwachsen des sächsischen Einflusses im Reiche. Wir geben also anheim, daß Preußen, Oesterreich und Rußland über diese bedeutende Sache in ein enges Einvernehmen treten.

Goltz fügte noch hinzu, er habe dem russischen Minister einstweilen bestätigt, daß Preußen niemals über die neue polnische Verfassung befragt worden sei. Er hatte nach Ostermanns Aeußerung keinen Zweifel, daß Rußland sehr bald mit Eroberungsplänen hervortreten würde; es komme demselben auf einen Landstrich an, der eine feste Verbindung mit den neuen türkischen Erwerbungen herstelle. Ueber die französische Sache habe Ostermann höchst gleichgültig geredet und stets nur das strengste Geheimnis über Polen anempfohlen. Es handelt sich, habe er gesagt, um uns drei: sind wir einig, so können wir der anderen spotten.

Diese Kunde klang denn aus anderem Tone in des Königs Ohr als jene österreichische Botschaft. Es waren ja genau dieselben Besorgnisse, welche ihn selbst und den russischen Kanzler bewegten. Während Oesterreich ihn zu einem politischen Selbstmorde aufforderte, bot ihm Rußland die Hand zur Abwendung der lästigsten Gefahr und ließ selbst die Aussicht auf eine stattliche Vergrößerung durchblicken. Es war für den König kein Zweifel möglich, welcher der beiden Mächte er sich zuwenden sollte. Er hätte auf der Stelle mit Rußland abgeschlossen, wäre ihm nicht vor der neuen Bahn, welche hier sich dem Wachstume Preußens eröffnete, ein, wie es schien, unübersteigliches Hindernis entgegengetreten, das polnische Bündnis von 1790, in welchem Preußen sich ausdrücklich zum Schutze der Selbständigkeit und Integrität Polens verpflichtet hatte. Allerdings, so weit reichte nach seiner Ansicht diese Verpflichtung nicht, daß er deshalb für die neue Verfassung gegen Rußland hätte auftreten müssen; es war ein schwaches, ungefährliches Polen, dem er 1790 seine Unterstützung zugesagt; es war ein ganz neuer Staat, der sich ohne sein Zuthun durch die Verfassung von 1791 konstituiert hatte. Mochten also die Russen immerhin diese Verfassung in Trümmer werfen; der König fühlte sich völlig innerhalb seiner Vertragspflicht, wenn er die polnischen Dinge auf den Boden von 1790 zurückführen ließ. Aber es war nur zu gewiß, daß es dabei, sobald die Russen in Polen einmal eindrangen, sein Bewenden nicht haben würde, nicht haben könnte. Wenn die Maiverfassung nicht bloß ihren einheimischen Gegnern, wenn sie dem Angriffe eines russischen Heeres erlag, so war es vorbei, nicht bloß mit der drohenden Stärke, sondern mit der letzten Selbständigkeit Polens: so war Polen thatsächlich eine russische Provinz. Dem Könige war dies völlig klar. Wenn Rußland, sagte er, nicht ganz uneigennützig verfährt, so sind wir in der peinlichsten Weise durch den Vertrag von 1790 verwickelt. Und daß Rußland den Anlaß nicht ungenutzt vorübergehen lassen, daß es jedenfalls in Polen eine stärkere Stellung als 1790 ergreifen würde, das ließ sich entfernt nicht bezweifeln. Wer sollte es hindern? In Polen waren die Freunde der alten Verfassung jetzt schon ganz von Rußland abhängig und die Partei des neuen Zustandes gegen Preußen ebenso kaltsinnig wie feindselig gegen Rußland. Es wäre darauf angekommen, eine dritte Partei erst zu bilden, welche durch freie Rückkehr zur alten Verfassung den Russen den Vorwand zum Einrücken genommen und dabei sich nicht auf Katharinas, sondern den preußischen Schutz gestützt hätte. Eine solche Aufgabe mit so geringen Materialien und in so dringenden Verhältnissen zu lösen, dazu wäre aber eine viel bedeutendere materielle Macht erforderlich gewesen, als sie Preußen damals besaß. Eine Möglichkeit dazu hätte vorgelegen, wenn Oesterreich energisch dieselbe Auffassung verfolgt und gemeinsam mit Preußen aus aller Kraft darauf hingewirkt hätte: statt dessen aber lag vor den Augen des Königs die österreichische Note, worin man die Garantie der polnischen Verfassung von 1791 und die völlige Verschmelzung Polens und Sachsens beantragte. Im Anblick dieser Dinge fand der König von Preußen, daß es nichts Drittes gebe außer dem russischen und dem österreichischen Plan. Er sah auf der einen Seite sein polnisches Bündnis von 1790, in dessen Folge einen neuen Bruch, vielleicht einen Krieg mit Rußland und als Ergebnis eine Stärkung Polens, welche den preußischen Staat in Deutschland wie in Europa auf die untergeordnete Stellung des siebzehnten Jahrhunderts zurückwarf. Er sah auf der anderen einen unverhüllten Treubruch, aber die Errettung Preußens aus jener klemmenden Gefahr, vielleicht selbst die Erweiterung des Gebiets durch eine stattliche polnische Provinz. Wenn er in diesem

Konflikte überhaupt einen Augenblick schwankte, so machte allen Zweifeln die Pariser Entwickelung ein Ende. Rasch nacheinander folgten sich die Nachrichten, daß Delessarts friedfertiges Ministerium gestürzt, König Ludwig auf das tiefste gedemütigt, die Regierung in die Hand der Kriegspartei, der Gironde übergegangen sei. Von nun an konnte man jeden Tag der Kriegserklärung Frankreichs gegen Franz II. entgegensehen, und der russisch-polnische Kampf bildete nur noch die kleinere Hälfte der europäischen Katastrophe. Jetzt war Oesterreich auf lange hin im Westen beschäftigt, von der Gründung des polnisch-sächsischen Staates konnte keine Rede weiter sein, nicht einmal zum Schirm der Verfassung von 1791, zur Abwehr einer russischen Invasion in Polen ließ sich ferner auf Oesterreich rechnen. Preußen war verpflichtet, ihm gegen Frankreich beizustehen, und der König hegte seit Monaten keinen lieberen Wunsch, als diesen Beistand mit voller Kraft zu leisten. Da war denn kein Gedanke mehr an die Möglichkeit, gleichzeitig auch der Kaiserin Katharina entgegenzutreten. Diese hatte das Ziel ihrer Wünsche erreicht: die deutschen Mächte waren im Westen verwickelt; sie selbst hatte die Hände frei zur Ueberwältigung Polens. Mit der Existenz eines selbständigen Polenreiches war es vorbei, und es zeigte sich als einzig möglicher Gewinn, wenigstens einen Teil der neuen russischen Provinz sich selbst anzueignen.

Der König schrieb am 12. März seinen Ministern: „Rußlands Ansichten über Polen sind also weit von den Andeutungen entfernt, welche Rasumowski in Wien gegen Bischoffwerder gemacht hat. Rußland ist nicht weit von dem Gedanken einer neuen Teilung entfernt. Das wäre freilich das wirksamste Mittel, die Macht eines polnischen Königs zu beschränken, sei er nun erblich oder wählbar. Indes zweifle ich, ob sich dabei eine angemessene Entschädigung für Oesterreich finden ließe, und ob nach einer solchen Beschneidung der polnischen Macht der Kurfürst von Sachsen noch die Krone annehmen würde. Immer aber wäre, wenn es gelänge, Oesterreich zu entschädigen, der russische Plan der günstigste für Preußen — wohl bemerkt, daß Preußen dabei das ganze linke Ufer der Weichsel empfänge und diese weite, jetzt schwer zu deckende Grenze sich dann wohl abgerundet fände. Das ist mein Urteil über die polnische Sache."

Es war das Todesurteil über Polen. Es war, wie man gesehen hat, nicht das Ergebnis einer lange vorbereiteten Habgier, sondern inmitten einer beispiellosen europäischen Krisis der rasch ergriffene, das kleinste Uebel bezeichnende Ausweg. Ich lasse dahingestellt, ob es möglich war, unter den gegebenen Verhältnissen politisch klüger zu verfahren: ich zweifle, ob man dem Könige menschlicherweise einen Vorwurf machen kann, in jener Kollision der Pflichten sich entschieden zu haben, wie er es gethan. Sicher ist das eine, daß auch hier das ewige Gesetz der Gerechtigkeit sich nicht verleugnet hat, welches für jede Rechtsverletzung Sühne und Vergeltung fordert, sei sie auch noch so wohl begründet und entschuldigt. Der Bundesbruch gegen Polen, wie unverschuldet er sein mochte, hat sich dennoch an Preußen bitter gerächt: er hat sich, damit die Warnung um so eindringlicher werde, gerächt durch die Hand nicht des Opfers, sondern durch die Genossen des Vergehens selbst.

Der Entschluß war gefaßt, es kam jetzt auf die nächsten Schritte zur Ausführung an. Vor allem wurde gleich am 13. März Fürst Reuß beschieden, daß Preußen unter keinen Umständen den Inhalt der Spielmannschen Denkschrift sich aneignen werde, daß es vielmehr auf das bestimmteste das Aufgeben jedes Planes dieser Art begehren müsse. Statt dessen erging eine Einladung an Franz II., dem von Rußland vorgeschlagenen Einvernehmen über Polen beizutreten, und an den Gesandten Katharinas in Berlin, Alopeus, eine Erklärung, daß Preußen mit den Gesichtspunkten Ostermanns ganz einverstanden sei und möglichst bald die Mittel zur Erreichung des wichtigen Zweckes zu erörtern wünsche. Die Meinung der Minister war damals noch, daß Rußland nicht eher gegen Polen vorschreiten möchte, als bis die drei Mächte über die Einzelheiten der Frage sich vollständig geeinigt hätten; überhaupt schien es ihnen wichtig, die eigene

Bereitwilligkeit zu einer Teilung Polens nicht zu früh in Petersburg zu verraten und dadurch die Forderungen des russischen Hofes vielleicht zu übertriebener Höhe zu steigern.

Um so lebhafter drängte dafür Bischoffwerder in Wien auf einen kräftigen Entschluß in der französischen Sache. Daß der Krieg unvermeidlich sei, daran ließ die Haltung des jakobinischen Ministeriums keinen Zweifel übrig: und wenn man einzig die Pariser Verhältnisse in das Auge faßte, schien die Zweckmäßigkeit eines energischen Zuvorkommens unleugbar. In Wien aber bestanden die früheren Gründe zu einer friedlichen Politik in ungeminderter Kraft und erhielten doppeltes Gewicht durch die preußische Ablehnung des kaiserlichen Planes über Polen. Kaunitz sagte dem Obersten Bischoffwerder, man sehe sich von den anderen Mächten im Stich gelassen, man werde durch England mit dem Vorschlage einer lästigen Friedensvermittelung verfolgt, man werde also nur im äußersten Notfalle zu den Waffen greifen, wenn die verletzten Reichsfürsten oder große Teile der französischen Nation den Kaiser förmlich anriefen, oder endlich im Falle einer französischen Kriegserklärung. Friedrich Wilhelm geriet hierüber in die äußerste Ungeduld. In seiner Natur lag es, lange passiv zu bleiben, dann plötzlich emporzulodern, eine Weile alle Hindernisse zu überspringen, endlich wieder ebenso unerwartet zusammenzusinken. Seit dem Entschlusse des 12. war sein ganzes Wesen ein einziger feuriger Eifer für den französischen Krieg, in welchem er die Nichtswürdigkeit der Jakobiner zu züchtigen, Ludwig XVI. ritterlich zu erretten und am Schlusse sein Reich mit einer bedeutenden polnischen Provinz zu vergrößern hoffte. Auf die Mitteilung, welche Bischoffwerder am 27. März über jenes österreichische Programm machte, ließ er sogleich antworten, daß in Paris der Krieg beschlossen und folglich nur die Weise der Kriegführung noch in Frage sei: er nun sehe das Heil in kräftiger Raschheit, sei bereit, der Revolution mit voller Kraft zu Leibe zu rücken, erkläre aber auf das bestimmteste, daß er an einem trägen Verteidigungskriege sich überhaupt nicht beteiligen werde. Die Hauptsache in diesem Schreiben, die Gewißheit des Krieges, wurde dem König Franz durch gleichzeitige Pariser Nachrichten nur zu sicher bestätigt: so entschloß sich also, durch den Feind und den Genossen gleich sehr gedrängt, die österreichische Regierung mit widerwilligem Seufzen dazu, das Schwert zu ziehen.

Am 20. April sprach die französische Nationalversammlung die Kriegserklärung gegen den König von Ungarn und Böhmen aus. Vierzehn Tage später erschien der Fürst von Hohenlohe-Kirchberg in Berlin, um den gemeinsamen Feldzugsplan festzustellen, und zugleich wies Kaunitz den Fürsten Reuß zu einer Verhandlung der politischen Frage, der Kosten und Entschädigungen an. Seine Note vom 4. Mai ließ Preußen zwischen vier verschiedenen Systemen die Wahl. Das erste hätte eine völlige Uneigennützigkeit der Mächte verkündet, einen Krieg im eigenen Interesse des erhaltenden monarchischen Prinzips. Nach dem zweiten würde man mit einem Versprechen Ludwigs XVI., im Falle seiner Herstellung für die Geldkosten des Krieges aufzukommen, zufrieden sein. Bei dem dritten würde man sich dafür ein reales Unterpfand durch die bauernde Besetzung einiger französischer Provinzen sichern. Das vierte endlich ginge auf Landerwerb, für beide Mächte völlig gleich nach äußerem Umfange und innerem Werte; es würde, wie Kaunitz hinzusetzte, wohl mit den meisten Schwierigkeiten verknüpft sein. Damals hatte durch offenes Eingehen auf die Kampflust des Königs von allen Ministern Graf Schulenburg den leitenden Einfluß gewonnen und führte die Verhandlung mit Reuß fast ohne Zuziehung seiner Kollegen. Er antwortete dem Fürsten auf der Stelle, daß Preußen, wie es ausnahmslos seit dem vorigen Sommer erklärt habe, nur gegen eine angemessene Entschädigung in den Krieg ziehen könne. Reuß beklagte, daß man hiermit unter den vier Wegen den weitesten und verwickeltsten gewählt habe, erklärte sich außer stande, verfügbare Territorien zu finden, bat aber den Minister, seinerseits specielle Vorschläge zu machen, da Oesterreich gerne so weit wie möglich gehen würde, um die Interessen seines hohen Verbündeten zu fördern.

Die Schwierigkeit, womit sich diese Hauptfrage voranbewegte, gab schwache Aussichten auf ein einträchtiges Zusammenwirken der beiden Mächte in dem bevorstehenden Kampfe. Graf Alvensleben, unter den preußischen Ministern stets der wenigst österreichisch Gesinnte, warnte denn auch zu wiederholten Malen, man solle keinen Mann in das Feld schicken, bis das Verhältnis zu Oesterreich vollkommen klar und die preußische Erwerbung in genauer Begrenzung durch förmlichen Vertrag von Oesterreich anerkannt sei. Zu einem so scharf gezeichneten Verhalten konnte sich aber der König wieder nicht entschließen: ihm lag der Krieg gegen die Jakobiner ebenso warm am Herzen wie die zu erlangende polnische Provinz; er meinte, im geraden Gegensatz zu seinem Minister, man müsse vor allem nur hinaus zum Schlagen, dann werde sich die Entschädigung von selbst finden. Ueberhaupt dünkte ihn jetzt die Bändigung der Revolution zugleich ein wahrhaft fürstlicher Beruf und ein erfrischender Wechsel in dem täglichen Einerlei. Alle seine Gedanken und Gespräche waren auf die möglichen Ereignisse des Feldzugs gerichtet; er war entschlossen, persönlich sein Heer zu begleiten; nachmittags ritt er wohl in den strömenden Regen hinaus, um seine Feldbekleidung zu prüfen; abends war niemand lieber bei ihm gesehen als einzelne der französischen Emigranten, mit denen er sich in lockenden Bildern des Sieges und der Herstellung erging, bei denen jetzt auch seine Freigebigkeit keine Grenzen kannte, so daß er binnen zehn Monaten über fünf Millionen Livres den geflüchteten Prinzen anwies. Für den Augenblick war keine abweichende Meinung im stande, ihm eine ruhigere Auffassung beizubringen, obgleich deren in seiner nächsten Nähe und von einflußreicher Seite her erklangen: war doch sogar seine Nebengemahlin, die Gräfin Dönhoff, gegen den Krieg, weil die Schlechtigkeit der Feinde nicht besonders ehrenvolle Lorbeeren verspreche. Bedeutender aber wirkte der Einfluß der großen und mächtigen Partei, die nicht im stande gewesen war, den raschen Schritten des Königs aus der langjährigen Opposition gegen Oesterreich in das österreichische Lager hinüber zu folgen. Sie hatte am Hofe einen augenblicklich etwas zurückgesetzten, immer aber höchst wichtigen Vertreter an dem Prinzen Heinrich, in dem sich nach des großen Königs Tode der Ruhm und die Richtung des Siebenjährigen Krieges zu verkörpern schien: sie besaß im Heere die Gesinnung fast aller höheren und älteren Offiziere, sie zählte vor allem den Feldherrn selbst zu ihren Anhängern, welchem der Oberbefehl über den Revolutionskrieg zugedacht war, den Herzog Karl Wilhelm Ferdinand von Braunschweig.

Der Herzog galt damals unbestritten für das erste kriegerische Talent in Europa, und in der That wird auch jetzt noch keiner der Nachlebenden ihm eine Reihe der bedeutendsten Eigenschaften absprechen [1]). Wer ihn damals an seinem kleinen Hofe in Braunschweig sah, war erstaunt, in dem schlagfertigen Kämpen von Krefeld und Minden und dem berühmten Eroberer Hollands einen sorgsamen Familienvater, einen eifrigen Teilnehmer und Schützer jeder geistigen Bildung und einen äußerst thätigen und bürgerlich einfachen Verwalter zu finden [2]). Er hatte seinen Staat mit einer Schuldenlast von sieben Millionen Thaler übernommen und vier davon in elf Jahren getilgt [3]); seine Finanzkunst war etwas knauserig und schadete durch Unterlassung auch der nötigen Ausgaben der Zukunft des Landes [4]): aber um so höher rechnete man ihm an, daß er sich selbst nicht geringere

---

[1]) Für das Folgende ist besonders benutzt die ungedruckte Korrespondenz des Herzogs Friedrich von Braunschweig-Oels auf der Weimarer Bibliothek.

[2]) Briefwechsel Johannes von Müllers.

[3]) Aus den Akten, namentlich der Kammerkasse. Eine durchgängig richtige Uebersicht gibt das politische Journal von 1781, S. 97 ff. Es ist gut, auch diese Angabe anzuführen, die elf Jahre vor dem Revolutionskriege liegt, da noch immer die Fabel Gläubige findet, welche in dieser Schuldentilgung einen Beweis für die Bestechung des Herzogs durch Dumouriez sieht.

[4]) Sparsamkeit war sein einziges Mittel; die amerikanischen Subsidien spielten eine geringe Rolle bei der Schuldentilgung. Diese ging auch später, nach 1792, in gleich langsamer und stetiger Weise fort, eine große Kapitalablage ist nach dem Feldzuge nicht vorgekommen.

Einschränkungen als dem Staate auferlegte und trotz alles Feldherrnruhms fast keine Soldaten hielt; und als er vollends 1790 seinem Volke alle außerordentlichen Steuern erließ, war er vielleicht der damals beliebteste Fürst im Deutschen Reiche. Nur auf ihn selbst wirkten diese beengenden Verhältnisse nicht günstig. Er gehörte zu den Naturen, denen bei großen Geistesgaben und sittlich reiner Gesinnung die Stärke des Willens und der Mut der Seele abgeht, welcher zu jedem männlichen Wirken erforderlich ist. Er war mehr zähe als kräftig, mehr bedächtig als scharfblickend, mehr empfänglich als schöpferisch. Er besaß entschiedenes und eingehendes Beobachtungstalent, aber nicht selten übersah er in der Menge der Studien das Nächste, Einfache, Wesentliche. Er liebte jede Sache von allen Seiten zu ergründen und kam zu der bei einem Soldaten bedenklichen Gewohnheit, überall ein relatives Recht des Gegners anzuerkennen, bei jeder Unternehmung die Schwierigkeiten und bei jeder Ansicht die Schwächen derselben zunächst zu empfinden. Damit hing unmittelbar zusammen, daß er höchst ungern mit einer bestimmten Meinung hervortrat, lieber andeutete als durchgriff, überall den verdeckten Mitteln und unbemerkten Wegen fast unwillkürlich den Vorzug gab. Er kannte seine Weise darin vollkommen, wie überhaupt solche Naturen zur Selbstbetrachtung und Selbstquälerei gemacht sind: ich kann dagegen nichts thun, sagte er, es ist stärker als ich selbst[1]). Traf er nun gar auf Widerspruch, so war er völlig unfähig, selbst einer ganz borniertesten Meinung gegenüber standzuhalten, wenn sie nur heftig oder entschieden auftrat: er zürnte dann über den Widersacher, zürnte doppelt über sich selbst, daß er nicht das Richtige durchsetze, und gab unzweifelhaft in allen Fällen nach. Dann war vielleicht das Uebelste, daß er doch nicht kurz zu resignieren wußte, sondern halb aus Eigenliebe, halb aus Pflichtgefühl geschickt genug in das aufgegebene Geleise wieder hinüber-

---

[1]) Malmesbury, diaries 7. Dezember 1794. Cela est plus fort que moi.

lenkte und so nicht selten den Schein einer mindestens zwei=
deutigen Handlungsweise auf sich lud. Man begreift, wie ein solcher Charakter durch elfjähriges Lavieren in dem zerrütteten Braunschweiger Haushalte nicht gefördert werden konnte: noch unglücklicher aber stimmte dazu die damalige Weise des Berliner Hofes. Unter den beiden letzten Königen hatte allmählich der Staat ein so gründlich monarchisches Gepräge angenommen, daß das Gedeihen jedes Geschäftes und Geschäftskreises die persönliche und stetige Einwirkung des Herrschers zur ersten Voraussetzung hatte. Diese Einheit verschwand aber seit dem Antritte Friedrich Wilhelms II. Der König, so lebhaften Wohlwollens und regsamen Geistes er war, arbeitete weder gerne noch viel und gab nur zu bereitwillig augenblicklichen Stimmungen und Aufregungen nach. In diesem Staate reichte es hin, um in einigen Jahren die Regierung beinahe zur Auf= lösung zu bringen. Die Parteien des Hofes gewannen Ein= fluß auf die Geschäfte, die Beschlüsse waren nicht mehr die Schöpfung eines lenkenden Willens, sondern die Summe entgegengesetzter Einflüsse auf das Gemüt des Herrschers, auf das schnellste und weiteste griff Schwanken und Ver= wirrung um sich. Wir sahen bereits, wie sehr der Staat an seinem europäischen Gewicht verlor: wie auffallend, klagte Graf Goltz 1791, ist der Unterschied des unsicheren und kombinierten Ganges unserer Politik gegen das feste, be= stimmte und nachdrückliche Benehmen, wodurch Preußen sich vordem bei allen Mächten in Ansehen und Achtung gesetzt hat. Im Inneren bemerkte man, wie mit der ordnenden Einheit die Sonderung der Geschäftskreise verschwand und sich alle Welt um jegliches je nach persönlichem Interesse oder Systeme bekümmerte. Die Offiziere mischten sich in kirch= liche Dinge und die Theologen in die Politik; die Diplo= maten hofmeisterten die Feldherren, und die Generale fanden sich berufen, in die auswärtigen Angelegenheiten einzureden. Eines verdarb aber notwendig das andere. Man erhielt eine frömmelnde Verwaltung, eine bureaukratische Kirche, eine politisierende Armee. Unbewußt kam man auf Wege,

auf denen alles verloren werden mußte, was den geschichtlichen Wert des preußischen Staates gebildet hatte: Kraft der Regierung, Sorge für das Gesamtwohl, freie Geistesbildung, nationale Politik. Die Rosenkreuzerei und Geisterseherei am Hofe, von der so oft geredet worden, war nicht die Ursache, sondern nur ein Ausdruck dieses Zustandes: von den Liebeshändeln des Königs darf ich schweigen, weil bei aller Schwäche desselben ihn bei den wichtigen Fragen des Staates doch nicht leicht ein weiblicher Einfluß bestimmte. Auch die Bestechlichkeit der höchsten Beamten dieser Zeit ist sehr übertrieben worden; wenigstens in den Händeln der Revolutionszeit habe ich unter einer Menge der geheimsten Papiere zwar manchen großen Versuch der Bestechung, mit wenigen Ausnahmen aber auch das Mißlingen desselben erwähnt gefunden. Die Quelle des Uebels war nicht so schmutzig, aber sie lag desto tiefer. Nicht geheime Verbrechen der Minister, nicht verborgene Ränke der Maitressen, nicht einzelne Mängel des Königs brachten den Staat Friedrichs des Großen in Zerrüttung, sondern das Mißverhältnis zwischen dem Prinzip der Verfassung und dem Gesamtcharakter des Königs. Dieser Militärstaat mußte einen geborenen Feldherrn zu seinem Haupte haben, Friedrich Wilhelm aber hätte nichts mehr bedurft, als der Lenkung und Stützung durch feste Formen der Verwaltung und Verfassung. Er konnte sich selbst nicht beherrschen, und der Staat, den er allein regieren sollte, zerfiel.

Auf diesem schwankenden Boden mußte nun ein Charakter wie der Herzog von Braunschweig sich unaufhörlich aufgefordert finden, nicht bloß General, sondern Parteihaupt zu sein, unaufhörlich aber auch an der Aufgabe verzweifeln und immer tiefer in den Hang zur Intrigue hineingeraten. Die Richtung der auswärtigen Politik wurde ihm täglich widerwärtiger; er brachte es aber ebensowenig über das Herz, dem Könige eine klare Meinung entgegenzustellen, als ganz aus der Partie zurückzutreten oder endlich einfach sich in die Lage des gehorchenden Offiziers zu setzen. Jeder Gedanke an den französischen Krieg war ihm verhaßt. Nicht als hätte er irgend eine Vorliebe für die Revolution gehabt, die ihm gerade damals die höchste Macht in Frankreich anbot, oder als wäre ihm die Heereskraft des französischen Reiches im Augenblicke gefährlich erschienen. Vielmehr schrieb er soeben einem Freunde [1]): ich begreife nicht, woher die Franzosen ihre Geldmittel nehmen wollen, da in ihrem Staate alle Steuerpflichtigen bewaffnet und nur die Erheber wehrlos sind. Aber wenn seine Standesgenossen, so weit ich sehe, ohne Ausnahme, in jener Zeit die Revolution verachteten, etwa als würden sie jenseits der Grenze nur eine von Winkeladvokaten geführte Räuberbande zu besiegen haben: so war der Herzog im geraden Gegenteile für die Zukunft auf das möglichst Gräßliche und Gewaltige gefaßt, sobald man selbst in den revolutionären Krater hineinschritte. Unsere sonstigen Verwickelungen, schrieb er im Mai dem Prinzen von Oels, werden sich lösen, aber wollte der Himmel, daß wir erst mit diesen französischen Teufeln geendigt hätten. Eigentümliches Geschick bei dem beginnenden Weltkampfe. Die beiden Führer empfinden nur die Stärke des Gegners und die eigene Schwäche. Lafayette hatte keine geringere Sorge vor der preußischen Heeresmacht als der preußische Feldherr vor dem Dämon der Revolution.

Politische Erwägungen verstärkten dann die Gefühle des Herzogs. Er haßte die Emigranten [2]) und die Oesterreicher mit gleicher Stärke und ungefähr aus gleichen Gründen. Beide waren ihm, einem deutschen Fürsten, dessen ganzes Dasein in den Gedanken des Staatswohles aufging, die Vertreter aller mittelalterlichen Mißbräuche, die in Frankreich die Revolution heraufbeschworen hatten und in Deutschland alles Gedeihen erschwerten. Mit tiefem Verdrusse hatte er einen königlichen Befehl vom 13. Februar erhalten, welcher ihn nach Potsdam beschied, um für den Kriegsfall den Plan eines Feldzugs zur Unterstützung Oesterreichs und der Emigranten zu entwerfen. Hier sah er nichts als Unheil für

---
[1]) Schlieffens Denkwürdigkeiten.
[2]) Davon ist die Korrespondenz seines Geheimenrates Feronce erfüllt.

die Monarchie Friedrichs II. voraus, Unheil, wenn man von der gereizten Revolution geschlagen würde, Unheil, wenn man durch seine Siege die Macht des lothringischen Erbfeindes verdoppelte. Aber er nahm den Antrag an, wohnte einer Beratung vor dem Könige bei und sandte am 19. den verlangten Feldzugsplan ein, zu welchem der Major Graf Tauenzien die Materialien geliefert hatte [1]). Es ist, beginnt der Herzog seine Darlegung, ganz das Werk des Königs, dessen Gedanken' ich nur wiederzugeben suche. Man fühlt aber leicht das gerade Gegenteil dieser Versicherung, wenn er fortfährt, wie es viel größerer Anstrengungen bedürfte, als man aufzuwenden gedenke, wenn nicht die französische Armee so gänzlich zerrüttet wäre: freilich unter den jetzigen Verhältnissen, beeilt er sich hinzuzusetzen, ist kaum ein ernstlicher Widerstand zu erwarten, immer aber, lenkt er aufs neue ein, wäre es geraten, sich nicht zu sehr mit den Schilderungen der Ausgewanderten zu schmeicheln, sondern sich von der Notwendigkeit zu überzeugen, daß von Anfang an alle möglichen und zweckmäßigen Anstrengungen gemacht, alle Längen vermieden und das Ende so rasch wie möglich herbeigeführt werde: denn die Ereignisse sind unberechenbar und die lenkenden Köpfe in Frankreich des Aeußersten fähig.

Indessen, mochte man den Krieg für leicht oder schwer halten, nachdem die Nationalversammlung am 20. April den Angriff eröffnet hatte, mußten die deutschen Mächte erwägen, wie die Gefahr am raschesten zu beschwören sei, und Anfang Mai kam Hohenlohe-Kirchberg nach Sanssouci, um mit den preußischen Feldherren die Operationen zu verabreden. Nach der eifrigen Gesinnung des Königs stand es bereits fest, daß man eine große Invasion in Frankreich versuchen wollte. Was die Mittel und Wege im einzelnen betraf, so wurde den Beratungen der Feldzugsplan des Herzogs überall zu Grunde gelegt [2]). Danach sollte ein

---

[1]) Dieser hat das Originalkonzept unterzeichnet, von dem die Ausfertigung (abgedruckt bei Massenbach) nur unbedeutend abweicht.
[2]) Das Folgende aus den Akten der Konferenz. Vgl. Minutoli, Erinnerungen, S. 22 ff.

preußisches Heer von 42 000 Mann den Hauptangriff über Luxemburg unternehmen, Longwy und Montmédy erobern und dann durch die Einnahme von Verdun sich den Uebergang über die Maas sichern. Die Oesterreicher in Belgien, deren Stärke Hohenlohe zu 56 000 Mann angab, würden dazu schon im Luxemburgischen ein Corps stoßen lassen, ein anderes zur Deckung von Brüssel bei Ath aufstellen, mit ihrer Hauptmasse aber Maubeuge, Philippeville und Givet einnehmen oder beunruhigen, die Maas aufwärts bringen und sich an den Ufern dieses Stromes mit den Preußen vereinigen: von dem Uebergange über die Maas würde dann der weitere Erfolg des Feldzuges abhängen. Im Breisgau hatte Oesterreich nach den vorgelegten Etats damals nur 11 000 Mann, doch wären 16 000 bereits auf dem Marsche und 23 000 zum Nachrücken befehligt: es wurde festgestellt, daß diese letzteren unmittelbar auf Mannheim geführt werden und durch eine Operation gegen die Saar und Obermosel die Bewegungen des großen Heeres unterstützen sollten. Zur Deckung der Kommunikationen und Belagerung der Festungen rechnete man auf ein hessisches Corps. Endlich sollten die französischen Emigranten, im Augenblick der Eröffnung der Feindseligkeiten, bei Philippsburg sich sammeln und bei Basel den Rhein überschreiten, um, hoffentlich in Verbindung mit Schweizer Truppen, eine Diversion, sei es gegen Oberelsaß oder die Freigrafschaft Burgund, zu machen. Dies hätte sie gänzlich von dem Schauplatze der entscheidenden Bewegungen entfernt: man sieht, wie die alte Abneigung des Wiener Hofes hier jetzt auch auf der preußischen Seite durch den Herzog ihre Vertretung fand. Endlich wurde beschlossen, die deutschen Reichsstände auf das nachdrücklichste zur Rüstung und Truppenstellung aufzufordern und dadurch entweder die Hauptarmee oder die Deckung des Oberrheins zu verstärken.

Ueberblickt man diese Streitkräfte, so mußte zunächst Belgien vollkommen gesichert erscheinen, da die Franzosen, des deutschen Angriffs gewärtig, nicht füglich mehr als 60 000 Mann dorthin werfen konnten und gegen diese die

56000 Kaiserlichen bis zur Ankunft Braunschweigs ausreichen mußten. Es paßte deshalb nicht wohl zu dieser letzten Ziffer, daß Hohenlohe um das sofortige Einrücken eines preußischen Hülfscorps in Belgien bat: Preußen lehnte es ab[1]), weil man den Hauptangriff, der Belgien sofort befreien müsse, nicht schwächen dürfe.

Für diesen hoffte man 42000 Preußen, 23000 Oesterreicher aus dem Breisgau, etwa 6000 Hessen und endlich die belgischen Oesterreicher außer jenem Deckungscorps bei Ath zu verwenden. Hatten die Verbündeten die Maaslinie besetzt, so waren für dieses 16000 Mann mehr als ausreichend, 40000 Mann konnten also zu den Angriffsoperationen verwandt werden, welchen hiernach eine Gesamtstärke von 111000 Mann zur Verfügung stand. Man wird es ungefähr als das Minimum zu einer Invasion auf Paris unter den damaligen Umständen betrachten können: der Herzog von Braunschweig versprach sich nicht viel davon, ärgerte sich, daß man ihn gar nicht über das Ob, sondern nur noch über das Wie befragte, und meinte: wenn die Franzosen in Wut brennen, so werde ich aus Langerweile erfrieren, mehr wird für mich aus der Sache schwerlich herauskommen[2]). Um so bringender wäre es gewesen, den Feinden wenigstens keine Zeit zu Rüstungen und namentlich den Republikanern keinen Raum zur völligen Unterdrückung der königlichen und gemäßigten Parteien zu lassen. Preußen hätte nun vor Ende Juni seine Truppen in Koblenz versammelt haben können — sie setzten sich, zu Anfang des Monats[3]), in fünf Kolonnen dorthin in Bewegung — allein Hohenlohe mußte erklären, daß jene 16000 Oesterreicher zur Deckung des Oberrheins erst Ende Juni in Freiburg, die 23000 aber zur Verstärkung des Hauptheeres nicht vor Ende Juli in Mannheim anlangen könnten. So wurde alles auf diesen Zeitpunkt verschoben. Man konnte in Deutschland mittlerweile die Kaiserkrönung Franz' II. be-

---

[1]) 14. Juli.
[2]) An den Prinzen von Oels.
[3]) Strantz, in der Zeitschrift u. s. w. des Krieges, XXII, 18.

haglich vollziehen und die säumenden Reichsstände zur Bewaffnung treiben: wie traurige Folgen sich aber in Frankreich aus der Verschleppung ergaben, haben wir bereits gesehen und werden es weiter beobachten.

Was man aus dem Deutschen Reiche vernahm, gab keine bessere Hoffnung auf beschleunigte und durchgreifende Thätigkeit. Auf die sehr dringende Note, welche Oesterreich und Preußen dem Reichstage vorlegten, erklärte Kurhannover unter Zustimmung der meisten norddeutschen Staaten, daß es keinen Anlaß finde, sich in einen Krieg zwischen Frankreich und Ungarn einzumischen, bei Verletzung aber des Reichsgebietes und verfassungsmäßig erklärtem Reichskriege sein Kontingent stellen werde. Es war nicht besonders scharfsinnig, bei den bekannten Plänen der Gironde jetzt noch dergleichen Formalitäten zu betonen; indes konnte Hannover wenigstens geltend machen, daß es damit einfach auf seinem stets eingehaltenen Standpunkt verharre. Desto nackter kam Eigensucht, Furcht und Trägheit auf dem klassischen Boden der alten Reichsverfassung zum Vorschein, bei den kleinen Ständen des schwäbischen, fränkischen und rheinischen Kreises, eben jenen Prälaten und Dynasten, die im vorigen Jahre nicht laut genug nach Bestrafung der frechen Jakobiner hatten rufen können. Der schwäbische Kreis erhob sich nach langen Weiterungen zu dem Gedanken einer „unvorgreiflichen Defensivassociation", der fränkische aber besorgte Teuerung und Hungersnot von dem bloßen Durchmarsche eines preußischen Corps, obgleich dieses alle Bedürfnisse bar bezahlen sollte. Die geistlichen Kurfürsten beschränkten sich auf grobe Behandlung der französischen Geschäftsträger an ihren Höfen und drohende Erlasse gegen etwa jakobinisch gesinnte Unterthanen: Pfalzbayern dagegen, dessen bewaffnete Macht in trauriger Verfassung blieb, beteuerte in Paris auf das eifrigste seine wohlgesinnte Neutralität [1]).

Die einzige Ausnahme in dem Schauspiele der allge-

---

[1]) Korrespondenz des französischen Rheinheeres. Biron ist alles Lobes voll, wo er Bayern erwähnt.

meinen Erschlaffung machte Landgraf Wilhelm von Hessen-Kassel. Dieser Fürst verwaltete sein Land nach der Weise eines strengen Hausherrn oder eines eifrigen Kompanieführers, im ganzen nach fridericianischem Muster, soweit es auf Ordnung und Zucht, Sparsamkeit und Wehrkraft ankam, nur ohne den Sinn für geistige Unabhängigkeit und Bildung, welcher die Haltung Friedrichs II. so eigentümlich charakterisierte. Hier ging der Staat völlig in dem Militärwesen auf. Auf eine Bevölkerung von 400 000 Seelen wurde eine Streitmacht von ungefähr 14 000 Mann unterhalten [1]), welche an gediegener Schlagfertigkeit keiner europäischen Truppe das geringste nachgab. Der Landgraf, der von seiner landesherrlichen Würde den höchsten Begriff und durch den Besitz solcher Streitkräfte ein doppelt gesteigertes Selbstbewußtsein hatte, war seit Jahren von dem Wunsche beseelt, die Kurwürde seinem Hause zu erringen, hatte aber bisher schlechtes Glück mit diesem Ehrgeize gemacht und freute sich jetzt des Anlasses, bei dem er sich die beiden mächtigsten Potentaten des Reiches, den Kaiser und den König von Preußen, gleich sehr verbinden konnte. Wie sehr er die Revolution verabscheute, hatte er bereits mehrfach zu erkennen gegeben. Im September 1791 sandte er seinen Obersten einen geheimen Befehl, bei der geringsten Unruhe ohne Rücksicht auf irgend eine Civilbehörde und ohne alle Schonung feuern und damit fortfahren zu lassen, bis alles still geworden. Als dann einige Monate später der Kurfürst von Mainz ihm vorschlug, auch in Hessen ein warnendes Manifest gegen einheimische Jakobiner bekannt zu machen, entgegnete er eigenhändig: Meine Unterthanen haben sich von jeher durch Anhänglichkeit an den Landesherrn ausgezeichnet, es würde ihnen bei mangelnder Veranlassung eine solche Warnung nur zur Kränkung gereichen können. Ebenso verwahrte er sich gegen den Vorschlag eines Reichsgesetzes gegen revolutionäre Bewegungen, da die

---

[1]) Vermöge einer Landessteuer oder Kontribution von 40 000 Thalern und eines Kriegsschatzes von 11 bis 12 Millionen.

Landespolizei den Landesherren überlassen bleiben müsse und insbesondere in Hessen alles zu diesem Behufe Nötige längst vorgekehrt sei; in militärischer Beziehung aber sei er bereit, mit einer das Kontingent weit übersteigenden Stärke dem Kreise und dem Reiche stets und überall zu Hülfe zu kommen [1]. Er hatte hiernach die Genugthuung, daß Oesterreich und Preußen ihn ausdrücklich dem Reichstage als den einzigen patriotischen Fürsten bezeichneten, und sandte dann auch die Etats seiner Truppen dem Herzog von Braunschweig zur Bestimmung der Operationen ohne Widerstreben ein. Indessen wollte er als guter Haushalter sich anfangs doch keineswegs an der bloßen Ehre, sei es des Lorbeers oder des Kurhutes, genügen lassen, so daß sich über Kosten und Entschädigung eine monatelange Verhandlung entspann. Der Landgraf begehrte, daß Preußen die Verpflegung der hessischen Truppen übernehmen, der Kaiser und König ihm die Stimme zur Kurwürde geben und ihm, falls der Herzog von Braunschweig zurücktreten würde, den Oberbefehl über das ganze verbündete Heer übertragen sollten. Diese Bedingungen waren offenbar nicht durchzusetzen, und am 31. Juli [2] kam man endlich überein, daß gegen das Versprechen der Kurwürde und billiger Entschädigung für die Kosten Hessen 6000 Mann zu dem Feldzuge stellen und selbst unterhalten würde.

Ueberblickt man diese Verhandlungen, so waren sie für den Ausgang des Krieges wahrlich nicht glückverheißend. Der Oberbefehlshaber war dem ganzen Unternehmen von Herzen abgeneigt, eine Menge der Beteiligten aus der tiefsten Unthätigkeit nicht emporzurütteln, die Rüstung der Hauptmacht bedeutend hinter dem günstigen Zeitpunkte zurück.

---

[1] Aus den Akten ausführlich in einem äußerst gründlichen, leider nicht gedruckten Buche, die Hessen in der Champagne, am Main und Rhein, von M. v. Ditfurth.
[2] Datum der hessischen Ratifikation. Der von Preußen aufgestellte Entwurf ist vom 12. Juli, der Landgraf schrieb eigenhändig seine Wünsche als Randbemerkungen hinzu, am Schlusse: l'on se remet uniquement aux promesses gracieuses de S. M. l'empereur et de S. M. Prussienne.

Um so wichtiger und drängender wurde hiernach das volle Einverständnis zwischen Oesterreich und Preußen, also die endliche Regulierung der Entschädigungsfrage. Nachdem der König sein Augenmerk auf eine polnische Erwerbung geworfen, suchte er der Natur der Sache nach mit Rußland in möglichst enge Beziehung zu kommen, und bald genug folgte Oesterreich mit schwach verhehlter Eifersucht diesem Beispiel. Wir werden die Entwickelung dieser Dinge in Petersburg später im einzelnen verfolgen: hier bemerken wir nur, daß dadurch Rußland Gelegenheit fand, unmittelbaren Einfluß auch auf den französischen Krieg zu üben, und die Kreuzung der Interessen hiermit noch verwickelter wurde. Während Oesterreich die Emigranten von jeder Mitwirkung, sei es politischer oder militärischer Art, am liebsten völlig ausgeschlossen hätte, forderte Rußland gerade umgekehrt, daß man die französischen Prinzen offiziell an die Spitze des ganzen Unternehmens stelle und nur in ihrem Gefolge als Feind der Revolution auftrete. Man einigte sich endlich auf die vermittelnde Ansicht Preußens, den Emigranten keine politische Rolle zuzuteilen, ihnen aber eine, wenn auch untergeordnete militärische Mitwirkung zu verstatten. Es hing damit zusammen, daß Rußland als Zweck des ganzen Krieges ausschließlich die Herstellung des bourbonischen Thrones bezeichnete und demnach gegen jede Abreißung französischen Gebietes Verwahrung einlegte. Preußen hatte jetzt dagegen nicht viel mehr einzuwenden; in Wien umging man einen förmlichen Verzicht, fragte aber um so bestimmter, woher denn sonst die von Preußen beantragten Entschädigungen zu nehmen seien. Die russischen Heere waren damals, Mitte Mai, in voller und erklärter Bewegung gegen Polen und eine rasche Ueberwältigung des unglücklichen Landes vorauszusehen. Seit der französischen Kriegserklärung redete man in Petersburg nicht mehr von einer gemeinsamen Behandlung der polnischen Frage, wie sie Ostermann am 17. Februar dem preußischen Gesandten vorgeschlagen hatte; die deutschen Mächte waren jetzt im Westen hinreichend beschäftigt, und Katharina drängte mit dem ganzen Eifer einer lange verhaltenen Ungeduld ihre Bataillone gegen Warschau vorwärts. Obwohl Preußen dies einseitige Handeln vor dem Abschlusse des einst vorgeschlagenen Vereines sehr ungern sah, so hatte man doch für sich allein keine Mittel, es zu hindern, und beschloß also, durch einen entscheidenden Schritt sich bei Oesterreich volle Klarheit und, wenn möglich, festen Rückhalt zu verschaffen. So eröffnete Graf Schulenburg am 21. Mai dem Fürsten Reuß, daß bei Rußlands heftigem Vorgehen auch für die deutschen Mächte die Stunde der Entschließung gekommen sei; nach allen Anzeichen sei es höchst wahrscheinlich, daß Rußland sich die Ukraine anzueignen denke und jedenfalls in ganz Polen unbedingt den Meister spielen wolle; um dies zu hindern, möchte es sich empfehlen, daß auch Oesterreich und Preußen jedes etwa 10 000 Mann in Polen einrücken ließen; dann würde Preußen seine Entschädigung für den französischen Krieg in Polen suchen und gebe anheim, daß Oesterreich die seinige am Rheine nähme. Da diese Vorschläge den unbedingtesten Gegensatz zu den wohlbekannten Anschauungen des Fürsten Kaunitz bildeten, so bat Schulenburg, Reuß möge dieselben in seinen amtlichen Depeschen nicht erwähnen, sondern sie privatim dem Staatsreferendar Spielmann mitteilen, mit der Bitte, sie als unmaßgebliche Gedanken Schulenburgs mit demselben in engvertrauliche Erwägung zu ziehen [1]). Also eine Verhandlung auf vollen Systemwechsel hinter dem Rücken des leitenden Ministers, das treue Gegenstück zu Bischoffwerders und Leopolds vorjährigen Umtrieben gegen den Grafen Hertzberg. In Wien lagen für eine solche Intrigue damals die Verhältnisse ebenso günstig wie früher in Berlin. Der junge König gehörte einer Generation an, welche dem hochbejahrten Kanzler fremd geworden war; das stolze Selbstgefühl, die lehrhafte Breite, die krause Wunderlichkeit des Fürsten stießen den neuen Gebieter vielfach ab, und wenn schon Joseph und Leopold den Fürsten in anderer Weise

---

[1]) Reuß an Kaunitz 22. Mai, Vivenot, Quellen, II, 55.

behandelt hatten, als ihre durch lange Jugendfreundschaft demselben verbundene Mutter es gethan, so meinte man jetzt in der Hofburg, die Sache hoffentlich etwas besser machen zu können als der alte und offenbar etwas veraltete Herr. Person gegen Person gehalten, mußte es freilich als verwunderlicher Uebermut erscheinen, daß die neuen Schüler sich mit dem Lehrmeister der Minister, wie Kaunitz sich selbst wohl nannte, messen wollten. Denn der Vizekanzler Graf Cobenzl war nichts als eine immer rührige, oberflächliche, selbstvergnügte Mittelmäßigkeit, und der arbeitsame, kenntnisreiche und gedankenarme Staatsreferendar Spielmann war äußerst brauchbar an zweiter Stelle, aber trotz eines unruhig prickelnden Ehrgeizes wenig geeignet zu einer führenden Rolle. Indessen kann im einzelnen Falle ein großer Geist sich irren und ein kleiner das Richtige sehen, und, wie man hinzusetzen darf, unter Umständen können niedrige Beweggründe auf die Bahn zu großen Zielen leiten. Bei Spielmann zündete das ganz besondere Vertrauen, welches Graf Schulenburg ihm persönlich entgegenbrachte, in vollem Maße. Er war sogleich bereit, das ausgefahrene Geleise der Kaunitzschen Politik zu verlassen; er nahm Rücksprache mit Cobenzl und König Franz, und beiden leuchtete der Gedanke ein, daß ein System beiderseitigen Zugreifens erfreulicher sei als der Wunsch des Fürsten Kaunitz, mit Preußen gemeinsam Rußland zur Uneigennützigkeit zu ermahnen, damit aber auch sich selbst zu gleicher Tugend zu verurteilen. Nun war es freilich nicht schön, nachdem man monatelang in Kaunitz' Sinne gearbeitet hatte, plötzlich in entgegengesetzter Richtung sich auf Schulenburgs Köder zu werfen und dabei nicht einmal den Mut zu offener Verhandlung mit dem großen Altmeister zu haben. Sonst aber hatten sie, so weit ich zu sehen vermag, in der Sache nicht so völlig unrecht, wie man häufig angenommen hat. Ihr einfacher Grund hieß die bittere Notwendigkeit. Die Politik des Fürsten Kaunitz setzte Frieden zwischen Oesterreich und Frankreich und Zwiespalt zwischen Preußen und Rußland voraus. Statt dessen waren die französischen Heere im

Marsche gegen Oesterreich, und Berlin und Petersburg standen im Begriffe, sich zu verbünden. König Franz bedurfte gegen Frankreichs Angriff und Rußlands Uebergewicht der preußischen Hülfe, und für diese war, wie man jetzt erfuhr, eine polnische Entschädigung die Bedingung. Hier war Tadeln leicht, aber Bessermachen schwer. Genehmigte man nun Preußens Forderung, so galt es weiter, für Oesterreich den entsprechenden Gewinn zu finden. Da hätte man, nachdem die Russen das ganze Polen wieder erobert, ebenso wie Preußen ein Stück der Beute ihnen abfordern mögen: aber Rußland zürnte damals auf Wien und wollte Oesterreich in Polen schlechterdings nicht zulassen. So sannen denn die beiden Minister, wo sie die Entschädigung für Oesterreich aufspüren möchten. Schulenburg, wie gesagt, wies sie auf den Rhein, d. h. auf den Elsaß. Aber dies paßte nicht wohl für eine Macht, welche doch immer sehr laut von der Beschützung Ludwigs XVI. redete; auch war es trotz aller Zerrüttung des französischen Heeres eine weitschichtige Aufgabe, die Abtretung einer solchen Provinz zu erzwingen, und endlich stand auch hier Rußlands gefürchteter Widerspruch im Wege. In dieser Lage war es denn dem sorgenden Vizekanzler höchst erquicklich, gerade von russischer Seite einen bedeutungsvollen Wink zu erhalten. Der Gesandte der Zarin, Graf Rasumowski, stand von jeher mit den österreichischen Ministern auf dem innigsten Freundschaftsfuße, so daß er wegen seines zu warmen Entgegenkommens zuweilen von seinen Vorgesetzten vertrauliche Warnungen erhielt. Mit ihm besprach gelegentlich Cobenzl die Zeitereignisse, und Rasumowski meinte, wenn Oesterreich noch an dem alten Lieblingsplane, eines Austausches von Belgien gegen Bayern, festhalte, so sei vielleicht der jetzige Augenblick günstig. Cobenzl hatte Bedenken: Preußen, wenngleich mit Oesterreich verbündet, werde dennoch eine einseitige Stärkung des letzteren nicht gleichgültig ansehen. Nun, sagte der Russe, so muß man Preußen auch einen Vorteil zuwenden, dann wird es bereit sein. Aber wo einen solchen finden, fragte Cobenzl. Der König, entgegnete der

Gesandte, hat stets nach Danzig und Thorn geschielt; damit könnte man ihn gewinnen. Vielleicht, äußerte Cobenzl, aber würde die Kaiserin dergleichen zulassen? Würde sie es, ohne dann nicht auch für sich selbst eine Forderung anzumelden? O nein, sagte der andere, ich glaube allerdings, daß sie dann auch etwas begehren würde. Aber, fragte der Minister, was könnte ihr etwa genehm sein? Auch für Rußland sehe ich passende Erwerbungen nur in Polen. Und eben in Polen, antwortete Rasumowski, würde die Einverleibung der Ukraine uns äußerst nützlich dünken. Ja, aber, sagte Cobenzl, wie und auf welchen Titel könnte man heute den Polen alle diese schönen Dinge nehmen? Nun, schloß Rasumowski, die Titel würden sich schon in unseren Archiven finden, und vielleicht ließe sich auch eine der polnischen Parteien gutwillig zur Abtretung herbei, wenn wir ihre Wünsche in den Verfassungsfragen unterstützten [1]).

Der Gesandte hatte sich bei diesen Reden nicht ausdrücklich erklärt, ob er die Wünsche seiner Regierung oder nur seine Privatmeinung vortrage; immer schien es undenkbar, daß er im Gegensatze zu Katharinas Plänen so weit mit der Sprache herausginge, und so fielen seine Worte wie glühender Zündstoff in das erregte Gemüt des Vizekanzlers. Seitdem Oesterreich die belgischen Lande besaß, war in Wien der Gedanke lebendig, durch ihre Hingabe die Erwerbung Bayerns und damit die Herrschaft über ganz Süddeutschland zu gewinnen, und wie einst Prinz Eugen und Joseph II. hielten auch Cobenzl und Spielmann den belgisch-bayerischen Tausch für den höchsten Glücksfall, welcher der österreichischen Monarchie begegnen könnte. Die Antwort auf Schulenburgs Eröffnung war damit gegeben. Unter Zustimmung des Königs Franz schrieb Spielmann an Reuß, daß er für Schulenburgs schmeichelhaftes Vertrauen im höchsten Grade dankbar sei und gegen eine preußische Erwerbung in Polen keine Einwendung habe; jedoch seien für

---

[1]) Depesche Cobenzls an seinen Vetter, 13. September, bei Vivenot, Quellen, II, 202. Daß das Gespräch in diese Zeit gehört, zeigen die Berichte des preußischen Gesandten.

den entsprechenden Gewinn Oesterreichs die rheinischen Lande nicht geeignet, um so erwünschter aber würde dem Wiener Hofe die endliche Vollziehung des belgisch=bayerischen Tausches sein; wenn Preußen hierauf eingehen wollte, so wäre die schwierige Entschädigungsfrage ein für allemal geregelt. Fürst Reuß fand hiermit bei Schulenburg eine über alles Erwarten günstige Aufnahme [1]), so daß er am 4. Juni mit Entzücken dem Staatsreferendar meldete, wie vollständig die Innigkeit und Aufrichtigkeit des Verhältnisses sei. Er hatte Grund dazu, denn, wie gesagt, die Macht, welche damals den Beistand der anderen bedurfte, war nicht Preußen, sondern Oesterreich. Hätte König Friedrich Wilhelm, ohne Bundesvertrag, ohne Einräumung österreichischen Gewinnes, sich einfach und trocken auf den Satz beschränkt, er werde Oesterreich gegen die Franzosen beistehen, wenn er Posen erhalte — wenn nicht, nicht: nach wenigen Wochen fruchtlosen Grolles würde der Wiener Hof in seiner französischen Be= drängnis alles aufgeboten haben, Preußen zu befriedigen. Es war also ein starkes Symptom aufrichtigen Freundes= sinnes, wenn Schulenburg jetzt ohne Rückhalt auf Spiel= manns Anträge einging und dadurch mit einer der wich= tigsten Ueberlieferungen Friedrichs des Großen von Grund aus brach, mit der Regel, eine jede Ausdehnung Oesterreichs auf deutschem Gebiete als Todesgefahr für Preußen zu betrachten und zu bekämpfen. Statt dessen erklärte sich Schulenburg einverstanden mit dem bayerischen Austausch, mit vorsichtiger Haltung gegen Rußland, mit Spielmanns Anerbieten, nicht ein Truppencorps nach Polen, sondern vorbereitende Noten nach Petersburg zu senden. Am 9. Juni erfuhr Reuß, daß der König alle Verheißungen des Ministers bestätige, sehr gerne seine guten Dienste für den bayerischen Austausch leisten wolle und nur nicht mit

---

[1]) Alvensleben behauptet sogar in einer spätern Denkschrift, der Vorschlag sei von Schulenburg selbst ausgegangen; er war jedoch damals in tiefer Erbitterung gegen den ehemaligen Kollegen und hat 1792 mehrere Depeschen mitunterzeichnet, welche die obige Darstellung des Verlaufes geben.

Zwang gegen einen etwaigen Widerspruch des nächsten bayerischen Agnaten, des Herzogs von Zweibrücken, einschreiten könne. Schulenburg beteuerte aufs neue, daß Preußen keine geheimen Abmachungen mit Rußland habe, und bat, den bisher privatim besprochenen Entschädigungsplan jetzt zur amtlichen Verhandlung zu bringen. So mußte denn endlich auch Kaunitz in den Besitz des bedeutungsschweren Geheimnisses gelangen.

Der Staatskanzler war allerdings, nachdem Preußen sich gegen die sächsisch-polnische Union verwahrt hatte und die russischen Heeresmassen auf allen Seiten polnisches Gebiet überschwemmten, dem Drange der Umstände gewichen und mit bekümmertem Herzen von dem schönen Plane einer polnischen Wiedergeburt zurückgetreten. Was ihn jetzt vor allem beschäftigte, war die Sorge vor einem preußisch-russischen Sonderbündnis, wenn nicht gegen, so doch neben Oesterreich, ein Gedanke, der nahe genug lag, nachdem er durch die Aeußerung seiner polnischen Sympathien sowohl in Berlin als in Petersburg die empfindlichsten Lebensfasern verletzt hatte. Nun kam am 30. Mai eine offizielle preußische Mitteilung, welche gerade in den Kern dieser besorglichen Stimmungen traf. Der russische Gesandte hatte dem Berliner Hofe soeben (am 25. Mai) eine Note überreicht, worin Rußland Waffenhülfe gegen die Franzosen in Aussicht stellte, einen uneigennützigen Prinzipienkrieg gegen die Revolution empfahl und schließlich dem preußischen König einen russischen Bundesvertrag anbot. Darauf hatte dann der König entgegnet, daß man gegen Frankreich nicht gerade auf Eroberungen ausgehe, aber jedenfalls sich eine Entschädigung für die Kriegskosten vorbehalten müsse; man sei der Kaiserin für ihre freundliche Gesinnung äußerst dankbar, bitte um die Vorlage eines ausgeführten Entwurfs zu dem Bundesvertrage, müsse aber vor allen Dingen sich mit dem nächsten Alliierten, mit Oesterreich, benehmen. Gleichzeitig mit dieser Nachricht empfing Kaunitz eine direkte Eröffnung aus Petersburg, daß Rußland geneigt sei, dem Bunde der beiden deutschen Mächte beizutreten, daneben aber auch eine

Erneuerung seiner besonderen Allianz mit Oesterreich anheimgebe. Nahm man diese Dinge zusammen, so erhellte mit voller Klarheit, daß der eigentliche Wunsch Katharinas nicht auf ein Bündniß zu dreien, sondern auf gesondertes Einvernehmen, hier mit Preußen, dort mit Oesterreich, ging, um dann zwischen beiden Mächten je nach dem eigenen Interesse hierhin oder dorthin die Entscheidung zu geben und dadurch vor allem in Polen für sich freie Hand zu gewinnen. Das alles dachte nun Kaunitz zu hindern, indem er in dem Brennpunkte der Verwicklung, der polnischen Sache, Preußen einen Schritt entgegen that und die Verfassung des 3. Mai aufopferte. Dann würde, wie er sicher hoffte, Preußen mit ihm für Polens Unabhängigkeit und Integrität thätig werden und Katharina sich genötigt sehen, auf die früher von ihr selbst begehrte Aktion zu dreien einzutreten. Er arbeitete also eine gemeinsame österreichisch-preußische Erklärung aus, worin ein Konzert zu dreien für die Regelung der polnischen Angelegenheiten beantragt wurde. Denn, sagte er, das ist der Weg, um ohne Beleidigung in der Form den Russen die Hände zu binden. Er hatte ein doktrinäres Selbstbewußtsein über die unwiderstehliche Bündigkeit seiner Beweisführung; er vergaß darüber, wie gründlich sich seit Februar durch die französische Kriegserklärung die ganze Lage geändert hatte. Wenn nun Rußland sich die Mühe ganz ersparte, Kaunitz' siegreiche Gründe zu bestreiten, dafür aber seine Truppen in Polen unaufhaltsam vorwärts gehen ließ: was wollte Kaunitz dagegen aufbringen? Spielmann hatte wieder nicht unrecht, als er gegen den Erlaß der Erklärung bei König Franz Bedenken erhob. Indessen Kaunitz wies ihn mit überlegenem Ansehen zurecht; in Berlin trug man kein Bedenken, ein nichtiges Blatt Papier zu unterzeichnen, und die gemeinsame Erklärung ging am 21. Juni nach Petersburg ab, wo sie dann achselzuckend beiseite gelegt wurde.

An demselben Tage aber sandte König Franz ein Schreiben an seinen Kanzler, in welchem er ihm von Spielmanns geheimer Korrespondenz mit Schulenburg Nachricht gab und ihn aufforderte, die amtliche Verhandlung über den belgisch-bayerischen Austausch zu beginnen. Die Absicht war, im Laufe des Juli, nach der Kaiserkrönung Franz' II., bei einer persönlichen Zusammenkunft mit dem Könige von Preußen die Sache zum endgültigen Abschlusse zu bringen. Man ermißt leicht die Stimmung des greisen Staatsmannes bei diesem Schlage. Es kam alles zusammen, persönliche Empörung und sachliche Entrüstung. Dieses Betreiben der wichtigsten Fragen hinter seinem Rücken, diese Aufforderung zur Verleugnung seiner ältesten Grundsätze, eines wie das andere zeigte ihm, daß er ein ausgethaner Mann geworden war. Hoch auf richtete er sich in seinem ehrenfesten Stolze und schrieb dem jungen Menschen, der sein König war, am 25. Juni, daß alles hier von Seiner Majestät kluger Entscheidung abhänge, er selbst aber sich erbitten müsse, an dem ganzen Geschäfte keinen Teil zu nehmen, um nicht gegen seine Ueberzeugung durch einen solchen Schritt sein Ministerium zu endigen. Denn Schulenburgs Vorschlag sei beleidigend gegen den Wiener Hof, bei dessen bewährter Rechtschaffenheit solche Anträge nicht erlaubt seien; er sei unverantwortlich gegen Polen, dem man gegen alles Völkerrecht die Vernichtung seiner Verfassung und das Opfer großer Provinzen zumute; er sei in seiner Ausführung eine Chimäre, da bei russischer Zustimmung Preußen freilich jeden Tag die polnische Provinz in Besitz nehmen könne, für Oesterreich aber die Erwerbung Bayerns unberechenbaren Schwierigkeiten unterliege. Es ist also, schloß er, nach der Lage der Sache mein einziger Wunsch und meine einzige Hoffnung, daß nichts daraus werden kann noch werden wird. König Franz suchte begütigend zu antworten; da er aber in der Sache auf Spielmanns Standpunkt beharrte, so forderte Kaunitz nach wenigen Wochen die Entlassung aus allen seinen Aemtern und überließ mit festem und ganzem Entschlusse die neue Politik den neuen Menschen. So schied nach fast fünfzigjähriger Herrschertätigkeit aus der österreichischen Regierung ein Staatsmann, der zu allen Zeiten an Charakterkraft und weitem, wenn auch nicht immer rich-

tigem Blicke wenige seinesgleichen gehabt hat. Sein Vize=
kanzler, Graf Philipp Cobenzl, übernahm jetzt selbständig
die Führung der Geschäfte.

Mochte nun Kaunitz' Rücktritt durch noch so unwürdige
Vorgänge veranlaßt sein, mochten in dem Absagebrief des
Alten noch so viele einzelne Wahrheiten vorkommen: wir
haben bemerkt, daß der Zwang der Verhältnisse in der Haupt=
sache damals dem Vizekanzler recht gab, daß andere Wege
zu dem nötigen Ergebnis, als sie Spielmann anriet, nicht
offen standen. König Franz hatte sich für dieses System
eines thätigen und deshalb aufrichtigen Zusammengehens
mit Preußen entschieden: es galt jetzt, dasselbe ohne Rück=
halt in stetiger Entwickelung zu verwirklichen: Für den
Augenblick war man denn auch in solchem Grade bereit
dazu, daß Cobenzl am 2. Juli es übernahm, in Petersburg
das Eis zu brechen und beides, den bayerischen Tausch für
sich und die Ueberlieferung einer polnischen Provinz an
Preußen, bei Katharina in Vorschlag zu bringen. Die
russische Regierung hielt es für angemessen, sich von dieser
Botschaft noch nicht besonders erbaut zu zeigen. Sie war,
wie wir wissen, für den Notfall, wenn nämlich nur unter
dieser Bedingung die deutschen Mächte sich in einen fran=
zösischen Krieg verwickeln ließen, auf ein Opfer polnischen
Landes gefaßt und wollte dann ihrerseits andere polnische
Bezirke zu russischem Eigentum machen. Jetzt aber war den
Deutschen durch die französische Offensive der Krieg aufge=
zwungen, und in Polen war zur Zeit Katharina die Be=
sitzerin des Ganzen und entschlossen, wenn sie etwas abgeben
müßte, so sparsam wie möglich zu sein. Ihre Minister
hörten also den Vortrag des österreichischen Gesandten mit
großer Kälte an. Der bayerische Tausch, sagten sie, hätte
sich jetzt auch ohne eine polnische Teilung erreichen lassen;
indessen hätte freilich die französische Revolution alle Zu=
stände verwandelt, und so müsse man wohl auf eine Ent=
schädigung für Preußen bedacht sein. Ostermann setzte hin=
zu: aber die ernsteste Erwägung ist hier jedenfalls nötig —
und der Staatsrat Markoff fand überhaupt, daß ein halber

Feldzug gegen Frankreich um so weniger eine starke Machterweiterung für Preußen rechtfertige, als Oesterreich im Grunde durch den Tausch an Länderbestand gar nichts gewinne [1]). So nahmen sie die Sache zu weiterem Bericht und erklärten, daß vor allem die persönliche Beratung der beiden deutschen Monarchen abzuwarten sei.

Die österreichischen Minister konnten fürs erste eine andere Wirkung ihrer Vorschläge nicht erwarten, waren aber längst von Aerger über Rußlands herrischen Uebermut erfüllt und freuten sich, mit Preußens Rückhalt endlich wieder der stolzen Zarin ihre ebenbürtige Selbständigkeit zeigen zu können. In dieser Gesinnung wies Spielmann den Gesandten in Petersburg sehr ausdrücklich an [2]), allerdings auch jetzt die Freundschaft und das Vertrauen Rußlands zu kultivieren, überall aber eine vollständige Gegenseitigkeit in dieser Hinsicht in Anspruch zu nehmen; Rußland müsse überzeugt werden, daß die Zeit vorüber sei, in der man ihm in allen Stücken schmeicheln, alle seine Launen ertragen, alle glatten Worte für bare Münze nehmen mußte. Vielmehr sei stets in demselben Tone zu antworten, in welchem Rußland rede, und jeder russische Vorwurf in der leichten und vornehmen Weise abzulehnen, deren sich bisher Rußland bei jeder noch so begründeten Klage bedient habe. Eine solche Haltung war natürlich nicht geeignet, die seit Leopolds Tagen, wie wir wissen, sehr gereizte Stimmung Katharinas gegen Oesterreich zu verbessern. Vom Standpunkte des Wiener Hofes war natürlich gegen Spielmanns Streben nichts zu erinnern: nur ist es einleuchtend, daß, je mehr man auf Rußlands Freundschaft verzichtete, desto höher die Bundeshülfe Preußens für Wien im Preise stieg. Doppelt wichtig wurde jetzt der freundschaftliche Abschluß der Entschädigungsfragen.

Es war das Verhängnis des Revolutionskrieges, daß diese entscheidende Verhandlung in demselben Augenblicke, in welchem man sie amtlich begann, für immer vergiftet wurde.

---

[1]) Nach den Berichten des Grafen Goltz.
[2]) Vivenot, Quellen, II, 131.

König Franz war am 5. Juli einhellig zum römischen Kaiser erwählt worden und an demselben Tage von Wien nach Frankfurt abgereist, wo am 14. die Krönung in althergebrachter Weise stattfand. Am 17. versammelten sich dann die anwesenden Konferenzminister bei ihm zur Feststellung der mit Preußen zu vereinbarenden Punkte. Man war einig über die möglichste Beseitigung der französischen Prinzen und Emigranten sowie über ein an das französische Volk zu erlassendes Manifest, worin die deutschen Heere gleichsam als Schutzengel der Ruhe und Ordnung darzustellen, aber die heftigsten Drohungen gegen die Urheber irgend einer Gefährdung der königlichen Familie zu erlassen seien. Bei der Entschädigungsfrage aber traten abweichende Meinungen hervor. Das Protokoll und die ihm beiliegenden Separatvoten zeigen, daß Spielmann den bayerisch=belgischen Austausch geradezu als das summum bonum der österreichischen Monarchie darstellte und für diesen allgemeinen Satz auch die Zustimmung der Konferenz erlangte. Man wollte also Preußen auffordern, in London und in Zweibrücken jeden Widerspruch zu verhindern, während Oesterreich seinerseits die Unterhandlung in München eröffnete. Hierüber sollten klare Bestimmungen schriftlich festgestellt werden. Ueber die polnische Frage würde man die russische Rückäußerung erwarten. So weit gab alles die besten Aussichten. Jetzt aber bemerkte Feldmarschall Lacy, daß, während Preußen durch die polnische Erwerbung einen positiven Zuwachs erhalte, der belgische Tausch nur vermöge der näheren Lage Bayerns dem Kaiser Vorteil bringe, das österreichische Gebiet aber nicht vergrößere, ja in finanzieller Hinsicht sogar Einbuße drohe. Es müsse also für Oesterreich die Erwerbung noch durch sonst einen Zusatz verbessert werden, und somit beantrage er, von Preußen gegen Vergrößerung der polnischen Provinz die Abtretung von Ansbach und Baireuth an Oesterreich zu verlangen. Spielmann that das mögliche, um die mächtigen Vorteile des Tausches auch ohne einen solchen Zusatz anschaulich zu machen; und schwerlich wird er Zweifel gehabt haben, daß nimmermehr auf Preußens

Zustimmung zu Lacys Antrag zu hoffen war, vielmehr diese plötzlich auftauchende Forderung das eben heranreifende Einverständnis der beiden Höfe auf das schwerste erschüttern mußte. Im günstigsten Falle war es unvermeidlich, daß sich darüber der Abschluß der Verhandlung hinauszog, ein Uebelstand, mißlich in jeder Hinsicht für die bevorstehende kriegerische Thätigkeit und vor allem bedenklich für den ersehnten Austausch selbst, der bei einer Verschleppung der preußischen Unterschrift nur zu leicht nach der Voraussagung des Fürsten Kaunitz zur Chimäre werden konnte. Aber auf Lacys Seite traten der Fürst Rosenberg und der beim Kaiser sehr einflußreiche Graf Colloredo, und das Höchste, was Spielmann erreichte, war ein Beschluß, daß, wenn die Markgrafiate durchaus nicht zu erlangen wären, dann immerhin noch der zusatzlose Austausch Belgiens vorgeschlagen werden sollte. Würde auch dieser aus irgend welchem Grunde nicht durchzuführen sein, so meinte Cobenzl, es müsse dann Frankreich, der Urheber des Angriffs, schließlich die Kriegskosten durch Abtretung von Grenzbezirken Hennegaus und Flanderns tragen.

Mittlerweile war der König von Preußen seinem Heere nachgereist, dessen Kolonnen sich bei Koblenz zu dem Angriffe auf Frankreich sammelten: am 19., 20. und 21. Juli hatte er mit seinem hohen Verbündeten die verabredete Zusammenkunft in Mainz. Aus allen Landen des Reiches strömten dazu erlauchte und hervorragende Teilnehmer herbei. Eine große Anzahl von Reichsfürsten erschien mit stattlichem Gefolge, Prälaten und Offiziere drängten sich in allen Farben, über zehntausend Fremde belebten die Stadt. In dem Schlosse des behäbigen Kirchenfürsten erscholl ununterbrochen die Festmusik zu Schmaus, Konzert und Ball; abends spiegelte der Rheinstrom auf seiner weiten Fläche die funkelnden Erleuchtungen wieder; genug, es war, als wollte das alte Reich auf diesem seinem ursprünglichen und klassischen Boden noch einmal vor dem Beginne des Todeskampfes alle Reste seiner Pracht entfalten. Unter den rauschenden Festlichkeiten verging der erste Tag der Zusammenkunft ohne geschäftliche

Thätigkeit. Am 20. Juli berieten zuerst der Herzog von Braunschweig, Lacy und Hohenlohe-Kirchberg die nächsten militärischen Schritte; dann besprachen die Staatsmänner die Behandlung der Emigranten; wir werden das Ergebnis uns sogleich vergegenwärtigen. Erst am 21. gelangte man, nachdem wieder von Emigranten und dann auch von Truppenkontingenten der kleineren Reichsfürsten sowie von dem hessischen Begehren des Kurhutes die Rede gewesen, zu der wichtigen und leider jetzt auch schwierigen Frage der Kriegsentschädigung für die beiden Mächte. Schulenburg erkannte ohne Bedenken den Grundsatz völliger Gleichheit der beiderseitigen Erwerbungen an; hierauf erörterten ihm dann die österreichischen Staatsmänner, daß der Besitz Bayerns zwar politisch vorteilhaft für Oesterreich sei, in den Finanzen aber gegen Belgien zurückstehe und mithin Oesterreich noch irgend eine weitere Verbesserung seines Loses und zu diesem Zwecke die Abtretung von Ansbach und Baireuth begehren müsse. Schulenburg, durch diese Forderung auf das höchste überrascht, erklärte auf der Stelle, daß der König sich zu einem solchen Verzichte auf ein uraltes Stammland seines Hauses nicht herbeilassen werde. Die Oesterreicher fragten darauf, worin sonst jener von ihm als gerecht anerkannte Zuwachs ihrer Erwerbung bestehen sollte. Schulenburg dagegen fragte zurück, wie in jenem Falle Preußen für den Verlust der beiden Markgrafschaften weiter schadlos zu halten wäre. Die Oesterreicher waren darüber nicht im Zweifel; dann sei, meinten sie, Preußens Erwerbung in Polen in entsprechender Weise zu vergrößern; Schulenburg selbst würde angeben können, wie weit unter dieser Voraussetzung Preußen seine Grenze in Polen vorrücken werde. Schulenburg ließ sich in der That zu einer solchen Erwägung herbei und bezeichnete die Palatinate Posen, Gnesen, Kalisch, Kujavien nebst einem Stück von Sieradien bis zur Prosna, erklärte aber, darüber nicht das geringste abschließen, sondern alles nur zum Berichte nehmen zu können. Uebrigens war er bereit, für den belgischen Tausch sowohl in Zweibrücken als in London zu wirken, und hatte auch nichts dagegen einzuwenden, daß bei glücklichem Verlaufe des Krieges Belgien durch Hinzufügung eines französischen Grenzstrichs dem Hause Wittelsbach schmackhafter gemacht würde.

Es war der letzte Tag der Zusammenkunft. Man ging also auseinander, nicht gerade in Unfrieden, aber ohne irgend ein festes Ergebnis, eine Zukunft vor sich voll von Unsicherheit und streitigen Punkten. Den Eindruck, welchen Lacys Antrag in Berlin gemacht hatte, sprachen Finckenstein und Alvensleben am 27. Juli ihrem Kollegen aus: wir sind wahrhaft empört, daß Oesterreich einen solchen Vorschlag gewagt hat; niemals hat bisher ein Wort davon verlautet, wie oft wir auch auf klare Auskunft über die Entschädigung gedrungen haben; es hieße Deutschland teilen in einer unseren wesentlichen Interessen entgegengesetzten, Oesterreich allein vorteilhaften Weise.

Eine zweite, kaum weniger bedeutende Verhandlung, welche dort in Mainz gepflogen wurde, kam zu einem ebenso unzureichenden Ergebnis. Es führte sie in tiefem Geheimnisse ein schlichter und titelloser Mann, welcher unter den Hunderten, die sich geschmückt und glänzend um die Majestäten drängten, kaum bemerkt wurde, der Abgesandte Ludwigs XVI., Mallet du Pan. Nachdem ihn die Monarchen äußerst huldreich empfangen, hatte er lange Erörterungen mit Cobenzl und Haugwitz. Es kamen darin zunächst die alten Wünsche Ludwigs XVI. zur Sprache: die Mächte würden nur völkerrechtliche Beschwerden erheben, sich auf keine Unterhandlung als mit dem befreiten Könige einlassen und diesem die Ordnung der inneren Angelegenheiten völlig anheimstellen. Beide Staatsmänner erklärten sich damit einverstanden. Sie verwahrten sich zunächst gegen jeden Plan einer eigenen Vergrößerung auf Kosten Frankreichs: sie gaben mir darüber volle Gewißheit, meldete Mallet; er war scharfblickend genug, um die sicherste Bürgschaft dafür, die Eifersucht zwischen beiden Höfen, nicht zu verkennen. Dann aber gaben diese Konferenzen dem sinkenden Ansehen der Ausgewanderten den letzten Todesstoß. So hoch ihre Gunst eine Zeitlang in Berlin gestanden, so hatten sie sich auch dort durch die Unerschöpflichkeit ihrer Ansprüche, die Verwirrung ihrer Intriguen, vor allem aber durch innere Zwietracht wesentlich geschadet. Es gab damals drei Parteien unter ihnen, die sich bis auf den Tod befehdeten: auf den Grafen Artois hatte noch immer Calonne den größten Einfluß, der soeben durch den Plan, den Grafen von Provence als Regenten zu proklamieren, in den Tuilerien wieder den lebhaftesten Anstoß gegeben hatte. Auch Mallet mußte Hinberungen aller Art für seine Sendung von ihnen erfahren: jetzt empfing er denn die Genugthuung, die Mächte gründlich gegen sie erbittert zu sehen. Wo haben sie nach allen Prahlereien ihre Waffen, fragte Cobenzl, wozu soll man sie gebrauchen, was wird ihre Mitwirkung nützen? Sie wollen, setzte Haugwitz hinzu, die Herstellung des alten Staatswesens, und doch scheint die große Mehrheit des französischen Volkes so heftig dagegen erbittert. Mallet bestätigte dies mit möglichstem Nachdruck, und als er wiederholt auf den Gegensatz zwischen dem Systeme Calonnes und Ludwigs XVI. aufmerksam machte und die Uebelstände des ersteren erörterte, antwortete Cobenzl mit der Erklärung: die Mächte haben keine andere Ansicht darüber [1]).

Hierauf wurde noch am 20. Juli beschlossen, die Emigranten überhaupt nirgend in einer großen Masse auftreten zu lassen, um ihre politische Bedeutung völlig zu schwächen. Höchstens 8000 Mann sollten mit Braunschweig marschieren, höchstens 5000 sich den Oesterreichern im Breisgau, höchstens 4000 den kaiserlichen Truppen in Belgien anschließen. Man wollte ihnen Brot und Fourage liefern und den Prinzen zu ihrer Ausrüstung noch einmal 200000 Gulden schenken. Dies wird, heißt es in dem Vertrage, unwiderruflich die letzte Zahlung sein: nehmen die Prinzen diese Bedingungen nicht an, so wird man sie völlig und öffentlich ihrem Schicksal überlassen. Der kleine Hof zu Koblenz, der sofort davon in Kenntnis gesetzt wurde, nahm es mit ohnmächtiger Bitterkeit auf. Es waren nicht bloß eigensüchtige Gründe, welche

---

[1]) Die Aktenstücke im ersten Bande der Malletschen Memoiren.

den Zorn dieser Ritter erregten: bei allem Aerger, daß die gute alte Zeit nicht hergestellt werden sollte, wirkte auch der Stolz, daß die im Grunde verachteten Fremden die Hauptrolle übernähmen, statt sich gebührendermaßen den Enkeln des heiligen Ludwig unterzuordnen. Denn der Nationalsinn lebte in Koblenz wie in Paris: hatte man doch bemerkt, daß nach Birons Schlappe bei Mons die alten Edelleute über das Unglück ihrer revolutionären Landsleute geweint hatten[1]). Das ärgste war, daß Ludwig XVI. selbst zu jener Entwürdigung seiner Brüder aufforderte: sie erklärten es sich höchstens aus dem Einflusse Marie Antoinettes, der Fremden, der Oesterreicherin: und sie, die Kämpen des Feudalthrones, stimmten so in die Schmähungen der Jakobiner ein. Dieser Zorn gegen die Fremden, bei denen man um Hülfe bettelte, und gegen die Königin, zu deren Rettung man auszog, ist niemals verloschen und hat auch in die geschichtliche Litteratur der Zeit ebenso viele Lügen ergossen wie der entsprechende Parteihaß der Revolutionäre[2]).

Auf das dringendste betrieb nun Mallet den Erlaß eines Manifestes, durch welches der Charakter des Krieges dem französischen Volke feierlich bezeichnet würde. Er forderte kräftige Drohungen gegen die Jakobiner und beruhigende Zusicherungen für die friedfertige Bevölkerung, jene, um die unglaubliche Sicherheit des Pariser Publikums über den Krieg zu zerstreuen, diese, um die Masse des Volkes von den Faktionen zu trennen. Deshalb möge man auch keine bestimmte Verfassungsreform, sondern nur Freiheit für Ludwig XVI. als alleinigen Reformator und Friedensstifter begehren. Daß es allerdings nicht klug gewesen wäre, bei

---

[1]) Stramberg, Koblenz, aus gleichzeitiger Aufzeichnung.
[2]) Dahin gehört vor allem Michauds Erfindung über den Feldzug in der Champagne (biogr. univ. suppl. art. Dumouriez u. a.), die leider durch den gelehrten, aber skandalsüchtigen rheinischen Antiquarius auch in Deutschland eingeschleppt worden ist, während sie in Frankreich (Spectateur militaire XXXIII) ihre gebührende Abfertigung gefunden hat.

der Unsicherheit des ganzen Zustandes einzelne Verfassungsparagraphen zu weissagen, liegt auf der Hand: nichtsdestoweniger wird man eine wesentliche Lücke in Mallets Vorschlägen nicht verkennen. Er war einverstanden mit den beiden Ministern, daß der Krieg einmal keine deutsche Eroberung, sodann aber, daß er nicht die Herstellung des Feudalstaates beabsichtigte. Für den Zweck des Manifestes war offenbar die eine Zusicherung ebenso wichtig und ebenso thunlich wie die andere: in Mallets Entwürfen war aber unglücklicherweise nur von der einen die Rede. Und doch war es gewiß, daß der Gedanke an das alte Regime ebenso viele Herzen in Frankreich sieden machte wie das Bild einer fremden Unterjochung; und doch ließ sich seine Beseitigung vollziehen, ohne irgend einer künftigen Staatsform unbedachtsam vorzugreifen. Auf drei Punkte kam es vor allem an, die mit der Verfassung im engeren Sinne und den Rechten des Königs nicht das mindeste zu schaffen hatten, deren Notwendigkeit von Ludwig XVI. längst anerkannt war, und die für die unermeßliche Mehrheit des Volkes die wichtigste Angelegenheit des Daseins bildeten: die Zugänglichkeit aller Aemter und Ehren für alle Stände, die Aufhebung der gutsherrlichen Rechte, die Abschaffung der Kirchenzehnten. Wir haben oben wahrgenommen, welche Bedeutung diese Fragen für die politische und kriegerische Stimmung des Volkes hatten: nichts wäre wichtiger gewesen, als durch eine unzweideutig beruhigende Erklärung über dieselben dem Kriege seinen revolutionären Stachel zu nehmen.

Statt dessen fielen Mallets Pläne in die Hand eines eifrigen Emigranten, des Marquis' Limon, der ein zum Teil auf Mallets Entwurf gegründetes Manifest verlegte und zunächst den Kaiser Franz um so leichter zur Genehmigung desselben bestimmte, als die vorgeschlagene Redaktion vollkommen zu den Frankfurter Beschlüssen vom 17. Juli stimmte [1]). Hier war statt eines Zusatzes gegen den Feudal-

---

[1]) Mallet. Nachher wurde auch Schulenburg und durch diesen der König gewonnen.

staat nur eine maßlose Steigerung aller Drohungen eingetreten, so daß der Mangel jeglicher Würde nicht einschüchtern, sondern nur erbittern konnte. Der Herzog von Braunschweig hatte nicht die Kraft, seine Bedenken darüber dem Willen der Monarchen entgegenzusetzen, und unterzeichnete das Manifest am 25. Juli. Welche Wirkungen es hervorbrachte, haben wir bereits gesehen.

Zweites Kapitel.

Herrschaft des Pariser Gemeinderates.

So weit waren die schlaffen und verwickelten Bewegungen des alten Europa gediehen, als in Paris der Ausbruch erfolgte, welcher das Königtum und die Verfassung von 1791 in Trümmer warf. Den Menschen, welche ihn hervorriefen, war es bestimmt, einen Kampf auf Leben und Tod mit dem ganzen Weltteil zu bestehen und ihr ganzes Land in ein unermeßliches Kriegslager zu verwandeln. Einstweilen jedoch schwankte die Lage, durch die Entfesselung aller Leidenschaften erschüttert, in völliger Ungewißheit. Welche Bahn die siegreiche Revolution einschlagen würde, wußte außer den Mauern der Hauptstadt kein Mensch. Wie das Land über den 10. August urteilen möchte, war den Siegern selbst am zweifelhaftesten. So verwirrt war der Lärm der Parteien in allen Provinzen, daß das Unvermutetste nach jeder Richtung möglich erschien. Die erste Sorge der Nationalversammlung richtete sich demnach auf Ergreifung der materiellen Gewalt: noch in der Sitzung des 10. August sandte sie die Kommissare aus ihrer Mitte an die Heere, um diese in Eid und Pflicht zu nehmen. Am 13. erließ sie dann ein Manifest an die Nation, erörterte die Notwendigkeit des Aufstandes und forderte sie auf, ihre Zukunft durch einen Nationalkonvent selbst zu ordnen.

Allgemeine Anerkennung des 10. August.

Weder die geheime Instruktion jener Kommissare noch der offene Wortlaut dieses Aufrufs zeugte von einer starken Sicherheit des Erfolges. Condorcet, der Verfasser der Adresse, hütete sich vor der leisesten Hindeutung auf Republik, ja er redete nicht einmal von dem Hauptgegenstande der letzten wildesten Debatte, von General Lafayette. Dies war vollkommen richtig berechnet. Denn in der Masse der Bevölkerung war für solche Streitfragen nicht das mindeste Interesse, und die Mehrzahl derer, welche noch auf politische Händel achteten, wollten von dem Sturze Ludwigs XVI. so wenig wie von der Herrschaft des Pariser Stadtrates wissen. Es gab aber zwei Gedanken, in denen das Land einig war: Abscheu gegen das alte Regime und Zorn gegen die Einmischung der Fremden. Alles kam für die herrschende Faktion darauf an, unter Zurücksetzung jeder weiteren Meinungsverschiedenheit sich an die Spitze dieser Nationalgefühle zu setzen, Ludwig als den Genossen der verbündeten Auswanderer und Mächte darzustellen und der Nation nur zwischen dem 10. August und völliger Sklaverei die Wahl zu lassen.

Diese Täuschung war bereits vorhanden. Wohin die Kommissare kamen, fanden sie die Gemüter in Erhitzung und die Massen in Bewegung. Alles Treiben der Parteien übertönend, regte sich in sämtlichen Departements der kriegerische Eifer. Nachdem die Gefahr des Vaterlandes erklärt worden, strömten die Freiwilligen zu den Fahnen, ließen sich bei ihren Gemeinderäten einschreiben und warteten auf Ausrüstung und Marschbefehl. Hier war, mit Ausnahme eines kleinen Bezirks der Bretagne, kein Unterschied zwischen den Provinzen. Das Nationalgefühl beherrschte jedes andere: die Demokraten wollten kämpfen, um die Freiheit vor den Preußen zu erretten; die Konstitutionellen nahmen auch die Tyrannei des Pöbels auf sich, um den heiligen Krieg gegen die Fremden nicht zu stören. Im Elsaß hatte wenige Tage vor dem 10. die ganze Bevölkerung von Straßburg eine kräftige Adresse gegen die Jakobiner unterzeichnet — der dortige Klub brachte nur 500

Menschen dagegen zusammen — aber man hatte auch ein neues Bataillon zur Grenzverteidigung gerüstet und sah keine Möglichkeit des Krieges, wenn man den letzten Mittelpunkt, die Nationalversammlung, aufgebe. Aus Orleans hatten Departementsbehörden, Stadtrat und 600 Bürger Adressen gegen den 20. Juni eingesandt: aber Anfang August boten sie ihre Jugend zur Bildung von Freikompanien auf, beklagten am 10. das Schicksal des Königs und schickten ihre Rekruten gegen seine Befreier in das Feld. In Brest erörterte der Prokureur des Departements, Belval, ehe man Nachrichten über den 10. August hatte, daß die Absetzung des Königs höchst gefährlich und wegen ihrer Folgen verwerflich sei; aber, schloß er, werde sie ausgesprochen oder verworfen, die Nationalversammlung muß unser gemeinsamer Mittelpunkt bleiben, oder Frankreich geht unter. Diese Stimmung zeigt sich in hundert und aber hundert Dokumenten der Zeit: sie machte sich um so stärker geltend, als sie sich zugleich auf die Stärke und Schwäche der menschlichen Natur stützte und neben dem nationalen Patriotismus zugleich den Vorteil gefahr- und arbeitsloser Unthätigkeit bot. Die Begeisterung für politische Ideale war durch den Unfug der Revolution verbraucht: wir sind ja frei genug, fanden die einen, wozu uns noch weiter erhitzen? — wir sind viel zu frei, sagten die anderen, was helfen die Menschenrechte, wenn jeder Proletarier nach jeder Börse greifen kann? Die Jakobiner hatten über diese Stimmung der Massen durchaus keinen Zweifel und sorgten nicht wenig darüber. Am 10. August, sagt ein Girondist, haben 3000 Arbeiter Frankreich zur Republik gemacht. Ein anderer fand, daß die große Mehrzahl für die Konstitution schwärme und in den Städten sogar die Sehnsucht nach dem alten Despotismus sich rege: man sei republikanisch nur aus Furcht vor der Guillotine. Wie die Gironde reden auch die Cordeliers. Das damalige Hauptorgan der Jakobiner in der Presse, die „Revolutionen von Paris" erkennen es in gleicher Weise an; sie schreiben es freilich den Umtrieben des Hofes und der Reichen zu, sie bezeugen aber die Thatsache, daß dieselben Menschen, welche

1789 alles für die Revolution gethan, 1792 ihre Kräfte dem Könige widmeten, womit denn zusammenhänge, daß Braunschweig nicht mehr von Gegenrevolution, sondern nur von Herstellung der Ordnung rede. Vielleicht vier Fünftel der Nation hatten keinen lebhafteren Wunsch, als daß eine kräftige Regierung Ruhe im Lande erschaffe und die Bürger von der politischen Arbeit erlöse. Eben deshalb aber fügten sie sich auch einer jakobinischen Regierung, weil sie bei einer Opposition selbst hervortreten und mit ihrer Person hätten einstehen müssen. Hatte die Nationalversammlung mit der Suspension des Königs einen ungesetzlichen Schritt gethan, so war individueller Widerstand gegen ein Dekret der Nationalversammlung eben auch nicht gesetzlich. Nirgendwo im Lande existierte eine Organisation, in welcher die königlich Gesinnten sich hätten zusammenfinden können: die einzige Vereinigungsform, welche damals Kraft und Leben besaß, waren die Klubs, und diese standen gerade in der ersten Linie der Revolution. Hier war Eifer, Energie und Einigkeit: der Zwist zwischen Gironde und Bergpartei, welcher die Pariser Jakobiner spaltete, war in der Provinz noch nicht sichtbar, alle arbeiteten rüstig für einen Zweck. Die Konstitutionellen dagegen waren in offenem Hader mit dem Anhang der altgläubigen Priester und voll von Mißtrauen gegen die auswärtigen Verbindungen des Königs. So ließ man sich gefallen, was man nicht ändern konnte, und fand seinen Trost wenigstens darin, daß man jetzt mit vereinten Kräften dem auswärtigen Feinde entgegentreten würde. Von allen Seiten erhielt die Nationalversammlung Nachricht, daß das Land sich der Revolution unterwerfe, die vollbrachte Thatsache annehme und die Wahlen zum Nationalkonvente vorbereite [1]).

Der einzige Punkt, welchen die Gironde vom ersten Augenblicke an mit Recht für gefährlich hielt, war unter diesen Umständen das Lager des Generals Lafayette. An

---

[1]) Ganz zu demselben Ergebnis kommt nach umfassender Prüfung der Akten, sowohl der Nationalversammlung als der Departements, der gründlichste französische Forscher, Mortimer-Ternaux.

ihm, als dem ältesten Sohne der Freiheit, wie ihn seine Freunde nannten, hingen unzählige Blicke. Seine Armee war ihm grünblich ergeben. Er selbst hatte längst alle Brücken zur Versöhnung mit den Demokraten hinter sich abgeworfen. Die Nachricht von der Revolution des 10. August erhielt er nach sechsunddreißig Stunden[1]), zuerst durch einen aus dem Gemetzel entflohenen Nationalgardisten, dann durch einen Offizier seines Heeres, der am Abend des 10., die Pistolen in der Hand, durch die Barrieren gedrungen war. Nur wenige Märsche war er von Paris entfernt, das preußische Heer an diesem Tage noch jenseits der Grenze, in Konz an der Mosel, wenigstens eine Woche hatte er vor sich, ehe die Preußen seine Stellung erreichen konnten. Wäre es möglich gewesen, diese Tage zu einem Handstreich gegen Paris zu benutzen! Erschien er dort auch nur mit einigen treuen Regimentern, höchst wahrscheinlich hätte die Bürgergarde sich um den alten Führer geschart[2]); der Mehrheit der Nationalversammlung war er nach der Abstimmung des 8. sicher; einige scharfe Salven auf die Marseiller hätten vielleicht ausgereicht, um den Mittelpunkt der Regierungsgewalt wieder in konstitutionelle Hände zu bringen. Dann hätte ihm so wenig wie jetzt der Revolution die Zustimmung der Provinzen gefehlt, denn auch er hatte ja die Absicht, sich den Preußen entgegenzuwerfen und keine auswärtige Einmischung zuzulassen. Es war ein Unternehmen, voll von Gefahr, bei dem die Versäumnis einer Stunde die Niederlage gegen Jakobiner oder Preußen herbeiführen konnte. Aber es war auch der einzige Weg. Alles hing ab von dem Besitze der Hauptstadt, von Schnelligkeit und Energie des Handelns.

Um so bringender war ein solches Auftreten, als er zwar in seinem Lager zu Sedan des Vertrauens der Soldaten genoß, sonst aber in den Armeen sowohl die Gironde

---

[1]) Lafayette VI, 242.
[2]) Am 28. Juni kam er ohne Truppen, und hatte dennoch einen Augenblick die Aussicht, die Bürgergarde mit sich fortzureißen

als die Bergpartei sehr wichtige Anhänger zählte. Der alte Gegensatz des Angriffs- und Verteidigungskrieges war nicht erloschen, sondern durch die letzten Parteikämpfe nur noch geschärft worden. Die Rheinarmee stand seit Mitte Juli unter dem Befehle der Generale Biron und Custine: jener war als alter Orleanist von jeher gegen Lafayette eingenommen, dieser hatte sein Heil überhaupt auf die Revolution und den Krieg gesetzt, beide hatten sich längst vor dem 10. August den hitzigsten Parteien zur Verfügung gestellt. Wir kennen bereits den Führer des Südheeres, den General Montesquiou, und dessen Freundschaft mit der Gironde; er fand jetzt sein Gewissen beruhigt, daß er nach Kräften von der Revolution abgeraten hatte, und erkannte die vollzogene That mit seinem Heere stillschweigend an. Wie hier die Gironde, so hatte die Bergpartei einen noch wichtigeren Vertreter bei dem Nordheere an Dumouriez. Als Luckner nämlich von dort nach Metz abging, sollte Dumouriez mit seiner Division folgen, benutzte aber eine unbedeutende Rekognoszierung der Oesterreicher gegen Orchies, um seinem nächsten Vorgesetzten, dem General Arthur Dillon, die Gefahr seines Abmarsches begreiflich zu machen, und blieb trotz aller Befehle in seiner Stellung. In diesem Augenblicke gebrauchte Robespierres Freund, Couthon, ein Bad im Norddepartement; Dumouriez verständigte sich mit ihm in dem gemeinsamen Zorne gegen Lafayette, und trotz alles Wütens des Marschalls hinderten die Pariser Jakobiner das Kriegsministerium, gegen Dumouriez Ungehorsam einzuschreiten. Wir werden sehen, welche Gefahren für Frankreich aus diesen Umtrieben entsprangen: für den Augenblick aber war Dumouriez ganz Jakobiner und erfüllte seine Division mit der reinsten demokratischen Begeisterung.

Alle diese Verhältnisse konnten Lafayette nicht unbekannt sein. Wenn er solchen Gefahren gegenüber zurückwich, so hätte ihn niemand der Zaghaftigkeit, wenn er diktatorisch und hart auftrat, niemand eines verbrecherischen Ehrgeizes anklagen können. Aber zu selbstgefällig für das eine, zu schlaff für das andere, schlug er gerade den unheilvollsten

Weg ein. Er erklärte, gegen die Jakobiner kämpfen zu wollen, und steckte mit dieser Erklärung sein Schwert in die Scheide. Er glaubte, es nicht wagen zu dürfen, angesichts der preußischen Invasion sein Lager zu verlassen. Er kam aber auch nicht aus den Anschauungen der formellen Gesetzlichkeit heraus, obgleich ihm mit völlig rechtlosen Gewalthabern ein Treffen auf Leben und Tod bevorstand. Sein erster Gedanke war nicht die Auswahl der Regimenter, die zu einem Angriffe auf die Pariser Sansculotten brauchbar wären, sondern die Frage, unter die Befehle welcher Civilbehörde er sich zu stellen hätte. Denn er wollte ja die Verfassung verteidigen, und die Verfassung schrieb vor, daß die bewaffnete Macht stets und wesentlich gehorchend sei. So wartete er auf das Volk in einem Augenblicke, wo das Volk keine andere Bestimmung hatte, als der raschesten und kräftigsten Diktatur anheimzufallen. Seine Meinung war, die Direktoren der Departements als die höchsten Civilbehörden zu einem Kongreß zu vereinigen und diesen als neue Volksvertretung der rebellischen Minderheit des Reichstages entgegenzustellen. Die Departements der Nordgrenze waren dazu bereit, auch die Stadträte zeigten eifrige Teilnahme. Als Kersaint und seine Kollegen in Sedan eintrafen und die Anerkennung des 10. August verlangten, ließ sie der Stadtrat verhaften. Das Direktorium des Departements erließ dann auf Lafayettes Begehren eine Aufforderung an alle seine Kollegen, und darauf, statt zu handeln und das Land mit sich fortzureißen, wartete man wieder ab, was das Land sagen würde. Da erfuhr man dann rasch nacheinander, daß alle einzelnen sich dem Gebote der Pariser Gewalten fügten und alle Generale furchtsam oder begeistert den 10. August anerkannten. Kein Departement ließ etwas von sich hören. Die Volksstimme schwieg, Lafayette sagte: mein Leben lang habe ich für bürgerliche Freiheit gestritten, ich kann meine Mittel nicht zu Bürgerkrieg und Militärdiktatur verwenden. Die gefangenen Kommissare ließen ihm sagen, er möge sich erklären, es komme nur auf ihn an, die Leitung der neuen Herrschaft in die

Hand zu nehmen¹). Auch der Minister Servan schrieb ihm noch am 16. August entgegenkommend und alle Hülfe verheißend. Allein Lafayette wußte zu gut, daß hier an keine Versöhnung zu denken sei: auch war alle diese Freundlichkeit nur eine Falle, da das Ministerium schon am 14. seine Absetzung beschlossen hatte²), und Servan am 16. dem General Dumouriez die Ernennung zum Chef des Nordheeres an Lafayettes Stelle zugehen ließ. Schon waren dessen Truppen, die im ersten Augenblicke dem Generale überallhin gefolgt wären³), durch jakobinische Sendboten bearbeitet und durch das Beispiel ihrer flandrischen Waffengenossen unsicher gemacht worden. In Paris war man über die Vorgänge zu Sedan unterrichtet, sandte neue Kommissare ab und bereitete energische Maßregeln vor. Lafayette fand, seine weitere Anwesenheit könne dem Vaterlande nur noch Schaden bringen. Was er thun konnte, um trotz seiner Entfernung das Heer in gutem Verteidigungsstande zu erhalten, that er noch in den letzten Stunden. Er gab seine Befehle für den Fall eines unvermuteten feindlichen Angriffs, bat Luckner, bis auf weitere Verfügung die oberste Führung zu übernehmen, und verließ am 19. abends das Hauptquartier, um über Belgien den neutralen englischen Boden zu erreichen. Dreiundzwanzig Offiziere verschiedener Grade und nahe an tausend Soldaten⁴) schlossen sich ihm an. In denselben Stunden setzte ihn die Nationalversammlung wegen Hochverrats in Anklagestand; den folgenden Tag wurde er von den Oesterreichern verhaftet und auf Betreiben des Königs von Preußen wegen seiner Vergehungen gegen Ludwig XVI. als Staatsgefangener festgehalten.

So war diese erste Besorgnis von dem Haupte der Pariser

---

¹) VI, 148.
²) Mortimer-Ternaux III, 50.
³) Kerfaints Bericht am 28. August: noch nach der Entfernung Lafayettes haben einige Armeecorps seine früheren Ordres respektiert und vollzogen. Dumouriez, mémoires: zwei Drittel des flandrischen Heeres sind gänzlich fayettisiert. Ebenso Beaulieu.
⁴) Schreiben Dampierres C. N. 23. April 1793.

Demokraten abgewandt. Frankreich hatte sich ihr unterworfen. Sie hatte jetzt die Aufgabe, die mit einem kühnen Handstreiche gewonnene Herrschaft zu behaupten; sie war dazu in vollem Maße, mit unbeschränktem Eifer und ohne Scheu vor irgend einem Mittel entschlossen. Die Zeit der halben Maßregeln war vorüber, es kam jetzt darauf an, die letzten Konsequenzen der Menschenrechte zu ziehen. Dort auf dem Stadthause zu Paris, wo die wahren Sieger des 10. August tagten, sprach man wohl noch sehr viel von der Freiheit und beinahe unaufhörlich von der Gleichheit: untereinander aber machte man kein Hehl daraus, daß es nicht auf die Rechte aller, sondern auf die Herrschaft der Proletarier und durch diese der Demagogen ankomme. Man wollte Rache für die Vergangenheit, Genuß für die Gegenwart, Sicherheit für die künftige Macht. Man hatte dafür jetzt eine Menge Mittel, die Hülfsquellen der Staatsgewalt und die Organisation der Klubs, Gesetze und Waffen, Volksredner und Banditen. Alles faßte man in dem einen Worte zusammen, welches hier mit staatsmännischer Kälte, dort mit glühender Leidenschaft und zuletzt mit cynischer Stumpfheit ausgesprochen wurde: Vernichtung aller Widersacher. Wenn man jeden Anderswünschenden niedermachte, so hatte man alles auf einmal, Rache, Beute und sichere Gewalt. Wenn man die Feinde der Freiheit erdolchte, so hatte natürlich die Freiheit keine Gefahr weiter von außen zu bestehen. Eigensucht und Fanatismus arbeiteten sich gegenseitig in die Hand. Dieselben Menschen, welche für die allgemeine Gleichheit und die Souveränität aller schwärmten, fanden es doch in der Ordnung, dieses souveräne Volk mit tyrannischer Gewalt unter das Joch ihrer Systeme oder ihrer Begierden zu beugen. Hier war nichts weniger als Verehrung der Kopfzahl; es war im Gegenteil nichts anderes als die Vergötterung des eigenen Ich, dieselbe fanatische Selbstsicherheit, mit der Karl Stuart jeden Verräter des gottentstammten Königtums und Cromwells Puritaner jeden Widersacher der gottbegeisterten Heiligen des Todes würdig erklärten. Jeder soll frei sein, sagten sie, nur nicht die Gegner der Freiheit. Jede Form des Despotismus reicht mit dieser Formel für ihre Rechtfertigung aus.

Daß die Sieger des 10. August bei solchen Stimmungen nicht lange untereinander in Frieden bleiben würden, verstand sich von selbst. Robespierre trat am 11. in die Versammlung des Stadthauses ein, hatte sogleich ein durchgreifendes Ansehen und brachte der Kommune die ganze Fülle seines Hasses und Mißtrauens zu. Er mußte sogar erstaunt sein, unter dieser Umgebung zu den Gemäßigten wenigstens der Form zu zählen. Der wahre Held und Prophet der Versammlung war Marat, der von diesem Augenblick an seine politische Rolle eigentlich erst begann. Das Verbot aller royalistischen und konstitutionellen Zeitungen war eine der ersten Maßregeln der neuen Freiheitsbehörde: Marat, der ohne Wahl einer Sektion aus eigenem Berufe als der „Volksfreund" im Stadtrate saß, eignete sich vier Pressen der Staatsdruckerei an und wurde seitdem das amtliche Organ der revolutionären Kommune. Nun leistete er seitdem freilich nichts anderes, als was er seit drei Jahren gethan; er begehrte Sicherung der Freiheit und Wohlstand für die Proletarier stets mit dem einfachen Mittel, Ermordung der Reaktionäre und Einziehung ihres Vermögens. Er gewann auch keinen Einfluß an anderen Stellen, als er ihn früher gehabt, die anderen Führer selbst der Demokraten hielten ihn nach wie vor für einen Halbverrückten. Aber er war seit dem 10. August gestiegen, weil sein Publikum die tonangebende Macht in Frankreich geworden war, eine Macht, die nicht mehr mittelbar wie bisher durch den Lärm der Tribünen und die Einschüchterung der Nationalversammlung wirkte, sondern jetzt unmittelbar sich auf die Geschäfte warf und die Bildung und Sitte der Nation auf den Fuß des niedrigsten Proletariates zu setzen unternahm.

Die Nationalversammlung galt in diesen Kreisen als lau und unzuverlässig. Marat hatte kurz vor dem 10. August vorgeschlagen, die königliche Familie gefangen zu nehmen, die Volksvertreter aber als noch schlimmere Verräter zu decimieren. Robespierre feindete längst niemand heftiger an als Lafayette und haßte niemand grimmiger als die Gironde: unter diese beiden Namen fiel aber ungefähr die ganze Versammlung. Man behielt sie einstweilen bei, weil man sie zur Beherrschung der Departements bedurfte, aber war entschlossen, sie unbedingt in Gehorsam zu halten. Man hatte dafür auch eine sehr bündige Theorie: das Volk übt im insurrektionellen Zustande seine Souveränität unmittelbar, also hat seit dem 10. August die Nationalversammlung den Titel ihres Charakters verloren.

Die Gironde war über diese Gedanken vollkommen unterrichtet. Schon am 11. schlugen einige der girondistischen Führer in dem Ausschusse der Zwölfe vor, durch ein Dekret den Gemeinderat ausdrücklich wieder auf die städtischen Geschäfte zu beschränken. Aber unter ihren Kollegen fanden sich teils Widerspruch, teils Angst vor dem Volke, und der Vorschlag kam gar nicht an die Versammlung. Der Krieg zwischen beiden Gewalten war nichtsdestoweniger erklärt.

Auf dem Stadthause drängten sich indes die Beschlüsse, mit denen man den Besitz der Herrschaft nach allen Seiten ergriff. Zunächst persönliche Verfolgung der besiegten Parteien. Von allen der Wichtigste war der König mit seiner Familie; die Kommune beeilte sich, gegen seine Wohnung im Palast Luxemburg zu protestieren, weil man dort keine Bewachung handhaben könnte; sie ließ es nicht einmal zu, daß die Nationalversammlung ihm das Haus des Justizministeriums anwies, obgleich er dort unter Dantons Aufsicht gestanden hätte. Sie wollte dieses Pfand allein besitzen, sie wollte vor allem keinen auch nur halb anständigen Gewahrsam, sie wollte gewöhnliche, feste Kerkerhaft. Die Nationalversammlung gab nach, lieferte den König an die Kommune aus und ließ ihn am 13. August in den Turm des alten Tempelgebäudes abführen. Hieran schlossen sich, unaufhörlich fortgehend, Verhaftungen aus allen Ständen und Kategorien; damit keiner entrinne, blieben die Barrieren geschlossen und wurden alle Pässe suspendiert. Sonst war der erste Angriff der Verdächtigen die Sache der Friedens=

richter gewesen, jetzt übertrug man Aufsicht, Anzeige und Verhaftung den Sektionsversammlungen, deren damalige Zusammensetzung wir hinreichend kennen gelernt haben. Als höchste Behörde für diese Dinge ernannte der Gemeinderat aus seiner Mitte einen Vollziehungs- oder Wachausschuß von 15 Mitgliedern und verlieh außerdem verschiedenen Kommissaren die unbeschränkte Befugnis, jeden verdächtigen Menschen einzusperren. Er beschloß endlich, daß ein Verzeichnis aller Gegner der Revolution angefertigt und den Geschworenen vorgelegt werden sollte.

Die Nationalversammlung ließ sich diese Dinge gefallen. Die Gironde empfand kein Mitleid mit dem Könige und hatte durch Gensonné die Uebertragung der politischen Polizei auf die Stadträte selbst beantragt. Weiter aber kam die Meldung an den Reichstag, der Stadtrat habe wie die Friedensrichter so auch die Ausschüsse aller Sektionen, den Vorstand und den Rat des Departements wegen ihrer freiheitsfeindlichen Gesinnung außer Thätigkeit gesetzt — er habe also hier ganz unabhängige Lokalbehörden, dort ihm selbst vorgesetzte Beamte mit souveräner Machtvollkommenheit beseitigt. Die Nationalversammlung antwortete durch ein Dekret, welches zwar die Absetzung der bisherigen Mitglieder bestehen ließ, aber die Erneuerung des Departementsrates durch sofortige Wahlen anbefahl.

Der Zorn darüber war nicht gering auf dem Stadthause. Auf den Wegen, die man eingeschlagen, konnte man keine Vorgesetzten gebrauchen. Das Dasein allein einer Aufsichtsbehörde hätte eine gewisse Gesetzlichkeit nötig gemacht, auch wenn jene durchaus mit Parteigenossen besetzt wurde, und einer solchen Besetzung war man bei der Stimmung der Bürger keineswegs sicher. Bis eine vollständige Einschüchterung vorhanden war, durfte es zu keinen Wahlen kommen, und die Jakobiner beschlossen auf der Stelle, die Kommune müsse Beschwerde gegen den Beschluß einlegen und ihre Bitte mit geräuschvollen Beweisgründen unterstützen. So erschien denn Robespierre an der Spitze einer Deputation vor der Barre des Reichstages: ein Keim der

Zwietracht werde durch die Erneuerung des Departements gepflanzt, der Gemeinderat sei von dem Volke gewählt und müsse die Machtvollkommenheit des Souveräns behalten, sonst würde sich das Volk, um seine Souveränität zu retten, noch einmal zur Rache erheben. Die Gironde knirschte, aber die Tribünen drohten, Dantons Freunde erklärten sich für die Petition, und der Beschluß ging durch, das neue Departement auf die Verteilung der Steuern zu beschränken.

Nach dieser Schwäche hatte die Kommune die Gewißheit ihrer Macht. Von nun an gab es nichts mehr, das sie hätte zurückhalten können, nichts, was sie außer dem Kreise ihrer Befugnisse liegend anerkannt hätte. Hatte die Nationalversammlung sich selbst für unbefugt zur Abschaffung des Königtums erklärt und eine solche Verfassungsänderung dem Konvente vorbehalten, so gab es bei der Kommune keine so schwachmütigen Bedenken. Sie datierte ihre Protokolle aus dem ersten Jahr der Republik und verfügte, um den wahnsinnigen Hoffnungen der Königsfreunde ihre Nichtigkeit zu zeigen, die Zerstörung aller königlichen Bilder, Abzeichen und Denkmäler in Paris. Sie griff in den Gang der Gerichte und befahl sogar einem anderen Departement, die Mörder des Maires von Etampes in Freiheit zu setzen. Sie mischte sich in die auswärtigen Verhältnisse, indem sie die Gesandten von Parma und von Venedig an der Abreise von Paris zu hindern suchte und zum Verhör an ihre Barre lud. Der Nationalversammlung erklärte sie am 12. August, das französische Volk werde nie einen Eroberungskrieg beginnen, wohl aber jedem Volke, das seine Unterdrücker beseitigen wolle, Hülfe bringen. Mit unendlichem Eifer wurden demnach die Kriegsrüstungen betrieben; man eröffnete Bühnen auf allen Straßen und Plätzen, wo die Freiwilligen zur Armee sich einzeichneten[1]; auf den Befehl des Gemeinde-

---

[1] Charakteristisch für die Partei war es übrigens, daß sie trotz aller Ermahnungen der Nationalversammlung das Bataillon der Marseiller nicht zur Armee abgehen ließ; sie bedurfte dieser Männer für den inneren Dienst der jakobinischen Partei in Paris. Erst nach zwei Monaten kam es zu ihrer Entfernung. Aber sie

rates wurden alle Eisengitter von den Häusern entfernt, um Piken, alle Glocken aus den Kirchen, um Kugeln daraus anzufertigen. Zuweilen gab es bei den kirchlich Gesinnten darüber Tumult, und die Nationalgarde mußte mit den Waffen Gehorsam erzwingen. Zugleich wurde das Lager unter den Mauern der Hauptstadt in Angriff genommen und den einzelnen Sektionen die Anlage der Verschanzung streckenweis zugeteilt. Kurz, die verschiedensten Geschäfte strömten auf dem Rathause zusammen. Da alle anderen Behörden daniederlagen, so wandte sich jeder an diese einzig noch bestehende, die mit Eifer ein jegliches in ihren Geschäftskreis zog. Bittschriften, Ratschläge, Deputationen, Anfragen, Drohungen wechselten: bald waren es Freiwillige, die nach Waffen verlangten, bald Verhaftete, die ihre Freiheit begehrten, bald Sansculotten, die an den Tyrannenknechten des 10. August gerächt sein wollten, bald Föderierte, die im Namen des Volkes Verpflegung in Anspruch nahmen. Der Gemeinderat hörte alles, entschied über alles. Seine Sitzungen gingen fort bei Tag und bei Nacht; die Mitglieder aßen im Saale auf städtische Kosten und schliefen abwechselnd in den Zimmern der Ausschüsse. Es gab dort wie in der Nationalversammlung ein Bureau, eine Rednerbühne, ein stürmisch bewegtes Publikum, das sich nicht selten in die Verhandlungen mischte, jubelte und tumultuierte, wie es der Anlaß gab. Alle Welt war bewaffnet, vor der Thür des Hauses standen geladene Kanonen; es war in jeder Beziehung das Bild des Hauptquartiers in einem revolutionären Volksheere.

Das herrschende Augenmerk aber war und blieb die Verfolgung der Gegner. Die Nationalversammlung hatte am 11. August ein Kriegsgericht über die Verteidiger der Tuilerien angeordnet: das Stadthaus fand aber, daß hiermit die eigentlichen Verbrecher gar nicht getroffen würden,

---

gingen nicht an die bedrohte Ostgrenze; auf einen Beschluß, daß sie die Seeküsten verteidigen sollten, gingen sie nach Hause. Seitdem geschieht dieser Marseiller keine Erwähnung mehr. Ternaux, terreur, III, 126.

und forderte am 13. die Einsetzung eines außerordentlichen Gerichtshofes über alle Verräter. Jede Sektion von Paris sollte ein Mitglied ernennen und keine höhere Instanz zulässig sein. Statt dessen befahl die Versammlung, daß die am 10. geschlossenen Barrieren der Stadt wieder eröffnet und der Ausgang gegen Vorzeigung eines Passes erlaubt werden sollte. Robespierre und Marat erhoben sich um die Wette dagegen. Robespierre erklärte auf dem Stadthause, die Eröffnung der Barrieren verschaffe jedem Verräter Sicherheit, auf allen Seiten klaffe der Abgrund, mörderische Komplotte umgeben die heilige Sache, die Verschwörung niste im Reichstage selbst, das Volk müsse wieder sich selbst erretten. Das Volk der Tribünen stimmte mit schreiendem Jubel ein und verpflanzte sein Tosen sogleich in die Sektionsversammlungen. Am folgenden Tage drängten sich die Deputationen beim Reichstage. Die erste erpreßte die Zurücknahme des Beschlusses über die Barrieren, eine zweite forderte das Gericht über die Mörder des Volkes, eine dritte erklärte, nicht eher von der Stelle zu gehen, bis das Dekret erlassen sei. Hier brach ein Ruf des Unwillens in der Versammlung aus; die Deputation erhielt keine Antwort, doch vernahm sie einen Beschluß, welcher die Familien der Ausgewanderten als Geiseln unter polizeiliche Aufsicht stellte und die Pferde derselben für das Heer in Beschlag nahm.

Hoffte man aber mit diesem Stückchen Beute den Gemeinderat zu beschwichtigen, so irrte man sich gewaltig. Auf dem Stadthause liefen Meldungen ein, das Volk in seiner gerechten Ungeduld wolle die Gefängnisse stürmen; der Gemeinderat klatschte Beifall, ermahnte dann zur Gesetzlichkeit, verteilte aber Geld unter die Drohenden. Am 15. August wiederholte Robespierre mit Hinblick auf diese Stimmung des Volkes die Forderung und bewirkte so viel, daß ein Volksgericht die Schuldigen richten und keine Kassationsinstanz stattfinden werde. Der Einfluß jedoch der Gironde setzte noch einmal bei der Redaktion einige Milderungen durch: da war die Geduld der Demokraten zu Ende.

Die Jakobiner warnten zwar ihr Volk vor einer teilweisen und also unklugen Insurrektion, die Antonsvorstadt aber meldete auf dem Stadthause, sie werde die Sturmglocke ziehen, wenn das Dekret nicht auf der Stelle erlassen werde. Hierauf gaben Robespierres Genossen dem Reichstage Frist bis Mitternacht, bis zu welcher Stunde man den General= marsch und die Lärmkanone noch verschieben wolle, und das Dekret wurde, in Erwägung seiner Unvermeidlichkeit, ohne weiteres Sträuben gegeben. Am folgenden Tage waren die Sektionen schon mit den Wahlen fertig, und das erste Revolutionstribunal begann seine Thätigkeit. Die Kom= mune setzte noch den Beschluß hinzu, daß nur gute Patrioten als Verteidiger zugelassen werden und auch diese nur öffent= lich mit ihren Klienten verhandeln dürften.

Mit einer solchen Waffe gerüstet, hatte die siegende Partei das Leben eines jeden in ihrer Hand, der ihren Wünschen gefährlich erscheinen mochte. Wer sich zu ihr bekannte, brauchte nur in seiner Sektion aufzutreten, um einen Mißliebigen zur Verhaftung zu bringen; wer verhaftet war, hatte für sein Leben keine Bürgschaft weiter als den guten Willen des Stadthauses. Nachdem man so des Schick= sals aller einzelnen Meister geworden, kam es zunächst dar= auf an, einen Ausbruch allgemeiner Verzweiflung unmög= lich zu machen und sich eine dafür ausreichende bewaffnete Macht zu verschaffen. Die alten Anträge über die Pariser Nationalgarde gaben dazu das Mittel und wurden am 19. August in Vollzug gesetzt. Die bisherigen 60 Bataillone wurden aufgelöst und nach den 48 Sektionen in Kompanien organisiert. Die Kanoniere, die bis dahin den einzelnen Bataillonen beigegeben waren, wurden in besondere Kom= panien geordnet und jeder derselben eine aus Pikenmännern formierte Arbeiterkompanie hinzugefügt. Ganz von selbst verstand es sich endlich seit dem 10., daß allen Bürgern, nicht bloß wie bisher den Besitzenden, der Eintritt erlaubt und befohlen wurde. Damit stieg die nominale Stärke des Pariser Heeres von dreißig= auf hunderttausend Mann; in Wirklichkeit hielt sich die besitzende Klasse, die von jeher manche lauen Elemente gehabt und jetzt durch alle Mittel gepeinigt und zurückgeschreckt wurde, von dem Dienste ebenso fern wie von den Sektionsversammlungen. So waren die bisherigen Ueberlieferungen und Verbände des Korps gänzlich zerrissen, die demokratischen Einflüsse herrschten durchaus, und für den äußersten Fall waren die stets radikalen Elemente, die Kanoniere und Arbeiter, in besonderen Massen verbunden.

Was die Neuerung dem Bürgerstande bedeute, konnte auch hier wieder ein Zusatzartikel der Kommune dem Blindesten enthüllen. Man erklärte die Unterzeichner der beiden Bittschriften der 8000 und der 20 000 für unfähig, bürgerliche Aemter zu bekleiden und Waffen zu führen, ja sie sollten sogar bis zur Ablieferung derselben verhaftet werden. Es war leicht, unter diesem Titel die ganze frühere Mannschaft der Bürgergarde wehrlos und zu Gefangenen zu machen.

Bei einem solchen Schwunge des Verfolgungseifers war denn auch die lang verhandelte Streitfrage, das Los der unbeeidigten Priester, rasch entschieden. Am 23. entehrte sich Cambon[1]) durch den grausamen Antrag, sie nach Guyana zu deportieren. Es bezeichnete den Grad des Fanatismus, der über der Nationalversammlung lag, daß Brissot sie gegen diesen Vorschlag mit der Bemerkung verteidigte, man solle die Kolonien nicht damit verderben, da ein Priester unverbesserlicher als ein Vagabund sei. Der Beschluß fiel dahin aus, daß alle nicht beeidigten Priester binnen vierzehn Tagen die französischen Grenzen mit einer geringen Wegzehrung verlassen sollten. In den meisten Departements war alles zur Ausführung bereit, die Priester in die Städte zusammengeschleppt und der Pöbel ungeduldig sich ihrer zu entledigen.

So wurden die Personen der geschlagenen Partei von der demokratischen Regierung des Stadthauses getroffen. Man war noch nicht ganz so geübt in der Handhabung des

---

[1]) Buchez setzt Vergniaud hinzu, der Moniteur hat Cambon allein.

Schreckens wie ein Jahr später, man hat seitdem die einzelnen Teile des großen Vernichtungsapparates noch vervollkommnet, alle wesentlichen Stücke desselben waren schon damals entdeckt. Die Polizei in den Händen demokratischer Klubs — etwas anderes waren die Sektionsversammlungen nicht — die Gerichtsbarkeit in der Hand eines demokratischen, an kein Gesetz gebundenen Ausschusses, die innere Waffenmacht in der Hand der emanzipierten Proletarier, mit diesen Dingen hat man die Keime für die ganze Regierungsmaschine des Nationalkonvents, in der alle anderen Behörden nur leere Form und die eigentlich wirksamen Faktoren einzig die Revolutionsausschüsse, das Revolutionstribunal und die Revolutionsarmee waren. Hier wie dort ist jede lindernde Regel, jede schützende Form, jedes objektive Gesetz beseitigt und der despotischen Willkür einer siegenden Partei eine jegliche Bahn eröffnet. Wäre diese Partei, die keinen anderen Titel als die materielle Gewalt hatte, der Zahl nach die stärkste im Lande gewesen, so hätte sie die Zügellosigkeit ihres Prinzips auch wohl in ihrem eigenen Inneren bethätigt: je entschiedener sie aber Minorität war, immer mehr Minorität wurde und sich immer deutlicher als Minorität fühlte, desto entschiedener mußte sie auch das Bedürfnis empfinden, untereinander eine feste Zucht zu handhaben, ihre Leitung immer mehr zusammenzufassen und ihre Organe immer schärfer auszuprägen. Hierfür hatten unter ihren Führern Robespierre und Billaud-Varennes ohne Frage das größte Talent, und diese formale oder taktische Fähigkeit giebt den Schlüssel für die gewaltige Zukunft der beiden Männer, die sonst weder Beredsamkeit noch Mut und weder staatswirtschaftliche noch diplomatische Kenntnis, also keine der Eigenschaften besaßen, die bei der damaligen Lage Frankreichs die unentbehrlichsten erscheinen mußten. Jetzt, im August 1792, war alles erst tumultuarisch skizziert, eine vorläufige und notdürftige Rüstung, wie man sie im ersten Gefolge eines kecken Handstreiches vollbringt; aber die richtigen Wege waren getroffen, um einen Belagerungszustand für Frankreich einzuleiten, in welchem die

Proletarier die Rolle des regierenden Heeres übernehmen sollten.

Die Herrschaft der Besitzlosen, dies war in materieller Beziehung das erste und letzte Wort des Systems. Nur der Nichtbesitzer, sagte Robespierre, ist tugendhaft, weise und zur Regierung geschickt. Die Reichen haben so lange das Mark des Volkes ausgesogen, rief Marat, daß sie mit zermalmender Vergeltung heimzusuchen sind. Wir haben die Revolution gemacht, schloß Danton, wir wollen dafür bezahlt sein. So warf man sich mit gleichem Eifer, wie auf die Personen so auch auf das Eigentum der geschlagenen Partei, indem man nachdrücklich betonte, daß eben alle Eigentümer zu dieser gehörten [1]).

Mit dem weittreffendsten Antrage dieser Art erschien die Kommune gleich am 11. August: die Nationalversammlung soll den Handel mit barem Gelde verbieten, d. h. den Assignaten Zwangskurs geben. Damals stand das Silber zu Papier wie 100 zu 160: die Armen, welche längst nur Papiergeld in die Hand bekamen, meinten dann festen Boden zu gewinnen, und auch der Regierung, schien es, müsse eine Maßregel einleuchten, welche ihr die Möglichkeit zu immer neuen Papieremissionen gebe. Die Nationalversammlung wies den Antrag einstweilen an einen Ausschuß, beeilte sich aber um so mehr, den Hunger der patriotischen Demokraten anderweitig zu stillen. In erster Linie der Steuernden befand sich auch hier der König, in erster Linie der Empfänger die Pariser Kommune: die Tuilerien waren gleich am 10. von allen Kostbarkeiten geräumt und die Pretiosen, Gold- und Silbergeräte auf das Stadthaus geschleppt worden. Als das Mobiliar der übrigen Schlösser am 16. im Reichstag zur Sprache kam, erfuhr man, daß der größte Teil ebenfalls durch Kommissare des Stadthauses fortgebracht sei [2]), und ein Dekret befahl, den Rest zu Gunsten des Schatzes zu verkaufen. Die Kommune griff indes nach den

---
[1]) Prudhomme 1. September.
[2]) Moniteur. Roland II, 339.

Kirchenschätzen, eignete sich das Silberwerk an, befahl Münze daraus für ihre Kasse zu schlagen. Bis es flüssig wurde, ließ man sich durch den Staat in altgewohnter Weise ausstatten, indem man bei der Nationalversammlung ein Dekret erwirkte, welches zu den Kosten der städtischen Polizei monatlich 850 000 Livres bewilligte und die Nachzahlung dieser Summe seit dem 1. Januar, im ganzen also nahe an 7 Millionen verfügte. Dies alles aber verschwand als unerheblich gegen die großen Konfiskationen, zu denen die Nationalversammlung sich gegen Ende des Monats erhob. Die erste betraf die Emigranten. Unter Sequester lagen ihre Güter seit April, jetzt wurde der Verkauf derselben befohlen und zwar, um den Sansculotten den Erwerb zu erleichtern, in Losen von je zwei bis drei Morgen und gegen Erlegung nicht eines Kapitals, sondern einer jährlichen Rente. Die Gläubiger der Emigranten sollten befriedigt werden, soweit der Kaufpreis reichte; die Pächter durfte der Ansteigerer austreiben, wenn der Vertrag noch mit dem alten Eigentümer eingegangen war; kurz, es fehlte keine Bestimmung, um nach allen Seiten den Raub so scharf wie möglich zu charakterisieren [1]. Denselben Geist atmeten zwei Dekrete, vom 25. und 28., wonach alle Grundrenten wie Feudalrechte behandelt, d. h. ohne Entschädigung abgeschafft werden sollten, es sei denn, daß sie durch Vorlegung der Originalurkunden als Zinsen eines Kapitalanleihens erwiesen werden könnten. Es ist nicht möglich, den pekuniären Betrag dieser Rechtsverletzungen auch nur annähernd zu schätzen: sicher übertreibt man nicht, wenn man die Gütermasse, über welche die drei letztgenannten Dekrete verfügten, zum mindesten auf 6 Milliarden anschlägt. Man sieht, die Nationalversammlung kargte nicht mit fremdem Eigen: die Demokraten zürnten aber nicht wenig, als ihr Antrag gegen den Geldhandel nicht sofortige Erledigung fand. Die Männer des 14. Juli und 10. August trugen deshalb am 16. der Versammlung eine Rede vor, die von Anfang bis zu Ende

---

[1] Definitives Dekret vom 2. September.

Robespierres Gedanken zeigte. „Sehen die Reichen nicht,“ rief der Sprecher, „daß sie ihre Schätze nur sichern, wenn sie den Armen kleiden? Aber sie sind dümmer als die ärgsten Verbrecher, sie hoffen auf Schutz durch die Oesterreicher. Eure Schöngeister suchen in spitzfindigen Spekulationen das Gleichgewicht der Gewalten, wir haben es in unseren Herzen gefunden. Wozu der Streit über Republik und Monarchie? Schafft eine Regierung, welche den Armen über seine kleinen Bedürfnisse erhebt und den Reichen unter sein Uebermaß herabsetzt: damit habt ihr das vollkommene Gleichgewicht hergestellt.“ An den Schranken der Nationalversammlung war das Programm des Kampfes verkündet, welcher von nun an den ganzen Körper der Nation durchrasen sollte.

Die Bevölkerung von Paris war bereits in hohem Grade eingeschüchtert, aber solche Drohungen mußten denn noch einigen Widerstand hervorrufen. Am 25. August kam eine Sektion, durch heimliche Einflüsterungen Rolands und anderer Girondisten angefeuert, zu dem Beschlusse, ihre Kommissare von dem Stadthause abzurufen und die fortgesetzte Thätigkeit des Gemeinderates für eine Usurpation zu erklären. Einige andere folgten dem Beispiele nach wenigen Tagen. Indes war das Ansehen des Stadthauses immer noch im Steigen, Robespierre forderte laut die Köpfe dieser Verräter, die Kommune vollzog eine Menge Verhaftungen, und die Patrioten blieben in den Sektionsversammlungen wieder ungestört. Aber ein empfindlicher Schlag war immer diese erste Regung, um so empfindlicher, als in Paris am 26. die Ernennung der Wahlmänner für die Konventswahlen begann und das ganze Schicksal der Pöbelherrschaft fraglich wurde, falls die Masse der Bevölkerung an den Wahlen teilnahm. Mit der jetzigen, ganz verbrauchten Versammlung konnte man fertig werden; ganz anders aber verhielt es sich mit dem Nationalkonvente, welchen die demokratische Revolution selbst begehrt und im voraus mit unbegrenzter Machtvollkommenheit ausgestattet hatte. Lieferten die Wahlen hierfür eine dem Stadthause feindliche Mehrheit, so war man noch immer zum Kampfe auf Leben und

Tod entschlossen, aber den Ausgang vorauszusehen, entfernt nicht im stande. Man nahm sich vor, um jeden Preis und mit allen Mitteln die Wahlen zu unterwerfen. Die politische Taktik der Faktion war in dem einen Worte Schrecken beschlossen: man gedachte den Schrecken in Paris zu verstärken und ihn sofort in alle Departements hinauszutragen. So verdichtete sich allmählich aus dem steten Geschrei gegen die Verschwörer der Plan, eine möglichst große Zahl politischer Gegner in ganz Frankreich zur Haft zu bringen und sie dann im Gefängnis durch Massenmord zu vertilgen. Dann schien der Ausgang der Wahlen und die Zukunft der Partei gesichert, dann brauchte man auch nicht mehr zu klagen, daß das neue Tribunal nur alle zwei Tage eine Hinrichtung lieferte und die Habe der Verurteilten an die Staatskasse statt an die Patrioten fiel.

Der Zeitpunkt, in welchem die Führer des Stadthauses diesen Gedanken feststellten, ist durch folgende Data bestimmt. Am 19. August ermahnte Marat in seinem „Journal der Republik" das Volk, die in der Abtei verhafteten Verräter niederzumetzeln; es sei Thorheit, ihnen vorher erst den Prozeß machen zu wollen. Am 23. forderte der Gemeinderat die Nationalversammlung auf, die Angeklagten des Staatsgerichtshofes zu Orleans sofort nach Paris bringen zu lassen. Als die Versammlung darauf nicht einging, sondern am 25. nur eine Abkürzung des Prozeßverfahrens befahl, brachen zwölf- bis fünfzehnhundert Mann, angeblich Pariser Nationalgarde, darunter aber Marseiller, Bordeleser und Brester, unter Anführung Fourniers und Lazouskis nach Orleans auf, um mit den Gefangenen aufzuräumen. Die Nationalversammlung faßte dann am 26. den Beschluß, das Ministerium solle zur Deckung der Gefängnisse eine hinlängliche Truppenmacht versammeln; das Ministerium aber erteilte diesen Auftrag eben der Bande Fourniers und gab ihr zwei Kommissare, Bourdon und Dubail mit[1]). An

---

[1]) Die Aktenstücke bei Lottin, Orléans, II, 1, 354. Der Moniteur hat sie nicht.

demselben Tage ließ sich Danton das Verzeichnis aller Pariser Gefangenen vorlegen, um, wie er später sagte, die Unschuldigen darunter kennen zu lernen und zu erretten. Das Los der angeblich Schuldigen war also damals schon entschieden. Am 28. schrieb jener Führer der Lyoner Jakobiner, Laussel, damals in Paris anwesend, in seine Heimat: seit zwei oder drei Tagen sind unsere Freiwilligen nach Orleans, um die dortigen Gefangenen zu expedieren; sagt mir, wie viele Köpfe in Lyon gefallen sind, es wäre eine Infamie, wenn unsere Feinde entwischten: trefft also alle Vorbereitungen, denn alles schickt sich zu einer allgemeinen Ermordung der Uebelgesinnten an [1]).

Hiernach stand also spätestens am 26. August der Beschluß fest, in ganz Frankreich einen großen Mordschlag gegen die Widersacher der Demokratie zu richten. Daß der Hauptzweck dabei die Beherrschung der Konventswahlen war, kann keinem Zweifel unterliegen [2]), so vorsichtig man es der Natur der Sache nach vermied, diesen wesentlichen Grund zu erwähnen. Man nahm statt dessen, wie bei allen Verbrechen der Revolution, die Gefahr des auswärtigen Krieges zum Vorwande, in der richtigen Erwägung, daß man hier eine in jedem französischen Herzen wiederhallende Saite anschlage. Wir werden sehen, wie entscheidend denn auch dieser Umstand für die Möglichkeit der Ausführung wurde: daß er aber bei den Urhebern des Planes nichts weiter als ein Vorwand gewesen, zeigte die Vergleichung der Data unwidersprechlich. Erst an demselben 26., an welchem

---

[1]) Auszug aus diesem Schreiben bei Guillon, Lyon I, 123.
[2]) Es bedarf dafür keines Beweises. Wem wollte man einreden, daß der berechnende Robespierre nur zufällig den Anfang des Mordens auf den 2. September, den ersten Wahltag, verlegt habe? — Daß die Angabe falsch ist, die ihn unbeteiligt nennt, wird sich gleich herausstellen. Der durchgängig gut unterrichtete Morris schreibt am 23. Oktober: the sanguinary events, which have taken place, and which were partial executions of great plans etc. Cambon rief am 4. September in der N.-V.: les agitateurs, dont le but secret est de se faire nommer à la Convention nationale.

Danton den ersten Schritt zur Ausführung that, langte in Paris die Nachricht von dem Falle der kleinen Grenzfestung Longwy an[1]): es war die erste Hiobspost, die man in der Hauptstadt erhielt, und wenn in denselben Tagen sich an der Grenze manches Gefahrdrohende sonst ereignet hatte, so wußten die Urheber der Septembermorde nichts davon. Auf Longwy kam nicht viel an, solange die französischen Heere keinen Verlust erlitten hatten, und über diese hatte man damals nur gute Nachrichten in Paris. Man wußte, daß Lafayette geflohen war und sein Heer die beste Gesinnung zeigte; man wußte aber noch nichts von den Uebelständen, welche seine Flucht im Lager nach sich gezogen hatte. Die Kommissare besorgten einen Angriff auf Sedan und ermahnten zur Bildung eines Reservelagers, schilderten aber auch den Mut und Patriotismus der Armee. Dumouriez war an Lafayettes Stelle ernannt worden, zeigte nicht die geringste Sorge wegen der Preußen, sondern redete nur von der sicheren Eroberung Belgiens. Bald genug sollte diese Lage sich drohend verwandeln, aber zur Entwerfung der Septembergreuel, das ist mit völliger Sicherheit zu wiederholen, hat die Kriegsgefahr des Vaterlandes nicht das mindeste beigetragen.

Allerdings, kaum war der Beschluß gefaßt, so brach an der Grenze eine Sorge nach der anderen herein. Zunächst geriet das Heer Lafayettes, dessen Offiziere nach dem Beispiele des Generals zum größten Teile auswanderten, immer mehr in Verfall. Der neue Befehlshaber ließ nichts von sich vernehmen, auch von Luckner erhielt man keine Nachricht; die Maas, die in dieser Gegend viele Furten

---

[1]) Der Kommandant Lavergne war durch die erschreckte Bürgerschaft zur Kapitulation gezwungen worden. Nachdem er länger als ein Jahr hindurch ein Kriegsgericht gefordert hatte, wurde er endlich vor das Revolutionstribunal gestellt und von diesem kurzerhand zum Tode verurteilt. Seine unter den Zuhörern anwesende Frau brach nach der Verkündigung des Spruches verzweiflungsvoll in den Ruf aus: es lebe der König! wurde sogleich ergriffen und erklärte, sie habe kein anderes Mittel als dieses gewußt, um gemeinsam mit ihrem Gatten den Tod zu erlangen. Das Tribunal erfüllte ihren Wunsch. Ternaux, III, 130.

hat, war ein schwaches Bollwerk gegen einen Feind, den man fünffach übermächtig vermutete: in dieser Lage rief die Einnahme Longwys einen gewaltigen Schrecken sowohl im Heere als bei den Kommissaren der Nationalversammlung hervor. Sie erfuhren von dem Kommandanten von Stenai, dem nächsten Uebergange über die Maas, daß er den Platz gegen irgend einen Angriff nicht halten könne: sie entschlossen sich eiligst nach Paris zurückzukehren, um persönlich dort die geeigneten Maßregeln zu bewirken. Kersaint zeigte es dem Minister am 26. an: alle Sorgen müssen darauf gerichtet sein, eine erhebliche Macht vor Paris zusammenzubringen, wir wollen euch nicht alarmieren, aber vor falscher Sicherheit bewahren, die Gefahr ist groß, vor allem sendet einen Führer hierher an Lafayettes Statt.

Servan sah sehr wohl, daß es Ernst wurde, und hatte eben auch am 26. bei dem Fall Longwys Dumouriez bestimmt angewiesen, mit allen verfügbaren Truppen nach Sedan abzugehen. Allein von irgend welcher Verzweiflung oder Hoffnungslosigkeit war auch er sehr weit entfernt. Können Sie, schrieb er dem General, dem Feinde in seinem Marsche auf Paris nicht zuvorkommen, so werfen Sie sich in seinen Rücken, Luckner wird ihn in der Flanke fassen. Hier ist bereits das wesentliche Programm des bevorstehenden Feldzuges: es ist die Einsicht des Soldaten, die in ihrem Mute auch Beruhigung findet. Aber es gab andere Männer, welche aus dem Falle Longwys andere Folgerungen zogen.

Militärischerweise hätte es vor allem bringend scheinen müssen, was an bewaffneter Macht in Paris vorhanden war, dem Schauplatze des Krieges anzunähern. Die Demagogen aber freuten sich der Einnahme von Longwy, um ihren Bewaffneten in Paris Beschäftigung zu geben und durch neues Verratgeschrei bei der Masse der Bürger das letzte Mitleid gegen die Aristokraten zu vertilgen. Beide Tendenzen traten neben- und gegeneinander auf das grellste hervor. Cambon rief in der Nationalversammlung, die Föderierten würden sich jetzt beeilen, zur Deckung der Grenzen auszuziehen, Paris würde allein eine Armee von 30 000 Mann aufstellen, und letzteres wurde am 27. in der That beschlossen. Da aber erschienen die Föderierten an der Barre, um sich über jene Andeutung heftig zu beschweren: ihre wahre Bestimmung sei eben Paris, wo sie den gefangenen König zu hüten und die Nationalversammlung vor den Verschwörern zu schirmen hätten. Marat verkündete in großen Plakaten an allen Straßenecken, der Beschluß über die 30 000 sei selbst eine Verräterei, kein Mann dürfe fort aus Paris, denn hier sei der eigentliche und gefährliche Feind zu finden. Von den Führern des Stadthauses aber hörte man die gelassene Erwägung, Frankreich sei überhaupt für eine republikanische Verfassung zu dicht bevölkert, etwa ein Drittel seiner Einwohner müsse unterdrückt werden, dann erst könne man für die übrigen Brot, Frieden und Freiheit schaffen.

Am 28. August erstattete denn zunächst Kersaint seinen Bericht, in dem er die Tüchtigkeit des Heeres rühmte, die Gefahr des Krieges kräftig hervorhob und wieder auf die rasche Bildung eines Reservelagers bei Soissons drang. Darauf aber erhob sich Danton. Er rede, begann er, als revolutionärer Minister. Die Gefahr sei übertrieben worden, aber zur Rettung bedürfe man einer neuen Konvulsion. Die Schließung der Barrieren könne wegen der beginnenden Truppenzüge nicht fortdauern, also müßten noch in dieser Nacht alle Verdächtigen, und sei deren Zahl selbst dreißigtausend, zur Haft gebracht werden. Die Regierung begehre demnach das Recht, auch in der Nacht eine allgemeine Haussuchung nach Waffen vorzunehmen. Nachdem die Nationalversammlung ohne Widerspruch die Erlaubnis erteilt hatte, ordnete Danton auf dem Stadthause die einzelnen Maßregeln zum Vollzuge an. Vor allem ließ er sich eine Liste der hülfsbedürftigen Männer in Paris aufstellen, angeblich um sie zum Dienste des Vaterlandes auszurüsten, in Wahrheit, um für die beabsichtigte Schlächterei die vorhandenen Scharen der Marseiller und des Oktoberhelden Maillard zu verstärken und zu ergänzen. Daran schloß sich eine Verfügung, welche nach ihren Eingangsworten die von dem Reichstag beschlossene Ausweisung der unbeeidigten Priester regeln sollte, in der That aber die Verhaftung derselben befahl, wozu das Dekret nicht die geringste Veranlassung geben konnte. Unmittelbar nachher begann die Ausführung dieser Dinge. In der unermeßlichen Stadt waren mit einem Schlage alle Verbindungen gesperrt, aus dem Lokale jeder Sektion zogen bewaffnete Abteilungen von 40 bis 60 Mann in jede Straße, besetzten die Ausgänge und durchsuchten Haus für Haus die Räume, zunächst nach Waffen, dann nach Verdächtigen. Etwa 60 000 Mann waren in Bewegung diese Nacht, fast durchgängig Pikenmänner und Arbeiter. Das Ergebnis waren 3000 neue Verhaftungen und eine tiefe Bestürzung aller, die nicht zu dem jetzt herrschenden Stande gehörten. Eine Menge Hausbesitzer flohen aus der Stadt, dem Gemeinderate sehr erwünscht, da er die Häuser mit allem, was darinnen war, sofort in Beschlag legte. Ein Teil der Verhafteten wurde am 30. August wieder entlassen, sonst aber den Kerkermeistern befohlen, den Gefangenen freie Auswahl der Speisen und Getränke zu überlassen — wie es Sitte bei den zum Tode Verurteilten ist. Ehe es jedoch zur Katastrophe kam, hatte man noch einen, den letzten Widerstand zu brechen.

Roland und die Gironde fühlten sich nämlich in stets unbehaglicherer Stellung. Die Staatsregierung war ihren Händen entschlüpft. Auf die wesentlichen Geschäfte, auf alle die Zukunft bestimmenden Maßregeln waren sie ohne Einfluß. Sie sahen das Treiben der Kommune und die Geschäftigkeit Dantons; sie mochten ahnen, was sich vorbereitete, aber über das Wort des Rätsels waren sie völlig im Dunkel. Sie fühlten sich als bewährte Patrioten, sie hätten den Aristokraten eine scharfe Lektion gegönnt, wäre nur bei einer unbedingten Herrschaft des Gemeinderats ihre eigene Sicherheit ihnen völlig verbürgt gewesen. Statt dessen aber war ihr Freund Pétion von der Thätigkeit der Mairie vollständig verdrängt, und noch dazu machte Marat ihm täglich bittere Vorwürfe über seine verbrecherische Faulheit in

Uebergewicht der Kommune über die Nationalversammlung. 251

so schwerer Zeit. Roland wurde noch wilder und grimmiger angegriffen, endlich erging gegen Brissots Mitarbeiter am französischen Patrioten sogar ein Vorführungsbefehl von seiten des Gemeinderats, um sich wegen eines verleumderischen Artikels zu rechtfertigen. Da war die lang erschöpfte Geduld zu Ende. Am 30. gab es einen Sturm im Reichstage. Roland klagte über den Gemeinderat wegen mangelhafter Verpflegung von Paris, Cambon wegen unbefugter Eingriffe in den Dienst der Staatskassen, Larivière berichtete, daß ein Gemeinderat und Mitglied des außerordentlichen Gerichts wegen Silberdiebstahls verhaftet sei, Roland wieder erwähnte den Versuch eines anderen Kommunalbeamten, Pretiosen aus dem Kronschatze zu rauben, wo der Intendant und der Generalinspektor soeben auf Befehl des Stadthauses verhaftet worden waren. Als dann endlich Servan meldete, daß auf Befehl der Kommune alle Beamte des Kriegsministeriums den Vormittag hindurch in Haft gehalten und damit der Dienst des Ministeriums völlig unterbrochen worden sei: da ging auf Guadets Antrag unter heftiger Aufregung ein Beschluß durch, welcher die Kommune des 10. August auflöste und die Sektionen zu neuen Wahlen berief [1]).

Dantons Freund Thuriot warnte, ein solches Dekret könne mißliche Folgen haben. Man ging darüber hinweg, kassierte noch die Verfolgung der Brissotschen Zeitung und tadelte die Verhaftung der Priester. Die Folgen aber blieben hier, wo man den Piken nur Reden entgegenzustellen hatte, nicht lange aus.

Abends waren die Minister nebst den Parteihäuptern des Reichstags zu einer Beratung über den Krieg vereinigt. Servan hatte wenig Trost zu geben und keine weiteren Verstärkungen in Bereitschaft. Guadet und Vergniaud

---

[1]) Diese Daten widerlegen vollständig die Erörterung Louis Blancs über die grundlose Willkür, mit welcher die Nationalversammlung gegen die Kommune vorgeschritten sei. Blanc erwähnt seinerseits nur den Silberdiebstahl und übergeht alles übrige mit Stillschweigen.

wollten alle Männer von Paris zu einem Vernichtungskampf in das Lager vor den Thoren werfen: es war aber nicht schwer, die militärische Nutzlosigkeit einer solchen Maßregel ihnen darzuthun. Roland und andere schlugen darauf den Rückzug in den Süden vor: es mußte jedoch einleuchten, daß man mit dem gewohnten Sitze der Regierung auch die Gewalt derselben aus den Händen gebe. Darauf erhob sich Danton, rügte diese verderbliche Zaghaftigkeit, erklärte, daß jeder Rückzug Vernichtung sei, fand die eigentliche Gefahr in dem Zusammenwirken der inneren und äußeren Feinde und schloß mit den Worten: der Royalisten sind viele, der Republikaner sind wenige; es giebt nur ein Mittel, man muß die Royalisten in Schrecken setzen. Eine unzweideutige Gebärde begleitete diese Worte. Die Versammlung war still. Wen wird man zu den Royalisten rechnen?

Der Schrecken war bereits vorhanden. Als am folgenden Morgen eine Deputation der Kommune vor den Schranken des Reichstags erschien, um gegen den gestrigen Beschluß zu protestieren, im Namen des souveränen Volkes, welches dem Gemeinderate unbedingte Vollmacht gegeben und alle Handlungen desselben gebilligt habe; als Tallien eine von Robespierre verfaßte Adresse verlas, welche offen erklärte, von der Gegenwart der verhafteten Priester werde der Boden der Freiheit binnen drei Tagen gereinigt sein; als ein Volkshaufen lärmend nachdrängte, um mit den Gemeinderäten, wenn es not thue, zu sterben: da wagte niemand ein Wort des Tadels und des Widerspruchs. Der Ausschuß der Zwölf erhielt den Auftrag, noch einmal über die Kommune Bericht zu erstatten. Die Gironde sah sich von der feigen Masse ihrer Anhänger verlassen. Der Gemeinderat hatte den Platz behauptet und ging nun unaufhaltsam vorwärts.

Beginn der Gefängnismorde.

Drittes Kapitel.
Wahlen zum Nationalkonvent.

Zunächst bedurfte man für die Ausführung des großen Planes eines äußeren leitenden Mittelpunktes. Weder Robespierre noch Danton hatten Lust, ganz offen ihren Namen herzugeben und den Gemeinderat als solchen oder das Justizministerium den Massenmord lenken zu lassen. Zunächst bot sich zu diesem Behufe der Wachausschuß der Kommune dar, als die eigentliche Behörde der höheren Revolutionspolizei. Allerdings existierte er in diesem Augenblicke nur noch dem Namen nach; denn selbst in dieser Gesellschaft war der Mehrheit das Treiben Sergents und Panis' zu arg geworden, so daß sie sich geweigert hatte, weitere Gelder und Kostbarkeiten ohne Protokoll in Verwahrung zu nehmen. Darauf erwirkte aber Panis leicht entschlossen einen Befehl des Gemeinderates, welcher die gewissenhaften Leute, als nicht auf der Höhe der Revolution stehend, abberief und den übrigen die Vollmacht gab, sich selbst durch freie Wahl zu ergänzen. So war hier für die Häupter ein bequemes Organ zum Handeln geschaffen, welches zu allen Befehlen bereitwillig den Namen lieh. Hier kamen dann Danton, Robespierre, Marat, Billaud, Manuel, Tallien zusammen; alle Einzelheiten der bevorstehenden Schlächterei wurden erwogen, alle Mittel und Wege festgestellt. Robespierre, den Argwohn und Parteihaß vorwärts drängte, aber keine Rücksicht auf Plünderung und Beute bestimmte, wollte allein die Priester und Edelleute ausgerottet wissen; die anderen aber hätten damit ihre Zwecke nur dürftig erreicht gesehen, und es blieb bei dem umfassenderen Plane. Umgekehrt widersetzte sich Danton, als Robespierre und Marat den Wachausschuß am 31. August zur

Verhaftung Briſſots und Rolands aufforderten. Robes‑
pierre erklärte, ſie ſeien arge Feinde der Revolution, räumte
aber ein, daß die Maßregel für die Urheber gefährlich wer‑
den könnte. Marat wollte von keinem Bedenken wiſſen, ſo
daß Danton ausrief, er werde ſie alle zu Grunde richten.
Wäret ihr ſämtlich Kerle wie ich, antwortete Marat, ſo
würden zehntauſend Verräter zuſammengehauen. Für den
Augenblick wurde indes der Haftbefehl zerriſſen, der Ge‑
danke aber von den beiden Urhebern keineswegs aufgegeben.
Nicht geringeren Haber ſetzte es über die Art und Weiſe
der Metzelei. Marat wollte die Gefängniſſe kurzerhand
anzünden, ein anderer die Gefangenen erſäufen, Billaud
verſicherte jedoch, er werde eine hinreichende Anzahl von
Totſchlägern zuſammenbringen, und ſetzte die Verwerfung
jener Anträge durch [1]).

Die Vollziehung war auf den 2. September, als auf
einen Sonntag, feſtgeſetzt, an dem leichter als in der Woche
unruhige Menſchenmaſſen zu verſammeln waren. Bei der
großen Zahl der Mitwiſſer war das Geheimnis wenig ge‑
wahrt; über ganz Paris lagerte der dumpfe Druck der
Sorgen; wer nicht zu dem jakobiniſchen Proletariate ge‑
hörte, hielt ſich in möglichſter Stille und Verborgenheit zu
Hauſe. Die Sektionen waren ſeit dem 27. Auguſt mit der

---

[1]) Prudhomme, crimes etc. An dieſen Angaben zu zweifeln,
liegt weder innerer noch äußerer Grund vor. Wenn irgend jemand,
konnte Prudhomme unterrichtet ſein. Freilich, Louis Blanc ignoriert
jene Angaben, obgleich er andere Stellen des Berichts als völlig
glaubwürdig ſelbſt in ſeine Erzählung aufnimmt, um ſeinen Satz
durchzuführen, daß Robespierre allerdings ſchwer gefehlt habe, aber
nur durch unthätiges Zulaſſen der von ihm beklagten Metzeleien.
Im ganzen huldigt er hinſichtlich der Septembermorde der Anſicht,
ſie ſeien ohne planmäßige Vorbereitung durch einen Ausbruch der
allgemeinen Verzweiflung über die Kriegsgefahr herbeigeführt wor‑
den. Er hat dabei ſeinen ſonſt feſtſtehenden Satz vergeſſen, daß
in der Revolution das Volk immer das Große und Edle und nur
einzelne Intriganten das Verbrechen gewollt und vollbracht haben;
er hat auch eine Reihe höchſt authentiſcher Thatſachen vergeſſen, die
er weiterhin ſelbſt anführt und deren Reihe Ternaux (Terreur III,
515) unwiderleglich ergänzt und feſtſtellt.

Ernennung der Wahlmänner beschäftigt, nie hatte man leerere Versammlungen gesehen[1]), es war unzweifelhaft, daß die Wahlmänner durchgängig den Jakobinern angehören würden. In den Gefängnissen fürchtete man schon wochenlang einen Angriff. Die Führer benutzten den letzten Tag, um einzelne Begünstigte in Freiheit zu setzen, teils reiche Leute, die, wie der Prinz von Poix bei Panis, Beaumarchais bei Manuel, gegen schwere Geldzahlungen ihr Leben erkauften, teils alte Bekannte, die, wie Daubigny oder wie Dantons Vetter, Godot, wegen Diebstahl und Unterschleif verhaftet waren. Die Kommune ließ, wohl um die planmäßige Vorbereitung des Verbrechens zu verhüllen, die Barrieren wieder einmal öffnen; Robespierre stellte sogar den Antrag, der Gemeinderat solle bei dem vielfach geäußerten Mißtrauen abdanken und an das Volk appellieren. Natürlich wurde dies fast ohne Verhandlung abgewiesen. Die Nationalversammlung empfing die erste Nachricht, daß die Preußen vor Verdun angelangt seien, und erfüllte ihre Sitzung mit unbedeutenden militärischen Verfügungen. Wie es scheint, hoffte die Gironde nochmals auf leibliches Einverständnis mit den Demokraten, nachdem sie ihren Angriff auf den Gemeinderat gestern schon wieder aufgegeben — oder that sie ihnen aus Furcht einige Schritte entgegen? Genug, sie kehrte wieder die königsfeindliche Seite heraus. Roland publizierte ein Rundschreiben, worin er die angeblich hochverräterische Korrespondenz Ludwigs XVI. allen französischen Gemeinden mitteilte, über die konstitutionelle Unverletzlichkeit des Königs sich beschwerte und aller Welt die Bildung von Klubs und Volksvereinen anempfahl. Die Demokraten lachten darüber.

Jetzt war ihre Zeit gekommen. Die Bedrohung Verduns gab ein wirksames Mittel, um die Angst und den Zorn der Bürger gegen die Landesverräter zu steigern und das Mitleid für die bedrohten Opfer abzustumpfen. Sonntag früh rief Manuel auf dem Stadthause zu den Waffen.

---

[1]) Révol. de Paris.

Verdun sei angegriffen, könne sich nicht halten, ganz Paris müsse zu seinem Schutze ausziehen. Man beschloß, alle Bürger zum Streite zu entbieten und bis zum Abmarsch auf dem Marsfelde kampieren zu lassen. Alle Verdächtigen und Feigen werden entwaffnet, die Barrieren sämtlich geschlossen; vierundzwanzig Kommissare gehen zu den Armeen und in die Departements ab, um diesen Anstoß mitzuteilen; die übrigen heben die Sitzung auf, um in den einzelnen Sektionen die Gefahr des Vaterlandes zu schildern. Dies war schon am 1. September von Robespierre beantragt worden: jetzt geschah es, und diese Männer waren es, die in den Sektionen die Losung gegen die Gefängnisse ausgaben, während draußen die Sturmglocken heulten und die Lärmkanone erscholl. Die Bürger hielten sich scheu zu Hause oder gingen langsam zu den Sammelplätzen der Bataillone; in den Sektionshäusern fand man durchgängig nur die bearbeiteten und bereitwilligen Proletarierhaufen; so ging hier mehrmals der Beschluß durch, Paris nicht eher zu verlassen, bis alle Verräter vertilgt seien. Auf dem Stadthause konstituierten sich unterdes Panis, Sergent und Genossen als neuer Wachausschuß, indem sie laut des vorgestrigen Beschlusses des Gemeinderates sich Marat und fünf andere als Kollegen zuordneten. Von hier aus erhielten die Mörderbanden ihre einzelnen Befehle, empfingen Geld und Lebensmittel, wurde die Freilassung der wegen Schulden Verhafteten befohlen, damit die politischen Gefangenen um so sicherer getroffen würden. Die Nationalversammlung erfuhr zunächst nur den Beschluß des Gemeinderats, ganz Paris unter die Waffen zu rufen, und belohnte ihn nach einem pathetischen Vortrage Vergniauds mit lautem Beifall. Soeben hatte sie auf Betreiben der Dantonisten die Kassation der Kommune vom 30. August zurückgenommen und nur eine Verstärkung des Gemeinderats durch Neuwahlen verordnet; jetzt erschienen außer Roland die Minister, um sie nach Dantons Ausdruck zu elektrisieren, d. h. um sich selbst eine schrankenlose Diktatur übertragen zu lassen. Lebrun begann mit der erfundenen Nachricht, daß Rußland sich zum Kriege gegen Frankreich anschicke und ein Heer und eine Flotte aussende. Servan folgte mit dem Begehren weiterer vier Millionen außerordentlicher Kriegsmittel. Die Gemüter waren vorbereitet. Danton sprach: „Das Vaterland ist im Begriff, sich zu retten; die Kommune ist mit einem großen Beispiel vorangegangen, an euch ist es, die erhabene Bewegung des Volkes zu unterstützen. Wir fordern die Todesstrafe gegen jeden, der nicht ausziehen will. Wir fordern die Todesstrafe gegen jeden, der mittelbar oder unmittelbar die Unternehmungen der Regierung hindert. Nur Kühnheit, Kühnheit und immer Kühnheit, und das Vaterland ist gerettet." Alles wurde bewilligt und verfügt. Mit so unerhörter Vollmacht verließen die Minister den Saal. Zugleich faßten nach den Antrieben des Stadthauses einige Sektionen (Poissonnière, Luxembourg) den Beschluß, daß in Anbetracht der Gefahren des Vaterlandes die Gefängnisse zu reinigen und die verhafteten Priester und andere Verdächtige in den Kerkern von Paris, Orleans und sonst zu erschlagen und von dem Gemeinderat die nötigen Anordnungen zu gleichförmigem Verfahren zu erwirken seien [1]). Während draußen in allen Gefängnissen das Blut in Strömen floß, setzte sich Danton mit seinen Genossen Desmoulins, Fabre, Robert und deren Frauen zu einem prunkenden Festmahle nieder [2]).

Das Morden begann gegen drei Uhr mit der Hinmetzelung von zwanzig Priestern, die gerade von dem Stadthause nach der Abtei transportiert und auf Anreizen der zu ihrer Eskorte bestimmten Föderierten von dem Pöbel zusammengehauen wurden. Darauf besetzte eine Bande von etwa 60 Mann die Abtei, ein anderer Schwarm das Gefängnis der Karmeliter, ein dritter die Conciergerie, ein vierter den Kerker des Chatelet, ein fünfter das Gefängnis la Force. Man ließ sich die Register der Verhafteten geben, holte sie meistens einzeln aus den Zellen heraus, stellte sie vor ein Volkstribunal, welches die Führer der Banden auf einen

---

[1]) Ternaux III, 218.
[2]) Prudhomme, crimes etc.

Befehl des Wachausschusses ¹) niedergesetzt hatten, und entschied hier nach kurzem Verhör über ihr Schicksal. Alle mußten vorher ihre Taschen ausleeren; die Verurteilten wurden dann in den Hof des Hauses hinausgestoßen und auf der Stelle niedergemacht. Ein gräßliches Jauchzen begleitete jeden Streich, die Mörder nahmen wohl Abrede, keinen scharfen Hieb zu führen, um die Lust des Hinschlachtens länger zu genießen; die Kommune sorgte für Wein, Weiber verstümmelten die Leichname, Kinder ließ man das Blut der Aristokraten trinken. Manuel, Billaud, die Mitglieder des Wachausschusses gingen lobend und antreibend ab und zu ²); die Banden beschickten sich gegenseitig aus den Gefängnissen, ob alles gut gehe, und erhielten unter dem donnernden Rufe: das Volk soll leben! den erwünschten Bescheid. So ging es den Nachmittag und die ganze Nacht hindurch.

In der Stadt war eine schwer zu beschreibende Stimmung. In den demokratischen Quartieren selbst schauderte man über die einzelnen Scheußlichkeiten; aber es ist nötig, sagten die Bürger, die Aristokraten hätten unsere Weiber und Kinder geschlachtet, wäre man ihnen nicht zuvorgekommen. In den wohlhabenden Sektionen wechselten Bestürzung, Abscheu und Jammer, viele tausend Familien waren in Todesangst um ihre verhafteten Angehörigen, man harrte mit Sehnsucht auf die Requisition der bewaffneten Macht, die ja doch unmöglich, wie man meinte, ausbleiben könnte. Man wußte noch nicht, daß alle requirierenden Behörden an der Spitze des blutigen Unternehmens standen, daß der Maire Pétion in seiner eigensüchtigen Vorsicht sich ängstlich hütete, den Zorn der Mörder auf sich selbst zu ziehen, daß der Befehlshaber der Bürgergarde, Santerre, nur von den Winken seines Schwagers Panis und Robespierres abhing. Einzeln aber vorzugehen, auf eigene Hand den Versuch gegen

---

¹) Abgedruckt bei Granier de Cassagnac, les Girondins etc. II, 156.

²) Die Details über ihre Thätigkeit aus den Akten der Kommune stellt Granier de Cassagnac II, 35. ff. zusammen.

die Banden zu wagen, dazu war diese Bürgerschaft seit dem 10. August schon zu tief eingeschüchtert und unterjocht. Als ein mutiger Advokat, Lavaux, es unternahm, die Mannschaft seiner Sektion in Bewegung zu setzen, brachte er nur eine starke Patrouille zusammen; als er an dem nächsten Gefängnisse ankam, hatte sie sich bis auf neun Mann verlaufen.

Die Nationalversammlung blieb, trotz rasch anlangender Nachrichten, hartnäckig bei ihrer Tagesordnung. Abends spät schickte sie einmal eine Deputation in die Abtei, die mit der Kunde zurückkam, sie sei nicht durchgedrungen und habe im Dunkel nicht sehen können, was vorgegangen. Bei manchem Mitgliede war es die Furcht, die das Stillschweigen erzwang; sonst gab es auf der äußersten Linken eine Anzahl Teilnehmer am Komplotte; dazu kam eine Masse dienstwilliger Geister, die nach dem Auftreten der drei Minister durch Mißbilligung des Blutbades das Wohl des Vaterlandes zu verletzen gescheut hätten; endlich die Gironde hatte bis dahin nicht das geringste gegen die Schlächterei zu erinnern. Man hörte einstweilen fast nur von erschlagenen Priestern, Schweizern, Dolchrittern. Das waren ihre Widersacher wie die der Sansculotten. Den unverbesserlichen Royalisten ein für allemal einen gründlichen Schrecken einzuprägen, schien dem öffentlichen Wesen nur zu frommen. Die Journalisten der Partei, Louvet, Brissot, Gorsas, schickten sich demnach an, für den folgenden Tag von der traurigen, aber heilsamen und notwendigen Rechtspflege des Volkes zu reden. Die Nationalversammlung schwieg mit seltener Einstimmigkeit.

Desto stürmischer ging es auf dem Stadthause her. Der Gemeinderat versammelte sich um vier Uhr wieder, da kamen die Nachrichten, daß das Volk die Gefängnisse stürme; die Aufregung wurde gewaltig, denn auch in dieser Versammlung gab es eine Menge Nichteingeweihter, die mit tiefer Entrüstung sich gegen das Blutvergießen erhoben. Man beschloß denn ihnen zuliebe, Kommissare in die Gefängnisse zu senden, zunächst um die Schuldgefangenen zu befreien, sodann aber auch), um das Volk zu Pflicht und Gesetz zurückzuführen. Allein bei der Ernennung derselben sahen die Häupter sich vor; eben die Männer, die hier zur Verhütung des Mordens ausgeschickt wurden, saßen um Mitternacht in la Force als Großrichter des Volkes und Lenker der Metzelei. Zugleich kam Robespierre auf seinen Haß gegen die Gironde zurück. Billaud-Varennes schilderte in ausführlicher Rede die Lage des Reiches, welches von Feinden bedroht und von Verrätern zerrissen sei; darauf erklärte Robespierre: niemand wage es, die Führer der Verschwörung zu nennen, wohlan, er klage sie an, die Mehrzahl der Minister, Roland, Brissot, die Faktion der Gironde, die verbrecherische Kommission der Einundzwanzig, er werde morgen die Beweise vorlegen, sie seien alle an den Herzog von Braunschweig verkauft. Der Gemeinderat dekretierte ohne Zaudern, die Minister hätten das Zutrauen des Volkes verwirkt [1]). Die Absicht war ohne Zweifel, alle Gewalt in den Händen Dantons und der Lenker des Gemeinderats zu vereinigen. Der Beschluß wurde in einigen Sektionen wiederholt [2]), einige hundert Bewaffnete suchten in Rolands Wohnung einzudringen, der Wachausschuß gab auf der Stelle einen Haftbefehl gegen den Minister, gegen Brissot und acht Girondisten [3]). Es wäre das Todesurteil aller gewesen. Indes noch einmal trat Danton dazwischen, weil er üble Folgen für die eigene Partei besorgte, man kam überein, sich mit einer Haussuchung bei Brissot zu begnügen, und nur dann weiter vorzugehen, wenn dessen Papiere Anhaltepunkte dazu ergäben. Indessen fand sich nicht das geringste, ohne daß Robespierre sich dadurch hätte abhalten lassen, seine Anklagen gegen die Einundzwanzig, gegen Brissot, gegen das

---

[1]) Steht nicht in den Protokollen der Kommune, wird aber am 3. in der Sitzung der A. N. erwähnt. Ternaux III, 205 setzt Robespierres Rede auf den 1. September.
[2]) Peltier 233 setzt es, wohl nach Louvet, zum 1. Sept.
[3]) Louvet setzt ihn zum 1. Sept., Pétion zum 4., doch ist das Datum des 2. sicher durch Rolands Schreiben an die A. N. vom 3., sein Plakat vom 13. (Buchez 18, 29), und die Memoiren seiner Frau II, 20.

Einverständnis der Gironde mit Preußen fort und fort zu wiederholen[1]) und insbesondere Rolands Einwirkung auf die bevorstehenden Konventswahlen mit grellen Farben zu schildern[2]).

Diese Vorgänge zeigten denn der Gironde mit der Helle des Blitzstrahls den Abgrund, der vor ihren Füßen lag. Von nun an war keine Verschmelzung mehr zwischen ihnen und den Demokraten möglich. Ihre eigene unmittelbare Lebensgefahr war nötig gewesen, sie zu dieser Ueberzeugung zu bringen, und auch jetzt drang sie nur allmählich in die einzelnen Gemüter ein. Allen übrigen voran war Roland. Sein Zeitungsschreiber Louvet mußte am 3. September eine neue Auflage des gestrigen Blattes liefern, worin das Lob der Mordthaten mit ebenso nachdrücklichem Tadel vertauscht war[3]). In einem Schreiben an die Nationalversammlung denunzierte er die Angriffe auf die Minister, sprach in verhüllenden Wendungen von dem Gefängnismorde und bewirkte eine Proklamation, welche das Volk zur Gesetzlichkeit ermahnte. Zu weiterem Handeln aber erhob man sich nicht, und an Rolands Tafel selbst besprach noch am 3. September seine Frau die Ereignisse des Tages mit ihren Gästen in teilnahmloser Gelassenheit. Sehr langsam begann in der Nationalversammlung der Unwille in weiteren Kreisen zu kochen, als die Hinrichtungen mit dem Tode der Priester und Schweizer nicht endigen wollten, als vielmehr am Morgen des 3. die Banden überall ihre Arbeit unermüdlich fortsetzten und, zum Teil mit ausdrücklichen Vollmachten der Polizeibehörde versehen, das Schlachten in allen anderen Gefängnissen der Hauptstadt begannen. Wollt ihr, rief am 4. der leidenschaftliche Cambon der Nationalversammlung

---

[1]) Berichte darüber in der A. N. 4. Sept. Buchez, XVII, 443.
[2]) Gadol an Frau Roland 10. Oktober. Wenn allen diesen Thatsachen gegenüber Robespierre, lettres à mes commettants Nr. 4, S. 60, einfach jede Beteiligung an dem Wirken des Stadtrats in diesen Tagen leugnet, so sieht man, wie wenig man auf die Wahrhaftigkeit seiner Aussagen geben kann.
[3]) Beaulieu.

zu, daß die Kommune Paris das Reich regiere, wie einst die Stadt Rom, so legt euer Haupt auf den Block; sonst erfüllt eueren Eid, bringt den Nationalwillen zur Geltung und züchtigt die Intriganten, deren geheimer Zweck die Beherrschung der Konventswahlen ist. Auch in der Masse des Bürgerstandes wuchs die Entrüstung stündlich. Die Vorstände aller Sektionen hatten am Abend des 2. einer Versammlung bei Pétion beigewohnt, wo militärische Maßregeln beraten und heftige Schmähungen und Verdächtigungen zwischen Gironde und Demokraten gewechselt wurden[1]); es war deutlich, daß ein Ende der Gewaltthaten sich gar nicht absehen ließ, wenn nicht mit Nachdruck Einhalt geschehe. Sie brachten deshalb einige Bürgergarden zusammen, Pétion teilte ihnen mit, auf mehrmalige Anfrage habe der Kommandant Santerre die nötigen Befehle erlassen, aber die Befehle blieben aus[2]), und ohne sie fürchtete sich jeder, von den Waffen Gebrauch zu machen. Die Vorstände wandten sich darauf an Danton als den unleugbaren Führer des Ministerrats. Er beschied sie auf den Abend zu einer Verhandlung, an welcher die meisten Minister, das Bureau des Reichstages, Robespierre, Pétion und andere teilnahmen. Man besprach zuerst mit trüben Erwägungen den Krieg; dann kam einer der Sektionsvorstände auf die Gefängnismorde und begehrte, man möge, wie man hier versammelt sei, aufbrechen und dem Volke in den Weg treten. Alles blieb stumm, endlich rief Danton: Setze dich, es war nötig so. Der Mann beruhigte sich nicht, nahm Pétion und Robespierre zur Seite und beschwor sie, durch ihren Einfluß beim Reichstage die Ernennung eines Diktators auf vierundzwanzig Stunden zu bewirken. Robespierre fuhr auf: Hüte dich wohl, sie würden Brissot ernennen. Pétion sprach kein Wort[3]).

---

[1]) Rolands Brief an die A. N. vom 3. September.
[2]) Aussage der Sektionspräsidenten vor der Kommission der Einundzwanzig, bei Louvet 133, Pétions Aussage bei Buchez XXI, 104.
[3]) Aussage Mandars, Vizepräsidenten der Sektion des Tempels, bei Prudhomme, crimes IV, 123.

Ich breche hier die Einzelschilderung dieser entsetzensvollen Tage ab. Genug ist angeführt, um Triebfedern, Urheber und Zweck der Frevel zu bezeichnen und ihnen in der Entwickelung der Revolution die richtige Stelle anzuweisen. Ziehen wir das Ergebnis. In den meisten Gefängnissen dauerte das Morden bis zum Abend des 4., in einigen jedoch bis zum 6. und 7. September ununterbrochen fort. Es gab keine Greuel, die nicht mit dem Blutvergießen verbunden wurden. In la Force töteten die Mörder die Prinzessin Lamballe, einst eine nahe Freundin Marie Antoinettes, besudelten und zersetzten den Leichnam und trugen das Haupt vor die Fenster des Tempels, um die königliche Familie zu dem gräßlichen Anblicke zu zwingen [1]). Es war die Rache für die Festigkeit, mit welcher Ludwig XVI. das Ansinnen abgelehnt hatte, den König von Preußen zum Rückzuge aus Frankreich aufzufordern [2]). In der Salpetrière, einem Frauengefängnis, befriedigten die Arbeiter der Kommune an den Opfern zuerst ihre Wollust, dann ihren Blutdurst; in Vicêtre, wo 5000 Verbrecher, Wahnsinnige und Invaliden zusammengebracht waren, metzelte man unter mehreren hundert anderen Gefangenen 43 Knaben unter sechzehn Jahren nieder und wandte Artilleriefeuer an, um in kurzer Frist eine möglichst große Menschenmenge hinzuschlachten [3]). Die Gesamtzahl der Hingewürgten ist nicht mit Sicherheit zu ermitteln. Gleichzeitige Erzähler reden von acht-, von zehn-, ja von fünfzehntausend Toten; die demokratischen Historiker unserer Zeit haben kaum tausend zugeben wollen, da die von den

---

[1]) Cléry 21. Menessier.
[2]) Auch hier hat die Biographie universelle wieder Großes in dem Aufwärmen alter Lügen geleistet. Nach allen Regeln der Kritik und des Menschenverstandes entscheidet das Zeugnis Malesherbes' für die Ablehnung. Ebenso sicher ist, daß, wie Ludwig den Brief nicht geschrieben, Friedrich Wilhelm keinen solchen empfangen hat. Die Behauptung der falschen Memoiren Ludwigs XVIII., Orleans habe Ludwigs Handschrift nachgemalt, ist so grundlos wie der größte Teil dieses apokryphen Buches.
[3]) Protokoll der Nationalversammlung, 3. September. Mortimer Ternaux III, 295 leugnet die Anwendung der Geschütze.

beiden Hauptgefängnissen erhaltenen Listen nur 311 Erschlagene aufführen. Allein der Schluß ist schon deshalb unsicher, weil eine Menge Verhafteter bei dem tumultuarischen Verfahren der letzten Tage gar nicht einregistriert wurde. Von anderen gleichzeitigen Namenlisten giebt eine 1414 Tote, eine zweite 1316, eine dritte nennt 1005, fügt aber dann noch hinzu, daß außer diesen in Bicêtre eine Zahl von mehr als tausend Menschen gemordet worden sei [1]). Nicht alle waren politisch Verfolgte: hier und da wurden gemeine Verbrecher erschlagen, an anderen Punkten aber auch befreit und sogar unter die Volksrichter eingestellt [2]).

Während so in den Gefängnissen die Mörder ihr Bluthandwerk betrieben, strömten bei dem Sicherheitsausschusse des Stadtrates die kostbaren Besitztümer der Verhafteten und Verfolgten zusammen. Die Mörder machten nur selten Anstalt, sich selbst etwas zuzueignen [3]), dann erschienen Vertreter des Gemeinderats, baten, den schönen Tag nicht durch Diebstahl zu besudeln, versprachen regelmäßige Besoldung, gaben einzelnes preis und brachten den größten Teil der Beute in Sicherheit. Sonst mußte die Sektionsbehörde, zu deren Bereich das Gefängnis gehörte, die Effekten sammeln und dann in Masse dem Sicherheitsausschusse zu-

---

[1]) Die beiden neuesten Darstellungen des Gegenstandes, bei Granier de Cassagnac, les Girondins, und Ternaux, histoire de la Terreur kommen nach genauer Durchforschung der Akten jener auf 1532, dieser auf 1368 Tote. Die Zahl der Mörder in allen Gefängnissen zusammen belief sich auf 187, ein neuer Beweis für die planmäßige Veranstaltung des Frevels durch die regierenden städtischen Behörden und die Teilnahmlosigkeit der Masse der Bevölkerung.

[2]) Prudhomme, crimes, bestätigt durch Garats Erwägungen im November (Sitzung des Konvents vom 13.), daß von den befreiten Verbrechern die leichteren frei bleiben, die Räuber und Mörder aber wieder eingebracht werden sollten.

[3]) Einmal in der Conciergerie, Protokoll der Kommune; in der Abtei, Jourdans Bericht. Die Mörder erhielten Sold, 6 bis 24 Frs., und reichlichen Wein. Vgl. hierüber Ternaux III, 515 ff., dessen Ausführung (gegen L. Blancs beschönigende Behauptung, man habe nicht den Mord, sondern die Wegschaffung der Leichen bezahlt) keinem Zweifel mehr Raum läßt.

senden. Verzeichnisse wurden nicht aufgenommen, der Empfang nicht bescheinigt, jede geordnete Aufstellung vermieden. Es war kein Hindernis für den Ausschuß, wenn eine Sektion ein Paket versiegelt hatte¹). In den weiten Sälen des Stadthauses stapelte man Kisten und Kasten, Geldsäcke und Assignaten, silberne Gefäße und goldene Uhren, Ringe und Edelsteine, Waffen und Hausgerät, Ergebnisse der Haussuchungen, Mordthaten und Befreiungen, alles durcheinander auf. Es ist unmöglich, den Wertbetrag dieser Dinge auch nur annähernd zu bestimmen, da niemals Rechnung darüber gelegt und der später von der Gironde betriebene Prozeß gegen die Ausschußmänner in dem Sturze dieser Partei untergegangen ist. Nur ein ungefährer Maßstab der Schätzung läßt sich gewinnen, wenn man erwägt, daß bei den zahllosen Haussuchungen seit dem 10. August auf Befehl der Kommune überall das bare Geld fortgenommen und Assignaten (damals im Kurse von 60%) dafür zurückgelassen²), daß allein in der Nacht auf den 30. August 3000 Menschen meist aus wohlhabendem Stande verhaftet, daß in den Septembermorden über tausend umgebracht und beraubt, daß alle Kostbarkeiten der Kirchen sowie der königlichen und fürstlichen Schlösser³) mit diesem Raube vereinigt wurden. Den verhafteten Geistlichen schmeichelte Manuel am 31. August mit der Aussicht, sehr bald aus Frankreich entfernt zu werden, sie ließen sich deshalb ihre Barschaften für die Reise in das Gefängnis verabfolgen, drei Bischöfe aus reichen Häusern waren unter der Zahl, man ermißt leicht, welche Summen hier zusammenflossen. Septeuil war Schatzmeister der königlichen Zivilliste; er selbst entfloh nach England, seiner Frau nahm man an

---

¹) Sitzung der Kommune 14. Nov. 1792 und Moniteur vom 12. Mai 1793.
²) Morris an Jefferson 8. August 1793.
³) Die Hotels der Prinzen von Artois und Polignac waren vollständig ausgeräumt und die Effekten auf das Stadthaus geschafft worden. (Rév. de Paris 14, 498.)

Assignaten und Edelsteinen über eine Million Livres weg [1]). Im Konvente wurde später erklärt, die Kommune habe Kostbarkeiten im Werte von zwölf Millionen in ihrem Verwahr, ein anderes Mal, es seien ihr von deponierten Gegenständen über eine Million Livres in Golde abhanden gekommen, während umgekehrt Panis sich rühmte, er habe dem Vaterlande beinahe zwei Millionen erhalten, über welche gar kein Protokoll existiert habe. Diese wenigen Notizen ergeben hinreichend, daß das in diesen Schreckenstagen geraubte Gut allein in Paris nur nach Millionen gemessen werden kann.

Solche Dinge brauchen nur ausgesprochen zu werden, um Abscheu zu erregen. Aber es gab noch ein Schlimmeres als den bluttriefenden Raub, ich meine den Raub, der sich mit der Waffe der Gesetzgebung vollzog. Denn dieser griff noch tausendfach ärger umher und konnte es dabei wagen, sich als das Meisterstück einer neuen Sozialpolitik zu brüsten. Während die Mörder der Abtei die Eigentümer in Paris erschlugen, untergruben die von ihren Lenkern erzwungenen Dekrete das Eigentum in ganz Frankreich. Am 1. September schon befahl der Reichstag die Anfertigung von so viel Papier, daß der Konvent sofort 300 Millionen neuer Assignaten emittieren könnte. Es waren gerade vier Wochen vergangen, seitdem die Nationalversammlung selbst eine gleiche Summe Papiergeld geschaffen hatte: wer sich über einen so kolossalen Verbrauch wundern mochte, erhielt vier Tage später die Aufklärung, daß der Monat August außer allen laufenden Verwaltungskosten bei gänzlich stockender Steuererhebung eine außerordentliche Ausgabe von 98 Millionen gehabt hatte. Wenn man dabei erwägt, daß für den Krieg damals kaum 100 000 Mann schlagfertig im Felde standen und bei den militärischen Organisationen im Inneren überall über Geldmangel geklagt wurde, so ist es klar, auf welchen Wegen der größere Teil jener Summen

---

[1]) Peltier II, 316. Im April fand sich davon nur eine Summe von 6700 L. protokolliert und an deren Stelle ein gleicher Betrag in falschen Wechseln. Buchez, XXVI, 209.

abfloß. Außerdem empfingen aber alle Hauptpersonen der damaligen Staatsgewalt noch ihr besonderes Teil. Schon am 28. August hatte das Ministerium 2 Millionen zu geheimen Ausgaben erhalten, die bis auf weniges von Danton allein und ohne Rechnungsablage verbraucht wurden. Am 4. September erfreute man die Proletarier des Reiches durch neue 12 Millionen für Getreideankäufe, am 5. die Sektionen von Paris mit etwa einer halben Million für die von ihnen zu rüstenden Vaterlandsverteidiger, noch am 17. die Kommune zu den schon empfangenen 7 mit beinahe 2 Millionen zu revolutionären Bedürfnissen. Kurz, man verstand es, das neu geschaffene Papier, welches alle Lebenssäfte Frankreichs in sich aufsog, an den Mann zu bringen.

Ebensowenig war man in Verlegenheit, um diesem Papiere selbst immer frische Nahrung, immer neue Hypothek zuzuführen. Die Güter der Emigranten versprachen schon einen Betrag von drei oder vier Milliarden; man hatte aber gleich von Anfang an einige Bedenken, die wir später kennen lernen werden, und fügte deshalb am 19. die rascher verfügbaren Güter des Malteserordens im Betrage von 400 Millionen der großen Konfiskation hinzu. Außerdem steigerte man die Bedrückung der Emigranten in demselben Augenblicke, in dem man allen Nichtdemokraten nur zwischen Mord und Flucht die Wahl ließ. Man befahl, daß keinem Emigranten ferner eine Staatsrente ausgezahlt werde, daß jeder Vater eines Emigranten auf seine Kosten (nahe an 2500 Livres jährlich) an der Stelle des Sohnes zwei Soldaten ausrüsten und unterhalten sollte. Von einer Unterscheidung zwischen den Ausgewanderten, die in Koblenz unter Waffen standen, oder die widerwillig vor den Dolchen der Banditen geflohen, war keine Rede.

Wenn bereits das alte Regime ein übergroßes Gewicht auf die Bilanz der Ein- und Ausfuhr bei edlen Metallen gelegt hatte, so war bei diesen Jakobinern, die alle Mißbräuche des alten Staates erneuerten, eine Maßregel gegen die Goldausfuhr von ganz besonderem Belange. Die Nationalversammlung verbot, weil der Wucher durch Hinwegflüchten des Metallgeldes das Volk auszuhungern suche, die Ausfuhr der Gold- und Silbermünzen am 5. und sodann am 16. September die Ausfuhr der Gold- und Silbergeräte. Man muß sich dabei erinnern, daß die Kommune bei ihren Haussuchungen überall das vorgefundene Bargeld in Beschlag genommen und gegen Assignaten eingewechselt hatte. Das Verbot ging also offenbar über handelspolitische Zwecke hinaus.

Noch tiefer schnitten aber in Eigentum und Wohlstand die Verfügungen des 9. und 16. September über den Handel mit Lebensmitteln ein. Die Brotfrage war, wie wir wissen, damals der praktische Typus dessen, was heute die soziale Frage genannt wird: zu ihrer Lösung wurde jetzt, vier Wochen nach dem Siege der Demokraten, der erste Schritt im Sinne des Staatskommunismus gethan. Bisher hatten die Proletarier erzwungene Preistaxe erstrebt, womit in der Regel die Entscheidung der Pöbelmasse der einzelnen Gemeinde überliefert wurde. Jetzt schlug man einen verdeckteren und universelleren Weg ein. Man verbot jede Störung des Handels, ordnete ein Verzeichnis aller im Lande existierenden Vorräte an und befahl den Behörden, auf dessen Grund die Besitzer zu verhältnismäßigen Lieferungen an die Märkte zu nötigen. Wir werden sehen, wie bald sich an diesen ersten Schritt in der Verfügung über den Privatbesitz stärkere Maßregeln anreihten.

So trat diese sogenannte Demokratie im September zu Paris auf, so behandelte sie die Personen und Güter mit zügellosem Despotismus. Sie erreichte damit ihr nächstes politisches Ziel, indem sie in der Hauptstadt die Konventswahlen sich vollständig sicherte. Wie sehr sie dazu des Schreckens bedurfte, wie wenig sie der Volksstimmung traute, zeigte noch am 29. August ein Befehl der Kommune, daß die Ernennung jedes Wahlmannes mündlich erfolgen und von den übrigen Sektionen bestätigt werden sollte: man war dann seiner Sache gewiß, wenn nur in 25 Sektionen unter 48 die Einschüchterung gelang. Es zeigte sich aber, daß man des Mittels kaum bedurft hätte. Fast in allen

Sektionen hatten die Schreier der Klubs das Feld allein, höchstens, daß einige Priester mit nutzlosem Widerspruche lästig fielen. Die Führer hatten beinahe den Eifer ihrer Trabanten zu mäßigen, da diese das praktische Ziel des Systemes, den Sturz der Eigentümer, zu unbefangen an das Licht stellten. Die Cordeliers bemerkten, daß in der Stadt der Luxus sich zu verstecken, das Silbergerät zu verschwinden beginne. Sie mahnten, die Zeit sei noch nicht gekommen, die Aristokratie der Reichen zu treffen, die Preußen würden Viktoria singen, wenn in Paris das Eigentum abgeschafft würde. Mögen also die Armen sich beruhigen, bald genug wird der Tag kommen, der Tag nach dem Ende des Krieges, wo das Maß des Gesetzes die Vermögenszustände regeln wird [1]). Dies war von den Ansichten, welche auf die Urwähler Einfluß hatten, die gemäßigte: man kann sich denken, wie jakobinisch der so ernannte Wahlkörper ausfallen mußte.

Immer aber hielt auch bei diesem die Kommune eine entsprechende Anwendung des Schreckens für geraten: so gering war das Vertrauen dieser Bande zu jedem französischen Bürger, der nicht ganz unmittelbar zu ihrem Pöbel und ihren Mordknechten gehörte. Auch der Wahlkörper, so wurde bestimmt, sollte seine Verhandlungen öffentlich im Lokale des Jakobinerklubs halten, dessen Galerien unaufhörlich von Robespierres und Marats bewaffneten Verehrern besetzt waren. Die Sitzungen begannen eben am 2. September; an diesem Tage bedeutete es etwas, dem Zorne des souveränen Volkes zu trotzen, wenn es von den Tribünen herab sein Bravo und sein Grunzen in die Debatten hineinwarf. So wurde man zwar mit einigen feuillantistischen Stimmen, die sich trotz aller Vorkehrungen der Kommune eingeschlichen, gründlich fertig, indem man die Männer sofort hinausjagte und sie Gott danken mochten, daß sie lebend hinauskamen. Dann aber gab es neuen Zwist, welcher die Unentbehrlichkeit der Zwangsmittel

---

[1]) Révol. de Paris.

für die demokratischen Zwecke glänzend bestätigte. Teils war die Gironde doch zu lange die lenkende Fraktion der Jakobiner gewesen, als daß man sie von vornherein hätte ganz ausschließen können: gerade ihre praktisch kräftigsten Männer, wie Louvet und Gorsas, übten entschiedenen Einfluß auf einen Teil des Wahlkolleges. Anderenteils waren die Demokraten selbst nicht vollständig untereinander geeint, insbesondere Robespierre nicht überall mit Danton und dessen Genossen einverstanden. Um so mehr begann man wie bei den Urwahlen mit dem Beschlusse, mündlich zu stimmen und jede Wahl der Ratifikation der Urversammlungen zu unterwerfen, und schritt dann am 3. September zu der Ernennung des ersten Deputierten. Es war der Augenblick, in welchem die Gefängnismorde ihren gräßlichsten Höhepunkt erreichten: der erwählte Deputierte war Maximilian Robespierre. Die Gironde hatte sich geschmeichelt, wenigstens Pétion, den tugendhaften Maire, den gefeierten Vater des Volkes, neben ihn zu stellen; sie konnten aber nicht einmal, nachdem er in Chartres gewählt war, ein leeres Anerkennungsvotum durchsetzen. Es folgten die Wahlen von Danton, Collot d'Herbois, Camille Desmoulins: es war klar, daß die Gironde kaum einen einzigen Kandidaten erlangen würde, obwohl einige Cordeliers mit Robespierres Unversöhnlichkeit unzufrieden waren und z. B. zu Brissot Zutrauen gehabt hätten. Allein über jede Aeußerung dieser Art fiel vor allem Marat mit grenzenloser Wut her, denunzierte die Vorgeschlagenen und ihre Beschützer in giftigen Plakaten und mahnte das patriotische Volk mit den feilen Söldlingen Neckers, Lafayettes, Braunschweigs aufzuräumen. Seine eigene Wahl kostete immer noch einige Mühe; die Verhandlung, die sich darüber entspann, ist für Freunde und Gegner und damit für Marats eigene Stellung höchst bezeichnend. Die Demokraten schämten sich seiner; er muß in den Konvent, sagten sie, nicht als der Weiseste und Trefflichste, aber als ein Stück Sauerteig zur Erhebung der Masse. Am 7. kam seine Kandidatur zur Sprache, unterstützt durch seinen würdigen Freund, den Kapuziner

Chabot. Auf politischen Widerspruch ließ sich niemand ein: aber, rief Voidel, wollt ihr einen Patrioten, der eine ihm schuldige Summe in Assignaten zurückgewiesen und bares Geld begehrt hat — einen Ehrenmann, der, von einem Gläubiger gemahnt, seinen Freund Legendre eiligst ersucht, eine bei ihm deponierte Geldsumme zu verleugnen — einen Unbescholtenen, der, zwei Jahre lang von dem Bürger Maquet und dessen Frau in einer Kellerwohnung verpflegt, Maquet endlich durch eine angebliche Kommission entfernt und sich dann die Frau und die Möbel des Mannes aneignet? Marat entgegnete keine Silbe, aber seine Bande brüllte: wir werden sehen, noch ist das Beil erhoben, noch halten wir das Seil der Sturmglocken. Die Gironde stellte ihm als schneidendsten Kontrast den englischen Philosophen Priestley entgegen, der mit unzweifelhaftem Radikalismus eine fleckenlose Persönlichkeit verband. Da erklärte endlich Robespierre: es sind Philosophen genug im Konvente, wir brauchen statt der Büchermacher mutige Kämpfer, Menschen, die vom Despotismus gezwungen waren, sich jahrelang in einem Keller zu begraben. Danton stimmte ein, und Marat wurde Vertreter der Nation. In diesem Sinne ging es weiter, die 24 Deputiertenstellen hindurch, nichts als Dantonisten oder Maratisten des reinsten Wassers. Die Gironde erlangte den einen Dussaulx, einen alten, schwachen Mann, der niemand gefährlich werden konnte. Der letzte Kandidat war der Herzog von Orleans, den eine Anzahl von ihm bestochener Wahlmänner unterstützte, hier einige Dantonisten, dort von den Girondins Gorsas. Robespierre aber und Marat wollten von ihm nichts wissen und begünstigten eine der Zierden des Gemeinderats, Lhuillier. Da geschah, daß Marat die Unverschämtheit hatte, für seine Pamphlete von dem Minister Roland eine Staatsunterstützung von 15 000 Livres zu fordern, und als Roland, der stete Gegenstand seiner Schmähungen, ihn verächtlich abwies, die Summe von dem Herzoge von Orleans erhielt. Dies trug dem Herzoge Marats Unterstützung im Wahlkörper ein, so daß er bei der Abstimmung genau die absolute Mehrheit gewann. Sogar dies wurde angefochten; es war aber spät abends und die Sekretäre des Handels müde; sie verkündeten demnach den Herzog als richtig gewählt. So kam Philipp Joseph in den Konvent, zum Königsmord und zum Blutgerüste [1]).

Die meisten der Gewählten waren namenlose oder anrüchige Menschen, die keinen anderen Titel als ihre schrankenlose Brauchbarkeit für die Faktionszwecke besaßen. Wie man aller Mittel der Gewalt bedurft hatte, um ihre Ernennung möglich zu machen, so hatte man auch ein klares Bewußtsein über den Eindruck, welchen die Wahl bei der Mehrheit der Bürger hinterließ. Er war so entschieden ungünstig, daß man den vorher eifrig betriebenen Beschluß, die Wahlen durch die Sektionsversammlungen bestätigen zu lassen, nachher in tiefem Schweigen begrub, statt dessen aber feststellte, den Konvent zur Ausstoßung aller freiheitsfeindlichen Deputierten aufzufordern. Indessen was kümmerte diese Partei die Gesinnung der Menschen, solange sie die Gewalt und den Sieg in der Hand behielt? Mochten die Pariser Bürger murren, mochten sie in einigen Sektionen bewaffnet zum Schutze des Eigentums und der Personen zusammentreten und Beschwerden über die Kommune an die Nationalversammlung bringen: der Gemeinderat ließ ermorden, solange er wollte, und die Hauptstadt hatte im Konvente keine anderen Vertreter als die Männer des Berges. Gelang es in den Provinzen wie in Paris, so stand Frankreich der Demokratie zur Verfügung. An Rührigkeit und Anstrengung hatte man es auch hier nicht fehlen lassen.

An demselben Tage, an welchem Robespierre gewählt und das Haupt der Lamballe unter das Fenster der Königin getragen wurde, eilten die Agenten der Faktion aus allen Thoren von Paris, um das rote Banner auch in den Provinzen aufzustecken. Die Aussichten schienen nicht schlecht, denn der Schlag des 10. August, der die Verfassung und

---

[1]) Ducoing, Philippe d'Orléans.

die bestehenden Zentralgewalten zertrümmerte, hatte bereits die Zerrüttung in alle Departements getragen. Ein eifriger Jakobiner, Jean Debry, schilderte etwas später[1]) den Zustand dem Konvent in folgenden Worten: „Ueberall waren dem kecken Verbrechen und den selbstsüchtigen Umtrieben die Wege geöffnet. Ueberall waren unbekannte Autoritäten auf eigene Faust erstanden. Der Bürger wußte nicht, wer ihm befahl, und mit welchem Rechte ihm befohlen wurde. Eine Gewalt erhob sich gegen die andere und drückte der beginnenden Herrschaft der Freiheit den Charakter des Despotismus und der Willkür auf." Es war eben überall wie in Paris, überall griffen Klubs und revolutionäre Sektionen nach der Herrschaft: es kam nur darauf an, diese Elemente in ein großes Ganzes zu vereinigen. Demnach ließ Danton, gleich nachdem die Nationalversammlung am 2. September den Ministern jene schrankenlose Diktatur übertragen, durch das Conseil die Bestallungen seiner Kommissare zeichnen. Die Auswahl der Personen riß er kurzerhand an sich; Roland war verdrossen und grimmig, sah sich aber überstimmt und unterzeichnete. Es waren durchgängig Mitglieder des Gemeinderates, und zwar die heißesten, derbsten und unbedingtesten aus der Masse, welche Danton sich erkor: als immer übler berufene Subjekte zum Vorschein kamen, zog Roland endlich seine Unterschrift zurück, Danton aber fragte lachend, ob er etwa zarte Jungfrauen schicken sollte. Zur Ausfertigung der Instruktion benutzte er jedoch, um allen Weiterungen vorzubeugen, einen Augenblick, in dem Roland die Sitzung verlassen hatte. Sie lautete präzis und einfach: die Kommissare sollten an alle Behörden alle Requisitionen gelangen lassen, welche sie zum Heile des Vaterlandes nötig erachteten, und bei requirierten Lieferungen die Preise des Getreides u. s. w. selbst bestimmen. Daneben hatten die Kommissare eine harmlosere Anweisung zum Vorzeigen, die auch Roland bekannt und auf Benehmen mit den Klubs, Anregung der öffentlichen Meinung und Beschleunigung der Kriegsrüstung

---

[1]) Sitzung des Konvents, 26. September 1792.

gerichtet war. Das letzte Wort aber sprach auch hier der Pariser Gemeinderat aus. Obwohl er amtlich mit den übrigen Departements nicht das mindeste zu verhandeln hatte, ernannte er seinerseits 24 Sendboten, zum Teil dieselben Menschen, die auch von den Ministern bevollmächtigt waren, ein einfaches Mittel, um bei etwaigen späteren Vorwürfen mit den verschiedenen Personen und Vollmachten Versteck zu spielen. Hier lieferte die Schriftstücke der Sicherheitsausschuß der Kommune, unter der zukunftreichen Benennung: Ausschuß des öffentlichen Wohls. In einem Rundschreiben an alle Gemeinden des Reiches verkündete er, daß das Volk einen Teil der verhafteten Verschwörer durch eine That notwendiger Gerechtigkeit vernichtet habe, und forderte alle Mitbürger, Brüder und Freunde auf, jeder an seinem Teile diese bringende Maßregel des politischen Heiles zu wiederholen. Zur besseren Beglaubigung erhielt dieses Zirkular die Gegenzeichnung des Justizministers Danton und wurde in zahlreichen Exemplaren durch dessen Bureaux versandt. Danton ließ es übrigens hierbei noch nicht bewenden, sondern fügte, um die Wirkung zu sichern, selbst noch ein Manifest hinzu, in dem es ausdrücklich hieß: noch einmal, Bürger, zu den Waffen, ganz Frankreich starre von Piken, Bajonetten, Kanonen und Dolchen, in den Städten sei das Blut aller Verräter das erste der Freiheit dargebrachte Opfer, damit man beim Auszuge gegen den Feind niemand zurücklasse, der uns beunruhigen könne [1]).

Man nehme dies alles zusammen. Die langjährige Zerrüttung aller Zustände, der Hunger und die Unbändigkeit des Proletariats in allen Provinzen ohne Ausnahme, das frische Beispiel der letzten Pariser Revolution, das Eingreifen der mit unbedingter Vollmacht versehenen Kommissare, endlich der ausdrückliche Befehl der höchsten Justizbehörde, die sich ihrerseits auf ein Gesetz berufen konnte,

---

[1]) Das Schreiben des Ausschusses ist oft gedruckt, dies Zirkular Dantons findet sich meines Wissens nur bei Blondeir-Langlois, Angers, 1789—1830, I, 262, aus dem Archiv von Angers. Es ist selbst dem Fleiße Ternaux' entgangen.

daß jeder Widerstand gegen ihre Verfügungen sofort den Tod verwirken solle: man wird einräumen, daß die Vorbereitungen zur sizilianischen Vesper oder der Bartholomäusnacht harmlos und schwächlich im Vergleiche mit diesem Plane eines jakobinischen Nationalmordes waren.

Glücklicherweise trug dieses Mal das Unheil selbst das Heilmittel in sich. Die demokratischen Führer hatten im Kampfe gegen das Königtum zu gründlich die allgemeine Zügellosigkeit gepredigt, als daß sie jetzt selbst auf raschen und allgemeinen Gehorsam hätten rechnen können. Sie waren schon in der Hauptstadt eine Minorität, die nur durch die Organisation der Regierungsgewalt den Sieg davontrug; in der Entfernung wirkte ihr Ansehen als Regierung schwächer und war ihre Zahl im Verhältnis zu den Widerwilligen noch ungünstiger. Die Tuilerien konnten sie mit einem Handstreiche einnehmen, das französische Volk aber sich zu unterwerfen, dazu bedurfte es noch jahrelanger Arbeit und namenloser Verbrechen.

Zwar an einigen, nicht unwichtigen Punkten gelang den Kommissaren ihr blutiger Unfug.

In Lyon fanden sie bei ihrer Ankunft die Arbeit schon begonnen, da Laussels Brief die Demokraten auf der Stelle in Thätigkeit gesetzt hatte. Die Rücksicht auf die Wahlen wirkte hier ebenso stark wie in Paris, denn die Mehrheit der Einwohner war durchaus nicht jakobinisch gesinnt, andere Umstände aber lagen noch günstiger für eine Gewaltthat als in der Hauptstadt. Schon der Maire Vitet, obgleich Anhänger der Gironde und wie Pétion von selbstsüchtiger Vorsicht beseelt, war doch thatlustiger als dieser und noch durch kein persönliches Zerwürfnis mit den Cordeliers abgekühlt. Sodann aber war der Führer der Linientruppen in Lyon zu jeder Blutarbeit bereit, das einzige Mal, soweit ich sehe, wo im Jahre 1792 ein französischer General seinen Degen der meuchlerischen Pöbeljustiz zur Verfügung stellte. Um den Fall in vollends grelles Licht zu setzen, war noch dazu dieser Feldherr der Lyoner Septembermänner ein deutscher Prinz, Karl Konstantin von Hessen-Rothenburg-Rheinfels: es ist merkwürdig, daß diese Familie, deren Haupt sich durch eine unbarmherzige Strenge gegen die Neuerer auszeichnete, zugleich den ärgsten Jakobiner lieferte, der vielleicht jemals auf deutschem Boden geboren worden ist. Prinz Karl, oder wie er sich damals nennen ließ, der Bürger General Hessen mochte etwa 35 Jahre zählen, hatte eine lange, hagere Gestalt, in dem blassen Gesichte auffallend starke Backenknochen, große, aber matte blaue Augen, grell blondes Haar. Er sprach rasch und viel, begleitete seine Reden mit unaufhörlichen krampfhaften Gestikulationen und schloß jeden Satz durch ein Zähneknirschen, dessen Geräusch er je nach seinem Affekte weithin erschallen ließ. Sind seine Thaten so wild wie seine Reden, sagte einer seiner Zuhörer[1]), so kann man sich ihn vorstellen als eine Tigerkatze mit menschlicher Sprache. Leider hat es an den Thaten in keiner Weise gefehlt. Während des Sommers finden wir ihn unaufhörlich bei den Ausschüssen der Nationalversammlung oder bei den Jakobinern mit Angebereien gegen Minister und Generale beschäftigt und vernehmen einmal im Kriegsausschusse die Bemerkung, Hessen sei ein rastloser Ankläger, verschwinde aber jedesmal, sobald man Beweise fordere. Vitets Freundschaft verhalf ihm endlich zu dem Kommando in Lyon, wo er sogleich den Gedanken faßte, den General Montesquiou von dem Oberbefehle der Südarmee zu verdrängen und sich zu diesem Behufe mit den Lyoner Jakobinern auf gegenseitige Unterstützung vereinte. Aus Montesquious Sturz wurde zwar fürs erste nichts, um so eifriger wurde dafür die städtische Metzelei betrieben. Hessen meldete mit großem Jubel am 3. September: Freiheit oder Tod, Lyon wird endlich gereinigt, der Maire läßt die Nationalgarde zusammentreten und die Stadt von allen Uebelgesinnten befreien. Sechs Tage später fiel der erste Streich: während Vitet die Nationalgarde durch eine große Parade beschäftigte, wurden drei Priester und neun Reiteroffiziere, welche Hessen drei Wochen früher eigenmächtig ver-

---

[1]) Nodier, Souvenirs.

haftet hatte, erſchlagen und die Leichen unter Fackelſchein und Geſchrei in der Stadt umhergeſchleppt. Eine Liſte von 200 weiteren Opfern war angefertigt, aber der Unwille der Nationalgarde ſprach ſich ſo ſtark aus, daß man die Fort=
ſetzung des Mordens aufſchob. Da jedoch Vitet überall den Befehl zu bewaffnetem Einſchreiten der Garde weigerte, ſo trat bei der gebildeten Klaſſe ein ſolches Entſetzen ein, daß Heſſen dem Miniſter am 11. ſchrieb: die Kataſtrophe von vorgeſtern bringt die Ariſtokraten und Emigranten zur Flucht und giebt uns die Mehrheit in Lyon[1]).

Jetzt erſt langten die Kommiſſare des Pariſer Stadt=
rates an, um den Schrecken in Syſtem zu bringen. Der Mord des 9. erſchien ihnen nur als erſtes Signal; es kam darauf an, ſich im großen Perſonen und Eigentum von ganz Lyon zu unterwerfen. Man begann mit einer Plün=
derung der wichtigſten Magazine der Stadt. Haufen von Weibern waren voran, die Nationalgarde, die auf eigene Hand die Waffen ergriff, wurde von den Gemeindebehörden kräftig zur Ruhe verwieſen, das Rauben dauerte in geord=
neter Regelmäßigkeit vier Tage lang. Dann verfügten die Weiber im Namen des ſouveränen Volkes einen höchſt niedrigen Preistarif für Brot, Kaffee und eine Anzahl an=
derer Artikel, welchen der Stadtrat auf der Stelle zum Geſetz erhob. Endlich wurde auf beſonderes Betreiben der Pariſer Kommiſſare eine nächtliche Haussuchung in allen Quartieren der Stadt veranſtaltet und mehrere hundert Verhaftungen bewirkt. Die Mittelklaſſe glaubte jeden Augen=
blick das große Blutbad beginnen zu ſehen. Aber auch die kleinen Handwerker, die zu Lyon den Kern der jakobiniſchen Partei bildeten, ſtanden nicht auf der Höhe der Revolution und verſagten den Führern[2]). Man beeilte ſich deshalb zu den Konventswahlen zu ſchreiten und ſetzte für Lyon die ge=

---

[1]) Korreſpondenz der Südarmee.
[2]) Rede des Jakobiners Riard an durchziehende Marſeiller, Monleon I, 136. Bericht der Konventskommiſſare am 16. November. Sie klagen, daß ſelbſt die konſtitutionellen Prieſter gegen die Re=
volution ſeien.

wünschten Kandidaten der Demokratie, für das Departement wenigstens eine Mehrzahl republikanisch Gesinnter durch.

Ganz ähnliche Ereignisse erlebte in denselben Tagen Orleans [1]). Die Ankunft der Pariser Schar, welche angeblich die Entführung der Staatsgefangenen hindern sollte, bewirkte auf der Stelle Unfug aller Art. Die Gefangenen wurden von ihren neuen Wächtern zunächst gründlich ausgeplündert, mehrere Kriminalverbrecher befreit, Beamte, die mit der Sorge für die Lebensmittel beauftragt waren, mißhandelt und mit dem Tode bedroht. Der Regierungskommissar Bourdon gab zu all diesen Ausschweifungen die Losung, so daß sein Kollege Dubail selbst erklärte, er bleibe nur in der Hoffnung, Bourdons schändliche Beschlüsse hintertreiben zu können. Am 3. September langte ein Dekret der Nationalversammlung an, welches die Gefangenen nach Saumur zu bringen befahl; da war sogleich bei der Pariser Truppe nur eine Stimme, daß man sie statt dessen nach der Hauptstadt abführen werde. Durch Bourdons Umtriebe war indes ein Teil der in Orleans stehenden Linientruppen ebenfalls meuterisch gemacht worden, eine kleine Anzahl Nationalgardisten trat zu den Banditen über; genug, die städtische Behörde, welche hier entschieden gesetzliche Gesinnung hatte, sah sich ohne Mittel, dem Morde Widerstand zu leisten. Am 4. September brach der Haufe mit 43 Gefangenen nach Paris auf, langte am 9. in Versailles an und ermordete hier die Unglücklichen sämtlich bis auf drei, trotz des energischen Einschreitens des Maire. Danton aber lobte von seinem Balkon herunter die Mörder, daß sie eine dem Volke heilsame und unentbehrliche That vollbracht hätten.

In Orleans erfuhr man bald, daß die Expedition damit ihre Folgen keineswegs vollendet hatte. Die Führer derselben bezeugen es nachdrücklich genug. Bourdon berichtete der Nationalversammlung am 10. September: „wir haben jeden Augenblick der Muße benutzt, um den Patriotismus

---

[1]) Akten und Urkunden bei Lottin, Orléans, 2ᵉ partie.

der Bürger zu erhitzen, den Gemeingeist zu wecken, das Volk auf die Höhe des Pariser Volkes zu erheben. Die Frucht unserer Lehren war die Zerstörung aller Denkmäler des Despotismus und Fanatismus" — einer Bildsäule z. B. Karls VII. und der Jungfrau von Orleans — „die Abschaffung der Zeichen der Eitelkeit, der Epauletten und Bärenmützen" — wie in Paris nahm man den Offizieren und Grenadieren der Bürgergarde ihre äußeren Abzeichen — „die Deportation der unbeeidigten Priester" — sie wurden zur Abreise gezwungen und unterwegs auf alle Weise mißhandelt — „die Bildung eines dritten Bataillons von 800 Mann, endlich die Errichtung eines Zentralausschusses mit unbeschränkter Vollmacht des souveränen Volkes" — mit anderen Worten eines Mittelpunktes für die Empörung gegen alle gesetzlichen Behörden.

Immer aber war hier die allgemeine Stimmung den Demokraten noch abgeneigter als in Lyon. Die Wahlen zum Konvente, die am 8. stattfanden, fielen ganz girondistisch aus, und erst nachträglich gelang es den Cordeliers, Bourdon an des zuerst ernannten Brissot Stelle durchzusetzen. Desto thätiger waren sie bemüht, die Eigentumsfrage in demselben Sinne wie in Lyon zu entscheiden. Die Korntumulte hatten, wie erwähnt, gleich mit der Ankunft der Pariser begonnen, die Gärung dauerte darauf in der niedrigsten Volksklasse fort und brach am 10. September in offenen Aufstand aus. Ein angeblicher Kornwucherer wurde erschlagen und mehrere Häuser geplündert und niedergerissen; der Maire wagte keinen mutigen Schritt, obwohl der räuberische Haufe mit unglaublicher Feigheit auseinanderlief, als ein einziger Nationalgardist sein Gewehr abschoß. Man setzte vielmehr nach den Wünschen der Tumultuanten den Brotpreis auf 2 Sous das Pfund herab, was für die Stadtkasse einen Verlust von 200 000 Livres in sich schloß, und erst als diese Nachgiebigkeit den Aufstand verstärkte, entschloß man sich, den Kriegszustand zu erklären, worauf die äußere Ruhe sich herstellte, in den permanenten Sektionen aber die Tumultuanten vereinigt blieben und eine

Bittschrift an den Konvent gegen den unerträglichen Despotismus des Stadtrates entworfen.

Diese Vorgänge zeigen, wie es damals in Frankreich aussah. Im wesentlichen wiederholte sich überall dasselbe Ereignis. Das Volk wollte von den Plänen der Demokraten nichts wissen, die Unordnungen mußten durchgängig entweder von den Behörden oder den Pariser Sendlingen erst angefacht werden und vollzogen sich dann unter dem unwilligen und furchtsamen Zuschauen der Einwohner. So wurden in Reims eine Anzahl Priester und Beamte durch eine Schar Pariser Freiwillige lebendig verbrannt, während das Wahlkolleg seine Sitzung hielt und dann auf die Drohungen der Mörder den Urheber des Frevels, einen Spinner aus Reims, zum Deputierten erwählte. In Sens ließen die Kommissare der Pariser Kommune zwei junge Leute erschlagen, welche den Freiheitsbaum beschimpft hatten, und meldeten darauf nach Paris, der Patriotismus sei infolge davon in Sens sehr gesteigert worden, was bringend nötig gewesen. In Meaux erklärten zwei andere Kommissare der Wahlversammlung, es gebe keine Gesetze mehr, die Pariser Kommune habe sich der Gewalt bemächtigt, man könne thun, was man wolle: einige Gendarmen, die sie aus Paris mitgebracht, besetzten die Gefängnisse, wiegelten eine Schar Handwerker auf und ermordeten vierzehn Menschen. Die Nationalgarde wollte einschreiten, wurde aber von ihrem jakobinisch gesinnten Kommandanten abgehalten. In Chalons war alles ruhig, bis Billaud-Varennes aus Paris anlangte und einige Proletarier in Bewegung setzte: als er abgereist war, wurden die Ortsbehörden, unterstützt durch Kommissare der Nationalversammlung[1]), des Tumultes wieder Herr. Zuweilen trat die Gesinnung des Volkes den Wühlern noch kräftiger entgegen. So wollten die Bauern in Vouton die Kommissare aufhängen, weil sie meinten, die Jakobiner seien schuld an allem Unheil; in Evreux wurden sie demselben Schicksal nur durch Berufung auf das Gesetz vom

---

[1]) Sitzung vom 11. Sept.

2. September entzogen, welches auf jeden Widerstand gegen die Regierung die Todesstrafe setzte. Aber selbst diese Drohung half ihnen nichts in Auxerre, wo sie aus der Wahlversammlung weggewiesen wurden, nachdem sie erzählt hatten, daß die Kommune in Paris unumschränkt herrsche, die Minister beaufsichtige und alle Gemeinden zur Verbrüderung einlade: nichts in Angers, wo der Stadtrat gegen Dantons Zirkulare bei der Nationalversammlung Anklage zu erheben beschloß, nichts in Lisieux, wo die Kommissare eine neue Verteilung der Aecker beantragten und deshalb dem Konvente denunziert wurden. In Marly aber, in Ris und Champlitte, wo sie alle Waffen und Pferde im Namen des Vaterlandes fortnahmen, in Bernay, Rouen und Perpignan, wo sie zum Morde der Reaktionäre aufforderten, wurden sie geradezu als Ruhestörer verhaftet.

Genug, um die Mitte des Monats schon war es bekannt in Paris, daß der große Staatsstreich der Septembermänner mißlungen war. Bliebe uns nur einige Zeit übrig, schrieben die Revolutionen von Paris, so müßte das Volk alle Wahlen erst revidieren. Ueberall, rief Marat, hat Intrigue, Schelmerei, Verführung und Bestechung den Sieg in den Wahlkollegien davongetragen; Roland hat mit vollen Händen das Gold für die Ernennung Brissotscher Schmierer ausgegeben; was könnt ihr von diesem Abschaum der Constituante und der Legislative erwarten? Er war auch jetzt nicht in Verlegenheit über die Mittel: umgebt sie mit zahlreichen Zuhörern, zwingt sie in acht Tagen die neue Verfassung zu vollenden, überliefert sie bei der ersten Pflichtverletzung dem Schwerte der Gerechtigkeit. So viel Achtung hatten die Helden der Volkssouveränität vor dem Willen der gesamten Nation. Sie waren zu neuen Revolutionen entschlossen, bis sie die Einwohner Frankreichs ebenso wie den König unter das Joch der hauptstädtischen Proletarier gebeugt hätten. Sie trösteten sich der Zukunft, für welche die Sendung jener Kommissare bedeutend vorgearbeitet hatte: die armen Leute der Provinzen vergaßen es nicht, daß einen Augenblick die Organe der Regierung selbst die Erzwingung wohlfeiler Lebensmittel und eine bessere Verteilung der Aecker gepriesen hatten¹). Fürs erste aber sahen sie Reaktion und Kampf voraus und wollten die freien Augenblicke bis zum Beginne des Konvents bestens benutzen. Noch einmal begannen die Verhaftungen, ohne Bezeichnung des Grundes oder Angabe der Behörde; am 14. und 15. September sah man auf mehreren Straßen Menschen in der Uniform der städtischen Beamten, welche den Vorübergehenden im Namen des Vaterlandes Uhren, goldene Ketten und Ohrringe entrissen; in der Nacht des 16. wurde der Kronschatz erbrochen und die Diamanten geraubt, deren einer, der Regent, allein zwölf Millionen wert war²). Ein guter Demokrat, Mazuyer, rief von der Tribüne der Nationalversammlung: es ist schlimmer in Paris als im Ardennerwalde.

Allein der Ausfall der Wahlen hob jetzt endlich auch den Mut der Gironde. Sie hatte durch das Auftreten einiger Sektionen den Anfang zu einer bewaffneten Macht neben den Banditen des Stadthauses gewonnen und am 11. September von Pétion den Bericht empfangen: die Aufforderungen zu Plünderungen und Blutvergießen beginnen wirkungslos zu werden. Darauf gestützt, schnitt sie zunächst die demokratische Einwirkung auf die Provinzen ab, indem sie am 14. dekretieren ließ, die Ministerialkommissare hätten sich streng an ihre Instruktion zu halten, jeder Kommissar aber, der im Namen einer Stadtgemeinde auswärts auftrete, solle verhaftet werden. Am 17. richtete die Nationalversammlung ihr Augenmerk auf Paris, indem sie jedem Unbefugten das Vornehmen einer amtlichen Handlung bei Todesstrafe untersagte, jede willkürliche Verhaftung und Haussuchung mit Gefängnis bedrohte und die Mit-

---

¹) Lidon im Nat.-Konvent 26. November: von allen Enden des Reichs tönt dieser Ruf zurück.

²) Ueber das Verbleiben desselben hat Sergent später in der revue rétrospective ausführlich Nachricht gegeben. Einiges davon wurde schon dem Konvente bekannt. Dennoch läßt die biographie universelle diese Diamanten zur Bestechung des Königs von Preußen oder seiner Generale dienen und nennt sogar den Berliner Bankier, Treskow, bei dem sie deponiert gewesen.

glieder des Stadtrates mit ihrem Kopfe für die Sicherheit aller Gefangenen verantwortlich machte. Dies hatte die Folge, daß der Stadtrat seinen Sicherheitsausschuß auflöste, in den Sektionen aber die Demokraten mit unendlicher Wut einen neuen Aufstand forderten. Man verbreitete zur Erhitzung der Gemüter die Nachricht von einer Niederlage, welche Dumouriez gegen die Preußen erlitten haben sollte; Marat klagte darauf in einem Maueranschlag den General und die Minister der Verräterei an, und andere Plakate forderten die Ermordung von 400 Deputierten gleich mit dem Ende der legislativen Versammlung. Jedoch scheiterte der Plan an der Teilnahmlosigkeit der Massen und dem Eifer der gutgesinnten Sektionen, die Nationalversammlung aber beeilte sich, am 20. ein umfassendes Gesetz zur Herstellung der Ordnung in Paris zu erlassen. Jeder Bürger, hieß es darin, muß sich auf seiner Sektion eine Bürgerkarte geben lassen; wer keine vorzeigen kann, wird verhaftet. Dies warf die fremden Abenteurer aus der Stadt hinaus: wie weit war die Gironde vom 20. Juli entfernt, wo sie das Signal zur Ankunft der Marseiller gegeben. Stadtrat und Gemeinderat, war weiter bestimmt, werden neu gewählt, die Wahlen nehmen binnen drei Tagen ihren Anfang. Jedes Haus ist bei Nacht unverletzlich, von jeder Verhaftung geschieht der Nationalversammlung Anzeige, in den Städten, wo diese Sitzung hält (die Drohung, Paris zu verlassen, ist bemerkenswert), darf ohne ihre Erlaubnis bei Todesstrafe weder die Alarmkanone gelöst noch die Sturmglocke gezogen werden. Endlich: jede Sektion stellt außer ihren ordentlichen Kompanien noch eine Reserve von 100 Mann zur Aufrechterhaltung der inneren Ordnung, die unter dem Befehl des Divisionsgenerals steht. Jede andere bewaffnete Truppe, außer der Bürgergarde, steht unter militärischer Führung und Disziplin und kann im Inneren nur von der Nationalversammlung verwandt werden. Damit waren die Föderierten und Freiwilligen der Departements dem Stadtrate entzogen und für den Konvent die Bildung einer militärischen Bedeckung eingeleitet.

Die Gironde also wurde nach den Septembermorden konservativ, soweit sie es vermochte, soweit es ein Jahr früher die Feuillants geworden. Sie erhob sich gegen die Folgen ihrer Grundsätze und erzielte damit eine augenblicklich polizeiliche Wirkung. Aber ein bleibendes politisches Ergebnis war für sie unmöglich, weil sie ihre Grundsätze selbst nicht änderte und damit die Quelle der Anarchie geöffnet hielt. Sie beschwerte sich unaufhörlich über die Sittenlosigkeit der Gegner, aber sie verfügte nach Condorcets Wünschen die Freiheit der Ehescheidung durch einfache Erklärung der Ehegatten. Sie hatte sich für unbefugt erachtet, durch Beschluß der Versammlung die Republik zu erklären, aber einzeln leisteten ihre Mitglieder sämtlich den Eid auf ewigen Haß gegen den König und das Königtum. Den sittlichen Wert eines solchen Schwures lasse ich unerörtert: aber schon die politische Klugheit hätte ihnen sagen müssen, daß sie sich damit jedes andere Bündnis als das mit ihren Todfeinden Robespierre und Marat unmöglich machten. Sie aber meinten, sie seien verloren, wenn man sie für reaktionär zu halten begänne; sie wußten nicht, wie unendliche Massen von Sympathie und Hoffnung den Retter aus der jakobinischen Gewaltherrschaft erwarteten.

So war, als am 21. September der Nationalkonvent eröffnet wurde, die Erklärung der Republik eine ganz von selbst sich verstehende Sache.

Die beiden Fraktionen des Berges, Robespierre und Danton, begannen, der neuen Mehrheit zu Gefallen, mit einer Verleugnung ihres Thuns im September. Couthon, der nächste Freund Robespierres, beantragte eidliche Anerkennung der Volkssouveränität, um die Gemüter über die Gerüchte zu beruhigen, daß eine Partei des Konvents auf Diktatur, Triumvirat und Gewaltherrschaft sinne. Danton beantragte praktische Anerkennung der Volkssouveränität, nach der keine Verfassung ohne Bestätigung durch das Volk Rechtskraft haben sollte, dann aber eidliche Heiligsprechung jeder Art des Eigentums, um den Gerüchten zu begegnen, daß eine Partei des Konvents Ueberstürzung der Freiheit beabsichtige.

Beide wußten, was von ihnen erwartet wurde. Cambon, der auch in dieser Versammlung seine Finanz⸗ künste fortzusetzen hoffte, hielt es für unvorsichtig, eine un⸗ widerrufliche Gewährleistung des Eigentums auszusprechen. Der Girondist Lasource belehrte ihn jedoch, daß das Eigen⸗ tum die Grundlage und Voraussetzung aller Gesetze sei, und setzte damit die Annahme der beiden Beschlüsse durch. Hatte sich hier die Gironde konservativ gezeigt, so be⸗ eilte sie sich, eine solche Kühnheit sich gleich darauf durch verdoppelten revolutionären Eifer verzeihen zu lassen.

Nachdem man auf Philippeaux Antrag die einstweilige Fortdauer aller nicht aufgehobenen Gesetze, Amtsgewalten und Steuern befohlen hatte, erhob sich Collot d'Herbois, um die feierliche Abschaffung des Königtums zu begehren. Ein sogenannter Unabhängiger, ein Mann, der sich zu keiner Partei hielt, gewöhnlich aber wie damals Cambon mit der Gironde stimmte, der Bischof Grégoire, forderte gemäß der Wichtigkeit der Sache ein förmliches Gesetz mit Erwägungsgründen, also Prüfung, Bericht und Erörterung. Aber einer der eifrigsten Girondisten, Ducos, entgegnete kurz: die Erwägungsgründe liegen in der allbekannten Geschichte der Verbrechen Ludwigs XVI. Darauf fand sich niemand, der noch einen weiteren Widerspruch erhoben hätte, und der Konvent verfügte unter tiefer Stille: das Königtum ist in Frankreich abgeschafft. Dann brach ein minutenlanger Jubel los, während dessen eine Freischar von 150 Jägern unter Trompetenschall durch den Saal defilierte und auf ihre Waffen den Eid leistete, erst nach Vernich⸗ tung aller Freiheitsfeinde zurückzukehren. Die Begeisterung dieses Beschlusses ließ keinen anderen Gegenstand zur Be⸗ ratung kommen, die Sitzung wurde unter rauschendem Bei⸗ fall der Tribünen aufgehoben.

Es war dieses Mal keine leere Zeremonie gewesen, daß man die Verhandlung des Konvents mit Kriegsmusik und Waffenklirren geschmückt hatte. Sie entschied die Fortdauer nicht bloß des Schreckens in Frankreich, sondern auch des europäischen Krieges.

Viertes Kapitel.
Angriff der Verbündeten.

Der König von Preußen ging den 23. Juli von Mainz den Rhein hinab nach Koblenz, wo ihn der Kurfürst von Trier mit der Fortsetzung der Mainzer Festlichkeiten erfreute und die Emigranten mit glückbringenden Verheißungen für den bevorstehenden Feldzug überschütteten. Das Heer war in der vollen Stärke von 42 000 Mann in dem Lager von Rübenach versammelt, treffliche und glänzende Truppen, erfüllt von Selbstgefühl, Vertrauen auf ihre Führer und fröhlicher Kriegslust. Es schien unmöglich, daß mit solchen Mitteln und Aussichten das Unternehmen mißlingen könnte: die Emigranten hoben sich wieder in der königlichen Gunst durch ihre Schilderungen des französischen Zustandes und steigerten, je mehr sie dies inne wurden, die Farben ihrer Gemälde. Vor allem wurde die monarchische Gesinnung des Volkes und die Einverständnisse mit den feindlichen Offizieren gerühmt: ich stehe, sagte z. B. General Bouillé, für die Einnahme der Festungen, ich habe ihre Schlüssel sämtlich in der Tasche [1]. Daß man sich unter diesen Umständen nicht lange mit den Belagerungen des Potsdamer Feldzugsplanes aufhalten dürfe oder aufzuhalten brauche, darüber war nur eine Stimme: der ganze Chorus vereinte sich in dem Satze, man habe nichts anderes zu thun, als unter dem Jubel der getreuen Franzosen geraden Weges auf Paris zu marschieren. Der König hörte diese Weissagungen mit durstigem Ohre, denn sie verkündeten ihm einen zugleich ruhmreichen und nicht langweilig ausgedehnten Feldzug.

In ganz anderen Betrachtungen aber erging sich der Herzog von Braunschweig. Wie er die Emigranten in

---
[1] Minutoli 141.

Bausch und Bogen haßte, so fand er hier unter ihrem Geschwirre gar kein Auskommen. „Er hatte kaum die Ellenbogen vor ihrem Andrange frei, machte Komplimente über Komplimente, Bücklinge bis auf die Erde, aber seine Wangen glühten und seine Augen funkelten wie die eines Tigers." Sein Aerger wuchs, als er die Art ihrer Rüstung erblickte und wahrnahm, daß die von ihm zu verpflegenden 8000 Mann ungefähr zur Hälfte aus Streitern, sonst aber aus Lakaien, Friseuren, Köchen und Marketendern bestanden. Was sie erzählten, wurde ihm verdächtig, schon weil sie es berichteten: je überladener sie die Sehnsucht der Franzosen nach der Ankunft der deutschen Befreier schilderten, desto sicherer hielt er sich von dem völligen Gegenteile überzeugt. Wenn ihm so der Anblick seiner Schützlinge den Gedanken des Krieges nicht verschönerte, so empfing er zugleich Nachricht von den Bundesgenossen, welche sein Urteil unwiderruflich bestimmten. In seinem Hauptquartiere Hochheim langten nämlich der österreichische General Pfau aus dem Breisgau und der preußische Major Tauenzien aus Belgien an [1]). Wir erinnern uns, daß nach dem Abreden von Sanssouci Oesterreich im Breisgau 50 000 Mann aufstellen wollte, von denen 23 000 Mann zu der großen Armee stoßen würden; in Belgien aber sollten 56 000 Mann stehen, deren größerer Teil, entweder durch Belagerung der Grenzfestungen oder durch unmittelbare Teilnahme Braunschweigs Operationen zu unterstützen hätten. Nun aber erfuhr der Herzog, daß der Oberrhein nicht durch 27 000, sondern nur durch 17 000 Mann gedeckt bliebe und Hohenlohe-Kirchberg dennoch nur 15 000 statt 23 000 Mann heranführen könnte [2]);

---

[1]) Tauenzien war seit dem 21. Mai im österreichischen Hauptquartier in Belgien und wurde später Clerfaits Corps attachiert. Ueber Pfau vergl. Massenbach und Valentini.

[2]) Gebler, österreichisch-militärische Zeitschrift 1833, II, 7 giebt aus den offiziellen Etats für Hohenlohe 19 700, für Erbach 9630, für Esterhazy 13 800 Mann. Allein auch Massenbach giebt aus Pfaus Mitteilungen genaue Etats: alle sonstigen Schätzungen ohne Ausnahme stimmen dazu, die österreichisch-militärische Zeitschrift 1812, I, 7 hat für Belgien eher noch niedrigere Zahlen, und daß

daß in Belgien nicht 56 000, sondern höchstens 40 000 Mann
ständen, von welchen General Clerfait mit 15 000 Mann
zur Hauptarmee befehligt wäre ¹), die übrigen aber außer
den unentbehrlichen Garnisonen zu einem Lufthiebe auf das
entfernte Lille verwandt werden sollten. Oesterreich hatte also
statt 106 000 nur 71 000 Mann zu diesem Kriege aufgestellt.
Die angreifende Hauptarmee belief sich nicht auf 110 000,
sondern auf 82 000 Mann ²): ein günstiger Erfolg war da=
mit kaum zu hoffen und ein ungünstiger mußte bei der
schwachen Deckung Belgiens und des Rheinstromes unaus=
bleiblich die Ueberflutung aller Grenzen nach sich ziehen.
Hielt die Weissagung der Emigranten auf allgemeinen Ab=
fall der feindlichen Truppen nicht besser Stich als die öster=
reichischen Verheißungen, so war der Herzog entschlossen,
auf dem ursprünglichen Kriegsplane zu beharren und nur
durch Einnahme der Maasfestungen die Grundlage zu einem
zweiten, kräftigeren Feldzuge zu sichern.

War er von jeher dem Kriege entgegen gewesen, so fand
er ihn jetzt abscheulich. Rasches Entschließen und kecke Eile
war nie seine Sache, jetzt erschien er in jeder Bewegung
durch Unlust gelähmt oder höchstens durch augenblicklichen
Aerger gestachelt. Er sah sich und seinen Ruf ebenso wie
das Gedeihen des preußischen Staates in ein hoffnungsloses
Abenteuer verwickelt: je mehr der König vorwärts drängte
und glänzende Träume verfolgte, desto übler und ärgerlicher
wurde seinem Feldherrn zu Sinne. Der Herzog hatte keinen

---

die offiziellen Etats der Oesterreicher damals nicht immer die aus=
rückende und die Sollstärke unterscheiden, davon werden wir noch
häufige Beispiele haben.

¹) Tauenziens Tagebuch giebt Clerfait 14 bis 15 000 Mann,
hier stimmt auch Gebler. Den Rest des belgischen Corps schätzen
alle anderen noch um 10 000 Mann geringer als Gebler, dem ich
oben folge.

²) Preußen   42 000 Mann
  Hohenlohe   15 000   „
  Clerfait   15 000   „
  Hessen   5532   „   (ausrückende Stärke).
  Emigranten   4500   „   (im Ueberschlag).

Wunsch, als die Einnahme der Maasfestungen, der König ließ das Belagerungsgeschütz als überflüssig bei der Gesinnung der Festungskommandanten daheim. Der König hatte Eile, verlor aber manchen Tag über den Koblenzer Paraden und Bällen und schmälte dann doppelt über die Langsamkeit der militärischen Bewegungen. Der Herzog sah jeden eingebüßten Tag mit Freude, da er nicht weiter als bis zur Maas vorwärts gehen wollte und bei guter Jahreszeit auch dort den König nicht aufhalten zu können fürchtete. So ging der Zug des Heeres die Mosel aufwärts im Schneckengange, man brauchte zwanzig Tage von Koblenz bis zur französischen Grenze. Die beiden österreichischen Generale thaten das Ihrige, um in dieser Beziehung den stillen Wünschen des Herzogs entgegenzukommen: Clerfait erschien erst am 16. August bei Arlon, Hohenlohe marschierte vierundzwanzig Tage von Mannheim bis Merzig an der Saar. Indes erhielt man Nachricht von der Revolution des 10. August: der König hatte seitdem keinen Gedanken mehr als unaufhaltsame Eile bis Paris; der Herzog gab insoweit nach, als er in ein Vorwärtsrücken bis zur Maas auch ohne vorhergegangene Einnahme der Moselfestungen willigte. So langte man am 20. August vor der kleinen Grenzfestung Longwy an und nötigte sie durch eine kurze Beschießung am 23. zur Uebergabe. Der Weg zur Invasion war damit eröffnet.

Auf der französischen Seite war bis dahin sehr wenig geschehen, um ihr zu begegnen. Fragt man, auf wen die Schuld dieser Unterlassungen zurückgeht, so ist die Antwort bei den meisten Geschichten der Revolution unzweifelhaft: die Regierung Ludwigs XVI., die in den Preußen ihre Erretter gesehen, habe natürlicherweise nichts gethan, um ihrem Einbruche Widerstand zu leisten, und so gebühre dem 10. August, gleichviel, wie man ihn sonst beurteile, wenigstens das Verdienst, die Streitkräfte Frankreichs gegen das Ausland flüssig gemacht zu haben. Allein die Thatsachen widersprechen dieser Ansicht vollständig. Zunächst das Ministerium der Gironde, welches den Krieg erklärt hatte, that alles ihm mögliche, das Heer zu verstärken und das Land zu rüsten. Wenn es dabei nur geringe Resultate erzielte, so lag die Schuld nicht an Ludwig XVI., der nicht die kleinste hierhin zielende Verfügung hintertreiben konnte, sondern an der Verschleppung der Dekrete in der Nationalversammlung, dem Geldmangel in der Staatskasse und der Unordnung in der Verwaltung. So mußte sich Servan überzeugen, daß die Pulvervorräte in Mézières in der Anarchie der letzten Zeit verdorben waren; er mußte erfahren, daß die Gewehrfabrik von Charleville seit 1790 statt 25 000 nur 5000 Flinten jährlich zu liefern vermochte; er mußte erleben, daß seine verschiedenen Aushebungen bei der Verwirrung in allen Teilen der Verwaltung sich gegenseitig kreuzten und zuletzt gar kein Ergebnis lieferten[1]). Als dann die Feuillants wieder eintraten, gewann der König keinen stärkeren Einfluß. Der Kriegsminister Lajard wurde völlig von Lafayette geleitet, und beide wollten zwar keinen Angriffskrieg nach der Weise der Jakobiner, aber ebensowenig Ergebung an die Fremden und Obsiegen der Emigranten. Man darf solchen Versicherungen in ihrem Munde Glauben schenken, da sie von den Jakobinern das Beil und von den Emigranten den Strang erwarten mußten: es war für sie eine Frage des persönlichen Daseins, sich zu unüberwindlichem Widerstande zu waffnen, dadurch aber so schnell wie möglich den Frieden herbeizuführen. Aber gegen ihre Wünsche wirkten einmal alle Hindernisse, denen Servans Rüstungen erlegen waren, und außerdem noch der Parteigeist der Girondisten und Jakobiner zusammen, welche bei der Entfernung der Preußen es nicht scheuten, auch die Landesverteidigung zu schwächen, wenn nur die verhaßten Feuillants dadurch gedemütigt wurden. Die Korrespondenz der Minister mit den Generalen läßt darüber keinen Zweifel zu. Der eine ist besorgter und rühriger als der andere. Sie sinnen über neue Rekrutierungen, Ausbesserung der festen Plätze, Anstiften eines

---

[1]) Poisson I, 432 erörtert insbesondere die Schwierigkeit der Anwerbung für den Liniendienst neben dem Aufgebot der nationalen Freiwilligen, die sich ihre Offiziere aus ihrer Mitte selbst wählten.

belgischen Aufstandes [1]): aber das letzte Wort ist immer, es sei nicht zu erreichen, solange die Unordnung im Inneren die Mittel lähme und die Pariser Tumulte die Zeit der Minister vollständig in Anspruch nähmen. Da wurde an allen Festungen seit dem Februar geschanzt und gemauert; alle Ministerien wiederholten die Befehle dazu, das eine immer strenger als das andere: aber was war vorwärts zu bringen, wenn die Soldaten und Arbeiter gleich widerspenstig und die Unternehmer unaufhörlich von Geld entblößt waren? Hier und da kam böser Wille hinzu, da unter den Offizieren bis zum Herbste noch eine ziemliche Anzahl aristokratisch Gesinnter sich vorfand: ungleich stärker aber wirkte auf der anderen Seite die Unerfahrenheit der neuen Volksbehörden, die durch unbefugte und zweckwidrige Einmischung der militärischen Thätigkeit unzählige Hindernisse in den Weg legten. Die Berichte der Pariser Kommissare, welche Ende August in die Departements gingen [2]) und in dieser Richtung jede denkbare Glaubwürdigkeit verdienen, liefern dazu eine Menge Belege. Sicher war das Ergebnis, daß nicht eine einzige der Grenzfestungen, weder Metz noch Thionville, weder Verdun noch Sedan, weder Nancy noch Saarlouis in völligem Verteidigungsstande waren.

Als die deutschen Rüstungen begannen, betrug Lafayettes Corps in Sedan 19000 Mann, ungefähr ebensoviel hatte nach Abzug der Garnisonen Luckner als Armee des Zentrums in Metz. Etwas über 25000 Mann, mithin beinahe zwei Drittel dieser Mannschaften, waren Linienregimenter, die übrigen aber Nationalgarden, welche jedoch seit einem Jahre Felddienst thaten, seit vier Monaten im Lager standen und ihren militärischen Waffengenossen in keiner Beziehung etwas nachgaben. Offenbar aber ließ sich mit diesen 38000 der Stoß des großen deutschen Heeres nicht

---

[1]) Lajard bevollmächtigt Luckner 25. Juni, das belgische Revolutionskomitee förmlich anzuerkennen.
[2]) Zum Teile abgedruckt in den Révolutions de Paris, Sept. 1792.

parieren. Lajard befahl also im Juli dem General Montesquiou, 20 Bataillone des Südheeres nach Metz zu entsenden, und hatte eine gleiche Bestimmung für Dumouriez mit den 6000 Mann des Lagers von Maulde getroffen. Beides zusammen hätte der Maaslinie eine Verstärkung von nahe an 18 000 Mann zugeführt, mithin den ganzen Stand der dortigen Streitkräfte auf 56 000 Mann gebracht. Da außerdem alle Festungen besetzt, über 11 000 Mann an der flandrischen Grenze und 22 000 Mann außer den Garnisonen beim Rheinheere verfügbar waren, so wären offenbar die Chancen gegen den Herzog von Braunschweig mit dessen 80 000 Angreifern ziemlich gleich gewesen, es hätte zur Verteidigung keiner Revolution des 10. August bedurft.

Allein wir sahen, wie die Pariser Patrioten nach dem Interesse ihrer Parteien die von Lajard beabsichtigte Verstärkung vereitelten. Um Montesquiou sich zu verpflichten, hinderte die Gironde die Absendung der 20 Bataillone; um Dumouriez an sich zu ketten, schafften ihm die Jakobiner die Erlaubnis, in Maulde zu bleiben. Dafür brachten sie den Reichstag zu der Erklärung der Gefahr des Vaterlandes und veranlaßten am 24. Juli, nach Beratungen mit Luckner und Montesquiou, ein Gesetz über die Organisation der nationalen Freiwilligen. Während dieser Vorkehrungen aber trat die Revolution des 10. August und mit dieser That der Cordeliers und Jakobiner eine allgemeine Zerrüttung ein. In Paris hatte man nach wie vor kein anderes Mittel als immer neue Aufgebote von Freiwilligen und Werbung der Massen. Man sammelte sie, was ebenfalls noch Lajard angeregt hatte, in einem Lager zu Soissons, um sie auszurüsten und einzuüben, ehe man sie unter die Heere verteilte. Die Akten darüber liegen mir vor und geben den August hindurch ein klägliches Bild. Menschen kamen genug [1]: am 4. August hatte man 6492 Mann und

---

[1] Von den Offizieren dieser Bataillone erlangten später nicht weniger als 46 den Rang von Marschällen und Divisionsgeneralen, darunter Brune, St. Cyr, Jourdan, Lannes, Masséna, Moreau, Oudinot, Victor. Mortimer-Ternaux II, 111.

sandte einen Teil derselben sogleich nach Metz und Sedan; am 21. zählte man im Lager wieder 10 000 Mann und schickte davon vier Bataillone nach Metz; an demselben Tage meldete Servan 256 neue Kompanien aus verschiedenen Bezirken an, worauf aber der Chef des Lagers, General Duhoux, mit einigem Entsetzen erwiderte, das ergäbe ja ein ganzes Heer von 20 000 Mann, so daß er verloren wäre, wenn er sie nicht versorgen könnte. Gerade damit aber sah es traurig aus. Für die größte Mehrzahl hatte man weder Gewehre noch Schuhe noch Lebensmittel. Sie lebten denn auf Kosten der Bauern wie in Feindesland, rauften sich untereinander und tumultierten gegen die Verräterei der Regierung. Die kommandierenden Generale verbaten sich solchen Zuzug, welcher den Heeren nur den kärglich gemessenen Proviant schmälern könnte. Man kam also auf den Gedanken, das Lager zu teilen, die größeren Massen in Troyes, Reims und Soissons unterzubringen, die am besten Bewaffneten jedoch dem Kriegsschauplatze näher nach Chalons zu verlegen und von hier allmählich zu den Heeren abgehen zu lassen. Luckner, dessen Unbrauchbarkeit für den Felddienst sich täglich mehr herausstellte, wurde bei der Armee des Zentrums durch Kellermann ersetzt und als Generalissimus mit der Leitung dieses Lagerdienstes beauftragt. Den September hindurch sollen dann täglich etwa 1800 Mann bei ihm angelangt sein: alles zusammen gerechnet, lieferte also bis zum 20. September die Gefahr des Vaterlandes 60 000 Mann, von denen jedoch nicht die Hälfte für den aktiven Dienst in Anschlag kam und den Verlust, welchen die Heere durch die Störungen der Revolution — Desertion, schlechte Verpflegung und Zuchtlosigkeit — erlitten hatten, bei weitem nicht ersetzte. Um dies anschaulich zu machen, bemerke ich, daß allein in den Monaten Juli und August Lafayettes Corps 8000, die Armee des Zentrums 4600, das Südheer nahe an 4000 Mann Abgang hatte [1]), ohne daß jemand hätte sagen können, wohin

---

[1]) Nach den Etats und den Korrespondenzen der Generale.

sie gekommen wären. Wenn die Ziffern dieses Verlustes nicht ganz die Zahl der eintreffenden Freiwilligen erreichten, so wurde der Unterschied durch die schlechtere Qualität der neuen Truppen reichlich aufgewogen. Genug, so viel die Revolution gethan hatte, um die Stimmung des Volkes gegen die Fremden zu erhitzen, so viel hatte sie auch beigetragen, das Land gegen einen ernstlichen Angriff militärisch wehrlos zu machen.

So standen diese Mächte sich gegenüber: die eine war so heruntergekommen an militärischer Stärke, daß nur der Mut der Verzweiflung auf glückliche Abwehr hoffen konnte: dafür trat die andere in einer Schwäche der Angriffsmittel auf, mit der bei gewöhnlichen Verhältnissen kein Verständiger auch nur den Anfang eines Versuchs gemacht hätte. Der Herzog von Braunschweig war voll von Sorge über eine nicht vorhandene Kraft der Revolution, und der preußische König stützte sein Vertrauen auf eine Gesinnung des französischen Volkes, von welcher das Gegenteil existierte. Die letzte Täuschung zerrann schnell genug; um so fester hielt Braunschweig an der ersten fest, die eigene Schwäche ließ es nicht zu einer Wahrnehmung der feindlichen Blößen kommen. So ging es durch den Verlauf des ganzen Feldzuges hindurch. Es war nicht ein Ringen von Kraft gegen Kraft, von Talent gegen Talent, sondern ein Wetteifer der Mängel und Fehler. Was der eine versah, machte der andere durch größeres Versehen sogleich wieder quitt. Daraus ergaben sich eine Menge unerwarteter Wechselfälle, welche den Feldzug mit einer Reihe spannender Scenen erfüllten, dann aber stets in täuschendes Nichts zerrannen, so daß endlich nur das natürliche Ergebnis der Zahlenverhältnisse zurückblieb. Je länger der zuerst übermächtige Angriff dauerte, desto mehr schmolzen seine Mittel, während der Verteidiger durch sein Weichen selbst sich stärkte. Sobald beide Teile im Gleichgewichte waren, hielt der Angriff inne, um im folgenden Moment den Rückzug anzutreten [1]).

---

[1]) Den Verlauf des Feldzugs hat neuerlich C. Renouard (Geschichte des französischen Revolutionskriegs 1792) mit großer Ge-

Als die Preußen die französische Grenze erreichten, war General Dumouriez seit dem 18. August zum Oberbefehlshaber ernannt. Wäre er nach Servans Vorschrift mit allen verfügbaren Truppen sogleich an die Maas geeilt, so konnte er binnen einer Woche nach Sedan gelangen und sich bei der Schwäche der belgischen Oesterreicher unbedenklich von 11 000 Mann begleiten lassen. Er wäre damit während der Belagerung von Longwy in Sedan eingetroffen, hätte ohne ein Hinderniß in die Argonnen zurückgehen, Verdun decken und sich mit Kellermann vereinen können. Dann standen hier über 50 000 Mann, ehe ein Soldat des deutschen Heeres an der Maas erschienen war, und schwerlich würde irgend ein Mensch den Herzog über diesen Strom fortgedrängt haben. Nach aller Wahrscheinlichkeit wäre eine ziemlich langweilige Campagne um den Besitz der Maasfestungen erfolgt.

Allein Dumouriez war weit entfernt davon, die Lage der Dinge an der Maas und die Stellung seines Corps in Sedan für besonders gefährdet zu halten. Er fand in seinem erweiterten Oberbefehl nur verstärkten Antrieb, seinem Lieblingsplane, der Eroberung Belgiens, nachzuhängen. Statt nach Sedan abzugehen, bat er zu diesem Behufe den Minister um 20 000 Mann Verstärkung und eine Geldsumme von vier Millionen Livres. „Die Einnahme Belgiens", schrieb er am 23. August, „überwiegt den Verlust von zwei oder drei Festungen an der Maas: Lafayettes Flucht zeigt die Unmöglichkeit des Bürgerkrieges, die Gefahr aber des auswärtigen Angriffes ist nicht groß; der Feind erschöpft sich vor den Festungen und kommt nicht weiter." Am 26. antwortete darauf Servan mit dem gemessenen Befehle, nach Sedan abzugehen; Dumouriez gehorchte mit Widerwillen, fand in dem neuen Wirkungskreise alles in der elendesten Verfassung und bestärkte sich dadurch nur noch mehr in seinen belgischen Plänen. Er schrieb Servan am

---

nauigkeit erörtert und insbesondere die Bewegungen des hessischen Corps aus handschriftlichen Quellen auf das vollständigste dargestellt.

28., mit solchen Soldaten sei kein Verteidigungskrieg zu führen, es thue not, ihre Gesinnung erst durch glänzende Erfolge zu heben, und diese seien nur in Belgien zu finden. Um dieser Ansicht ein größeres Gewicht zu geben, versammelte er seine oberen Offiziere zu einem Kriegsrate, dem er dieselben Erwägungen unterbreitete. Die Verhandlung über den Vorschlag war nicht lang, weil niemand mit den vorhandenen 19 000 Mann dem Angriffe des Herzogs die Spitze zu bieten und daraufhin einen besseren Plan zu entwerfen wußte. Der General entwickelte die Erschöpfung des Landes, die Ungeübtheit der Truppen, die Uebermacht der Feinde. Es sei nichts zu thun, als Kellermann aus dem Inneren zu verstärken, so viele Freiwillige wie möglich in Chalons und Soissons zu sammeln, auf eine lange Ausdauer der Festungen zu hoffen. Indessen führe die Nordarmee einen kühnen Streich gegen Belgien aus, ändere damit den Charakter des Krieges und setze die Gegner gründlich in Verwirrung. Die anwesenden Generale stimmten zu, Dillon schrieb noch ein Jahr später: ich war völlig von ihm überzeugt. Einige Subalternoffiziere knirschten vor Wut, aber ihre Stimmen zählten nicht. Der Kriegsrat brachte den Antrag Dumouriez's als den seinigen an den Minister: nur ein äußerstes Wagnis, schloß sein Bericht, kann uns bei der äußersten Gefahr des Vaterlandes erretten [1]).

So wenig ist es wahr, was Dumouriez in seinen Memoiren erzählt, daß dieser Kriegsrat nur von einem Rückzuge hinter die Loire gewußt, er selbst aber nachher seinem Adjutanten Thouvenot auf der Karte das Argonnengebirge mit den Worten gezeigt habe: hier sind Frankreichs Thermopylen. Das Verdienst, diese Stellung auserselyen zu haben,

---

[1]) Zuerst von Jomini erwähnt, dann von Schulz bezweifelt, dann aus dem Protokolle des Kriegsrates durch Joinville (Spectateur militaire XXX) bestätigt. Ich habe außerdem noch die Berichte der anwesenden Offiziere, General Dillon und Kapitän Gobert, benutzt. Ich bin erstaunt, daß der sonst so wohl unterrichtete Poisson I, 508 an dieser Stelle die Fabel der Dumouriez'schen Memoiren wiederholt.

gebührt einem anderen, dem Kriegsminister Servan. Schon am 31. August zeichnete dieser dem General den Plan seines Feldzuges vor, empfahl ihm die Argonnen, wo er ebenfalls mehr einen Angriffs= als einen Verteidigungskrieg führen und sich bequem aus den Truppen der flandrischen Grenzen verstärken könne. Den folgenden Tag wiederholte er sowohl ihm als Kellermann im Namen des Ministerrates den Be= fehl, sich in den Pässen von Grandpré und Clermont zu vereinigen, um die Hauptstadt auf diesem günstigen Boden zu decken. Er war weit entfernt davon, die Stärke dieser Waldstellung zu überschätzen; das Wesentliche war ihm viel= mehr die rückgängige Bewegung, durch welche die bisher getrennten und dem Feinde einzeln ausgesetzten Corps sich zwischen demselben und Paris vereinigt hätten. In mehreren seiner folgenden Depeschen redete er von einer Stellung hinter der Marne bei Chalons als dem gleichen Zwecke noch besser entsprechend. Was aber Dumouriez Plan auf Belgien anging, so verwarf er ihn aus mehreren Gründen. Er fand, daß zunächst in Paris das Volk über Verrat schreien und ihn als den Urheber desselben totschlagen würde; dann aber würden durch die Eroberung Brabants die Feinde sich nicht von dem Marsche auf Paris abhalten lassen, der ihnen Brabant ganz von selbst wiederschaffen mußte. Dumouriez hätte auf diese bündige Bemerkung höchstens antworten mögen, daß sein Plan sich nicht bloß auf die abstrakten Regeln der Strategie, sondern vor allem auf die Sicherheit stütze, die Oesterreicher würden bei einer Bedrohung Bel= giens ihre Corps sofort dahin abberufen und Braunschweig dann mit 50000 Mann sich allein nicht weiter in das Innere vorwagen.

Aber ehe er mit dem Minister darüber weiter verhan= deln konnte, warfen ihn die Umstände gebieterisch in die von Servan gefundenen Wege hinein. Braunschweig hatte zwei Tage in Longwy mit der Anlage von Depots und Magazinen zugebracht und sich dann mit 40000 Mann gegen Verdun in Marsch gesetzt, weil er, wie alle Welt, vermutete, dorthin seien Dumouriez von Norden und Keller=

mann von Süden zu ihrer Vereinigung unterwegs. Eben deshalb war nördlich Clerfait gegen Stenay entsendet, um Dumouriezs vorausgesetzten Marsch zu verzögern, Hohenlohe aber belagerte Thionville und hatte die Emigranten südlich vorgeschoben, um Flanke und Rücken des Heeres gegen Kellermann zu decken. Mit diesen Bewegungen war die völlige Zersprengung der französischen Streitkräfte eingeleitet: Dumouriez, der mit seinen belgischen Plänen beinahe eine Woche verzettelt hatte, sah sich plötzlich und auf allen Seiten mit vernichtenden Gefahren umringt. Er stand noch in Sedan, als die Preußen am 31. August Verdun erreichten, das Corps des Grafen Kalkreuth über die Maas gehen ließen und den Platz zu bombardieren begannen. Clerfait langte an demselben Tage mit etwa 13 000 Mann bei Stenay an, einige Märsche südlich von Dumouriezs Stellung, also zwischen diesem und Verdun. Da sah denn der französische Führer wohl, daß es mit den belgischen Hoffnungen vorüber war. Jetzt kam auch ihm der Gedanke an die Argonnen, noch nicht gerade als eine über den Feldzug entscheidende Stellung, sondern als der einzige Ausweg, auf dem er sich vor gänzlicher Umzingelung retten könnte. „Meine kleine Armee", schrieb er Servan, „würde in einer Mausefalle stecken, abgeschnitten von Paris, von Kellermann und von ihren Magazinen, sobald die Preußen mit 20 000 Mann das Gebirge besetzten. Ich muß die Maas aufgeben, Verdun sich selbst überlassen und werde vielleicht genötigt, auf dem kürzesten Wege nach Grandpré an die Aire zu ziehen und den Paß von Autry zu verteidigen, während ein besonderes Corps die Pässe von Clermont decken soll." Er zürnte nicht wenig über das Unheil, das ihn in diese Lage gebracht hatte, fand aber die Ursache davon auch jetzt noch in ganz anderen Dingen als seinem unnötigen Aufenthalte in Sedan. Das sind die Folgen eures Verteidigungskrieges, schrieb er am 31., ohne die Einnahme von Longwy wäre ich niemals nach Sedan gegangen; jetzt werde ich hier bloßgestellt, ohne irgend etwas retten zu können. Immer aber blieb er trotz dieses Unmutes wegen des endlichen Aus=

ganges vollkommen unbesorgt. Seitdem er erfahren, daß kaum 60 000 Mann zum Angriffe gegen ihn vorgingen [1]), schien ihm die augenblickliche Gefahr nur ein vorübergehendes Hindernis auf ruhmreichen Bahnen: hätte ich nur erst meine Verstärkungen, schrieb er dem Minister am 2. September, daß ich diese langweilige Defensive aufgeben und die Feinde aus dem Lande jagen könnte.

Denkt man sich einige Funken dieser rastlosen Keckheit in der Seele des Herzogs von Braunschweig, so wird man nicht absehen, wie die französischen Abteilungen seiner gesammelten Macht hätten entrinnen können. Umgekehrt darf man hinzusetzen, daß er in seiner scharfsichtigen Bedächtigkeit an Dumouriez Stelle gewiß nicht das Verderben sich in so dichte Nähe hätte rücken lassen. Das tollkühne Vertrauen auf günstiges Glück, mit welchem Dumouriez die Verteidigung unaufhörlich gefährdete, würde dem angreifenden Herzog trefflich gestanden haben — vor allem, wenn sein Heer um 50 000 Mann stärker gewesen wäre.

Einstweilen verschlimmerte sich die Lage der Franzosen von Stunde zu Stunde. An demselben Tage, an welchem Dumouriez jene vertrauensvollen Worte schrieb, kapitulierte Verdun. Die Werke waren in elendem Zustande, die Bürgerschaft zeigte monarchische Gesinnung, der Kriegsrat verlor den Kopf und beschloß am Abend des 1. September die Ergebung. Den Kommandanten Beaurepaire fand man den folgenden Morgen in seinem Blute schwimmend, ein abgeschossenes Pistol in der Hand [2]). Die Stadt war gleich am nächsten Tage erfüllt von der Erzählung, mitten im Kriegsrate habe er sich aus patriotischer Verzweiflung die Kugel durch den Kopf gejagt. Es war ebenso wie der Ruf der abziehenden Besatzung: auf Wiedersehen in der Champagne — ein bedenklicher Kommentar zu den Erzählungen

---

[1]) Bericht seiner Spione vom 31. August — ganz richtig, da über 20 000 Mann teils vor Thionville, teils zur Deckung der Kommunikationen 2c. zurück waren.

[2]) Memoiren des anwesenden General Lemoine, der sogar an dem Selbstmorde zweifelte.

der Ausgewanderten über den monarchischen Sinn des Volkes: immer aber war Braunschweig Herr der Stellung und brauchte nur die Hand auszustrecken, um das Ziel aller feindlichen Bewegungen, die Argonnen, binnen wenigen Stunden in seinen Besitz zu bringen. Das Gebirge zieht von Süden nach Norden beinahe parallel mit der Maas, von Ste.-Menehould bis in die Nähe von Sedan: zu dem südlichsten seiner Pässe, den Isletten bei Ste.-Menehould, hatte Braunschweig damals zehn, General Dillon aber, welchen Dumouriez dorthin bestimmt hatte, achtzehn Stunden. Graf Kalkreuth war noch am 2. bis Varennes und Avoncourt vorgegangen und konnte von hier den mittleren und wichtigsten Paß bei Grandpré in vier Stunden erreichen, während Dumouriez acht Stunden entfernt und noch dazu durch Clerfait in Schach gehalten war. Selbst um die Belagerung von Verdun zu decken, wäre es, wie es scheint, natürlich gewesen, ein Corps in das Gebirge vorzuschieben, welchem immer bei ungünstigen Ereignissen, ohne irgend eine denkbare Gefährdung, der Rückzug auf das Hauptheer freigestanden hätte.

Aber so viel wie Dumouriez in Sedan durch Zögerung aus Lust zur Offensive verschuldet, so viel brachte ihm jetzt Braunschweig durch zaudernde Abneigung gegen den Angriff ein. Schon am 1. September, auf der Höhe St.-Michel vor Verdun, hatte er seine Absicht ausgesprochen, die Maas nicht zu überschreiten[1]). Die Verheißung der Emigranten auf eine Gegenrevolution hatte sich ebensowenig wie das österreichische Versprechen von 106 000 Mann bewährt. Die Besetzung von Longwy und Verdun, die Belagerung von Thionville, die Deckung der Verkehrswege nahm leicht 20 000 Mann in Anspruch; ebensoviel konnte man auf gleiche Zwecke bei weiterem Vordringen bis Paris rechnen, im günstigsten Falle rafften die Kämpfe und Strapazen

---

[1]) Lettres sur l'ouvrage intitulé vie de Dumouriez. Nach Malmesbury, diary 24. Jan. 1795, scheint das Buch unter den Augen des Herzogs geschrieben und durch Stampford in England zum Drucke besorgt. Soweit ich die Korrespondenz des Herzogs kenne, stimmt sie ganz zu dem Inhalte des Buches.

10 000 hin: was sollte aus der Handvoll werden, mit welcher man dann vor dem bewaffneten und verzweifelten Paris erschien? Stundenlang wurde darüber gestritten, endlich aber am Abend griff die persönliche Stimmung des Königs durch. Noch überwog bei ihm die Verachtung gegen die französischen Rebellen, noch meinte er nicht genug für seine Verbündeten gethan zu haben. Er befahl den weiteren Einmarsch. Je überspannter nun diese Kühnheit dem Herzoge erschien, desto bringender hielt er sich zu der ängstlichsten Behutsamkeit verpflichtet. Die Beschränktheit seiner Mittel, die einen anders geschaffenen Menschen zur Entfaltung der größten Kühnheit aufgefordert hätte, drückte seinen bedenklichen Charakter ganz danieder: an sich ist es ein Fehlschluß, daß, wenn von zwei Kämpfern der eine gewisse Blößen empfindet, der andere deshalb gleich tödliche Streiche darauf führen könnte, und Braunschweig war überall geneigt, über dem Bewußtsein der eigenen Schwäche die Gefahren des Gegners zu vergessen. Dazu kam, das Maß des Unheils zu füllen, seine traurige Art, dem Könige gegenüber niemals einen offenen Widerspruch zu behaupten, dann aber durch verdeckte Mittel seinen Sinn zur Geltung zu bringen. Hätte er den Marschallstab dem Könige zurückgegeben, ehe er in eine nach seiner Ueberzeugung verderbliche Unternehmung willigte, schwerlich hätte der König auf seinem Sinne bestanden; man hätte keine Lorbeeren hinter den Argonnen geerntet, aber, soweit menschliche Voraussicht reicht, das Grenzgebiet bis zur Maas mit allen Festungen behauptet. Hätte er trotz seiner Ansichten als gehorsamer Offizier den Plan des Königs übernommen und dann mit Eifer und Raschheit durchgeführt, so hätte man schwerlich mit 60 000 Mann die Revolution bezwungen, wohl aber nach der ganzen Lage der Dinge glänzende Siege über die französischen Heeresteile davongetragen. In jedem Falle blieb das eigene Heer erhalten, kriegsfertig, moralisch überlegen und eine treffliche Grundlage für den kommenden Feldzug. Statt dessen aber ging der Herzog mit Seufzen daran, die königliche Unbedachtsamkeit wenigstens in der

Ausführung durch seine Langsamkeit abzukühlen. Nach allen Seiten hin gingen seine prüfenden Blicke, nur nicht vorwärts. Er war über Dumouriezs Bewegungen nicht unterrichtet, denn die Bevölkerung, besonders der Dörfer, die bei den Preußen keinen lebhafteren Wunsch als Herstellung der Kirchenzehnten vermutete, hielt sich scheu und grimmig entfernt, so daß es äußerst schwer war, Spione zu bekommen. In dieser Ungewißheit fand der Herzog keinen Grund zur Eile nach den Argonnen, da aufgefangene Pariser Briefe erst Chalons als Sammelplatz der Franzosen bezeichneten. Desto unruhiger machten ihn Kellermanns Märsche in seiner linken Flanke und vollends gar eine Nachricht von Bewegungen bei dem Rheinheere, die auf eine französische Operation im Rücken der Verbündeten zu deuten schienen. Demnach that er keinen Schritt vorwärts, bis er seine Verpflegung auf längere Zeit gesichert und seine Kräfte so vollständig wie möglich zusammengenommen hatte. Er zog die Emigranten an sich heran, befahl Hohenlohe, nur einen Teil seines Corps vor Thionville stehen zu lassen, mit dem Reste aber sich dem Hauptheer anzuschließen, und betrieb die Ankunft der Hessen, welche, mit Transportmitteln schlecht versehen, nur langsam vorwärts kamen [1]). Erst als diese am 10. in Verdun eingetroffen waren, befahl er die Fortsetzung der Operationen. Da war es aber zu spät, die Früchte der königlichen Kühnheit zu ernten, und nur die Gefahren einer übelbegründeten Offensive blieben zurück.

Denn schon seit mehreren Tagen hatte Dumouriez den Kopf aus der Schlinge herausgezogen. Gleich am 1. September war er aus seinen Stellungen bei Sedan, Mouzon und Stenay aufgebrochen. Dillon, der seinen Vortrab führte, bestand ein kleines Gefecht mit Clerfaits Oesterreichern; dieser aber wagte auf eigene Faust keinen Angriff auf Stenay

---

[1]) Braunschweig schreibt an Tauenzien 7. Septbr., es sei sicher, daß die feindlichen Heere sich zwischen Menehould und Chalons sammeln und schon Verschanzungen in den Wäldern haben, es sei also von höchster Wichtigkeit, alle Kräfte zu versammeln, um sie von dort zu verjagen.

und noch weniger einen Uebergang über die Maas. So konnte Dumouriez am 4. September Grandpré, Dillon aber am 5., nach einem höchst beschwerlichen Marsche auf Wald- und Sumpfwegen, die Jsletten erreichen. Sie atmeten doch nicht wenig auf, als sie die ersehnten Stellungen leer fanden. Dumouriez sagte: wenn jetzt der König von Preußen auf Paris geht, so ist er verloren. Mit vollem Behagen begann er sich zwischen den Waldhügeln in dem engen Wiesenthal der Aire einzurichten, welches bei Grandpré den Zug der Argonnen durchsetzt; die natürlichen Vorteile der Stellung wurden durch Schanzen und Verhacke verstärkt und Dumouriez fing an, den Ort als unüberwindlich zu preisen. Das beste war wohl dabei, daß er einen Haltepunkt in der Operation gab, den Servan zu rastlosem Herbeischaffen weiterer Truppen benutzen konnte. Die Zahl der aus Paris rückenden Freiwilligen stieg an einzelnen Tagen auf 2400 Mann: es war der Anfang des September, wo die Rekrutierung beinahe das einzige Fluchtmittel vor dem demokratischen Dolche bot. Bis zum 9. waren davon bei Dumouriez 6000 angelangt und 1500 versprach das Lager von Reims zu liefern, so daß er und Dillon zusammen damals 26000 Mann stark waren. Wichtiger war, daß auf Servans Dringen der General Beurnonville endlich den Befehl erhalten hatte, aus den Lagern von Maulbe und Maubeuge 11000 Mann nach Chalons zu führen: dann aus Pont-sur-Sambre war General Duval mit einem aus verschiedenen Garnisonen zusammengerafften Corps von etwa 5000 Mann unterwegs, welches sich allmählich bis auf 10000 verstärkte [1]) und den nördlichsten Paß des Gebirges bei Le-Chesne-Populeux besetzte: im Süden aber näherte sich, noch durch eine Division des Rheinheeres verstärkt, Kellermann mit beinahe 23000 Mann [2]). Diese Corps bestanden sämtlich aus Linientruppen oder älteren Nationalgarden: gelang es, die Argonnen bis zu ihrer Ankunft zu behaupten, so war man 70000 Mann

---

[1]) Joinville 379.
[2]) 14000 Mann Infanterie, 4900 Mann Kavallerie, dazu 4000 Mann von Custines Corps, die am 6. in Toul zu ihm stießen.

stark, denen tagtäglich neue Freiwillige zuströmten, während die Feinde der Natur der Sache nach bei jedem Schritte vorwärts zusammenschmelzen mußten. Auch Servan hatte jetzt keinen Zweifel mehr über den Ausgang: er selbst hätte die Stellung wohl noch etwas weiter rückwärts verlegt, um die entscheidende Vereinigung ganz aus dem Bereiche des Mißlingens zu versetzen; immer aber war er erfüllt von kräftiger Entschlossenheit und erquickenden Hoffnungen. Vielleicht töten uns, schrieb er am 4. September, die Feinde Hunderttausende, aber wahrlich, nicht viele von ihnen sollen Nachrichten von ihrem ritterlichen Kreuzzuge nach Deutschland bringen. Zwei Tage später: „Die Amerikaner, in schlimmerem Klima und entblößt von Waffen und Munition, haben ihre Freiheit behauptet; warum sollte es uns nicht gelingen? Nur mit Mut durch den schlimmen Augenblick hindurch und wir werden frei und das Einrücken der Fremden die letze Stunde der Gegenrevolution sein. Diese Fürsten wissen nicht, wessen ein verzweifeltes Volk fähig ist: laßt sie nichts als Asche und Trümmer finden und vernichtet sie, sobald der Winter beginnt." Dumouriez war noch fröhlicher und begeisterter, so ärmlich und hungrig es in seinem engen Waldlager auch herging. Von eueren Pikenmännern, meldete er am 7., habe ich noch nicht einen einzigen gesehen, denke aber auch erst in Deutschland davon Gebrauch zu machen, wenn ich die flüchtigen Feinde vor mir herjage. Geht der König auf Paris, schrieb er an Kellermann, so hänge ich mich an seine Linke; dann hat er euch an den Fersen, die Pariser vor sich, ein Wunder, wenn er entkäme.

Aber noch einmal sollte er erfahren, wie gefährlich es ist, sich in glänzenden Träumen zu wiegen und darüber den Pfad vor den Füßen zu verlieren. Seine Stellung war nicht schlecht, aber in keiner Hinsicht unangreifbar. Die Argonnen sind Höhen, wie etwa die niederhessischen Bergrücken [1]); ihr bestes Verteidigungsmittel ist die Weiche des

---

[1]) Mittlere Erhebung von 100 Meter über der nächsten Thalsohle. Joinville 375.

Thonbodens, der sich bei Regenwetter auflöst und die Straßen zu Sümpfen macht; fragt man aber nach undurchdringlichem Walde, engen Gebirgspässen, steilen Felsschluchten, so ist davon nicht mehr zu entdecken als an hundert und aber hundert Punkten der späteren Kriegstheater, welche kaum zu dem Hurra eines Tirailleurschwarmes Anlaß gegeben haben [1]). Dürfen wir die beiden Feldherren hier noch einmal in Gedanken die Stelle tauschen lassen, so scheint uns unzweifelhaft, daß Dumouriez an der Spitze der Deutschen die herrlichen Stellungen von Grandpré und den Isletten sofort mit dem Bajonett über den Haufen geworfen hätte, Braunschweig aber als Verteidiger vielleicht nach Servans Sinne in ruhigem Gefechte auf seine Verstärkungen zurückgegangen, jedoch sicher nicht an einem Punkte des Gebirges vollkommen wehrlos überrascht worden wäre. Dies aber ließ sich Dumouriez zu Schulden kommen.

Am 10. und 11. September nämlich verließen alle Teile des preußischen Heeres Verdun, um sich gegen Dumouriez' Lager bei Grandpré zu richten. Hohenlohe Kirchberg und der Landgraf von Hessen, im ganzen 14000 Mann, beobachteten im Süden des Hauptheeres die Isletten, im Norden dagegen stand Clerfait, von Stenay vorwärts gezogen, mit 10 bis 11000 Mann dem Passe des Waldkreuzes (zwischen Grandpré und Le-Chesne-Populeur) gegenüber. Den 12. wurden alle Stellungen der Franzosen alarmiert, sonst ohne Erfolg, allein am Waldkreuze fand Clerfait nur schwache feindliche Posten und schob seinen Vortrab in den Paß hinein, wurde zwar am 13. durch den mit sechs Bataillonen eiligst herbeigesandten General Chazot hinausgeworfen, schlug diesen aber am 14. vollkommen, wurde

---

[1]) Napoleons Äußerung über die Schwäche der Position ist bekannt. Nicht anders redet St. Cyr, campagnes du Rhin I, LXV. Die gleichzeitigen Generale hatten nach dem Ergebnis guten Grund, die Stärke zu preisen, und fanden die Möglichkeit dazu, weil kein Angriff sie erprobt hatte. Von neueren Schriftstellern kommt Ditfurth nach genauer Besichtigung zu dem angegebenen Urteil, Joinville zu etwas günstigerer Schätzung, aber nach gleichem Material.

Meister des Passes und drängte Chazot nach Vouziers hin von jeder Verbindung mit Dumouriez ab. Darauf räumten die Franzosen auch Le-Chesne-Populeux, was jetzt von den Emigranten besetzt wurde. Der Durchgang durch das Gebirge war den Verbündeten geöffnet: wenn Clerfait ohne Aufhalten vorwärts drang, so konnte er noch am Abend den Paß von Grandpré im Rücken sperren und Dumouriez für den Augenblick einschließen. Es wäre damit noch nicht alles aus gewesen, da Kellermann und Beurnonville schon so nahe waren, daß sie in zwei Tagen mit 40 000 Mann zum Entsatze erscheinen konnten: und Clerfait hielt auch vorsichtig zurück und wagte sich nicht allein in die vor ihm ausgedehnte Ebene der Champagne hinaus. Immer aber war Dumouriezs Stellung in Grandpré unhaltbar geworden und damit sein Plan vollständig über den Haufen geworfen.

Er faßte sich schnell. Wenige Stunden nach Chazots Niederlage traten seine Truppen in der Stille des Abenddunkels unter das Gewehr und zogen die Nacht hindurch eilfertig nach Süden ab. Sein Vorsatz war, den Preußen die Ebene nach Chalons und Reims hin preiszugeben, sich hinter den Isletten Rücken an Rücken mit Dillon aufzustellen und alle übrigen Corps, Chazot aus Vouziers, Harville aus Reims, Dubouquet aus Le-Chesne-Populeux, Beurnonville aus Chalons, Kellermann aus Vitry eben dorthin zu entbieten. Sein Abzug wurde in der Nacht nicht beunruhigt: auch würden ihm die Preußen bei den Schwierigkeiten des Terrains im Walde selbst nicht viel angehabt haben. Bedenklicher wurde der Marsch des 15. September in der Ebene hinter der Aisne: er hatte einen Vorsprung nur von wenigen Stunden, da die Preußen mit dem Grauen des Morgens in Grandpré eingerückt waren; seine Truppen empfanden trotz aller Energie des Führers ihre Gefahr, es zeigte sich sogleich, daß eine rasche und nachdrückliche Verfolgung das Heer zersprengt haben würde. Gegen Mittag holten nämlich die Husaren des preußischen Vortrabs die französische Nachhut ein: zugleich wurden seitwärts die Truppen Chazots sichtbar, die ebenfalls nach Ste.-Menehould auf dem Marsche waren. Als diese den Feind erblickten, erneuerte sich der Schrecken vom Waldkreuze her; sie lösten sich auf, stürzten an Dumouriezs Nachtrab vorüber und teilten ihre Verwirrung dem ganzen französischen Hauptcorps mit. Zehntausend Mann, sagte Dumouriez, flohen vor 1500 Husaren. Auch Beurnonville, der sich an diesem Tage von Rethel nach Ste.=Menehould bewegte, empfing seinen Anteil an dem allgemeinen Schrecken: er sah aus der Ferne Dumouriezs Kolonnen, hielt sie für das preußische Hauptheer und zog eilfertig nach Chalons zurück. So wäre, wenn die Infanterie nur des Erbprinzen Hohenlohe, welcher die preußische Avantgarde führte, zur Hand gewesen, Dumouriezs Heer in alle Winde auseinandergetrieben worden. Allein der Herzog wollte das Gebirge nicht eher verlassen, bis er den Transport seines Brotes durch dessen Defileen geordnet hatte. Zum zweitenmal stellte er Dumouriezs Fehler durch seine Unterlassungen wieder her. Der französische General brachte seine unverfolgten Regimenter bald wieder zum Stehen und bezog am 17. September sein neues Lager bei Ste.=Menehould. Noch zwei Tage blieb er hier allein, so daß Braunschweig ihn mit doppelter Uebermacht hätte angreifen können. Der König war äußerst ungnädig: man paßt nicht genug auf, sagte er, man läßt die Feinde entwischen: „nach seinem richtigen Gefühle suchte er die Schlacht". Aber der Herzog blieb unerbittlich zwei Tage in Landres, dicht am Ausgange des Passes von Grandpré, halten, wo er sorgsam mit Bäckerei und Brotfuhren beschäftigt war, dann aber auch ein Manöver erdachte, um die Gemeinschaft mit Verdun wieder zu öffnen, den Jslettenpaß zu gewinnen und die Vernichtung des feindlichen Heeres herbeizuführen: alles ohne vieles Blutvergießen, vielleicht ganz ohne zu schlagen, nur durch Umgehen und Abschneiden des Feindes von seinen Magazinen. Diese Ueberlegungen vollzogen sich unter langsamem, unsicherem Umhertasten, wurden aber am 19. September, im Beginn der Ausführung, plötzlich wieder durch den König unterbrochen. An diesen gelangte eine falsche Meldung, daß die Franzosen nach Chalons abzuziehen be=

gännen; er rief sogleich, sie sollten ihm nicht zum zweiten=
mal entrinnen, und führte sein Heer ohne Aufenthalt nicht,
wie der Herzog wünschte, in das Gebirge hinein, sondern
in die Ebene hinaus, nicht in die Flanke, sondern in den
Rücken der Franzosen, gerade auf die Straße von Ste.=
Menehould nach Chalons. Man überzeugte sich bald, daß
der Feind ruhig in seiner Stellung verharrte, die Truppen
aber waren sicher, daß es endlich zum Kampfe kommen
werde, und eilten in dieser Aussicht mit jubelnder Begeiste=
rung vorwärts.

Indessen hatte Dumouriez sich in seinem neuen Lager
eingerichtet. Er stand, die Front gegen Paris gewandt,
die Aisne im Rücken, zwischen zwei Nebenflüßchen derselben,
der Auve und der Bionne, auf den Hügelrücken, welche
Ste.=Menehould im Westen umschließen, vor sich ein vielfach
durchschnittenes und mit sumpfigen Wiesengründen erfülltes
Terrain. Spät am 18. war Beurnonville, von seinem
Schrecken hergestellt, mit seinen eigenen Truppen und sieben
Bataillons Freiwilliger aus Chalons, in das Lager ein=
gerückt, dessen rechten Flügel er jetzt bildete, und dessen
Stärke damit auf beinahe 40 000 Mann anwuchs. Am
19. langte auf der anderen Seite Kellermann mit 18 000
Mann an, so daß in diesem Augenblicke die Ueberlegenheit
der Zahl entschieden auf der französischen Seite war, da
das preußische Corps Kalkreuth zur Deckung der Kommuni=
kationen weiter rückwärts stand, Clerfait aber nebst den Emi=
granten erst am Abend des 20. seine Vereinigung mit dem
Hauptheere vollzog, dieses also bis dahin kaum mehr als
30 000 Mann zählen mochte. Man kam allmählich in den
Zeitpunkt, in welchem die unausbleiblichen Gefahren der
ausgedehnten Offensive sich fühlbar machen mußten. Noch
hielt die innere Ueberlegenheit der preußischen Truppen über
die desorganisierten Soldaten und regellosen Freiwilligen
des Feindes das Gleichgewicht aufrecht: lange aber konnte
die Entscheidung nicht mehr verzögert werden. In diesem
Augenblicke gab ein neuer Fehler auf der französischen Seite
den Angreifern die letzte Möglichkeit eines glänzenden Sieges.

Kellermann hatte Dumouriezs linken Flügel bilden und die Heereslinie auf dem südlichen Ufer der Auve über die Höhen von Dampierre fortsetzen sollen. Durch ein Mißverständnis aber der Instruktion war er über die Auve herübergegangen, hatte sich vor Dumouriezs Stellung vorgeschoben und seine Truppen auf dem Windmühlenberge von Valmy in gedrängten Massen aufgehäuft, ohne die Möglichkeit, sich zu entfalten, neben sich sumpfige Niederungen, links eine einzige Brücke über die Auve, hinter sich die Straße nach Ste.=Menehould durch das eigene Fuhrwerk verstopft. Als somit die preußischen Kolonnen von Massige her die Straße von Chalons erreichten und nun links gegen die französische Stellung einschwenkten, war Kellermann ihrem vollen Stoße ausgesetzt und Dumouriez außer stande, ihm rasche und unmittelbare Hülfe zukommen zu lassen. Um 6 Uhr morgens, 20. September, bemerkte Kellermann die ersten preußischen Truppen; um 7 Uhr begann die Kanonade, beschädigte Kellermanns Küraffiere gleich von Anfang an in hohem Grade und nötigte eine Kolonne unter Chazot, welche Dumouriez links neben Valmy hatte vorgehen lassen, zu schneller Flucht. Um 10 Uhr flogen bei Kellermann einige Pulverwagen in die Luft, worauf — Kellermanns Worte — allgemeine Unordnung entstand, die Fuhrleute hinwegflohen, das erste Glied der Infanterie eine rückgängige Bewegung machte. Die französischen Offiziere hatten unendliche Mühe, die Ordnung einigermaßen herzustellen: zugleich aber formierten die Preußen drei Angriffskolonnen, die sich unter frischem Mute der Truppen zum Sturme des Hügels anschickten, so daß Kellermann mit doppeltem Eifer seine Leute haranguierte und mit Hutschwenken und Hurra zu ermutigen suchte. Halten wir einen Augenblick inne, befragen wir über die Aussichten der Lage die besten Kenner der beiden Parteien. Die ängstlich gespannte Haltung der französischen Scharen, sagt General Valentini, dagegen die ruhig besonnene Kampflust der preußischen, läßt gar keinen Zweifel übrig, daß Kellermann auf Dumouriez und beide zusammen in das Thal der Aisne hinabgestürzt worden wären; was würde nicht bei einer solchen Flucht verunglückt sein! Gouvion St. Cyr, selbst ein republikanischer General, der auch unter Napoleon dem Stolze auf diesen Ursprung nie untreu geworden, meint, daß bei der schlechten Ausbildung der damaligen französischen Truppen nur eine große Uebermacht oder eine unüberwindliche Stellung sie zu einem erfolgreichen Widerstand hätte befähigen können: ich zweifle nicht, sagt er, daß ein großes Unheil erfolgt wäre, wenn der Herzog den von dem Könige befohlenen Angriff sich hätte entwickeln lassen. Dieselbe Ansicht finden wir bei den Beteiligten selbst. Der Kriegsminister Servan forderte noch am 18. Dumouriez auf, sich auf kein Zusammentreffen einzulassen, sondern nach Kellermanns Wünschen auf Chalons und die Marne zurückzugehen: die Preußen sind verloren, schrieb er, wenn wir ohne Schlacht den Feldzug hinausziehen. Kellermann selbst, wie man sich denken kann, redet nicht so unumwunden wie Valentini, dafür bezeichnet er noch eine andere, nicht minder umfassende Gefahr. Er bemerkt in der Erörterung seiner ganz abscheulichen Stellung: wenn ein preußisches Corps, was es unangefochten thun konnte, die Höhen von Dampierre und Voilemont besetzte — eben die ihm selbst ursprünglich bestimmte Stellung — so waren wir vollständig eingeschlossen und in den Niederungen bei Ste.-Menehould wie von Chalons so auch von Vitry, mithin von jeglicher Verpflegung abgeschnitten. Dillon, der noch immer die Isletten gegen Hohenlohe und hiermit dem französischen Hauptheere den Rücken deckte, sah bereits diesen Fall so sicher vor Augen, daß er seine Soldaten dafür anwies, sich die Taschen mit Kartoffeln zu füllen und sich einzeln durch die Wälder nach den Moselfestungen durchzuschleichen [1]).

Allein gerade die doppelte Möglichkeit des Sieges lähmte,

---

[1]) Der Verfasser des tableau de la guerre de la révolution II, 119 kommt, nach den Akten des französischen Kriegsministeriums, genau zu demselben Ergebnis. Braunschweig hatte bei einem kräftigen Angriff die größte Aussicht, Kellermann zu schlagen oder, wenn er die Höhen jenseits der Auve occupierte, Dumouriez matt zu setzen.

wie es scheint, die Thätigkeit der Preußen. Von ihren Führern dachte der eine zu fechten, der andere abzuschneiden, und jeder hinderte den anderen. Der König wollte stürmen und schlagen und wich den Tag hindurch nicht aus dem Angesichte des Feindes, so daß jene Höhen durch die Preußen nicht besetzt wurden. Der Herzog aber wollte ein für allemal sich auf eine Schlacht nicht einlassen, da sie auch bei günstigem Ausgang Blut gekostet hätte, er aber jede Einbuße für unersetzlich, den Marsch auf Paris in jedem Falle für verderblich hielt und durch die Aufopferung einiger Tausende seine Operation gegen die Maasfestungen, die er fortdauernd im Sinne hatte, zu gefährden fürchtete. Als demnach die Sturmkolonnen um 11 Uhr freudig antraten, faßte er noch einmal die feindliche Stellung in das Auge und erklärte dann dem Könige, hier sei nicht zu schlagen. Die Kanonade dauerte fort, die höheren Befehlshaber verhandelten, die Stunden vergingen. Am Abend wickelte sich Kellermann aus seinem gefährlichen Posten heraus und besetzte während der Nacht die Höhen südlich der Auve. Als der Herzog am folgenden Tage einige Abteilungen ebenfalls nach Süden vorschob, um die feindliche Kommunikation mit Vitry zu bedrohen, war es zu spät. Kellermanns ganzes Heer deckte diese Straße, und die preußische Demonstration wurde eine leere Scheinbewegung.

Der Tag des 20. September hatte jedem Heere kaum zweihundert Mann gekostet. Der Eindruck aber war gewaltig auf beiden Seiten. Bei den Franzosen jubelten die jungen Soldaten, daß sie den Kriegern Friedrichs II. standgehalten; soeben noch unsicher, zu panischem Schrecken geneigt, sich selbst und den Führern mißtrauend, waren sie jetzt von einem Schwunge des Jubels und Begeisterung erfüllt. Bei den Preußen war die Stimmung in gleichem Maße gedrückt. Wir sind besiegt, rief der alte Husarengeneral Wolfradt, weil wir nicht geschlagen haben; wozu sind wir hergekommen als zu schlagen? Goethe, den einige mißmutige Offiziere um ein kräftiges Wort angingen, hatte den sehr richtigen, hier aber ebenso leidigen Trost: von heute an beginnt eine neue Epoche der Weltgeschichte, und ihr könnt sagen, ihr seid dabei gewesen. In der That, von einem Erdrücken der jungen Republik war schon an dem Tage ihrer Entstehung keine Rede mehr. Nachdem die letzte Gelegenheit versäumt war, die französischen Heere einzeln im Augenblicke ihrer Vereinigung selbst zu schlagen, war der Rückzug der Preußen bei den täglich anschwellenden Massen ihrer Widersacher, der weit und weiter vorrückenden Jahreszeit, der sinkenden Stimmung, Zahl und Kraft der deutschen Truppen entschieden. Dumouriez hatte, einmal eine Lage der Dinge, wie sie am 21. wirklich eingetreten war, vorausgesetzt, schon längst darüber keinen Zweifel. Aber so keck er bisher die eigene Gefahr unterschätzt hatte, so unbefangen würdigte er jetzt die dem Gegner noch zu Gebote stehenden Mittel. Besiegt waren die Preußen in keiner Weise, die taktische Ueberlegenheit derselben ungebrochen, die Masse zu gefährlichen Streichen immer noch bedeutend genug. Wie, wenn sie, nachdem sie im Norden die Argonnen durchbrochen, jetzt an der französischen Stellung vorüber das Gebirge im Süden umgingen und so die Verheerungen des Krieges in das noch unberührte Lothringen trügen? Oder wenn sie auf dem alten Wege rasch umkehrend, sich plötzlich gegen die schwach besetzten Festungen Sedan und Montmédy wandten und durch deren Einnahme ihre Winterquartiere an der Maas sicherten? Wir wissen, daß eben dieser Gedanke den Herzog erfüllte, Dumouriez aber fühlte sich noch bei weitem nicht stark genug, um gegen das eine oder das andere mit Gewißheit einstehen zu können. Bei dem Stande der französischen Rekrutierungen konnte er vielleicht in wenigen Tagen sein Heer so weit heranwachsen sehen: alles wäre gewonnen, wenn er die Preußen so lange in ihrer jetzigen Stellung festhielte[1]). Er beschloß, sich diese Frist womöglich durch Unterhandlungen zu schaffen[2]).

---

[1]) An Servan, 26. September: ich suche mich auf 80 000 Mann zu verstärken, bis dahin amüsiere ich die Feinde mit eitlen Unterhandlungen.

[2]) Die folgenden Unterhandlungen werde ich in diesem und

Daß in dem feindlichen Hauptquartiere auf mehreren Stellen Neigung zum Frieden vorhanden war, darüber konnte der französische General keinen Zweifel haben. Zwar von den Preußen hatte er keine unmittelbare Nachricht (denn alles ohne Ausnahme, was über Unterhandlungen vor·dem 20. September erzählt worden, ist, wie die Korrespondenz beider Hauptquartiere gleichmäßig zeigt, vollkommen leere Fabel): einmal am 14. hatte Braunschweig den Wunsch einer Unterredung gemeldet, Dumouriez indes, mit seinem Rückzuge aus Grandpré beschäftigt, den Vorschlag abgelehnt. Allein Dumouriez, der frühere Minister des Auswärtigen, bedurfte nicht erst eines besonderen Gespräches, um die in ganz Europa bekannte Thatsache zu erfahren, daß der Herzog

---

dem nächsten Kapitel um so ausführlicher darstellen, als ihr wirklicher Inhalt, obwohl schon 1808 in dem tableau de la guerre de la révolution II, 128 in der Hauptsache vollkommen aktenmäßig dargestellt, dennoch bis heute der Gegenstand der mannigfaltigsten Erfindungen geblieben ist. Zuerst haben Marat und Genossen Dumouriez des Verrates angeklagt: dann hat Beauchamp (mémoires d'un homme d'état) angebliche Enthüllungen auf Kosten Braunschweigs gemacht, die unendlich oft und zuletzt noch von Menzel wiederholt worden sind; neuerlich aber hat der Legitimist Michaud zu Marats Anklagen das Gegenstück geliefert, indem er die alte Emigrantenfabel mit unglaublicher Sicherheit und zahllosen Details aufgewärmt hat, Braunschweig, Haugwitz u. s. w. seien mit der Beute der Septembermorde und den Krondiamanten bestochen worden. Joinville in Frankreich und Stramberg in Deutschland haben es getrost nachgesprochen. Ich erspare mir eine Widerlegung im Detail durch die Darstellung des wirklichen Ereignisses nach den ersten Quellen, den geheimen Papieren der Unterhandlung selbst. Dabei habe ich die Sicherheit, daß in Paris keine Materialien außer den von mir gebrauchten existieren; deutscherseits liegen mir die Berichte Lucchesinis an die Minister vor, außer denen sich in Preußen schwerlich etwas Erhebliches finden möchte, sowie die Briefe des Fürsten Reuß bei Vivenot, Quellen II, S. 232 ff. (Ich habe auch jetzt, nach den letzten Erörterungen Strambergs, dieser Ausführung nichts hinzuzusetzen. Ranke, Ursprung, S. 322, hat sehr recht, Michauds Erfindung kurzweg absurd zu nennen. Aber auch das Absurde findet fort und fort seine Gläubigen. So hat noch 1870 der allerdings überall urteilslose Billault de Gérainville, hist. de Louis Philippe, I. 82 ff. jene Geschichten mit voller Andacht wiederholt. Anmerkung der 4. Ausgabe.)

nach der Neigung seines Herzens lieber gegen das Haus Lothringen als gegen Frankreich gefochten hätte, und daß auch sonst noch einflußreiche Stimmen dieser Ansicht beipflichteten. Was aber die Oesterreicher betraf, so waren diese in ihrer Kriegslust ebenso abgekühlt wie ihre Bundesgenossen. Hohenlohe-Kirchberg hatte auch seinerseits auf Konferenzen bei Dumouriez angetragen; er war ein einfacher, ernsthafter Mann, der unter dem Gewehre alt geworden[1]) und nie etwas anderes als Soldat gewesen war: er am wenigsten hätte einen solchen Schritt ohne höhere Erlaubnis unternommen. Aber Dumouriez, der von jeher sein politisches System auf Krieg gegen Oesterreich und Frieden mit Preußen gestellt, warf Hohenlohes Antrag weit hinweg, ergriff dagegen um so eifriger einen Anlaß, sich dem Könige anzunähern, bei dem allein ja auch die Macht war, die Operationen auf einige Tage zu hemmen und damit Dumouriezs nächsten militärischen Wunsch zu erfüllen.

Während der Kanonade am 20. hatte er den General Leveneur im Rücken der Preußen streifen lassen. Dieser war über die schwach gedeckte Bagage des Heeres geraten, wo keine Seele einen feindlichen Angriff vermutete: Fuhrwerk, Feldkasse, Bäckerei, Bureau- und Hospitalwesen war dort vereinigt, und nur mit Mühe wurde das größte Unheil abgewehrt. In diesem Getümmel wurde der Privatsekretär des Königs, Lombard, nebst einigen anderen Zivilpersonen gefangen[2]), und ihm ließ Dumouriez, als er ihn den folgenden Tag auf Begehren des Königs in Freiheit setzte, durch einen Adjutanten eine kurze Denkschrift zustellen, in welcher die wachsende Stärke des französischen, die unbehagliche Lage des preußischen Heeres geschildert ward; sodann kam der Satz vor, ein weiteres Vorwärtsgehen würde das Schicksal Ludwigs XVI. nur erschweren, ohne den Ehrgeiz

---

[1]) Urteil des Herzogs von Braunschweig.
[2]) Ich führe dies Detail an, weil jedermann bisher erzählt hat, Lombard habe sich fangen lassen. Er hätte sich dazu gewiß eine andere Stelle ausgesucht: überhaupt aber ist sicher, daß der Anfang des Unterhandelns von Dumouriez ausging.

der französischen Prinzen zu fördern; vor allem aber wurde betont, daß Preußen kein Interesse habe, sich für das ihm stets feindliche Oesterreich zu opfern, und demnach ein Abkommen auf dem Fuße der einst im Frühling versuchten Unterhandlung angeboten. Der Herzog ergriff diese Dinge sogleich mit großer Lebhaftigkeit und fand dabei die Unterstützung eines Mannes, den er sonst nicht gerade unter seinen Verehrern zählte, des Generaladjutanten Obersten Manstein. Dieser gehörte zu dem frömmelnden Kreise, der bei dem Könige hauptsächlich durch das Bedürfnis stets neuer Aufregung Einfluß übte: er hielt sich, ohne die Genüsse dieser Welt ganz zu verachten, äußerlich doch um so finsterer und verschlossener, als bei ihm zu der Kopfhängerei noch ein starker, gallsüchtiger Ehrgeiz hinzukam, der ihn in militärischen Dingen gegen den Einfluß des Herzogs und in diplomatischen gegen das Ansehen Bischoffwerders stets regsam und argwöhnisch erhielt. Als praktischer Staatsmann war er reiner Egoist und Realist, kannte darin keine andere Forderung als den jedesmaligen Nutzen und hatte ebensowenig Gefühl für ideale oder ritterliche Bestrebungen wie für irgend eine Grundsatz- oder Tendenzpolitik. Bei dem hingebenden und großmütigen Wesen des Königs hätte ein solches Gegengewicht zuweilen von Nutzen sein können, wäre Mansteins Gesichtskreis weiter und seine Selbstsucht überall eine nationale gewesen: er würde dann gesehen haben, daß es in gewissen Fällen auch der Klugheit entsprechen kann, für einen Augenblick das unmittelbare Staatsinteresse einem höheren Gesichtspunkte unterzuordnen. Wir werden ihn mit solchen Fragen noch vielfach beschäftigt und höchst einflußreich finden: damals bei Valmy machte er kein Hehl daraus, daß er den Friedensschluß für das bringendste Bedürfnis halte. Er war ganz der Ansicht Dumouriez's, daß Preußen sich auf unverantwortliche Weise von Oesterreich benutzen lasse und sich für eine ihm fremde, Oesterreich allein betreffende Sache in Kosten und Gefahren stecke, während Oesterreich dazu eine Handvoll Leute stelle, sonst sich pflege und stärke und in Osteuropa gegen Preußen intrigiere.

Bei dieser Stimmung ging er lebhaft auf Dumouriez3 Eröffnungen ein. Wie groß sein Eifer war, zeigte sich, als Dumouriez am 22. September um eine mündliche Beratung in Dampierre bitten ließ. Der Botschafter war Dantons Freund, Westermann, jener Elsässer, der am 10. August bei dem Sturme der Tuilerien befehligt hatte: aber auch diese Persönlichkeit, so widerwärtig sie dem Könige war, schreckte den Adjutanten nicht ab. Was den König vor allem bestimmte, auf die Unterhandlung überhaupt sich einzulassen, waren die eben eintreffenden diplomatischen Nachrichten aus Wien und Petersburg. Katharina hielt fortdauernd mit ihrer Ansicht über Polen zurück, so daß die Teilung stets noch ungewiß erschien; der Kaiser aber fuhr allerdings fort, bei ihr die polnische Erwerbung Preußens zu beantragen, blieb aber auch fest in seiner Bedingung, anstatt Belgiens Bayern und dazu die beiden fränkischen Fürstentümer zu erhalten. Unter diesen Umständen war der französische Krieg dem Könige auf das höchste verleidet, und er gab seinem Adjutanten die Erlaubnis, am 23. in Dampierre den beiden französischen Generalen folgende Vorschläge als Grundlage der weiteren Verhandlung zu machen:

Erstens: der König und seine Verbündeten wünschen einen Repräsentanten des französischen Volks in der Person Ludwigs XVI., um mit diesem über den Frieden zu unterhandeln, wobei jedoch von sonstiger Herstellung des alten Regime keine Rede zu sein braucht.

Zweitens: der König und seine Verbündeten wünschen, daß französischerseits die Propaganda aufhört.

Drittens: man wünscht (vor allen anderen Erwägungen, wird hinzuzudenken sein), daß Ludwig XVI. in Freiheit gesetzt werde.

Hier war also nicht von Emigranten, Gutsherren, Verfassungsfragen, es war von einer Verführung Dumouriezs so wenig wie von einem preußischen Separatfrieden die Rede. Herstellung Ludwigs XVI. und Verzicht auf revolutionäre Eroberung bildeten das gesamte preußische Programm. Als Manstein es vorgetragen, mußte aber Dumouriez gleich den folgenden Tag ¹) mit der Nachricht antworten, daß der Konvent in seiner ersten Sitzung das Königtum abgeschafft hätte. Es war deutlich, daß der preußische Antrag damit seine Grundlage verloren hatte und der Fortgang der Unterhandlungen völlig zweifelhaft war. Dumouriez bedauerte es aufrichtig. Denn hatte ihm allerdings die militärische Lage den ersten Anlaß für seine Note gegeben, so hätte er doch einen Frieden mit Preußen als den Brennpunkt aller guten Politik betrachtet und jede beliebige Verfassung und doppelt gerne, wie wir wissen, alle Erzeugnisse girondistischer oder jakobinischer Politik dafür in den Kauf gegeben. So wurde denn auch nicht auf einmal abgebrochen, vielmehr gingen noch einige Botschaften hinüber und herüber, für welche ein Kartell zur Auswechselung der Kriegsgefangenen den Vorwand gab. Eine volle Woche verging damit: seinen ersten Zweck, Stillstand der militärischen Operationen, erreichte Dumouriez vollkommen.

Er benutzte diese Zeit mit unendlicher Thätigkeit, um seine Verstärkungen heranzuziehen, das Gewonnene zu befestigen, immer neue Aussichten zu eröffnen. In Chalons und Reims hatten die Generale Harville und Sparre über 10 000 Mann formiert, was die Armee der Champagne jetzt auf 70 000 Mann brachte. Dumouriez drängte außerdem den Minister, 15 000 Mann des Rheinheeres über Metz auf Verdun zu werfen, eine Gefahr für den preußischen Rückzug, wie es keine größere gab. Dazwischen bereitete ihm ganz unvermutete Schwierigkeiten ein Zwist mit Kellermann und Servan: jener, der sich als den Sieger von Valmy fühlte, war reizbar gegen Dumouriez unzweifelhaftes Uebergewicht, dieser wurde in Paris unaufhörlich wegen Deckung der Hauptstadt bestürmt, und beide drängten den General um die Wette, aus seiner kecken Stellung hinweg sich an die Marne zurückzuziehen. Hier erscheint Dumouriez in dem vollen Glanze seines Talentes. Die Stellung, die

---

¹) Tagebuch des Marquis' Lucchesini.

am 15. September vielleicht eine gewagte gewesen, die jetzt aber die Gegner unthätig am Boden fesselte, ließ er sich durch die Pariser so wenig wie durch die Deutschen entreißen. Er war damals der einzige Mensch in Frankreich, der mit festem Mute dem Lärmen der Hauptstadt trotzte, obgleich er durch die Freiwilligen des Heeres so grell und nahe wie möglich an sein Ohr schlug. Es wollte etwas bedeuten, die schwach disziplinierten, hungernden und rauflustigen Soldaten thatenlos in einer Stellung festzuhalten, wo der Feind sie von Paris und ihren Magazinen trennte, die Verpflegung häufig stockte, die Verhandlungen mit Manstein den Freiwilligen als offener Verrat erschienen. Aber Dumouriez verstand es, die Soldaten an sich zu ketten, die Freiwilligen zu unterwerfen, Kellermann zu imponieren, den Minister aufzuklären. Schon zeigte sich der Vorteil seines Systemes in der täglich schlimmeren Lage des Feindes. Die Preußen waren fünf Tage lang ganz ohne Brot, das ausgesogene Land konnte ihnen nichts liefern, die schlechte Nahrung erzeugte Krankheiten bei Menschen und Tieren, das naßkalte Wetter, welches sie schon auf dem Marsche geplagt, setzte sich jetzt in unaufhörlich strömendem Regen fest, der den Boden aufweichte, die Zelte zerstörte und binnen wenigen Tagen eine mörderische Ruhrepidemie über ein Drittel des Heeres verbreitete. Unter diesen Umständen wurden die Aussichten täglich günstiger für Frankreich, und am 27. erhielt denn auch Dumouriez den förmlichen Oberbefehl über Kellermann und damit die Genehmigung seines Feldzugsplanes. Hinzugefügt war freilich eine Mahnung, den Rückzug hinter die Marne zu erwägen, worauf aber Dumouriez umgehend antwortete, daß er sich hüten würde, einem so thörichten Befehle zu gehorchen.

Neben diesen militärischen Sorgen ging dann seine diplomatische Thätigkeit ihren Gang. Er drang lebhaft in Servan, die preußische Unterhandlung nicht fallen zu lassen. Ich gestehe, schrieb er am 26., nach meiner besten Ueberzeugung wäre nichts so wichtig für Frankreich als die Abtrennung Preußens von der Koalition. Bisher bin ich nur das Schlagnetz gewesen, um die Vorschläge hin und her zu werfen; da aber die Preußen mir als ehemaligem Minister Zutrauen schenken, so könnte ich gleich zu einer thätigen Unterhandlung schreiten, sobald es euch heilsam erschiene. Er würde dann, sagte er, von dem Könige Anerkennung der Republik, Räumung Frankreichs, Auflösung des österreichischen Bundes, ruhiges Zusehen bei dem österreichisch-französischen Kriege verlangen, auch müßte sich Preußen mit einer einfachen Verwendung für Ludwig XVI. ohne spezielle Forderungen begnügen. Noch habe ich, schließt er, mich darüber gegen Manstein nicht eröffnet, wohl aber angedeutet, daß nur in solcher Richtung unterhandelt werden könne, übrigens den Franzosen wenig am Unterhandeln liege.

In Paris war man höchlich einverstanden mit diesen Gesichtspunkten, da die nächste Gefahr einmal überwunden, das Selbstgefühl keine Grenzen kannte. Die Parteien des Konventes ohne Unterschied hatten keine Gedanken als Siege, Revolutionierung, Beute, Eroberung, und Dumouriez belgischer Plan stand bei Danton wie bei Lebrun in erster Linie der Hoffnungen. Dazu paßte nichts trefflicher als Spaltung des europäischen Bündnisses durch einen Separatfrieden mit Preußen; neben den sicheren Erfolgen gegen Oesterreich, welch eine triumphierende Genugthuung, wenn es vielleicht gelänge, den preußischen König sogar auf die Seite der Revolution hinüberzuziehen. Man meinte nicht geringe Lockspeisen dafür bieten zu können, und so wurde die Unterhandlung in tiefem Geheimnis, aber mit gespanntem Eifer aufgenommen. Dem Konvente und den doktrinären Jakobinern zuliebe verfügte der Ministerrat am 25. September, Dumouriez dürfe sich nicht eher auf eine Unterhandlung einlassen, bis die Feinde den französischen Boden geräumt hätten: im stillen aber wurden Westermann und Benoit in das preußische Hauptquartier gesandt, um wo möglich einen Separatfrieden zu stande zu bringen. Dumouriez hatte indes vorzuarbeiten gesucht. Die Erklärung der Republik hatte Braunschweigs und Mansteins Eifer noch nicht abgekühlt; am 26. kam das Kartell über die Kriegsgefangenen zu stande, in welchem Preußen sogar den Franzosen nachgab, die Emigranten ganz mit Stillschweigen zu übergehen. Immer aber wollte sich keine Neigung des Königs zum Vertragsbruche gegen die Koalition zeigen, und Dumouriez, allmählich den Erfolg bezweifelnd, entschloß sich, diesen entscheidenden Punkt geradezu in Angriff zu nehmen [1]). Er stellte am 27. dem Obersten Manstein eine neue Denkschrift für den König zu, in welcher er die Trennung Preußens von Oesterreich zum alleinigen Thema nahm und absichtlich in scharfen und derben Formen auftrat, um die Stärke der preußischen Neigungen sicher daran zu erproben.

Aber er hatte einen unglücklichen Augenblick für diese Mitteilung gewählt. Tags zuvor war nämlich der Marquis Lucchesini, der seit der Rückkehr des Ministers Schulenburg nach Berlin die diplomatischen Geschäfte des Hauptquartiers besorgte, jetzt aber einige Tage in Verdun gewesen war, wieder bei dem Könige eingetroffen und hatte den dortigen Stand der Dinge vollkommen verwandelt. Er war Bischoffwerders Schwager, aber mit Manstein nahe befreundet: er hatte das österreichische Bündnis, welches jener geschlossen, als eine Thorheit betrachtet, wie dieser, aber er fand, daß sein militärischer Kollege sich höchst unbesonnen auf bodenlose Wege einlasse. Lucchesini bemerkte vor allen Dingen, daß Dumouriez noch gar keine Vollmacht seines Ministers gezeigt habe, ja, daß es bei der damaligen Anarchie in Paris zweifelhaft sei, ob selbst der Minister zu solchen Unterhandlungen Kraft und Titel besitze. Sodann hob er hervor, daß offenbar nur Dumouriez von der bisherigen Waffenruhe Vorteil ziehe, was gegen die Aufrichtigkeit seiner Anträge doppeltes Mißtrauen erwecken müßte, während für Preußen nichts gewisser sei, als daß schon der Schein einer Unterhandlung es in falsches Licht bei seinen Verbündeten setzen würde. Dem Könige, der übrigens von aller Kriegslust geheilt war und einen ehrenhaften Abschluß im höchsten

---

[1]) Il ne faut pas, schrieb er, que ceci dégénère en fourberie royale.

Grabe wünschte, leuchteten diese Erörterungen doch vollkommen ein: er meinte gleich, daß man ihn auf etwas leichtsinnige Art mit den Republikanern verwickelt habe. Da kam denn jene Denkschrift Dumouriez's sehr verkehrt für ihren Zweck: der König zürnte lebhaft, daß Dumouriez über das Verbleiben Preußens in der Koalition unter anderem sagte, es würde damit das Staatswohl einer Täuschung des Ehrgefühls geopfert. Manstein mußte sogleich erwidern, daß jeder seine Grundsätze haben möge, der König aber als den höchsten die Treue gegen seine Bundesgenossen betrachte. Es gab hierüber scharfe Erörterungen, bei denen, wie Lucchesini es höflich ausdrückt, der König sich durch seine Herzensgüte nicht abhalten ließ, dem Obersten, als dem ersten Betreiber einer solchen Unterhandlung, sein kräftiges Mißfallen kund zu thun. Auch der Herzog von Braunschweig wurde durch diese Ungnade mit betroffen und mußte sich bequemen, am 28. ein neues Manifest zu erlassen, in dem er alle Drohungen des Juli den Franzosen wiederholte. Der König wollte selbst die Feindseligkeiten ohne Zaudern erneuern, die Emigranten jubelten nicht wenig, der russische Geschäftsträger Prinz Nassau-Siegen erbot sich sogar, seine Kaiserin um die Sendung eines russischen Heeres für die Operationen des Frühlings zu bitten. Allein solche Thätlichkeiten zu hindern, wurde dem Herzoge trotz seiner augenblicklichen Ungnade nicht schwer, da seit dem 20. das Verhältnis der beiden Heere sich völlig umgekehrt hatte. Gegen den doppelt zahlreichen Feind wäre mit den erschöpften und kranken Truppen nur eine völlige Niederlage zu erwarten gewesen. Hier war auch Lucchesini ganz mit dem Herzoge einverstanden, und der Gedanke einer Schlacht wurde ebenso schnell verlassen, als er aufgetaucht war.

Wollte man aber nicht schlagen, so wuchs die Dringlichkeit des Rückzugs mit jeder Stunde. Jetzt schon war die Gefahr groß, den überlegenen Feind in der Flanke sich durch die sumpfigen Pässe der Argonnen hindurch zu winden. Da langten Benoit und Westermann zu gelegener Stunde an. Wenn bisher Dumouriez den militärischen Vorteil des

Stillstandes geerntet hatte, so kam jetzt die Reihe an Preußen, sich die Uebelstände des Rückzuges durch geschickt verlängerte Unterhandlung zu verringern.

Fünftes Kapitel.

Rückzug aus Frankreich.

In den ersten Tagen des Konvents besaß die Gironde, die noch soeben für ihr Dasein hatte zittern müssen, nicht geringe Aussichten zur Herrschaft über Frankreich. Sie überwog im Ministerium, weil Danton, durch die Pariser Wähler zum Konvente berufen, sein Portefeuille abgab und in den inneren politischen Fragen seitdem Rolands Einfluß vorherrschte. Sie konnte sodann in den meisten Fällen auf die Mehrheit des Konventes rechnen. Denn der größte Teil der Wahlen war ja in offenem Gegensatze zu dem Streben der Pariser Kommune und der Septembermänner erfolgt, so daß der Argwohn gegen die Diktatur derselben die vorwiegende Stimmung bildete und der Gironde die Möglichkeit gab, bei richtiger Benutzung aller Mittel ihre Gegner ernstlich zu gefährden. Die Jakobiner selbst konnten es sich nicht verhehlen. Alles Volk in Frankreich, sagte der jüngere Robespierre am 29. September auf der Rednertribüne des Klubs, ist gegen uns; unsere einzige Hoffnung steht bei den Bürgern von Paris [1]: Freunde und Genossen, warnte darauf Desfieux, vertraut nicht zu fest auch auf diese letzte Aussicht; es ist nur zu gewiß, hier in Paris würden wir bei jeder Wahl besiegt werden, die in geheimer Abstimmung erfolgte. Der Klub zeichnete sich darauf die strengste Behutsamkeit und eine fast ängstliche Defensive vor. Von den Septembermorden sprach man nur, um sie halb zu entschuldigen, halb zu verleugnen, und Collot d'Herbois

---

[1] Buchez XX, 300.

galt für einen unvorsichtigen Menschen, als er einmal ohne alle Einschränkungen erklärte: der 2. September ist das Glaubenswort unserer Partei.

War nun allerdings die Mehrzahl des Konvents den Jakobinern feindlich, so war sie deshalb noch nicht girondistisch gesinnt. Es ging hier wie bei der abgetretenen Versammlung: die überwiegend größte Zahl der Abgeordneten hielt sich überhaupt von jeder Parteidisziplin entfernt und stimmte einzeln nach ihren augenblicklichen Eindrücken. Ganz unbedingt als Partei der Gironde bekannten sich vielleicht nur dreißig Männer, und selbst diese werden wir bei den wichtigsten Fragen vielfach auseinandergehen sehen. Die Beseitigung dieses Uebelstandes hätte um so eifriger gesucht werden müssen, als die Bergpartei überall wie ein Mann zusammenhielt.

Revolutionär gesinnt waren übrigens die Mitglieder fast alle. So viel hatte das Auftreten der Pariser Kommune und ihrer Genossen in den Provinzen durchgängig bewirkt, daß die Anhänger des alten Zustandes und die ausgesprochenen Konstitutionellen von den Wahlen entfernt geblieben waren. Sogar die Vendée, welche die Stimmung ihrer gesamten Bevölkerung bald mit den Waffen auf die gewaltigste Weise bekunden sollte, hatte in den Wahlen radikale Deputierte ernannt. Die Gironde selbst stimmte auch in dieser Beziehung zu der Mehrzahl ihrer Kollegen: sie war nur insoweit konservativ, als sie die Dolche des September für sich selbst fürchtete, im übrigen hatte sie noch keinen ihrer Umsturzgedanken abgelegt. Sie war also einmal nicht im stande, die anderen Parteien der Rechten, Konstitutionelle und Priester, Monarchisten und Feudale, zu dem Kampfe gegen die Jakobiner um sich zu vereinen: sie zertrümmerte sodann durch ihre Gesetze in der Regel jedes Stückchen Boden selbst, welches sie durch ihre Polizeidekrete der äußersten Linken abgewann. Bei einer solchen Lage der Dinge wäre das natürlichste eine Versöhnung der beiden Parteien gewesen, auf billige Teilung des persönlichen Einflusses: denn auf andere Dinge kam es bei dem Streite überhaupt nicht an, oder im höchsten Falle lag eine Meinungsverschiedenheit über die Mittel vor. Es wurde denn auch in den ersten Tagen des Konvents ein Versuch zu diesem Ziele gemacht, die Häupter traten zusammen, und besonders Danton mahnte zur Eintracht. Aber das Blut des September stand zwischen ihnen. Die Girondisten wollten Rache für ihre Bedrohung und wiesen den Vorschlag einer allseitigen Amnestie fast als ein Verbrechen zurück. Da brach Robespierre die Verhandlung kurz und hochmütig ab.

Am 22. September befahl der Konvent die Neuwahl aller Verwaltungsbeamten in ganz Frankreich. Die Departementsbehörden hatten sich vor dem August fast sämtlich konstitutionell gezeigt; sie fielen also mit der von ihnen vertretenen Verfassung. Am 23. bewirkte Danton ein gleiches Dekret für die richterlichen Beamten: Billaud wollte überhaupt keine Gerichte mehr, da zwei von den Parteien jedesmal zu ernennende Schiedsrichter den Zweck erfüllen würden; und wenn dies auch nicht durchging, so wurde doch die Wahl nicht mehr auf gebildete Juristen beschränkt, als welche eine besonders schändliche Aristokratie ausmachten.

Nach dieser Probe demokratischer Gesinnung vernahm der Konvent den Minister Roland über den allgemeinen Zustand des Landes. Dessen Bericht war ein trauriges Zeugnis über die Wirkungen der Revolution, die Lähmung des Ackerbaues, die Zerrüttung der Gewerbe, die Vernichtung des Handels, den Verfall der Staatsanstalten und öffentlichen Bauten. Er gab zugleich aber in allen Zeilen das Angriffssignal gegen die Bergpartei, indem er als den einzigen Grund des Uebels die Wühlerei und die Gesetzlosigkeit bezeichnete und eine besoldete Truppe zum Schutze des Konvents und der Regierung begehrte. Den folgenden Tag stellten Kersaint und Buzot die entsprechenden Anträge, jener auf Erlaß eines Strafgesetzes gegen die Anstifter von Mord und Totschlag, dieser auf Versammlung einer Garde des Konvents aus allen Departements. Beides ging an einen Ausschuß zum Berichte. Dann gab es Angriffe auf die Personen. Barbaroux und Buzot holten die Geschichte hervor, wie sich Robespierre am 9. August den Marseiller Föderierten als Diktator hatte antragen lassen; die Gironde mußte dagegen hören, daß sie Frankreich in eine Anzahl unabhängiger Staaten nach amerikanischem Muster auflösen wolle. Sie entgegnete, daß die Pariser die Departements zu beherrschen trachteten wie einst Rom die Provinzen, und ließ dann selbst die Einheit und Unteilbarkeit der Republik dekretieren. Diese Zänkereien lieferten sonst kein Ergebnis als gesteigerte Erbitterung nach allen Seiten: bald sammelte sich die Aufmerksamkeit gänzlich auf die Mittel der äußeren Gewalt, die Pariser Kommune auf der einen Seite, deren diensteifrige Proletarier von der Masse der Abgeordneten höchlich gefürchtet wurden, und die Garde des Konvents auf der anderen, mit welcher die Gironde zunächst Sicherheit der Abstimmungen und damit die völlige Unterdrückung der Gegner zu erzielen hoffte. Buzot erstattete den Bericht darüber am 8. Oktober, der Druck desselben wurde beschlossen und dann die Sache zurückgelegt: die Gironde hatte bemerkt, daß zahlreiche Deputierte sich fürchteten, für den in Paris verfluchten Antrag zu stimmen, und deshalb den Ausweg erwählt, zunächst auch ohne Gesetz bewaffnete Scharen aus den ihr ergebenen Departements kommen zu lassen und durch deren Schutz ihre Anhänger zu ermutigen. Es war auch dieses Mal Marseille, welches den Reigen eröffnete und wie im Juli für die Revolution so jetzt im Oktober für die Regierung die ersten Föderierten aufstellte. Inzwischen wurde der Stadtrat von Paris in jeder Weise beängstigt, Nachforschungen über seine großen Räubereien und Unterschleife angeordnet, der Justizminister mit einer allgemeinen Untersuchung über die Septembermorde beauftragt und bei der Neuwahl der Kommune die geheime Abstimmung mit Strenge durchgeführt. Wirklich wurde Pétion mit großer Mehrheit zum Maire erwählt, und als dieser seinen Sitz im Konvente vorzog, aufs neue der Kandidat der Gironde, der Arzt Chambon, gegen den Jakobiner Lhuillier durchgesetzt. Neun Zehntel der Bürger aber hielten sich von der Wahl entfernt.

So war die Gironde bis zum Ende des Oktober in stetem

Fortschreiten geblieben. Aber ein wesentlicher, die Zukunft beherrschender Erfolg war doch an keiner Stelle erreicht worden. Das wirksamste war die Ankunft der neuen Föberierten, denn die Abspannung gegen innere Politik war so groß, daß ein paar tausend rüstige Arme hinreichten, um die Banden der Jakobiner in Ehrfurcht zu halten. Aber welch eine traurige Auskunft, mit einem so völlig anarchischen Mittel die Sache der Ordnung verteidigen zu sollen! Roland sah es sehr wohl und traf den entscheidenden Punkt mit der stets wiederholten Forderung, die Befugnisse des Ministeriums zu steigern und den Stadträten insbesondere die Requisition der bewaffneten Macht zu nehmen. Aber seine Parteigenossen hielten die Sache entweder für unerreichbar im Konvente oder für zu unverträglich mit ihrer bisherigen Haltung, genug, es kam nicht einmal zu einem Antrage darüber.

Da war es denn für die Jakobiner doppelt erwünscht, daß die Finanzen des Staates ganz in der bisherigen Weise fort verwaltet wurden. An ihrer Spitze stand jetzt wieder Clavière, der zwar wie seine girondistischen Freunde von einer förmlichen Abschaffung des Eigentums, von Zwangstaxen, Zwangskursen und Prehensionen nichts wissen wollte, sonst aber alles that, um die Macht des Eigentums zu erschüttern und den Staat durch fortdauernde Steigerung der Bedürfnisse auf die Bahn des Raubes hinzuführen. Unter allgemeiner Einstimmigkeit wurde am 19. Oktober die Plünderung der Emigranten fortgesetzt, indem man alle Bankiers und Notare aufforderte, bei Todesstrafe die ihnen anvertrauten Gelder und Wertpapiere der Ausgewanderten an die Staatskasse abzuliefern. Bereits waren — 30. September — alle Verwaltungsbehörden für den Verkauf der Güter verantwortlich gemacht worden, und als etwas später[1]) Manuel meinte, man müsse doch unterscheiden zwischen den Rittern des Koblenzer Hofes und den am 2. September Entflohenen, wurde er beschieden, es handle sich um kriege-

---

[1]) 17. November.

rische Notwehr, bei welcher man es mit Recht und Gerechtigkeit nicht so genau nehmen könne. Zur Sicherung der Beute wurde auf Buzots Antrag am 23. Oktober die Todesstrafe gegen jeden Emigranten verfügt, der sich auf französischem Boden betreffen ließe. Die Verwendung des hiermit gewonnenen Reichtums ging dieselben Wege wie der Staatshaushalt der früheren Versammlungen. Die Stadt Paris erhielt zunächst sechs, dann drei Millionen zur Unterstützung des notleidenden Volkes: Clavière vermehrte die Masse der kleinen Assignaten, und der Konvent dekretierte eine neue Schöpfung von 400 Millionen. Die Girondisten hatten nichts einzuwenden, weil sie keine anderen Mittel für die stets wachsenden Ausgaben aufzutreiben wußten. Allerdings, es hätte eine Auskunft gegeben, den Staat von einer monatlichen Ausgabe von 100 Millionen zu befreien: sie hieß Beendigung des Krieges und zeigte sich seit dem 20. September nach der Stimmung des Königs von Preußen vollkommen erreichbar. Allein hier waren Berg und Gironde vollkommen einverstanden: sie alle hatten keinen heißeren Drang als Weltbefreiung und Welteroberung. Es ist einleuchtend, daß eine Partei, welche in Frankreich damals Ordnung und Eigentum predigte, mit eigenen Händen ihr Grab aushöhlte, indem sie Anarchie und Aussaugung über Europa auszudehnen trachtete.

Wie gesagt, in diesem Punkte gab es keinen Unterschied zwischen den Parteien. Danton und dessen Genossen, die Girondisten Brissot und Clavière, Dumouriez Freund Lebrun, sie alle hatten über die revolutionäre Verwandlung Europas keinen anderen Gedanken als die Demagogen des Stadthauses und die Fanatiker des Jakobinerklubs. Vernichtung aller Könige, Republikanisierung der Länder, Vereinigung mit Frankreich, das waren die einzigen Gesichtspunkte, welche in Paris verlauten durften. Auf das weiteste griffen die ehrgeizigen und weltstürmenden Gedanken umher. Wenn Preußen sich einschläfern ließe, so hielt man den Sturz des Deutschen Reiches gesichert; bei dem Erscheinen einer französischen Armee und Flotte glaubte man eine Revolu=

tion in Italien und der Schweiz erwarten zu können; eine zweite Flottenabteilung, hoffte man, würde die Türken zu neuem Kriege gegen die beiden Kaiserhöfe bestimmen; England zeigte sich vorsichtig und friedliebend, schlimmsten Falles aber rechnete man auch dort auf eine republikanische Partei und vor allem auf das gedrückte und gärende Irland. Was blieb dann noch übrig von dem Zustand der Dinge in unserem Weltteile?

Noch im September begannen die ersten Schritte zu diesen Operationen. Seit dem 10. August drängte das Ministerium den General Montesquiou unaufhörlich zu dem längst entworfenen Angriffe auf Savoyen, welcher das Kriegsfeuer mit einem Schlage über Alpen und Apenninen in ihrer ganzen Ausdehnung entzünden sollte. Man hatte in Paris aus allen Punkten Italiens die hoffnungsreichsten Nachrichten. Die diplomatischen Agenten, welche Dumouriez im Frühling ausgesandt hatte, waren ein jeder an seiner Stelle unermüdlich. Da schrieb Henin aus Venedig, daß man in Deutschland harten Widerstand finden und die Deutschen endlich nur in Italien besiegen werde. Man müsse also eine Flotte in Spezzia landen lassen, welche von hier über Sestri ein Heer nach Parma, Modena und Piacenza entsende; Parma werde die reichste Verpflegung, Piacenza schweres Geschütz, Modena einen Schatz von mehreren Millionen liefern; weder Mailand noch Mantua können bei raschem Auftreten einem solchen Plane Widerstand leisten, und die päpstlichen Städte Bologna und Ferrara werden die Franzosen als Befreier begrüßen. Wenn zugleich eine zweite Flotte sich der Mündungen des Po bemeistere, Ravenna und Ancona besetze, das schwache Venedig fast ohne Schwertstreich überwältige, so sei das ganze Unternehmen zwar im Anfange kostspielig, dann aber werde Italien die französischen Heere reichlich ernähren und das Schicksal Europas entschieden sein.

Man glaubt sich bei diesen Plänen in das Jahr 1796 und das Hauptquartier des jungen Generals Bonaparte versetzt. Vorschläge und Berichte derselben Tendenz lieferte

Salicetti aus Korsika über die Inseln Sardinien, Semonville aus Genua über Piemont, Chateauneuf aus Genf über Savoyen¹). Ueberall warben sie Einheimische für die Befreiung des Volkes durch den französischen Angriff: ich habe, meldete Henin den 18. August, an mehreren Punkten Italiens meinen Anhang formiert, zuverlässige und eifrige Männer, die nur meinen Wink zum Losschlagen erwarten. In Savoyen hatte man Verständnisse in den meisten Städten, in Genf rührten sich Clavières Korrespondenten Dassier und Flournoy²), um Bürger und Anwohner gegen die Patrizier in Harnisch zu bringen: es war dies Clavières Herzenssache, da er, ein geborener Genfer, 1782 durch die Aristokraten vertrieben worden war und einem lange gesammelten Hasse jetzt Luft zu machen hoffte. Er gewann Servan für seine Pläne durch die Angabe von 20000 Gewehren in dem Genfer Arsenale, Cambon durch Hinweisung auf drei Millionen Livres in dem Genfer Staatsschatze und übernahm es, durch seine Genfer Freunde einen staatsrechtlichen Vorwand für den Angriff zu besorgen. Auch in die Schweiz griffen diese Umtriebe hinüber. Der französische Gesandte Barthélémy, ein gewandter und leise auftretender Mann, hatte eine große Anzahl besonders jüngerer Leute in Bern und Zürich gewonnen und erstreckte seine Korrespondenz durch alle Kantone. Durchgängig kam ihm in den Städten der Kaufmannsstand entgegen, der nach seinen Handelsbeziehungen viele Assignaten besaß und bei einem Siege der Verbündeten zu verlieren fürchtete³). Von den Regierungen war die Berner eigentlich die einzige, welche klar in die Zukunft sah und keine Wahl als die Erdrückung der französischen oder den Ausbruch einer helvetischen Revolution erblickte. Sie hätte also am liebsten sich mit voller Kraft an dem deutschen Kriege beteiligt, wurde aber von den kleinen Kantonen, die um jeden Preis den Frieden begehrten, zurückgehalten.

---
¹) Alle im Pariser Kriegsarchiv, armée du midi.
²) Montesquiou, mémoire justificatif. Clavières Antwort darauf.
³) Bouillé, mémoires. Mallet du Pan.

Auf diese Verhältnisse baute die Regierung des 10. August ihre Hoffnungen für Südeuropa. Montesquiou sollte auf der Stelle den Einbruch in Savoyen eröffnen, sich von dort ohne Zaudern nach Genf wenden und damit gleich sehr Italien und die Schweiz bedrohen. Anselme würde unter seinem Oberbefehle die Grafschaft Nizza besetzen, Admiral Truguet einen zum Angriffe günstigen Küstenpunkt aufsuchen. Dann brachte aber die Entsendung von 10 Bataillonen für Luckner einen unvermuteten Aufenthalt: denn die neuen Rekrutierungen, meldete Montesquiou, gehen langsam, noch habe ich keinen Mann zu Gesicht bekommen, die Bürger haben zuviel mit Volks-, Ur- und Wahlversammlungen zu thun. Andere Störungen, noch bedenklicherer Art, entwickelten sich aus den Umtrieben des Prinzen von Hessen, der sich selbst das Kommando wünschte und demnach den General als Monarchisten und Aristokraten in Paris verklagte. Es waren die letzten Tage des August, und Servan deutete Montesquiou an, die öffentliche Meinung, die jetzt eine unermeßliche Macht geworden, rühre sich stark gegen ihn. Am 29. August beschloß der Ministerrat die Absetzung des Generals, und Servan befahl ihm fürs erste die Einstellung aller ferneren Thätigkeit. Gleich nachher aber erhielt er ein Schreiben Montesquious vom 4. September, worin dieser anzeigte, daß er seine kriegsmutigen Truppen nicht mehr halten, für den Erfolg in Savoyen aber in jedem Sinne einstehen könne und deshalb bringend um Erlaubnis zum Abmarsch bitte. Darauf zog der Ministerrat seinen früheren Beschluß zurück; die Unterbrechung war aber einmal erfolgt, und Montesquiou bedurfte nochmals vierzehn Tage, um den Feldzug zu eröffnen. Indes war er immer guten Mutes: am 11. meldete er Clavière, alles werde gelingen, am 1. Oktober werde er vor den Thoren von Genf erscheinen. Clavière schrieb sofort an Flournoy, daß die Befreiung dieser Stadt von der Herrschaft der Aristokraten feststehe und nur schleunige Unterwerfung sie erretten könne: sein Zweck dabei war, Genf zu einem Hülfegesuch bei Bern zu veranlassen, aus welchem sich dann größere Weiterungen hervorspinnen ließen. Es wäre auch alles ohne Anstoß gelungen, wenn Montesquiou in vollem Einverständnis geblieben wäre. Gegen diesen aber setzte Hessen seine Angriffe mit doppelter Erbitterung fort und ließ endlich seine Verdächtigungen in einer gelesenen girondistischen Zeitung abdrucken. Als Servan ihn darüber hart zur Rede stellte, antwortete er: ich bin kein Narr, der ohne Beweise anklagt, und bleibe dabei, Montesquiou ist ein Verräter; verletzt Euch mein derber Stil, so seid Ihr Eures Amtes nicht wert; gebt mir Gerechtigkeit, oder ich trete an der Barre des Konvents auf. Dies schrieb er am 22. September: am 23. erklärte Danton im Konvente, daß Montesquiou nicht an der Spitze des Heeres bleiben könnte.

Dieses Mal aber war der Offizier dem Demagogen zuvorgekommen. In der Nacht vom 21. auf den 22. hatte Montesquiou mit 19 000 Mann den Paß von San Pareliano an der Isere besetzt; die Piemontesen, 15 000 Mann stark, versuchten keinen Widerstand, sondern zogen sich in zwei Kolonnen nach Montmeillan und Annecy zurück. Sie waren, trotz der monatelangen Rüstungen des Feindes, unvorbereitet und außer aller Fassung. Ihr König hatte zwar seine Neigung längst der Koalition gewidmet, war aber bei Oesterreich dem altgewurzelten Mißtrauen dieses Staates gegen Piemont begegnet und hatte im Sommer die trockene Erklärung aus Wien empfangen, es sei den Mächten ganz gleichgültig, ob er sich bei dem Angriffe auf Frankreich beteilige oder nicht [1]). Mit Mühe erlangte er dann das Versprechen, bei einer französischen Offensive 8000 Oesterreicher aus Mailand zur Unterstützung zu erhalten: da er sie jedoch verpflegen und bezahlen sollte, hatte er sie aus Sparsamkeit bisher nicht requiriert und fand sich so im entscheidenden Augenblicke hülflos. Am 25. waren die Franzosen in Chambéry, worauf die Sardinier, mit Ausnahme der Tarantaise, die ganze Provinz räumten. In derselben Zeit besetzte General Anselme die Grafschaft Nizza mit 10 000 Mann

---

[1]) Berichte des holländischen Gesandten van Haeften in Wien.

ohne Schwertstreich; die Einwohner, welche Montesquiou aufgefordert hatte, sich von ihren Tyrannen zu trennen und in ihren Hütten den Frieden zu genießen, zeigten sich überall bereitwillig und entgegenkommend, alles schien den besten Fortgang zu haben. Schon war ein Detachement nach Carouge in der nächsten Nähe von Genf unterwegs, um, nach Montesquious Meldung, den dortigen Aristokraten Furcht und der Volkspartei Luft zu machen. So unmittelbar bedroht, zauderte Genf nicht länger und nahm die bundesfreundliche Hülfe Berns in Anspruch. Der Schultheiß Steiger sandte auf der Stelle 1600 Mann und ließ in der Waadt ein Beobachtungscorps von 9000 Mann zusammenziehen, eine Macht, die für die erste Sicherstellung Genfs vollkommen ausreichte.

Vor solchen Erfolgen Montesquious hielt natürlich die lächerliche Anklage auf Verrat nicht Stich, und am 8. Oktober wurde seine Absetzung zum zweiten Male zurückgenommen. Ihn aber hatte die neue Erfahrung doch bedeutend abgekühlt. Er war von Haus aus kein schlechter, wenn auch ein schwacher und eitler Mensch. Hatten ihn Parteigeist und Ruhmesdurst eine Weile fortgerissen, so fand er sich jetzt wieder in den Wegen der einfachen Pflicht zurecht. Jene Forderung des Despotismus, daß der Gehorsam des Soldaten in den Geboten weder der Religion noch der Sitte eine Schranke habe, war damals noch nicht zu einem Lehrsatze des Staatsrechtes geworden, am wenigsten in dem französischen Heere, welches durch seine damaligen Regenten erst vor wenigen Monaten das Lob der unbedingten Insurrektionspflicht vernommen hatte. Montesquiou war entschlossen, den nationalen und militärischen Interessen Frankreichs nichts zu vergeben, sich aber zu keiner Räuberei in Clavières Sinn mißbrauchen zu lassen. So kam er bald auf allen Punkten seines Kommandos mit den Tendenzen seiner Regierung in Widerspruch.

In Nizza trat General Anselme ganz nach dem Herzen Dantons und Cambons auf. Er fand, daß die katholischen Bauern nicht auf der Höhe der Revolution ständen und folglich auch nicht die Wohlthaten der Revolution verdienten. Er war eingerückt als Freund und Befreier, ergriff dann aber im Namen Frankreichs Besitz von dem Lande, ernannte neue Behörden und verheerte durch seine Erpressungen die Grafschaft ärger, als ein blutiger Krieg es vermocht hätte ¹). Dann, wie Montesquiou gegen Genf, wandte er sich gegen das ebenso neutrale Genua und forderte unter kategorischen Drohungen eine Anleihe von 31 Millionen. Montesquiou war entrüstet darüber, teils aus Rechtsgefühl, teils aus politischer Klugheit: als er aber in diesem Sinne an den neuen Kriegsminister Pache berichtete, wurde von diesem Anselme selbständig gestellt und ihm drei gleichgesinnte Konventskommissare zur Ordnung der Zivilverhältnisse beigegeben. Die Requisitionen gingen ihren Gang, dafür wurden wichtige militärische Maßregeln, wie die Einnahme des beherrschenden Passes von Saorgio, versäumt.

Um so strenger blieb in Savoyen Montesquiou wenigstens der Form nach bei dem ursprünglichen Programme stehen. Die königlichen Behörden wurden beseitigt, aber die Einwohner zur Erwählung neuer Beamten aufgefordert. Indes kamen von Paris zahlreiche Sendboten der Regierung und der Jakobiner, welche in allen Städten Töchterklubs einrichteten und sogleich die Frage aufwarfen, ob Savoyen sich nicht lieber der großen französischen Familie anschließen wollte, statt auf enger Selbständigkeit zu beharren. In einigen Bezirken erhob sich die Stimmung dafür: in Paris war der besonnene Servan dagegen ²), auch im Konvent warnte Bancal vor einer Eroberungspolitik, die Frankreich in endlose Wirren verwickeln würde, und Louvet drang wenigstens darauf, dem savoyischen Volke wahre und volle Selbstbestimmung zu lassen. Da erwiderte aber Danton ³): wenn ein Volk einfältig genug sei, an einer schändlichen Verfassung festzuhalten, so dürfe Frankreich ihm nicht nach-

---

¹) Eigene Worte Servans.
²) Depesche an Montesquiou vom 29. September.
³) 28. September.

geben; überhaupt müsse der Konvent sich als großen Empörungsausschuß gegen alle Könige konstituieren und eine Kommission niedersetzen, welche die Mittel zu einem Gesamtaufstande der Völker in Betracht nehme. Der Konvent zog dies in Erwägung und überwies die Frage an den diplomatischen Ausschuß.

Verwickelter stellten sich die Genfer Verhältnisse. Im Jahre 1782 hatten Frankreich, die Schweiz und Sardinien die dortigen Unruhen unterdrückt und mit Genf einen Vertrag geschlossen, nach welchem in Zukunft die drei Staaten nur gemeinsam in den Angelegenheiten der Stadt intervenieren sollten. Daß jetzt ohne französische Erlaubnis jene 1600 Schweizer in Genf eingerückt waren, wurde als ein Bruch des Vertrages betrachtet, und eben auf Herbeiführung dieses Bruches hatte Clavière seine Schritte berechnet. Die Genfer bezogen sich auf die Natur der Sache und auf ältere Verträge, wonach, im Falle eines Krieges zwischen zwei der Schutzstaaten selbst, die Stadt das Recht habe, ihre Grenzen mit Hülfe der dritten zu decken. Aber Frankreich schritt unerbittlich voran. Der französische Geschäftsträger wurde abberufen, und Montesquiou erhielt den offenen Befehl, die Schweizer nötigenfalls mit Waffengewalt aus Genf zu verjagen, sonst aber die Selbständigkeit der Republik zu schonen und nur die Bestrafung der schuldigen Magistrate zu fordern. Daneben gingen geheime Anweisungen, die 20 000 Flinten in jedem Falle wegzunehmen, das Aristokratennest, wie sich Clavière ausdrückte, zu zerstören und die dorthin geflüchteten Reichtümer zu fischen, jedenfalls aber 4 bis 5000 Mann als Garnison dort zu lassen und aus Genf ein Bollwerk Frankreichs zu machen. Montesquiou stellte darauf vor, daß er zu schwach sei, um einen Krieg mit der Schweiz zu unternehmen: alle bisherigen Vorteile würden bedroht, sobald man die Schweiz zum Aufgeben ihrer Neutralität zwinge; ein Vertragsbruch liege nicht vor, vielmehr seien es nur Clavières Umtriebe, welche Genf zu seinem Hülfsgesuche veranlaßt hätten; die Schweizer würden abziehen, sobald die Stadt Sicherheit für ihre Selbständigkeit hätte, dann aber könne Frankreich ganz unzweifelhaft auf die Genfer Demokraten selbst rechnen. Am 8. Oktober beschied ihn darauf Lebrun, er möge nach Gutdünken belagern oder unterhandeln, nur müsse im letzten Falle die Unterhandlung mit dem Einlaß einer französischen Garnison endigen und das Ganze so erledigt werden, daß es nicht den Schluß der französischen Erfolge bilde. Hierauf eröffnete Montesquiou eine Konferenz mit Schweizer Bevollmächtigten und erklärte gleich anfangs, im Widerspruche mit jener Instruktion, daß Frankreich kein anderes Begehren als Entfernung der 1600 Berner habe, worauf Genf erwiderte, daß es vor allem Frieden mit Frankreich wünsche und sich gerne mit 600 Mann für zwei Monate zur Erhaltung der inneren Ruhe begnügen wollte. Montesquiou empfahl dies mit dringender Wärme, fand im Ministerrate Unterstützung durch Roland und erwirkte sich dadurch eine allgemeine Vollmacht, die Mißverständnisse mit der Schweizer Tagsatzung auszugleichen. Demnach schloß er am 23. Oktober ab: 600 Schweizer bleiben bis zum 1. Dezember, die französischen Batterien gehen auf der Stelle, die anderen Truppen am 1. Dezember zwölf Stunden von Genf zurück, alle alten Verträge bleiben in Kraft. In Paris war man auf der Stelle entschlossen, sich auf eine solche Abkunft nicht einzulassen. Der Vertrag wurde nicht bestätigt, eine zweite, etwas schärfere Fassung, welche Montesquiou am 2. November einschickte, mit gleicher Heftigkeit verworfen und am 9. gegen den General als einen Vaterlandsverräter der Anklagestand proponiert. Als ich ihn aufforderte, rief Dubois Crancé, einige Bomben in die Stadt zu werfen, antwortete er: hört Ihr nicht das Wehgeschrei der Pariser Kapitalisten? Der Berichterstatter Rovère sagte: beauftragt mit zwei höchst wichtigen Missionen, die heilsamen Grundsätze der Menschenrechte zu verbreiten und als Gesandter der Republik mit Genf zu unterhandeln, hat er sich mit den Genfer Aristokraten eingelassen und den ehrlosen Artikel über den Rückzug der Franzosen unterschrieben. Das anklagende Dekret wurde darauf ohne Widerspruch genehmigt.

Mit knapper Not entkam Montesquiou der Verhaftung durch rasche Flucht aus seinem Lager nach Genf selbst. Die Feindseligkeiten wurden zwar bei der Schwäche des französischen Corps nicht sogleich begonnen, aber auch kein Abkommen mit Genf geschlossen. Das Schwert blieb über dem Haupte der kleinen Stadt: wir werden sehen, wie bald und scharf es niederfiel.

So begann die kriegerische Propaganda und die als Befreiung auftretende Ausbeutung der Nachbarländer im Süden ihre Laufbahn. Noch wichtiger für den großen Krieg war es, daß zu derselben Zeit auch die Grenzen des Deutschen Reiches von ihr durchbrochen wurden.

Es ist bereits erwähnt, daß die Franzosen im Elsaß außer 25 000 Mann Garnisonen noch 22 000 Mann verfügbare Feldtruppen besaßen, die unter dem Titel der Rheinarmee von Biron an erster und Custine an zweiter Stelle befehligt wurden. Von ihnen hatte Kellermann 4000 für seinen Zug in die Argonnen erhalten, Dumouriez später noch 15 000 zu einem Seitenangriff auf Verdun und die Rückzugslinie der Preußen begehrt. Allein als seine Forderung in Paris und Straßburg anlangte, war über diese Streitkräfte bereits anderweitig verfügt. Anziehend genug war nämlich die Aussicht auf die Gegenden des deutschen Rheinthals. Der größte Teil des Landes war von ohnmächtigen geistlichen Herrschaften erfüllt. Dort waren die Beamten meistens auswärts geborene Kleriker, die weder durch Vergangenheit noch Zukunft an den Boden gebunden waren und ihren Dienst nur als Quelle persönlicher Versorgung betrachteten. Alle Federn des Staatslebens waren erschlafft, Finanzen und Truppen verwahrlost, Industrie und Unterricht sehr mittelmäßig, die Masse der Bevölkerung nur auf Erhaltung des überkommenen Privatwohles bedacht. Dabei Hader zwischen Bischöfen und Kapiteln, zwischen der geistlichen Regierung und den Landständen, in den Bürgerschaften vielfache Regung des neuen Freiheitsinnes, in dem Volke keine Spur eines größeren nationalen Bewußtseins. Die militärischen Deckungsanstalten waren elend, die meisten jener Fürsten nur auf Frieden und Ruhe, einer oder der andere selbst auf Freundschaft mit Frankreich bedacht, 10 000 Desterreicher im Breisgau, 2000 Mainzer mit 1200 Kaiserlichen in Speier, ungefähr ebenso viele Reichstruppen in Mainz. Das 7000 Mann starke Corps des Grafen Erbach war seit dem 10. September an die obere Mosel gezogen worden. Wenn den in Straßburg und Landau versammelten Franzosen die leichte Aufgabe gelang, dem weit entfernten Esterhazy im Breisgau um einige Märsche zuvorzukommen, so gab es weit und breit kein Hindernis für den lockendsten Eroberungszug.

Den ersten Gedanken an die Ausbeutung dieser Vorteile hatte der General Custine. Ehemals ein glänzender Marquis des alten Regime, zu diplomatischen Missionen gebraucht, von Kaiser Joseph mit mehrfachem Vertrauen beehrt, von der preußischen Regierung günstig behandelt, war er mit dem Selbstgefühl zugleich des alten Politikers und des rüstigen Soldaten in die Revolution getreten. Wie die meisten seiner Genossen hatte er keine Ahnung von dem Unermeßlichen, was hier auf dem Spiele stand, und kein Bewußtsein von den Pflichten, deren Vernachlässigung ein allgemeines Verderben schaffen mußte. Er sah nur eine herrliche Frucht der Aufklärung, Machtgewinn für Frankreich und Gedeihen seiner eigenen Interessen vor sich. Mit flammendem Eifer schritt er voran; jetzt war er so weit, daß er gar nicht mehr zurück konnte, seinen alten Adelstitel selbst gut zu machen hatte und sich als den radikalsten unter den Generalen des Rheinheeres zeigen mußte. An Unruhe und Ehrgeiz kam er Dumouriez vollkommen gleich, an jugendlicher Unbesonnenheit übertraf er ihn weit, noch weiter aber blieb er an militärischer Tüchtigkeit hinter ihm zurück.

Dieser Mann schlug bereits im August ein Unternehmen gegen Speier vor, mußte sich aber gleich von dem Obergeneral Biron seine leichtsinnige Keckheit verweisen lassen. Was sollte es heißen, 15 000 Mann in diese Ferne wegzugeben, während hunderttausend Deutsche sich zu einem vernichtenden Angriffe auf Paris anschickten? Aber Custine ruhte nicht. Er hatte mehrere Kanäle zu der herrschenden Partei der Gironde, besonders durch seinen Freund Guyton-Morveau, der im Konvente zu den bedeutenderen Männern dieser Farbe zählte: er setzte sein Drängen und seine Zurüstungen fort, und schon am 9. September meldete Biron dem Kriegsminister, daß Custine Lust habe, etwas zu unternehmen, und er ihm freie Hand lasse und nur Vorsicht anempfehle. Acht Tage später schlug Custine selbst dem Minister den Zug auf Speier vor: man muß die feindlichen Magazine zerstören, die Beamten und Geistlichen zu Kontributionen zwingen, das Volk aber schonen, um es zu gewinnen. Man sieht, er wußte, was in Paris gerne vernommen wurde. Servan, durch Dumouriez angeregt, hatte Bedenken; Custine selbst befreundete sich einmal mit dem Gedanken, 18 000 Mann nach Metz zu führen, blieb aber zuletzt doch bei dem Plane, das geistliche Rheinland, die Pfaffenstraße, heimzusuchen. Endlich erklärte sich auch der Minister einverstanden, und Custine setzte sich am 28. September in Bewegung mit 18 000 Mann. Den 30. überfiel er Speier, zersprengte die Besatzung und nahm die in der Stadt befindlichen Magazine. General Neuwinger ging dann nach Worms vor, wo sich kein Mensch seinem Einzuge widersetzte. Sogleich wurde auf Magistrat, Bischof und Kapitel eine Kontribution von zwölf, in Speier aber von nahe an sechshunderttausend Franken gelegt, ohne daß die Bürger hinzugezogen worden wären. Denn: Krieg den Palästen der Tyrannen und Friede den Hütten der Gerechten, lautete Custines erste Verkündigung. Der Eindruck, welchen dieser Erfolg der Franzosen im westlichen Deutschland machte, war ungeheuer, ein vernichtendes Zeugnis für die Faulheit des damaligen Zustandes. In dem nahen Mainz, welches durch das Speierer Unglück seine Truppen verloren, herrschte allgemeine Bestürzung. Man hatte noch 1300 Mann Reichssoldaten (Nassauer und Fuldaer) und 800 Oesterreicher, also nicht die Hälfte der nötigen Mannschaft, und dabei waren die Festungswerke in traurig verfallenem Zustande. Der Kurfürst kam am 4. Oktober aus Aschaffenburg eiligst

in die Stadt, war aber bei seiner gutmütigen Schwäche
sehr einverstanden, als der preußische Geschäftsträger Stein
ihm sagte, er dürfe sich selbst der Gefahr nicht aussetzen¹),
und reiste noch am Abend wieder nach Würzburg ab. Die
zurückgelassene Statthalterschaft sandte dringende Bitten an
den Landgrafen von Darmstadt, dessen Truppen — etwa
4000 Mann — die Verteidigung gesichert hätten. Dieser
Fürst hatte sich noch das Jahr vorher als ein heftiger
Franzosenhasser gezeigt und auf das flehentlichste den Reichs=
tag gebeten, ihm wieder zu seinen elsasser Guts= und Herren=
rechten zu verhelfen, damit nicht, schrieb er, ein seit Jahr=
hunderten verehrungswürdig gewesener Fürst der Katten in
seinem eigenen Lande aufs möglichste unvermögend werde.
Jetzt aber war von einer solchen Gesinnung nichts mehr zu
spüren. Er antwortete den Mainzern, die Franzosen hätten
seine Güter im Elsaß so gut behandelt, daß er sich nicht
mit ihnen überwerfen wolle. Was er an Truppen besaß,
wurde deshalb über den Rhein nach Darmstadt gezogen,
alles zum weiteren Rückzuge nach Gießen vorbereitet und
die Aemter angewiesen, den Franzosen keinen Anstoß zu
geben und sie sub reservatione reservandarum wohl zu ver=
pflegen²). In Mainz griff man darauf zu dem verzweifelten
Mittel der Volksbewaffnung: die Studenten waren sogleich
frisch bei der Sache, auch die Rheingauer Bauern strömten
in die Stadt, ihrer 1500 wurden in zwei Tagen bewaffnet.
Dafür erlebte man, daß bei einem falschen Alarm die
tapferen Reichstruppen auseinanderliefen und nicht zu finden
waren. Wohin man blicken mochte, Hülfe ließ sich nicht
erwarten. Pfalzbayern stellte an der Grenze seiner Be=
sitzungen große Tafeln mit der französischen Inschrift auf:
Pfälzisch neutrales Gebiet; ja seine Behörden gaben fran=

---

¹) Dessen Depesche in das Hauptquartier, 6. Oktober. Stein
gab diesen Rat mit gutem Grunde im Interesse der Verteidigung,
deren er sich überhaupt in allen Einzelheiten annahm. Die Ver=
dächtigung, er habe zu dem Verrate der Stadt mitgewirkt, ist aus
der Luft gegriffen.
²) Biron konnte das Zirkular gleich nach Paris einsenden.

zösischen Spionen Pässe, die auf Pfälzer Offiziere lauteten [1]). In Kurtrier dachte man nur an Flucht und Rettung. Zuerst der Minister, dann der Kurfürst eilten aus Koblenz stromabwärts, eine Menge wohlhabender Einwohner folgten, kein leeres Schiff durfte abfahren, damit man stets die nötigen Reisemittel habe. Die Bürgerschaft sah diesem schamlosen Flüchten mit Unwillen zu und brach endlich in lauten Tumulten dagegen los. Es half aber wenig. Man hatte nur eine Kompanie Jäger in Koblenz, zwar langten am 12. Oktober noch 1200 Mann aus Trier an, und die Einwohner von Thal-Ehrenbreitstein erklärten, sich zur Verteidigung der Feste bewaffnen zu wollen: allein Regierung und Kriegsrat gaben ihr förmliches Gutachten dahin ab: wenn der Feind anrückte, sollte man ihm durch eine Deputation eine Brandschatzung anbieten, ihm die preußischen Magazine in Koblenz überliefern und, wenn er es wünsche, auch den Ehrenbreitstein einräumen. Unter all dieser Verächtlichkeit klänge es fast komisch, wenn es nicht so beschämend wäre, daß Custine, eben in Speier vom Pferde gestiegen, bereits ein Schreiben des Magistrats von Wetzlar empfing, worin dieser versicherte, die Stadt sei im höchsten Grade neutral und habe keinen anderen Wunsch als eine Schutzwache [2]).

Dies alles trug sich zu, noch ehe Mainz genommen war. Ein schwaches feindliches Streifcorps, von einem wortreichen und mittelmäßigen General geführt, reichte aus, durch sein bloßes Erscheinen von Kehl bis Köln alle Köpfe zu verwirren. Custine selbst ließ es sich anfangs nicht träumen und wollte keine weiteren Bewegungen machen, aus Furcht, sich die Oesterreicher auf den Hals zu ziehen. Allein Esterhazy wagte sich nicht über Rastatt hinaus, und am 6. Oktober empfing Custine Nachrichten über den Zustand der Dinge in Mainz. Zunächst schlug er Biron vor, mit allen Truppen bei Kehl über den Rhein zu gehen, er selbst werde bei Philippsburg folgen, gemeinsam wolle man dann die öster-

---

[1]) Steins Depeschen.
[2]) Custine an den Kriegsminister 5. Oktober.

reichischen Truppen und Erblande aufsuchen. Als jener aber wegen der Stellung der Preußen in Lothringen den Elsaß nicht verlassen wollte, entschloß sich Custine zu einem Handstreiche gegen Mainz und brach am 16. mit einem eiligen Nachtmarsche gegen die Festung auf. Er verließ sich auf die schlechte Qualität der Besatzung, die Angst der Behörden, endlich auf seine Einverständnisse mit einigen Bürgern. In seinen Depeschen finde ich den oft beargwohnten Major Eickemeier nicht genannt, wohl aber die Patrioten Georg Wedekind und Böhmer und einen mainzischen Offizier des Namens Stamm. Der Anblick seiner Kolonnen reichte hin, die schwachen Gemüter zu überwältigen. Kommandant Gymnich verlangte sogleich zu kapitulieren. Die 800 Oesterreicher verließen die Stadt, um verkehrterweise nicht nach Koblenz, sondern über den Westerwald nach Köln zu marschieren. Die Behörden flohen, am 21. Oktober rückten die Franzosen ein.

Die Nachricht von diesem neuen Verluste fiel nun vollends wie ein Donnerschlag in das Deutsche Reich. Man dachte zunächst, daß Custine sogleich auch Koblenz besetzen und dem preußischen Heere den Rückzug abschneiden würde. In der That ist darüber unter den französischen Generalen vieles verhandelt und später Custine wegen der Unterlassung hart getadelt worden. Indes konnte er sich die Bodenlosigkeit der Verwirrung unmöglich so vorstellen, wie sie wirklich war: er hätte höchstens 8000 Mann nach Koblenz vorschieben können und setzte diese, wenn nicht ein panischer Schrecken sofort die Thore des Ehrenbreitstein öffnete, bei dem Anrücken der Preußen völlig auf das Spiel. Das Abschneiden des preußischen Heeres durch eine solche Handvoll Leute ist an sich nur eine Phrase: fiel wirklich Koblenz in Feindeshand, so war dies übel genug für die deutsche Grenze, das preußische Heer aber konnte von Trier in aller Ruhe Bonn und Köln so gut wie Koblenz erreichen. Entschieden wurde aber Custine durch die damalige Richtung der diplomatischen Verhältnisse, auf die ich bald näher zurückkomme: sein Gedanke wie jener des Generals Dumouriez war, die Preußen von Oesterreich zu trennen und deshalb seine Schläge zunächst gegen das offen stehende Deutsche Reich zu richten, bei dem sich Oesterreich eben jetzt eifrig um den Reichskrieg gegen Frankreich bemühte. Er ließ deshalb durch den General Neuwinger Frankfurt besetzen und wieder eine Kontribution auf die reichen Einwohner legen, worauf jedoch die Armen zum Verdrusse des revolutionären Generals erklärten, daß sie sich nicht über ihre vornehmen Bürger zu beklagen hätten: von Frankfurt aus streifte dann ein Kommando nordwärts bis Friedberg, ein anderes südwärts bis zum Neckar. An die hessischen Truppen erließ Custine eine Proklamation, die sie zum Abfall von dem Landgrafen aufforderte, von dem Ungeheuer, welches nicht zu wissen scheine, daß der Tag des Gerichts für alle ungerechten Fürsten gekommen sei. Er erzielte damit aber das Gegenteil seiner Wünsche: die Entrüstung war allgemein und tief in Hessen, bei den Truppen wie bei dem Volke. Alle Welt ergriff die Waffen; hier wäre der Volkskrieg ohne Zaudern aufgelodert, wenn nicht der Landgraf selbst in seiner steten Besorgnis vor Unruhen überall gesteuert hätte. Dies war aber auch die einzige Stelle, wo sich Lust und Kraft zum Widerstand regte. Die Mainzer zeigten freilich Lauheit und Abneigung gegen Custines Befehle, sich als freies Volk zu konstituieren; dafür aber langte am 26. Oktober aus Koblenz der Syndikus der Landstände, Lassaulx, an, der im Auftrage derselben den General nach Koblenz zu kommen und die Stadt zu schonen einlud. Die Fürstin von Neuwied empfahl sich seiner Milde, in Bonn und Köln begannen die Behörden zu packen, aus Kassel flüchtete die landgräfliche Familie. Nicht anders sah es in den oberen Landen aus. In Würzburg und Bamberg erwartete man den Angriff mit Zittern, Württemberg und Baden beteuerten ihre Neutralität, ja die Gesandten des Regensburger Reichstages mieteten sich Schiffe, um die Donau hinabzufahren, sobald die Franzosen in Nürnberg anlangen würden. Was soll man zu einem so erniedrigenden Schauspiele sagen? zu einer solchen Wegwerfung aller Machthaber auf einem Landstriche von wenigstens acht Millionen Einwohnern, unter einer arbeitsamen, loyalen und tapferen Bevölkerung, die nur durch das Elend ihrer politischen Verfassung zu diesem Zittern vor 18 000 Franzosen gebracht wurde? Die eine Erinnerung mag ausreichen: es waren eben die geistlichen Gebiete, deren Untergang unsere ultramontane Partei beklagt, es waren außerdem die späteren Rheinbundsstaaten, die ihre Souveränität seitdem so oft als das Wesen deutscher Freiheit haben schildern wollen.

So hoch, wie die Sorge dieser Potentaten, ging natürlich auch die Zuversicht der Gegner. Frankreich, schrieb Custine dem Minister am 24., darf mit den Despoten nicht unterhandeln, es ist allen Völkern die Befreiung schuldig. Die Zeit ist da für die Despoten, ihr Haupt beugen zu müssen, die neutralen Fürsten werden sich jeder kleinen Aufmerksamkeit unserer Generale freuen. Meine hessische Proklamation, meldete er am 28., ist nur der Anfang meines großen Planes, des Sturzes aller Tyrannen; schon bereitet sich das Deutsche Reich, meine Wohlthat zu empfangen; nur ist es vor allem wichtig, Preußen durch das Erbieten einer französischen Allianz einzuschläfern. Lebrun antwortete darauf am 30.: Ihr sollt alle Unterstützung haben; fegt die Feinde rechts und links von den Ufern des Rheines hinweg: die Städte und Völker behandelt mit Brüderlichkeit, denn sie sind uns schon zugeneigt.

Dies war die Lage der Dinge in der zweiten Hälfte des Oktober. Nach allen Seiten entfaltete sich der Wunsch der französischen Regierung, die Völker zur Freiheit zu rufen, die Fürsten zu stürzen, die Lande zu unterwerfen. Was Preußen anging, so war es stets derselbe Gedanke, es zum Separatfrieden zu bestimmen, es einzuschläfern und dann mit dem zersplitterten Deutschland nach Belieben zu verfahren. Versetzen wir uns nun um vier Wochen in die Hauptquartiere von Ste.-Menehould und La Lune zurück, um die auf diesen großen Zweck gerichtete Unterhandlung zu verfolgen.

Dumouriez, so empfänglich er für die Vorteile eines preußischen Separatfriedens war, beurteilte doch den inneren Zustand Frankreichs zu richtig, als daß er sich unbedingt dem kopflosen Fanatismus der Gironde oder der rohen Beutelust Dantons hätte anschließen sollen. Er schwärmte noch immer für die Eroberung Belgiens, aber er hätte auch diese der inneren Herstellung Frankreichs gerne zum Opfer gebracht. Am 29. September, gleich nachdem er Braunschweigs letztes Manifest empfangen und daraufhin den Waffenstillstand gekündigt hatte, schrieb er an Lebrun: obgleich diese Leute ein tiefes Bedürfnis nach Frieden haben und nur wegen des Decorum nicht dazu gelangen können, so glaube ich doch, der König wird die Oesterreicher ganz sicher nicht verlassen. Uebrigens, setzte er hinzu, geht auch für diesen Fall meine Ansicht dahin, daß ein allgemeiner Friede, den wir auf ruhmreiche Bedingungen erlangen würden, besser für uns wäre als die Gefahr eines langen Krieges: denn man wird weder Geld noch Land von uns begehren, und wir werden nicht so elend sein, auf etwas Ehrwidriges einzugehen. Sein Genosse Kellermann meldete in gleichem Sinne: Preußen wird sich mit den Emigranten nicht mehr befassen, aber nur mit Ludwig nach den konstitutionellen Formen unterhandeln; ich glaube, daß dies annehmbar ist und man den König einfach in die Tuilerien zurückschicken sollte.

Ein merkwürdiger Kontrast zwischen der Armee und Paris. Hier die Demagogen, welche den Krieg entzündet haben, um Ludwig XVI. zu stürzen, und ihn fortsetzen wollen, um Europa zu revolutionieren. Dort die Generale, welche die Gefahr bestanden und jetzt den Lorbeer der Eroberung auf allen Seiten winken sehen, welche aber mit ehrenwerter Mäßigung für Frieden stimmen, um dem Vaterlande Ruhe und Freiheit zu sichern.

Dabei traf Dumouriez in seinem Urteile über Preußen der Sache nach durchaus das Richtige. Der König sowie seine Generale und Minister sämtlich hatten dringend den Wunsch nach Frieden, aber keiner von ihnen wollte die gemeinsame Sache einseitig verlassen. Mehrere Gründe, deren jeder für sich ausreichend gewesen, wirkten dafür zusammen. Der König wollte das Schwert nicht einstecken, ohne wenigstens die persönliche Freiheit Ludwigs XVI. erwirkt zu haben. Er wollte gegen Oesterreich nicht bundesbrüchig werden, es wäre denn in dem äußersten Falle, daß diese Macht sich eine ausdrückliche Feindseligkeit gegen Preußen erlaubte. Er sah endlich keine Möglichkeit, bei einem Separatfrieden seine polnischen Wünsche durchzusetzen, da deren Erfüllung vor allem von Rußland abhing und man hier sich erst vor wenigen Wochen durch einen neuen Bundesvertrag zu dem französischen Kriege verpflichtet hatte, ein Verhältnis, dessen volle Bedeutung wir in einem späteren Zusammenhange kennen lernen werden. Alle diese Rücksichten machten den Abschluß eines Separatfriedens unmöglich. Aber so tief empfand man im Hauptquartier die Schäden der bisherigen Politik, so lebhaft die erlittenen Verluste des Heeres, des Schatzes, des Ruhmes, so ängstlich die Gefahren einer fortgesetzten Feindseligkeit, daß man selbst auf die polnischen Ansprüche verzichtet hätte, wäre damit auf der Stelle der allgemeine Friede zu erkaufen gewesen.

Indes vor jeder anderen Frage war zunächst die Aufgabe dringend, das tiefgeschwächte Heer durch die grundlosen Engpässe der Argonnen unbeschädigt hindurchzubringen. Fest entschlossen, auf keinen Separatfrieden einzugehen, nahm man fürs erste doch die Unterhändler desselben, Benoit und Westermann, die am 29. September anlangten, äußerst freundlich auf, eröffnete die Unterhandlung und begann am 30. ohne Zaudern den Rückzug. Die Franzosen waren so erfüllt von ihrem Uebergewicht und ihren Hoffnungen, daß es nicht viel bedurfte, um sie in die freudigste Sicherheit einzuwiegen. Man hütete sich sehr vor bindenden Aeußerungen; es war genug, die in Wahrheit vorhandene Abneigung gegen weiteren Krieg bei jeder Gelegenheit auszusprechen. Bei Westermann kamen, wie es scheint, klingende Gründe hinzu; er war für dergleichen sehr empfänglich und hatte mehr als einen Unterschleif auf dem Gewissen; es heißt, daß er dieses Mal 25 000 Livres für eine entgegenkommende Unterhandlung empfangen hätte[1]). Jedenfalls

---

[1]) Morris an Washington 7. Januar 1793.

war er voll von Jubel und Begeisterung. Was möchtest du haben? schrieb er an einen Freund in Straßburg: ich bin allmächtig, ich habe gestern bei dem Könige gespeist, Preußen trennt sich von Oesterreich, das ganze Weltall kann die Republik nicht mehr beschädigen. Das übrige that das Benehmen einzelner preußischer Offiziere, namentlich des Grafen Kalkreuth, die geflissentlich ihren Widerwillen gegen Oesterreich und Emigranten zur Schau trugen. Der ehrliche General Duval meldete seinem Freunde Merlin, alle diese Generale hätten nur eine Ansicht, Trennung von Oesterreich und Bund mit der französischen Republik: er berichtete damit keine Unwahrheit, nur war es ein Irrtum, hieraus einen Schluß auf die Gesinnung des Königs zu machen. Unter solchen Gesprächen zog das preußische Heer ruhig durch die Argonnen. Dumouriez selbst hatte wieder Hoffnung auf den Separatfrieden und hemmte die Verfolgung: Kellermann, der zuerst mit Eifer auf die abmarschierenden Preußen hatte stoßen wollen, wurde zurückgehalten, dann in das Geheimnis gezogen und hierauf ebenso entzückt wie Westermann. Die Preußen, meldete er Servan am 3. Oktober, scheinen gar nicht abgeneigt, die Emigranten zu verlassen, wir können sie mit geringen Kosten gewinnen und den Kaiser völlig erdrücken. Er warf dann seine Blicke weiter in Europa umher: wir überlieferten das besiegte Oesterreich den Preußen, die ihm den Rest von Schlesien abnehmen und sich in den Besitz von Danzig und Thorn setzen möchten; sie verwickelten sich dadurch mit den Russen, und wir schickten eine Flotte ihnen zu Hülfe in die Ostsee. Diese Gedanken wucherten ebenso in den Köpfen der Pariser Machthaber wie in dem Haupte des Generals; preußischerseits brauchte man nur nicht gerade zu widersprechen, um allen Vorteil davon zu ernten. Die anwesenden Konventskommissare sandten Westermann mit so hoffnungsvollen Botschaften nach Paris zurück und bemühten sich eifrig, zum Schlusse zu kommen. Als aber die Preußen das Gebirge passiert hatten und von ernstlicher Gefahr für ihren Rückzug keine Rede mehr war, kam gleich wieder die Bundespflicht

gegen Oesterreich zum Vorschein, und das letzte Wort bei
jeder Verhandlung war ein Waffenstillstand, welcher auch
die österreichischen Heere mit einschlösse. Die Kommissare
und Kellermann sahen darin nur ein natürliches Zögern
bei einem so gewichtigen Schritte, wie offener Vertragsbruch
und gänzlicher Systemwechsel gewesen wäre: der schärfer
urteilende Dumouriez aber kam sofort auf seine erste Ueber=
zeugung zurück und erblickte den tiefen Schaden, welchen die
neue Unterhandlung den Franzosen, in nicht geringerem
Maße als die erste den Preußen, gebracht hatte. Die
Gegner, deren Truppenteile jetzt wieder vereinigt waren,
hatten noch etwa 60 000 Mann zur Verfügung; sie waren
durch Krankheiten stark angegriffen, aber auch die Franzosen
hatten gleich schwere Strapazen und zu großem Teile mit
junger und schwacher Mannschaft erlitten. So meldete
Dumouriez schon am 5. Oktober dem neuen Kriegsminister
Pache: er sei außer stande, seinen früheren Plan auszu=
führen und die Preußen ganz aus dem französischen Gebiete
zu vertreiben; er wolle deshalb durch Kellermann einen
Handstreich gegen Verdun versuchen, sonst aber die Cham=
pagne durch neue Rüstungen für den Frühling stärken und
zunächst mit der Hälfte seines Heeres Lille entsetzen, welches
seit einigen Wochen von 12 000 Oesterreichern berannt wurde.
Er hatte seine belgischen Pläne wieder aufgenommen und
heiße Sehnsucht, von dem jetzt undankbaren französischen
Kriegstheater dorthin abzugehen. Er war sicher, daß Preußen
keinen Separatfrieden, Frankreich keinen allgemeinen Frieden
schließen würde; er dachte nur noch auf die Mittel zu fer=
neren glänzenden Eroberungen, befahl Beurnonville, 32 000
Mann des französischen Heeres an die flandrische Grenze zu
führen, und eilte den 10. Oktober nach Paris, um sich mit
dem Ministerium über Belgien zu verständigen. Keller=
mann sollte mit ungefähr 40 000 Mann die Verfolgung
der Preußen fortsetzen.

 In der That hatte Braunschweig jetzt die bestimmte
Absicht, seinem alten Wunsche gemäß die Eroberung der
Maasfestungen zu vollenden. Clerfait sollte Sedan ein=

nehmen, Hohenlohe-Kirchberg die Belagerung von Thionville fortsetzen: er selbst wollte in der Mitte zwischen ihnen bei Verdun stehen bleiben, um nach Bedürfnis dem einen oder dem anderen zu Hülfe zu kommen. Er war in seiner Vorsicht nicht ganz sicher über das Gelingen: aber da Dumouriez bereits den Befehl für den Abmarsch der 32 000 Mann gegeben hatte, so war nach menschlicher Voraussicht Kellermann mit dem Reste des Heeres außer stande, die Absicht des Herzogs zu kreuzen. Dann hätte dieser im Inneren Frankreichs eine feste Stellung bewahrt, aus der man im Frühlinge neu verstärkt eine jedenfalls gefahrdrohende Offensive hätte beginnen können. Die Franzosen hätten Anlaß gehabt, ihren Eroberungstaumel abzukühlen und dem preußischen Wunsche auf allgemeinen Frieden ein bereitwilligeres Ohr zu leihen. Denn es war klar, Danton und Lebrun gegenüber mußte man eine bedeutende Stellung einnehmen, um sie von ihren Offensivgedanken abzubringen. In diesem Sinne ließ auch der König Anfang Oktober kräftige Vorstellungen nach Madrid und London ergehen: er sei nicht geneigt, fernerhin die Last dieses Krieges allein zu tragen, England aber und Spanien hätten kein geringeres Interesse an dem Zwecke desselben, an der Herstellung des Königtums in Frankreich.

Alle diese Pläne aber erhielten, kaum geboren, den Todesstoß von einer höchst unerwarteten Seite her. Die Oesterreicher, sowohl beim Heere als in Belgien, betrachteten die Gespräche zwischen den Preußen und Franzosen mit tiefem Mißtrauen. Clerfait, Hohenlohe-Kirchberg, der Erzherzog Karl selbst hatten darüber dieselbe Ansicht wie Westermann und Kellermann und meinten jeden Augenblick, die neue Allianz zwischen Preußen und Frankreich erklärt zu sehen. Die Franzosen thaten das Ihrige, diesen Argwohn zu steigern, indem sie noch stärker, als ihren wirklichen Hoffnungen entsprach, die Freundschaft für Preußen zur Schau trugen. Kellermann, sonst nicht gerade mit besonderer Schlauheit gerüstet, war hierin unvergleichbar. Oeffentlich sagte er z. B. dem Grafen Kalkreuth, so schwer auch Oesterreich sich gegen die Republik versündigt habe, so reiche doch der Wunsch des Königs von Preußen aus, um ihn in einem Stillstand mit Preußen auch die Oesterreicher begreifen zu lassen. Noch stärker war eine Aeußerung gegen den Grafen Lindenau, die ganz aus Kellermanns uns bekannten Plänen entsprang: die französische Regierung wisse, daß Preußen auf eine neue Teilung Polens sinne, werde sich aber jeder Stärkung einer neuen Macht erfreuen, die früher oder später ihre Bundesgenossin sein müsse. Diese und hundert ähnliche Reden wurden umhergetragen, erweitert, vergiftet: es half nichts, daß der diplomatische Vertreter Oesterreichs, der Fürst Reuß, mit allen Einzelheiten der französischen Unterhandlungen bekannt war; vielmehr klagte er Lucchesini selbst, er fürchte in Wien den Eindruck jener Gerüchte nicht ganz verwischen zu können. So drängten die österreichischen Generale mit allen Kräften aus Frankreich hinweg, wo sie das Opfer einer beispiellosen Verräterei zu werden fürchteten; sie hielten darauf, immer preußische Truppen zwischen sich und dem Feinde zu haben, und richteten darüber manche Verwirrung in den Marschrouten an. Am 8. Oktober schrieb Hohenlohe-Kirchberg, als er einmal den äußersten Nachtrab bilden sollte, in halber Verzweiflung an den Herzog, berief sich auf dessen Vaterpflichten gegen das gesamte Heer und schlug endlich vor, gegen gänzliche Räumung des französischen Bodens sich einen sofortigen Waffenstillstand zu erwirken [1]).

Dies alles war nun lautere Thorheit, da der König fester als je zum Innehalten des österreichischen Bündnisses entschlossen war [2]), sein wirklich vorhandener Wunsch auf allgemeinen Frieden den Oesterreichern selbst im höchsten Grade hätte willkommen sein müssen und das halbe Ohr, das man den französischen Anträgen auf Separatfrieden

---

[1]) Ich führe dies sonst unbedeutende Detail an, weil es wahrscheinlich der Ausgangspunkt für die durch den homme d'état verbreitete Angabe ist, es sei wirklich eine solche Konvention geschlossen worden.
[2]) Berichte Lucchesinis an das Berliner Ministerium vom 9., 17. und 19. Oktober.

geliehen hatte, dem Rückzug der Oesterreicher ebenso wie der Preußen zu gute gekommen war. Allein es wirkte entscheidend auf die Ansichten der Brüsseler Regierung. Man kam dort zu dem Entschlusse, um des Fortgangs willen der preußischen Waffen nicht länger einen Tropfen österreichischen Blutes auf das Spiel zu setzen, sondern zunächst auf eigene Hand zu operieren. Eben am 8. Oktober, als Hohenlohe sein Herz in jene Klagen ergoß, erhielt Braunschweig die Anzeige, daß die Brüsseler Regierung die beiden Corps der Generale Clerfait und Hohenlohe von dem Heere abrufe. Dieser sollte eine deckende Stellung im Luxemburgischen nehmen, jener aber zur Belagerung von Lille abgehen, wo die bisherigen Kräfte zu völliger Einschließung nicht ausgereicht hatten, von einer solchen aber die Uebergabe des Platzes erwartet wurde[1]. Zugleich empfing man die erste Nachricht von Custines Erfolgen, und der Landgraf von Hessen eilte Hals über Kopf nach Hause, mit dem gemessenen Befehle an seine Truppen, ebenfalls so schnell als möglich den Rückmarsch anzutreten. Damit war Braunschweig allein auf seine 30 000 Preußen angewiesen und jede Möglichkeit verschwunden, sich mit so geringen Mitteln auf französischem Boden zu behaupten. Auch die Zurücklassung einer Garnison in Verdun wäre eine ganz nutzlose Aufopferung derselben gewesen: die Festung kapitulierte also am 13. Oktober, und der Rückmarsch wurde auf Longwy fortgesetzt. Die Schwierigkeiten und Opfer desselben wuchsen mit dem Vorrücken der Jahreszeit und der Ermüdung der Truppen auf jedem Schritte; Kanonen und Fuhrwerk wurden nur noch mit requirierten Bauernpferden fortgeschleppt, die Musketen waren durch den anhaltenden Regen zu großem Teil ruiniert, die Ruhr grassierte von Tag zu Tag entsetzlicher. Unter solchen Umständen leistete Kalkreuths Diplomatie von neuem gute Dienste; er meldete Braunschweig am 14., die Konventskommissare ließen sich zu einem Waffenstillstand mit Einschluß der Oesterreicher herbei, allerdings unter unausführ-

---

[1] Braunschweig an Tauenzien 8. Oktober.

baren Bedingungen; immer aber habe er mit diesen Verhandlungen ruhige Arrieregarde geschafft, und die französischen Generale lachten jetzt selbst darüber, daß er sie überlistet und sogar die Oesterreicher in Sicherheit gebracht hätte. Andererseits beschwerte sich der Herzog über diese Bundesgenossen bitterlich, welche dem preußischen Kriegskommissariate in Luxemburg vielfache Hindernisse in den Weg legten, als wenn, schrieb Lucchesini, der Krieg sie nichts mehr als den Großsultan anginge. Die Stimmung wurde nicht verbessert durch eine letzte Unterredung, welche der König am 16. mit Hohenlohe-Kirchberg hatte, um ihn zur Mitbeschützung wenigstens Longwys für den Winter zu bestimmen. Die Scene wurde sehr lebhaft, blieb aber ohne Wirkung: Hohenlohe erklärte, daß bei seinen Instruktionen nichts in der Welt ihn jenseits der Grenze festhalten könnte — worauf denn am 22. Oktober auch Longwy kapitulierte und gleich nachher die deutschen Truppen den Boden Frankreichs völlig räumten.

So waren die Hoffnungen auf eine rasche Bändigung der Revolution, mit welchen man vor zwei Monaten heiteren Mutes in das Feld gezogen, zertrümmert. Unabsehbar nach Raum und Zeit begann die Kriegsgefahr sich auszudehnen: um so drängender wurde bei den deutschen Mächten die Sorge, der bisherigen Unsicherheit ihrer gegenseitigen Beziehungen ein Ende zu machen [1]).

In Wien war man bisher dem Verlaufe des Feldzuges, wie sich denken läßt, mit großer Spannung gefolgt. Franz II., obwohl als Erzherzog das Haupt der Kriegspartei, ließ seit dem Ausbruche der Feindseligkeiten nichts als Klagen über die unglückselige Verwickelung und die lauteste Sehnsucht nach Frieden vernehmen. Grund genug zu einer solchen Stimmung war in der That vorhanden. Die Nation und der Staatsschatz waren durch die stets noch blutenden Wunden des Türkenkrieges erschöpft; die inneren Wirren der josephi-

---

[1]) Alles Folgende nach den Depeschen Lucchesinis an die Minister in Berlin, den österreichischen Akten bei Vivenot, Quellen, Band II, und den Berichten des holländischen Gesandten van Haeften in Wien.

nischen Zeit machten sich in zahlreichen Nachwehen fühlbar; der Kampf gegen Frankreich zeigte überall Gefahren, aber schwache Vorteile, und der Minister Cobenzl wie der größte Teil der vornehmen Gesellschaft in Wien überboten sich in dem Ausdrucke der Gesinnung, welche Leopold einst über die französische Frage zur Herrschaft gebracht hatte. Allein hinter allem Abscheu vor dem Kriege verbarg der junge Kaiser im innersten Herzen ganz andere Gedanken. Ich werde noch davon zu reden haben, an wie vielen Punkten seit seiner Thronbesteigung die Personen und Tendenzen der josephinischen Zeit wieder zum Vorschein kamen; Franz II. selbst fühlte sich ganz als den Liebling und Nachfolger des großen Oheims und war ungeduldig, nach diesem Muster die engeren Schranken der letzten beiden Jahre zu durchbrechen. Er hatte niemals ein Herz für die Denkweise seines Vaters gehabt; sein Geist war nicht weit genug, um den in die Ferne blickenden Entwürfen Leopolds zu folgen; seine Affekte, obwohl selten hervortretend, waren zu eigenwillig, als daß er nach der Art des Vaters hätte abwarten, berechnen, weichen und wiederkommen mögen. So war er anfangs, noch ganz dem väterlichen Antriebe folgend, mit jenem polnisch=sächsischen Plane hervorgetreten; kaum aber hatte er sich selbst in den Geschäften zurecht gefunden, so war er ohne Zaudern zum lebhaften Beförderer des gerade entgegengesetzten Systems, einer polnischen Teilung, geworden, sobald ihm das lockende Bild einer eigenen Vergrößerung erschienen war. Allerdings ergaben sich, wie wir sahen, bei der näheren Bestimmung derselben die bedeutendsten Schwierigkeiten. Der Vertreter des bayerischen Tauschplanes war vor allen Baron Spielmann, wie wir bemerkten, ein musterhafter Subalternbeamter, dessen Aktenkenntnis man in der Staatskanzlei kaum entbehren konnte, der aber zu den großen Geschäften wenige andere Vorzüge als einen nicht stets weitsichtigen Eifer mitbrachte. Dem Kaiser, der nicht gerade zu erörtern und zu diskutieren liebte, war ein solches Werkzeug sehr bequem, und Graf Cobenzl begann in Spielmann bereits einen lästigen Neben=

buhler zu beargwöhnen. Dieser erging sich täglich in Erörterungen, wie man Preußens Widerstand gegen die Abtretung der fränkischen Fürstentümer brechen werde, und hielt unter großem Wohlgefallen des Kaisers diese Ueberzeugung trotz aller Zweifel seiner Kollegen fest. Andere Pläne regte der unerwartete und einmütige Widerstand an, welchen Frankreich dem Angriffe der Mächte entgegensetzte. Man hatte bisher an die Eroberung französischer Provinzen nicht denken wollen oder doch nur für den äußersten Notfall eine solche Möglichkeit erwogen: man wollte dort nicht alle Parteien erbittern und König Ludwig, zu dessen Rettung man auszog, nicht berauben. Jetzt wurde die Herstellung des bourbonischen Thrones höchst zweifelhaft, und trotz aller Uneigennützigkeit sahen die deutschen Höfe alle Parteien Frankreichs unter den Waffen gegen die Fremden. In Wien gewann demnach hier und da die Vorstellung Raum, daß die gewünschte Entschädigung viel einfacher in Frankreich als in dem verwickelten bayerischen Tauschgeschäfte zu suchen sei. Nachdem Graf Haugwitz, welcher damals Preußen in Wien vertrat [1]), dem Vizekanzler die bestimmte Erklärung des Königs abgegeben hatte, daß an eine Abtretung der fränkischen Markgrafiate nicht zu denken sei, trat am 3. September eine Ministerialkonferenz unter dem Vorsitze des Kaisers zur Beratung der großen Frage zusammen. Man beschloß, zunächst bei der eben abgelehnten Forderung zu beharren und Preußen dafür die Erwerbung eines Teiles der Lausitz und eine freigebige Zumessung des polnischen Gewinnes in Aussicht zu stellen. Indessen konnte man selbst einen günstigen Erfolg nicht für wahrscheinlich halten und erwog demnach die Frage, was etwa statt der fränkischen Fürstentümer für Oesterreich ausbedungen werden möchte. Hier gingen nun die Ansichten auseinander. Der Obersthofmeister Fürst Starhemberg beantragte, dann die Verbesserung des belgischen Tausches nach Preußens Beispiel in Polen zu suchen und einige an Galizien angrenzende Pala-

---

[1]) Jacobi wurde in dieser Zeit nach London versetzt.

tinate zu begehren. Dagegen aber erhob sich der Oberst-
kämmerer Fürst Rosenberg mit großer Wärme und Lebhaftigkeit, erklärte eine solche Beraubung Polens, die zu der
gänzlichen Zertrümmerung der Republik führen müsse, für
unbillig und entwürdigend und kam auf den einst von
Bischoffwerder überbrachten Vorschlag zurück, das altöster-
reichische Besitztum, den oberen Elsaß, wieder zur österreichischen Krone herbeizubringen. Der Vizekanzler Cobenzl
und Graf Colloredo stimmten zu. Starhemberg aber und
Spielmann blieben bei ihrer Ansicht; sie hoben hervor, daß
die Einnahme des Sundgaues von dem noch ungewissen
Verlaufe des französischen Krieges abhängig, ein polnischer
Bezirk aber nach erlangter Zustimmung Preußens und
Rußlands jeden Augenblick zu haben sei, und was die Ge-
hässigkeit der Maßregel betreffe, so werde sich der Tadel
gleich stark gegen Oesterreich richten, möge es nun selbst
erwerben oder nur die Erwerbungen Preußens und Rußlands bekräftigen und unterstützen. Nach diesen Erwägungen
gab der Kaiser die Entscheidung für das Begehren einer
polnischen Provinz. Es wurde dann weiter festgesetzt, daß
man im schlimmsten Falle sich schließlich auch mit dem belgisch-bayerischen Tausche allein begnügen, dann aber allerdings das preußische Los in Polen entsprechend beschränken
würde. Sollte sich auch der Tausch unausführbar zeigen
und Preußen dennoch auf einer polnischen Erwerbung bestehen, so wollte man um so entschiedener auch für Oesterreich südpolnische Lande fordern und dieselben zu größerer
Sicherheit sogleich militärisch besetzen. Der Kaiser, ungeduldig, ein Ergebnis zu gewinnen, erklärte endlich seine
Absicht, zur Ersparung des weitläufigen Hin- und Her-
schreibens den Staatsreferendar Spielmann mit der nötigen
Vollmacht für die Entschädigungsfrage in das preußische
Hauptquartier zu senden und, da man damals noch auf ein
rasches Vorgehen des Invasionsheeres hoffte, den Grafen
Mercy und den Baron Thugut zur Regelung der französischen
Angelegenheiten ebendorthin abzuordnen.

Indessen blieb die Sache hierbei nicht stehen. Die drei

dissentierenden Minister legten ihre abweichende Meinung über Polen schriftlich dem Protokolle der Sitzung bei; auch Feldmarschall Lacy äußerte gewichtige Bedenken; Graf Haugwitz wiederholte die Beteuerung, daß Spielmann über Ansbach und Baireuth nichts ausrichten werde. Am 7. September erneuerten also die Minister ihre Beratung, stellten ausführlich die Gründe für und gegen das polnische und das elsasser System zusammen und baten den Kaiser um eine nochmalige Erwägung. Darauf geschah denn, daß Franz seine Meinung änderte, der Ansicht der Mehrheit beitrat und als Ersatz für Ansbach nicht polnische, sondern elsasser Bezirke zu fordern befahl, im übrigen aber alle Beschlüsse des 3. aufrecht erhielt. Am 9. September meldete darauf Cobenzl dem Fürsten Neuß die bevorstehende Ankunft Spielmanns an, und drei Tage später ging dieser von Wien auf den Kriegsschauplatz ab.

Wir erfahren nicht, daß bei diesen Beratungen die österreichischen Staatsmänner ein deutliches Bewußtsein über den Wechsel gehabt hätten, welchen ihre letzte Entscheidung für den Charakter ihres französischen Krieges in sich schloß. Dieser war allerdings niemals gewesen, wofür man ihn so oft ausgegeben, weder ein Angriffs- noch ein Prinzipienkrieg. Mit langem Widerstreben war man in den Kampf eingetreten, lediglich weil man durch die französische Offensive zur Abwehr gezwungen wurde. Nichts wäre natürlicher gewesen, als wenn man hiernach in Wien, ebenso wie es in Berlin geschah, vom ersten Augenblicke an den Beschluß gefaßt hätte, für den rechtlosen Angriff unmittelbar von dem Gegner eine Entschädigung zu begehren. Allein in der Fortsetzung von Leopolds Bestrebungen suchte Oesterreich anfangs die konstitutionelle Partei in Paris sich zu verbünden, und wir sahen, wie bestimmt in diesem Sinne noch in Mainz die Integrität Frankreichs dem Abgesandten König Ludwigs verbürgt wurde. An solche Hoffnungen war nun nach dem 10. August freilich nicht mehr zu denken: in ganz Frankreich schien es nur noch Republikaner und Welteroberer zu geben; so kam man zu dem Beschlusse, es möchte denn

Frankreich, nachdem Ludwigs Herstellung unmöglich geworden, die Kosten des mutwillig angezettelten Haders tragen. Vom Standpunkte des Völkerrechtes ließ sich ohne Zweifel dagegen nicht das mindeste einwenden: eine andere Frage aber war, ob die politische Klugheit den Schritt mit gleicher Sicherheit billigen konnte. Denn jetzt wurde die jakobinische Verleumdung eine Wahrheit, daß der Widerstand gegen die Fremden ein dringendes Nationalinteresse und folglich jede Hinderung der einmal bestehenden republikanischen Regierung ein Akt des Hochverrates sei. Mit der Forderung des Elsasses verzichtete Oesterreich unter den damaligen Verhältnissen auf jede Anknüpfung mit einer gemäßigten Partei und steigerte die Glut des Revolutionskrieges durch Entflammung des französischen Nationalstolzes in unabsehbarer Weise.

Es dauerte lange, ehe Spielmann seine Aufträge auszuführen vermochte. Eine Strecke des Weges legte er in Gesellschaft des Grafen Haugwitz zurück, welchen der König damals an die Stelle des Ministers Schulenburg in das Hauptquartier berufen hatte. Der letztere, schon seit mehreren Wochen mit Braunschweig und den Emigranten auf gespanntem Fuße, war in halber Ungnade, verstimmt und unwohl nach Berlin zurückgegangen. Spielmann hoffte indessen auch von Haugwitz, der mit dem so gut kaiserlich gesinnten Bischoffwerder in naher Beziehung stand, das beste und säumte nicht, ihn unterwegs nach Kräften von der Notwendigkeit einer Zugabe zum bayerischen Tausche, heiße sie nun Ansbach oder Sundgau, zu überzeugen. Beide kamen am 28. September in Luxemburg an, von wo Haugwitz sogleich nach Verdun mit der Verheißung weiterging, seinem Kollegen ohne Zaudern die Befehle des Königs über seinen Empfang zu melden. Spielmann wurde darauf nach Verdun beschieden, wo er am 8. Oktober auf grundlosen Wegen anlangte und tags nachher von dem soeben zum Minister ernannten Haugwitz vorläufige Mitteilung über den Wunsch des Königs erhielt, so schnell wie möglich zu einem definitiven Abschlusse zu kommen. Indessen war ein Versuch Spielmanns, in das Hauptquartier hinüberzureisen, infolge der Truppenbewegungen nicht durchzuführen; vielmehr nötigte der allgemeine Rückmarsch des Heeres auch ihn zur Umkehr nach Luxemburg, wo er die Ankunft des Königs abwarten sollte. Er meldete all dies Mißgeschick am 15. nach Wien, berichtete nach Haugwitz' Eröffnungen die wiederholte Verweigerung der fränkischen Fürstentümer, zugleich aber die Bereitwilligkeit des Königs zur kräftigen Fortsetzung des Krieges und jeder sonstigen Ausstattung Oesterreichs. Seiner Ansicht nach sei zur Erhaltung dieser guten Stimmung alles aufzubieten, um die Entschädigungsfrage so schnell wie möglich zu bereinigen. In Wien allerdings gingen die Meinungen darüber bunt genug durcheinander. Die unheilvolle Wendung des Feldzuges fing an bekannt zu werden; mit der Entrüstung über Braunschweigs klägliche Operationen mischte sich häufig eine stille Schadenfreude über die Demütigung des preußischen Stolzes, und Feldmarschall Lacy, der stets an dem Gelingen des bayerischen Tauschplanes gezweifelt hatte, erklärte ihn jetzt für vollkommen gescheitert, sah aber auch auf der Welt keinen Grund mehr, den Preußen für ein großes Mißlingen polnische Landschaften zuzubilligen. Als demnach Cobenzl dem Kaiser ganz in Spielmanns Sinne berichtete, setzte Lacy in der Ministerkonferenz den Beschluß durch, daß zur Zeit jede Verhandlung über Landerwerb zu unterlassen sei; vielmehr könne jetzt von nichts anderem als von Rüstungen für den zweiten Feldzug die Rede sein, zumal über jede polnische Abtretung erst Rußlands entscheidendes Wort gehört werden müsse. Cobenzl mußte sich fügen und am 30. Oktober eine Weisung dieses Inhaltes an Spielmann abgehen lassen: der Kaiser fügte einen eigenhändigen Brief an den preußischen Monarchen hinzu, in welchem er seinen Eifer zu energischer Bekämpfung der Franzosen und zugleich die Hoffnung aussprach, daß auf diesem Wege bei gemeinsamer Anstrengung den Mächten die gebührende Entschädigung nicht entgehen werde. Als dann aber Cobenzl nochmals auf seine ersten Anträge zurückkam, die Gründe derselben ausführlich entwickelte und die Ablehnung wehmütig beklagte, wurde er durch ein kaiserliches Handschreiben überrascht, daß er die Meinung seiner Kollegen mißverstanden habe; es solle zwar vor allen Dingen auf rasche Vorbereitung des nächsten Feldzuges gedrungen werden; es stehe aber nichts im Wege, daß Spielmann daneben auch in die Verhandlung über die Entschädigungen eintrete. Ein wunderlicheres Hin- und Herschwanken zwischen Zweck und Mittel ließ sich nicht wohl denken. Der Zweck war Eroberung des Elsasses für Österreich und folglich kräftige Bekämpfung der Franzosen: das unerläßliche Mittel dazu war preußische Hülfe und demnach Vergrößerung Preußens in Polen. Kaiser Franz ersehnte das eine und war höchst verdrießlich über das andere. Er wollte den Rock kaufen, aber das Geld nicht zahlen. Eine solche Unsicherheit der Gelüste gab schlechte Aussichten für ein Bündnis zur Bekämpfung von Gegnern, deren wilde Entschlußkraft jeder Regel, jeder Rücksicht, jeder Schranke spottete.

Während der Kaiser auf solche Art unentschieden zwischen Wollen und Nichtwollen stand, wurde seinem Abgeordneten Spielmann die Lage mit unausweichlicher Schärfe klar gestellt. Wie es Haugwitz dem Staatsreferendar erklärt hatte: der König war fest entschlossen, den langen Erörterungen ein Ende zu machen und ein festes Ergebnis zu erzwingen. An einen allgemeinen Frieden war nach den Gesinnungen der Pariser Machthaber nicht zu denken; immer weiter dehnte sich der Umfang der Kriegsgefahr aus; der König wollte wissen, was er zu erwarten habe. Dabei zeigten alle Nachrichten die günstigsten Aussichten in St. Petersburg. Goltz meldete von dort, daß Katharina unzweifelhaft zu einer neuen Teilung Polens entschlossen sei, und Alopeus, der russische Gesandte in Berlin, der sich auf Katharinas Befehl in das preußische Hauptquartier begeben hatte, floß von Bezeigungen der Ergebenheit und Freundschaft über. Nach Erwägung dieser Verhältnisse war der König mit allen seinen Ratgebern einverstanden, daß man nicht länger zaudern dürfe, daß die Zeit zu einem durchgreifenden Schritte gekommen sei. Vor allem erließ er am 17. Oktober ein eigenhändiges Schreiben an die Kaiserin Katharina, er sei durch

Letzte Verhandlung mit den Franzosen. 359

die Ungunst der Elemente zum Rückzug gezwungen worden, werde aber die große Sache nicht verlassen. Indessen, ehe er über die Fortsetzung des Krieges beschließen könne, schulde er es sich und seinem Volke, seine Gedanken über die ihm gebührende Entschädigung festzustellen. Die Kaiserin wünsche sein Begehren zu kennen, er habe seinen Ministern den Befehl zu den einschlagenden Eröffnungen gegeben. Der Inhalt der letzteren hatte unterdessen eine sehr erhebliche Aenderung durch Haugwitz erfahren. Dieser hob nämlich hervor, daß die bisherige Forderung des Königs eine Entschädigung für den eben beendigten Feldzug im Auge gehabt habe; jetzt aber sei an der Fortsetzung des Krieges und einem zweiten Feldzuge nicht zu zweifeln und folglich mit dem Aufwand an Kraft auch der Anspruch auf Entschädigung zu steigern. Der König, einmal im Eifer seiner polnischen Wünsche, genehmigte es auf der Stelle.

Ehe es zu der entscheidenden Verhandlung mit Spielmann kam — der Baron war einige Tage durch Krankheit verhindert — hatte der Herzog von Braunschweig, am 21., bei der Kapitulation von Longwy, wieder ein Gespräch mit dem General Valence. Dieser erklärte zu großer Ueberraschung des Herzogs, daß seine Regierung zum allgemeinen Frieden sich herbeilassen würde, wenn Oesterreich seine belgischen Provinzen entweder zum Freistaat machte oder einem minder mächtigen Fürsten überließe; der Konvent würde in diesem Falle Ludwig XVI. in Freiheit setzen und den Ausgewanderten Amnestie gewähren. Ein solcher Vorschlag schien nicht übel zu dem bayerischen Tauschplane zu passen, und Haugwitz beeilte sich also, ihn Spielmann mitzuteilen, welcher dann auch sogleich den Fürsten Reuß und Lucchesini zu einer weiteren Zusammenkunft mit dem feindlichen Oberbefehlshaber Kellermann am 25. auf dem Schlosse Aubange veranlaßte. Valence, der ebenfalls dort anwesend war, wiederholte seine Erörterungen und nannte geradezu den Kurfürsten von Bayern als einen Frankreich genehmen Beherrscher Belgiens: es zeigte sich aber auf der Stelle, daß die Generale ohne bestimmte Vollmacht ihrer Regierung waren und selbst einen Waffenstillstand nur unter völlig unzulässigen Bedingungen schließen wollten. Lucchesini beeilte sich demnach, das hoffnungslose Gespräch abzubrechen. Der König, welcher dieses Ergebnis vorausgesehen, hatte in denselben Stunden die übrigen im Hauptquartier befindlichen österreichischen Staatsmänner, Spielmann, Mercy und Thugut, zu sich berufen. Er empfing sie in dem Dorfe Merle, nahe vor den Thoren Luxemburgs, und sagte ihnen, daß Graf Haugwitz seine unwiderrufliche Erklärung über den künftigen Feldzug ihnen schriftlich vorlegen werde. Dies geschah durch eine Verbalnote, in welcher Preußen, wenn es an dem Kriege weiter teilnehmen sollte, die sofortige Zubilligung und Besitzergreifung der von ihm bezeichneten polnischen Provinz verlangte.

Mit Haugwitz pflog dann Spielmann in Luxemburg eine sehr aufgeregte Verhandlung. Man habe stets den Grundsatz völliger Gleichheit, sagte er, für die Erwerbungen beider Mächte angenommen; wie könne Preußen jetzt ein System aufstellen, nach welchem es eine große polnische Provinz erlange, Oesterreich aber nicht eine Quadratmeile, sondern nur eine bessere Abrundung gewinne. Haugwitz entgegnete, der Grundsatz der Gleichheit könne offenbar nur da zur Anwendung kommen, wo es sich um einen von beiden Mächten nach gegenseitigem Gutdünken unternommenen Krieg handele: hier aber sei Oesterreich der allein angegriffene Teil, welchem Preußen aus freiem Entschlusse Hülfe weit über die Bundespflicht hinaus leiste; Preußen müsse hier eine seiner Anstrengung entsprechende Schadloshaltung fordern und es Oesterreich überlassen, sich selbst an dem angreifenden Feinde, an Frankreich, zu erholen. Das sind, erwiderte Spielmann, ganz neue Dinge, das ist das Grab der Allianz. Ich bin überzeugt, antwortete Haugwitz, daß der Kaiser die einleuchtende Billigkeit dieser Grundsätze anerkennen wird. Er breitete darauf eine Karte von Polen aus, auf welcher der König eigenhändig die Grenzlinie seiner künftigen Provinz gezogen hatte, ungefähr das Doppelte des in Mainz begehrten Bezirks umfassend. Wenn wir diesen Landstrich in Besitz genommen haben, sagte er, dann werden wir fortfahren, mit voller Kraft gegen Frankreich mitzuwirken: wenn man uns daran hindert, so werden wir nur die 20000 Mann stellen, wozu uns das Februarbündnis verpflichtet, übrigens aber uns auch dann für den jetzigen Feldzug mit einer kleineren polnischen Provinz entschädigen. Spielmann, noch dazu etwas erhitzt durch jene Gerüchte über preußisch=französische Durchstechereien, war außer sich. Nicht bloß diesen Umfang der polnischen Annexion, erklärte er, könne er nicht bestätigen; auch gegen die Hastigkeit des Verfahrens müsse er Widerspruch erheben. Denn niemals sei zwischen den Höfen die Gleichzeitigkeit der beiderseitigen Erwerbungen in Abrede gestellt worden; solange der Kaiser Bayern nicht besitze, dürfe Preußen nicht in Polen einrücken und umgekehrt. Wenn ich Eure Note in Wien vorlege, rief er, bin ich ein gestürzter Mann. Haugwitz forderte ihn bringend auf, die Sache nicht so schwarz anzusehen. Er erörterte, daß die gleichzeitige Durchführung beider Entwürfe durch die Verhältnisse schlechterdings unmöglich geworden. Die polnische Teilung sei heute erreichbar, wo sich das Land in völliger Auflösung und Anarchie befinde, vielleicht aber in kurzer Frist völlig unthunlich, sobald die neue Staatsgewalt konstituiert sei. Umgekehrt lasse sich kein ungünstigerer Augenblick als der jetzige für den bayerischen Tauschplan denken: wie könne man dem Kurfürsten die Abtretung seines Stammlandes zumuten zu einer Zeit, wo Belgien unmittelbar von einer französischen Invasion bedroht sei? Also in Polen sei Eile nötig, in Bayern müsse man warten. Daraus ergebe sich von selbst die Richtigkeit der preußischen Forderung, auf Ergreifung des eigenen Gewinnes, trotz der Verzögerung des österreichischen. Auf das bündigste versicherte Haugwitz, daß Preußen auch fernerhin alles, was in seinen Kräften stehe, für die Durchführung des bayerisch=belgischen Tausches thun, auf den Herzog von Zweibrücken in nachdrücklicher Weise einwirken, jeden dritten von schädlichem Widerspruche abhalten würde. Spielmann fing an, sich zu beruhigen. Er trat mit Mercy zu einer gründlichen Er=

wägung zusammen, und beide einigten sich dahin, daß allerdings zur Zeit nicht daran gedacht werden könne, dem Kurfürsten von Bayern den belgischen Tausch vorzuschlagen, daß Preußen aber bei längerem Hinhalten höchst wahrscheinlich seinen, von Frankreich so lebhaft angebotenen, Separatfrieden machen und damit den Kaiser in die bedenklichste Lage versetzen würde. Es müsse also alles aufgeboten werden, um ein solches Unheil zu verhüten.

Spielmann griff in dieser Lage auf seine Gedanken vom 3. September zurück und fragte den Grafen Haugwitz, ob im Falle der Unausführbarkeit des bayerischen Tausches Preußen einer österreichischen Erwerbung in Polen zustimmen würde. Der preußische Minister hatte dagegen keine Einwendung. Am 27. Oktober gelang es Spielmann durch den alten Freund Bischoffwerder, noch ein Gespräch mit dem Könige selbst zu erlangen; auch hier wurde er durch die unumwundenste Zusage bundesfreundlicher Hülfe erfreut. Seien Sie vollkommen ruhig, sagte der König; versichern Sie dem Kaiser, daß ich den bayerischen Tausch in Zweibrücken auf alle Weise befördern und gegen jeden dritten garantieren werde. Sollte der Kurfürst selbst sich widersetzen, fügte er hinzu, so könnte man nach seinem bisherigen ärgerlichen Benehmen noch eine andere Sprache als die der Ueberredung führen.

Spielmann hatte den Eindruck, daß, wenn man hier zweifeln müsse, es überhaupt keine Treue noch Redlichkeit auf der Welt gäbe. Er unterzeichnete also mit Haugwitz ein Protokoll im Einklange mit den preußischen Wünschen, auf Fortführung des gemeinsamen Krieges, wenn möglich, bis zur Herstellung der monarchischen Verfassung in Frankreich, jedenfalls bis zur Ausrottung der französischen Revolutionspropaganda, sodann auf preußische Erwerbung der von Haugwitz bezeichneten polnischen Bezirke und auf wirksame Unterstützung des bayerischen Tauschplans durch Preußen, ferner auf Ueberweisung des Elsasses an Oesterreich oder, falls sich dies nicht erreichbar zeigte, einer entsprechenden polnischen Provinz, welche zur Sicherstellung Oesterreichs sogleich von dessen Truppen zu besetzen und erst nach Einverleibung Bayerns und des Elsasses wieder zu räumen sei, endlich auf ein Konzert der drei Höfe von Wien, Berlin und Petersburg über die polnischen Angelegenheiten, sowie auf Heranziehung des Deutschen Reiches zu dem französischen Kriege. Spielmann mußte bemerken, daß in dieser Urkunde manches niedergelegt sei, was über seine Instruktionen hinausgehe und einstweilen nur seine Privatmeinung ausdrücke, so daß er das Ganze lediglich dem Ermessen seines Hofes unterbreiten könne. Der König bestimmte darauf, daß Haugwitz jenen nach Wien begleiten solle, um dort die Bestätigung des Kaisers für die vereinbarten Punkte auszuwirken.

Alles hing jetzt davon ab, ob Franz II. die Vorschläge seines Gesandten genehmigen würde. Die Antwort auf diese Frage mußte über das Zusammengehen der beiden Mächte und damit über den Verlauf des Revolutionskrieges entscheiden.

Die französische Unterhandlung schlief unter diesen Umständen von selbst ein. Zwar meldete nach Luxemburg der in Köln accreditierte Kreisgesandte Dohm, ein Agent des französischen Ministeriums, Namens Mandrillon, habe auch ihm Anträge zu Frieden und Bündnis gemacht: Lucchesini aber redigierte am 29. sogleich eine bündige Antwort, welche folgende Punkte hervorhob. Da Frankreich nicht vor Räumung seines Gebietes unterhandeln wolle, so müsse man preußischerseits darauf bestehen, daß vor allen Dingen Custine den deutschen Reichsboden verlasse; da der König nach wie vor sich für das Schicksal Ludwigs XVI. interessiere, so erwarte er vorläufige Aufklärung über die Mittel, welche das Ministerium besitze, um diesem die Freiheit zu schaffen; endlich aber könne der König ohne die Zustimmung Oesterreichs einer weiteren Unterhandlung nicht stattgeben. Wir werden später sehen, daß sich die französische Regierung dadurch noch nicht abschrecken ließ, obgleich ihre Absichten schon so weit umhergriffen, daß Preußen keine Möglichkeit der Neutralität, sondern nur des Krieges oder des Bündnisses mit Frankreich blieb. Dumouriez erkannte es mit zu[er?] der Schärfe und war des ferneren Krieges vollkomme[n] wiß. Er verbot schon am 28. dem General Valence noch ferner mit Unterhandlungen zu ergötzen; es seien verlorene Tage, nützlich allein für die Schelme, u[nd] Frankreich mit dieser angeblichen Unterhandlung k[irre] wollten; die Republik könne nicht mit Braunschweig, [dem] Urheber der ehrenrührigen Manifeste, und wolle überh[aupt] nicht mit Despoten über die Freiheit des belgischen V[olkes] unterhandeln. Er drängte den General demnach, so [bald] wie möglich mit seinem Armeecorps in Belgien einzufa[llen] und schrieb Kellermann, sich an Luxemburg vorüber [auf] Trier und Koblenz zu werfen und die Pfaffenstraße [zu] munizipalisieren. „Es ist nötig," sagte er, „diesen Wi[nter] unsere 150 000 Mann jenseit der Grenzen zu haben, t[eils] um uns Geld zu verschaffen und Assignaten abzusetzen, t[eils] um nicht die Lebensmittel unseres Landes für die Arm[ee] zu erschöpfen. Ich hoffe Euch im Frühling über Köln [die] Hand zu reichen. Der Rhein muß die Grenze unse[res] Feldzuges sein, von Genf bis Holland, vielleicht bis [an] das Meer. Haben wir diese Aufgabe erfüllt, so komm[e] was kommen kann, die europäische Revolution hat imm[er] einen mächtigen Fortschritt gemacht." In gleichem Sin[ne] entschied das Ministerium: die Armeen ohne Ausnah[me] sollten am Rheine überwintern.

So erhob sich die Revolution, nachdem sie die Krä[fte] Frankreichs zerstört hatte, um jenseit der Grenzen Leben[s]unterhalt, Beute und Eroberung zu suchen. Ihr gegenüb[er] dachten die alten Regierungen nicht mehr auf den Stu[rz] der Anarchie, sondern waren mit dem Getümmel zufriede[n,] um eigenen Vorteil darin zu suchen. Komme was komm[en] kann: diese Worte des kecken französischen Feldherrn wurd[en] gleichzeitig die Losung Deutschlands und Frankreichs u[nd] damit der europäischen Politik.

—— oo❊oo ——

www.ingramcontent.com/pod-product-compliance
Lightning Source LLC
Chambersburg PA
CBHW032045220426
43664CB00008B/868